《国际关系评论》编委会

顾问　洪银兴　张异宾　张永桃
编委　（按姓氏笔画为序）
　　　计秋枫　卢明华　石　斌　朱瀛泉　严　强
　　　张二震　张凤阳　杨金荣　洪邮生　崔之清
　　　蔡佳禾　谭树林

本卷由南京大学国际关系研究院和南京大学"985"哲学社会科学创新基地"经济全球化和国际关系研究中心"联合主办

国际关系评论

（第7卷）

朱瀛泉　主编

南京大学出版社

图书在版编目(CIP)数据

国际关系评论. 第 7 卷 / 朱瀛泉主编. —— 南京：南京大学出版社，2011.5
ISBN 978 - 7 - 305 - 08366 - 2

Ⅰ. ①国… Ⅱ. ①朱… Ⅲ. ①国际关系－文集 Ⅳ. ①D81 - 53

中国版本图书馆 CIP 数据核字(2011)第 087019 号

出版者	南京大学出版社
社　址	南京市汉口路 22 号　　邮　编　210093
网　址	http://www.NjupCo.com
出版人	左　健
书　名	国际关系评论（第 7 卷）
主　编	朱瀛泉
责任编辑	蒋桂琴　　编辑热线　025 - 83592655
照　排	南京南琳图文制作有限公司
印　刷	盐城市华光印刷厂
开　本	635×965　1/16　印张 23　字数 375 千
版　次	2011 年 5 月第 1 版　2011 年 5 月第 1 次印刷
ISBN	978 - 7 - 305 - 08366 - 2
定　价	46.00 元
发行热线	025 - 83592169　025 - 83592317
电子邮箱	Press@NjupCo.com Sales@NjupCo.com（市场部）

* 版权所有，侵权必究

* 凡购买南大版图书，如有印装质量问题，请与所购图书销售部门联系调换

International Relations Review

Editor: Zhu Yingquan

Vol. Ⅶ　　　　　　　　　　　　October　2010

目录
CONTENTS

国际论坛
FORUM ON INTERNATIONAL ISSUES

中国与区域间主义:基于三大案例的综合分析……………… 郑先武
China and Interregionalism: A Comprehensive Analysis Based on Three Typical Cases
Zheng Xianwu　　　　　　　　　　　　　　　　　　　　　／1

2010年美国《国家安全战略报告》的话语分析
——从高频词的使用看奥巴马政府安全战略的延续性与新特点…
…………………………………………………………… 杨巧燕
Discourse Analysis of *National Security Strategy of United States 2010*:
The Continuity and New Characteristics of Obama Administration's Security Strategy from the Perspective of High Frequency Words
Yang Qiaoyan　　　　　　　　　　　　　　　　　　　　　／15

全球化与国际关系
GLOBALIZATION AND INTERNATIONAL RELATIONS

非传统安全视角下的国家安全战略
——全球化背景下的思考 ……………………………… 程计险

I

National Security Strategy from the Perspective of Non-traditional Security:
Thinking against the Background of Globalization

Cheng Jixian / 25

非法移民对美国国家安全的影响 ……………………… 黎红霞

The Influence of Illegal Immigration on the National Security of U.S.

Li Hongxia / 38

新媒介与安全矩阵

——詹姆斯·德·德里安全球安全观探析 ……………… 高 欣

New Media and Global Security Matrix: An Exploration to James Der Derian's Thinking on Global Security

Gao Xin / 56

全球化理论第三波 ……… 卢克·马特尔著 石志宏译 朱瀛泉校

The Third Wave in Globalization Theory

Luke Martell

Translated by Shi Zhihong

Proof-read by Zhu Yingquan / 69

国际史和地区研究
INTERNATIONAL HISTORY AND AREA STUDIES

欧洲国际关系
EUROPE

西班牙内战中不干涉政策的形成

——英法两国的合作与斗争 ……………………………… 张 涛

The Formation of the Non-Intervention Policy in Spanish Civil War:
Cooperation and Struggle Between UK and France

Zhang Tao / 97

从《马斯特里赫特条约》到《里斯本条约》

——欧盟机构与决策机制的变革与发展 ……………… 方　晴
From Maastricht Treaty to Lisbon Treaty: Reform and Development of EU's Institutions and Decision-making Mechanism
Fang Qing　　　　　　　　　　　　　　　　　　　　　/ 124

爱尔兰共和军 1980—1981 年绝食抗议及英国对其的态度 …………
　　…………………………………………………………… 严　露
The Irish Hunger Strikes and UK's Attitude, 1980－1981
Yan Lu　　　　　　　　　　　　　　　　　　　　　　/ 146

美国对外关系
THE UNITED STATES

威尔逊、卡兰萨与潘兴的远征 ……………………… 朱　适
Wilson, Carranza and the Expedition of General Pershing
Zhu Shi　　　　　　　　　　　　　　　　　　　　　　/ 163
美国约翰逊政府对印度发展核武器的反应和政策 ………… 潘陆伟
President Johnson Administration's Responses and Policies to India's Development of Nuclear Weapons
Pan Luwei　　　　　　　　　　　　　　　　　　　　　/ 179
从伊朗核危机看美国强制性外交 ……………………… 魏光启
An Exploration for American Coercive Diplomacy from the Case of the Iranian Nuclear Crisis
Wei Guangqi　　　　　　　　　　　　　　　　　　　　/ 199

亚太国际关系
THE ASIA-PACIFIC

伯驾的侵台政策述论 ………………………………… 谭树林
A Study on Peter Parker's Policy of Encroaching on Taiwan

Tan Shulin / 215

论恒河水资源争议对印孟两国关系的影响 ……………… 刘立涛
The Influence of the Ganges Waters Dispute on India-Bangladesh Relations
Liu Litao / 232

英国为何无缘澳新美同盟
——从澳大利亚角度来考察 ……………… 汪诗明　王艳芬
Why Was the UK Excluded from the ANZUS: An Observation from the Perspective of Australia
Wang Shiming　Wang Yanfen / 252

国际关系史学与理论
HISTORIOGRAPHY AND THEORY

新中国多边外交发展阶段研究述评 ……………… 毛德松
Review of Researches on the Development Stages of New China's Multilateral Diplomacy
Mao Desong / 268

浅析西方人道主义干涉的"正义战争"伦理取向 ……………… 姚自强
An Analysis of the Just War's Ethical Orientation in Western Humanitarian Intervention
Yao Ziqiang / 280

为德意志统一锻造意识形态
——黑格尔民族主义思想研究 ……………… 崔建树
Molding the Ideology for the Unification of the Germanic Nation: A Study of Hegel's Nationalist Thought
Cui Jianshu / 292

约翰·赫兹的"生存伦理"思想研究 ……………… 刘旭东
On John H. Herz's Survival Ethics
Liu Xudong / 311

为了正义的世界：罗尔斯国际政治思想及其评价 ………… 刘贺青
In the Pursuit of a Just World: Rawls's International Political Thought and the Review of It
Liu Heqing / 323

伊曼纽尔·阿德勒国际关系理论研究 ………………… 范　锐
Research on the International Relations Theory of Emanuel Adler
Fan Rui / 334

Co-sponsored by
School of International Studies, Nanjing University
Center for Economic Globalization and International Relations, Nanjing University

中国与区域间主义:基于三大案例的综合分析

郑先武

摘 要 中国通过积极倡导和推进区域间集体对话与合作机制建设,在兴起中的世界性区域间主义中扮演着日益重要的角色。中非合作论坛、中阿合作论坛和中国-东盟合作机制便是典型代表。这些区域间合作机制以政府主导、发展导向、协商决策、注重开放性和主权原则等为特征,形成一种独特的"中国模式"。它所具有的规范构建、制度建设、利益共享、设置议题、权力平衡等独特的效用,既有助于中国实现"和谐世界"的外交目标,也推动着世界多极化和全球新秩序的构建。

关键词 区域间主义 区域间合作机制 中国模式 全球新秩序

20世纪90年代中期以来,随着全球化变革背景下新区域主义浪潮的纵深发展,以不同区域之间制度化合作为标志的区域间主义迅速地在全球范围内兴起,并已成为国际关系中一种新的现象。[①] 进入新世纪以来,中国积极倡导和推进以中国为一方,以来自某一区域的大多数国家或区域集团为另一方的区域间集体对话与合作机制建设,并在其中扮演着日益重要的角色。中非合作论坛、中阿合作论坛和中国-东盟合作机制便是典型代表。那么,这些区域间合作机制有哪些具体的形态和核心特征?对中国自身和世界而言,它又有什么样的意义?本

---

① 参见 Heiner Hänggi, Ralf Roloff and Jürgen Rüland (eds.), *Interregionalism and International Relations*, London: Routledge, 2006; Fredrik Söderbaum and Luk van Langenhove (eds.), *The EU as a Global Player: The Politics of Interregionalism*, Abingdon, Oxon: Routledge, 2006; Mathew Doidge, "Joined at the Hip: Regionalism and Interregionalism", *Journal of European Integration*, 29(2), 2007, pp. 229-248.

文尝试性地回答了这些问题,并提出了一种区域间主义的"中国模式",以期引起人们更多地了解和关注兴起中的区域间主义及"中国模式"。

一、区域间主义与"中国模式"的核心特征

区域间主义是指来自一个或多个特定国际区域或次区域的各种行为主体(包括国家和非国家)推动区域间制度化合作的各种思想、观念、计划及其实践进程。按照起主导作用的行为体及其数量多少的不同,我们可以将区域间主义分为三大类,即两个不同区域的区域组织/集团或一组国家之间的双区域间主义(bi-interregionalism);来自两个以上区域的一组国家、区域组织/集团或非国家等多个行为体构成多区域间主义(multi-interregionalism),又称跨区域主义(trans-regionalism);某一区域的区域组织/集团或一组国家与另一区域的单个国家之间的半区域间主义(quasi-interregionalism)。双区域间主义聚焦于特定领域(贸易与投资、环境、预防犯罪、打击走私等)中信息交换与合作计划的定期会议;它建立在低层次的制度水平之上,通常是部长、大使和高级官员层次,有时辅以永久的专家工作组;它没有共同的高水平的制度,双方均完全依赖各自的制度架构。跨区域主义拥有更分散的成员,不必与区域组织相联系,可以包括来自两个区域以上的成员国;它可以发展至拥有自己的组织构造,如用于负责研究、政策计划、会议的准备和协调以及决策实施的秘书处,因而被赋予某种形式的独立的主体性。①需要指出的是,区域间主义强调的是来自不同国际区域或次区域的多个行为体之间的集体对话与合作,所以,至少一方必须是区域组织/集团或某一个或多个区域的一组国家。这是定义区域间主义的"底线"。

在实践中,双区域间主义又表现为三种形式,即区域组织/集团之间的"集团对集团",区域组织/集团与某一区域的一组国家或非国家组织之间的"集团对区域",以及某一区域的一组国家与另一区域的一组国家之间的"区域对区域"。由于区域间主义的发展依赖于区域强有力的主体地位,欧盟、东盟等有影响的区域组织成为双区域间主义的重要的"轴心"。"集团对集团"的典型案例主要有欧盟与南方共同体市场、

---

① 参见 Heiner Hänggi, "Interregionalism as a Multilateralism Phenomenon: In Search of a Typology", in Heiner Hänggi et al. (eds.), *Interregionalism and International Relations*, pp. 31 – 42.

安第斯共同体、里约集团、非加太国家集团、东盟、南亚区域合作联盟、海湾合作委员会等区域组织集团之间的专门对话与合作机制。"集团对区域"的典型案例主要有：亚欧会议、欧盟-拉美峰会、欧盟-非洲峰会、东盟-中日韩峰会（即10＋3对话机制）、欧盟-地中海伙伴关系等。"区域对区域"的典型案例是亚非峰会等。

多区域间主义主要是来自两个以上区域的国家、区域组织/集团等多个行为体构成的跨区域安排。典型案例有：亚太经济合作组织、上海合作组织、北大西洋公约组织、欧洲安全组织、东盟区域论坛、亚太安全合作理事会、东亚峰会、东亚-拉美合作论坛等。半区域间主义在实践中也表现出两种不同形式，即区域组织/集团与单个国家之间的"集团对国家"或"国家对集团"，和某一区域的一组国家与单个国家之间的"区域对国家"或"国家对区域"。中国倡导并积极推动的中非合作论坛、中阿合作论坛和在其中发挥关键作用的中国-东盟合作机制就属于这种类型。

中非合作论坛和中阿合作论坛是中国积极倡导建立的两个最重要的非地理接壤的区域间合作机制。中非合作论坛于2000年10月在北京正式启动。它是中国倡议建立的首个区域间集体对话机制。每两年召开一次高官会议，每三年召开一次部长级会议，轮流在中国和非洲国家举行。为此，2006年1月中国政府发布《中国对非洲政策文件》，宣示了中国对非政策的目标及措施，规划了今后一段时期双方在各领域的合作。这是中国政府首次发表对非洲政策文件。中非合作论坛最重要的进展是2006年11月举行的中非合作论坛北京峰会。中国与来自非洲的48国的国家元首和政府首脑参加了会议。峰会通过了《中非合作论坛北京峰会宣言》，中非以政治文件的形式宣示建立新型战略伙伴关系。中非合作论坛"正式确立了中国与非洲国家间进行集体对话与多边磋商的全新合作机制，标志着中国已成功地将多边外交引入对非工作"。[①] 中阿合作论坛是2004年1月胡锦涛主席访问埃及期间，由中国外交部和阿拉伯国家联盟秘书处联合成立的。2004年9月，中阿合作论坛首届部长级会议在开罗召开。2006年6月，中阿合作论坛第二届部长级会议在北京举行。22个阿拉伯国家的外长、部长或部长代表及阿拉伯国家联盟（阿盟）秘书长出席会议。会议上，中阿双方签署

[①] 罗建波，"如何优化中国和平崛起的国家形象：以中国在非洲的国家形象塑造为例"，载门洪华主编，《中国：软实力方略》，杭州：浙江人民出版社2007年版，第253页。

了《中国-阿拉伯国家合作论坛2006—2008年行动执行计划》。中阿合作论坛是"现代中国与阿拉伯世界关系史上,阿中双方所迈出的最重要一步",成为双方"全方位合作的平台"。①

中国在与东盟关系中最初处于被动应对的地位。2002年10月,中国开始主动推进与东盟的合作进程,双方关系进入快车道。2002年11月,第六次中国与东盟领导人会议期间,双方签署了《中国-东盟全面经济合作框架协议》《南海各方行为宣言》和《关于非传统安全领域合作的联合宣言》3个重要文件。2003年10月,中国成为首个主动申请并正式加入《东南亚友好合作条约》的东南亚区域外国家。同时,双方签署了《东盟-中国面向和平与繁荣的战略伙伴关系联合宣言》,宣布建立面向和平与繁荣的战略伙伴关系。作为中国首次与一个区域集团签署的战略伙伴关系的文件,该宣言标志着中国与东盟关系进入了一个新的阶段,是双方关系史上的重要里程碑。目前,中国-东盟合作机制已成为中国所积极推动的最成熟的区域间合作机制。

从中非合作论坛启动至今,中国倡导并积极推动的区域间集体对话与合作机制已经运行了10年有余。尽管这些区域间合作机制尚在发展过程中,但其自身特征已越来越明显地表现出来。总体说来,这些特征主要有以下五个方面。

一是政府主导,多行为体参与。中国中央政府是区域间合作的倡导者、决策者和推动者。在实际操作中,中国政府总是先行启动区域间集体对话与合作机制,制定统一的对外政策,并通过政府间的集体谈判达成区域间合作框架,然后在此政府间合作框架下推动工商组织、公民社会组织等其他非国家行为体广泛参与其中,从而形成一种国家-市场-公民社会互动的良好态势。以中阿合作论坛为例,2005年4月首届中阿合作论坛企业家大会在北京举行。它已成为该论坛框架下的常设机制,每两年在中国和阿拉伯国家轮流举办。2005年12月,在中国外交部的倡议下,在中阿合作论坛框架下启动了"中阿关系暨中阿文明对话研讨会"。该研讨会两年举行一次,中国与阿拉伯国家轮流主办。2008年4月23日,首届"中阿新闻合作论坛"在北京开幕。

二是发展导向,多领域推进。中国所主导和推进的区域间合作机制以建立长期稳定、全面的新型战略伙伴关系为核心。就涉及的议题

---

① 拉古卜·苏凯里,"阿中合作论坛:阿拉伯世界与中国全方位合作的平台",梁列译,《阿拉伯世界》2004年第4期,第2页。

而言,它明显地具有综合性特征,包括政治、安全、经济、环境、社会与文化多个领域。如《中非合作论坛北京行动计划(2007—2009年)》明确规定了双方近期在政治、经济、环境、社会发展、文化等多个领域的合作。① 中阿合作论坛第二届部长级会议通过了《中国-阿拉伯国家合作论坛2006至2008年行动执行计划》,重点加强在政治磋商、经贸、相互投资、人力资源培训、环保、文明对话等领域的合作。会议还就加强双边、地区和多边领域的反恐合作达成了共识。②

这种多领域推进的区域间合作有一个鲜明的特征,即共同发展被置于核心位置。由于中国倡导和推进的区域间主义均属于南南合作,所以经济技术合作和以官方发展援助为核心的社会发展领域的合作成为中国发展政策的重要组成部分。以中非合作论坛为例,按照《中非合作论坛北京行动计划(2007—2009年)》,在经济技术合作方面,中国决定向非洲派遣100名高级农业技术专家,在非洲建立10个有特色的农业技术示范中心;支持中国有关银行设立中非发展基金,逐步达到总额50亿美元,鼓励和支持有实力、有信誉的中国企业到非洲投资兴办有利于提高非洲国家技术水平、增加就业和促进当地经济社会可持续发展的项目;中国愿在3年内支持有实力的中国企业在有条件的非洲国家建立3至5个境外经济贸易合作区。在社会发展领域合作方面,中国决定继续在力所能及的范围内向非洲国家提供发展援助,至2009年,将对非洲国家的援助规模在2006年的基础上增加1倍;3年内向非洲国家提供30亿美元的优惠贷款和20亿美元的优惠出口买方信贷,贷款条件进一步优惠;免除同中国有外交关系的非洲重债穷国和最不发达国家截至2005年底对华到期的政府无息贷款债务等等。③

三是协商一致,弱制度运行。区域间主义的一个基本特征是区域间合作的制度化。而中国主导和推动的区域间合作表现出明显的弱制

---

① 中非合作论坛北京峰会暨第三届部长级会议官方网站,《北京行动计划规划中非未来三年互利互惠合作》,2006年11月05日,http://www.focacsummit.org/zxbd/2006-11/05/content_5200.htm.
② 中华人民共和国外交部官方网站,《中国-阿拉伯国家合作论坛2006年至2008年行动执行计划》,2006年9月22日,http://news.xinhuanet.com/newscenter/2006-06/01/content_4633194.htm.
③ 中非合作论坛官方网站,《中非合作论坛北京行动计划(2007—2009年)》,http://www.focac.org/chn/wjjh/hywj/t280368.htm.

度特征。在组织形式上,它不建立具有自主能力的国际组织,更没有超国家的制度运作,而是采用政府间首脑会议或部长级会议等合作论坛或会议对话机制。在决策程序上,以协商一致为基础,不采用更具法律意义的投票表决方式,也就是说成员国之间的协商一致是讨论问题的基础,所有成员国都力图避免僵硬的谈判过程,而努力在"求同存异"中达成最后的妥协。与之相适应,这种区域间合作机制在具体的政策工具上,不运用强制性的法律文件来约束成员国,而是多采用无法律约束力的"共同宣言"、"共同声明"、"共同行动计划"以及一般性的区域间合作协定;即使是个别约束力较强的自由贸易协定,其实际履行也取决于成员国的意愿和信用,因为这些协定并没有对不履约或违约者的强制性惩罚条款,如已经生效的中国-东盟《货物贸易协议》和《服务贸易协议》。

　　四是开放性,与全球机制一致。中国倡导和推动的区域间合作信奉开放的区域主义,所以它们追求一种非排他性的合作安排。这一方面表现在它对区域间合作的成员不设定严格的政治经济等人为条件的限制,所以它总能吸纳合作区域内全部或绝大多数友好的成员国;另一方面表现在其政治经济合作安排强调与联合国、世界贸易组织(WTO)等全球多边机制保持一致。《中非合作论坛北京峰会宣言》明确表示,必须尊重《联合国宪章》的宗旨和原则以及其他公认的国际关系准则;尊重和加强联合国安理会在维护国际和平与安全方面的首要作用。①中国-东盟间的《货物贸易协议》规定:"各缔约方同意并重申它们遵守WTO规则中有关条款的承诺,其中包括非关税措施、技术贸易壁垒、卫生和植物卫生措施、补贴和反补贴措施、反倾销措施和知识产权。非WTO成员的缔约方应根据它们加入WTO的承诺遵守WTO的条款。"②中国-东盟间的《服务贸易协议》也规定:"各缔约方在此同意并重申它们承诺遵守有关并适用于服务贸易的WTO协议的规定。"③

　　五是恪守主权,尊重多样性。中国在区域间合作中既强调与联合国、WTO等全球多边机制所确立的普世性原则相一致,也强调与中国

---

① "中非合作论坛北京峰会宣言",《人民日报》2006年11月6日,第4版。
② 中国-东盟博览会官方网站,《中华人民共和国政府与东南亚国家联盟成员国政府全面经济合作框架协议货物贸易协议》,http://www.caexpo.org/gb/news/special/tariff/goods.html。
③ 中国-东盟博览会官方网站,《中华人民共和国政府与东南亚国家联盟成员国政府全面经济合作框架协议服务贸易协议》,http://www.caexpo.org/gb/cafta/knowledge/download/fwmyxy_cn.doc。

长期以来所倡导的"和平共处五项原则"相一致。所以,尊重主权和多样性成为指导中国区域间合作机制建设的政治基础。2006年5月,胡锦涛主席在会见中阿合作论坛第二届部长级会议阿拉伯国家代表团团长时强调,"双方要继续坚定支持对方维护国家主权、独立和民族尊严,尊重和支持对方根据本国国情自主选择发展道路";"充分依托中阿关系深厚的历史文化底蕴,采取多种形式,深入开展文明对话,相互借鉴,取长补短,推动不同文明和谐发展"。① 2006年11月发布的《中非合作论坛北京峰会宣言》也声明:"主张根据和平共处五项原则以及所有倡导多边主义和国际关系民主化的国际准则发展友好合作关系;强调尊重和维护世界的多样性,世界各国不分大小贫富强弱应彼此尊重、平等相待、和睦相处;不同文明和发展模式应相互借鉴、相互促进、和谐共存。"② 这导致中国所推动的区域间安排有一个不同于西方国家主导的类似安排的明显特征,即官方发展援助中没有任何政治条件限制。

中国所推动构建的区域间合作机制的这些核心特征,使其形成全球范围内区域间主义独特的"中国模式"。

二、中国推动区域间合作机制建设的重要意义

中国与非洲和阿拉伯国家的友好关系由来已久,但长期以来这种关系建立在双边关系之上。而通过中非和中阿合作论坛所推动的区域间合作机制建设属于国际多边主义的范畴,是中国当前多边外交的一种新形式。目前,它已经成为中国发展对外关系尤其是与广大发展中国家关系的基本工具。这是由区域间主义所具有的独特效用所决定的,如规范与制度建设、共同利益建构、促进稳定与发展、设置议题及平衡作用等。这些积极效用赋予了区域间主义重要的区域和全球意义,也是中国积极倡导和推进区域间合作机制建设的基本动力所在。具体说来,对中国来说,这些区域间合作机制建设的重要意义主要表现在以下五个方面。

一是规范构建,传播外交新理念。中国通过积极倡导和推动区域间合作机制建设不断构建着新的跨区域的共同规范。"友谊、平等、合

---

① "胡锦涛会见出席中阿合作论坛第二届部长级会议的阿拉伯国家代表团团长",《人民日报》2006年6月1日,第1版。
② "中非合作论坛北京峰会宣言",《人民日报》2006年11月6日,第4版。

作、发展"的基本原则是中国通过区域间合作机制构建共同规范的最重要成果。《中国对非洲政策文件》将这些原则细化为"真诚友好、平等互利、团结合作、共同发展"。这些原则作为中国与发展中国家新型伙伴关系的核心指导原则,已成为中国区域间集体对话与合作机制建设的基本准则。南非总统姆贝基谈及中非新型伙伴关系时说,中非合作模式堪称在全球范围内建立了与发展中国家关系的"新标准"。①

中国推动区域间合作共同规范的建构过程也是中国外交理念传播的过程。这既包括处理国家间关系的"和平共处五项原则"等传统外交理念,又包括以区域安全问题的新安全观和建立国际新秩序的"和谐世界"观点为核心的新外交理念。"和谐世界"理念传承与深化了和平共处五项原则,发展了中国一贯主张的公正、合理的国际新秩序观,融合了中国积极倡导的新安全观,概括了近年来中国提出的互利、共赢、可持续的新发展观,和尊重多样性、相互包容的新文明观,已成为指导中国对外政策的最新理念。而这一新理念率先通过区域间合作机制实践展现出来。比如,中非合作论坛北京峰会已被广泛认为是中非之间一次和谐的盛会,也是"和谐世界"理念的成功实践。《中非合作论坛北京峰会宣言》和《中非合作论坛北京行动计划(2007—2009年)》成为"凝聚了双方共识"的"纲领性文件"。正如一位埃塞俄比亚记者所说:"中非合作论坛北京峰会就是一个建立和谐世界的历史性的会议,北京峰会将开拓非洲和中国共同进步、繁荣的美好明天!"②"和谐世界"新理念开始通过区域间对话与合作机制在世界范围内生根开花!

二是制度建设,打造互动新层次。这些区域间合作机制在不同程度上创造着新的区域间制度:既有各种对话与合作协议、伙伴关系协议等正式的制度安排,也有各种固定的高峰会议、部长会议与高官会议及公民社会论坛、工商论坛等对话机制及其所颁布的各种声明、宣言和行动计划等非正式的文件。这些区域间制度虽呈现明显的"弱制度"特征,但已经形成了一种管理区域间关系的新的政策工具,就此在国家、区域和全球之间创造了一个全新的互动层次,从而为区域间共有规范建设和中国外交理念的传播、新的区域认同的建构和共同利益的实现提供了一种持续性国际平台。

比如,这些区域间制度建设对东亚区域主义的发展及其对解决不

---

① "姆贝基:中非合作模式值得西方仿效",《新华每日电讯》2006年11月7日,第5版。
② "和谐盛会实践'和谐世界'理念",《新华每日电讯》2006年11月7日,第1版。

平衡的区域化结构就起到了明显的积极影响。上世纪80年代下半期以来,欧盟引领的新区域主义在全球范围内蓬勃兴起,但直到90年代末期,东亚区域主义仍没有实质性展开。1997年12月启动的"东盟＋3(中日韩)"领导人会议虽被认为是东亚区域合作进程的真正开始,但东盟主导的这一进程一直没有取得实质性成果。直到2002年11月在中国政府积极倡导下启动"中国-东盟自由贸易区"建设进程和2003年10月主动要求加入《东南亚友好合作条约》并签署《东盟-中国面向和平与繁荣的战略伙伴关系联合宣言》后,东亚区域主义才迈入硕果频出的快车道。一个最直接的结果是,上述事件所引起的连锁反应使日本、韩国紧随中国启动与东盟的自由贸易区建设;日本、韩国等国不久也主动加入了《东南亚友好合作条约》,并签署了类似的和平伙伴关系协定。所有这些也为历史性的东亚峰会进程的启动奠定了稳固的经济和政治基础。这就是所谓"经由区域间主义的区域主义"效应。① 这正如丹麦学者约翰尼斯·施密特所言:"中国领导人在与区域组织打交道时表现出了仁慈的态度。美国的霸权政治与中国软实力双边和多边接触的鲜明对比帮助改变了世界和各个地区对美国和中国的认知。特别是中国的积极参与帮助带来了一种新的亚洲自信。"②

三是利益共享,维护安全与发展。区域间主义建构共同规范和共同制度的同时,也创造着共同利益。这些共同体利益既包括经济福利,也包括安全利益。在中国所推进的区域间合作框架内,这两种利益已成为密不可分的整体。经济福利主要通过贸易、经济技术合作和发展目标的实现而获得。以中非合作论坛为例,截至2009年2月初,在论坛框架内,中国已与48个非洲国家签署了援款协议,增加了对非洲国家的援助;与22个非洲国家签署了优惠贷款框架协议,支持项目33个;在减免债务方面,现已免除32国的150笔债务,对索马里的免债工作已启动,可以说,对非免债工作已接近完成。截至2008年3月,中国对非洲454种商品零关税也开始实施。③ 中非合作论坛成立以来,双边贸易快速发展。中非贸易额每年以30%的速度增长。2008年,中非

---

① 参见 Heiner Hänggi, "Regionalism Through Interregionalism: East Asia and ASEAN", in Fu-Kuo Liu and Philippe Régnier (eds.), *Regionalism in East Asia: Paradigm Shifting*? London: RoutledgeCurzon, 2003, pp. 197 – 219.

② 约翰尼斯·施密特,"中国在东南亚的软实力外交",尹继武编译,《国外理论动态》2009年第4期,第51页。

③ "扩大中非合作 提高援助成效",《人民日报》2009年2月9日,第3版。

贸易额达到1 068亿美元,创历史新高。中国已成为非洲第二大贸易伙伴。中国对非投资也增长迅速。截至2008年底,中国对非直接投资存量超过50亿美元;中非发展基金已投资10余个项目,投资额约2亿美元。① 中非经济贸易合作促进了非洲国家经济的发展,增加了当地的就业机会,带来了适合非洲国家的技术,增强了非洲国家自主建设的能力。对非洲而言,它具有经济和安全的双重意义,因为在经济落后的非洲,发展本身就是一种安全利益。

对中国而言,从中非合作中所获得的也不仅仅是经济利益,还有重要的安全利益。比如,能源资源丰富而又缺乏可靠市场的非洲成为了中国能源合作版图的重要构成部分。2006年的1、2月份,西非安哥拉向中国日输出原油超过45.6万桶,达到中国进口总量的15%,超过沙特和伊朗,成为中国最大的原油进口来源地。除安哥拉外,西非的刚果和赤道几内亚也位列中国十大进口原油国。非洲蕴藏的轻质石油非常适宜中国本土的炼油企业。目前,非洲石油占中国总石油进口的1/3,并且还有较大的增长趋势。中国同时在非洲地区拥有数十个油气勘探开发和生产建设项目,年获取权益原油产量上千万吨。② 中非能源合作对能源安全问题日益突出的中国意义重大。

四是设置议题,促进全球多边进程。中国通过倡导和积极推进区域间合作机制建设被赋予了设置议题的独特身份。中国设置议题的过程既是中国传统的和新的外交理念扩散而区域化的过程,也是区域间多边合作所形成的特定的制度与规范外溢而全球化的过程。这两种内外互通、互动与互构的过程赋予了这些区域间合作框架促进全球多边主义进程的独特效用。这种效用主要表现在安全和发展议题上。在安全议题上,主要是中国所提出的新安全观融入各种区域间合作框架之中,已形成一种"新型安全架构"。此架构基于公认的国际法准则,摒弃"双重标准",在互谅基础上通过谈判解决争端,尊重各国维护国家统一和保障民族利益的权利,尊重各国独立自主选择发展道路和制定内外政策的权利,尊重各国平等参与国际事务的权利。俄罗斯前总统普京称之为"成功的国际合作新模式"。③ 这种新型安全架构是在平等合作

---

① "中非加强合作应对金融危机",《人民日报》2009年1月20日,第3版。
② "中非论坛助推能源合作",《石油商报》2006年11月1日,第3版。
③ "上海合作组织成功开展国际合作的新模式——俄罗斯总统普京为上海合作组织2006年峰会撰文",《新华日报》2006年6月14日,第A4版。

的基础上,致力于真正的国际关系民主化,给各国人民带来福祉,实为"构建新型全球安全架构率先垂范",这对实现世界真正的安全将具有重要的现实意义。①

在发展议题上,中国强调"平等互利、共同发展",在贸易、投资、金融、环境、社会发展、文化等多个领域合作,且不附加任何政治条件。南非学者埃尔维斯、卡万加等人认为,不同于先前的南北半球国家对话模式,在全球领域逐渐成为主要角色的中国,对非洲的交往不只强调"南南合作"(南半球国家合作)的重要性,还以不附带任何政治经济条件的方式,扩大对非洲的援助,由此正在悄然形成一种关于发展合作的"北京共识"。② 这种共识对紧锣密鼓谈判中的"联合国新千年发展目标"和WTO关于发展议题的"多哈回合"无疑具有参照意义。联合国粮农组织助理总干事兼亚太地区代表何昌垂在谈及中非合作论坛北京峰会时表示:"中国作为一个发展中国家,有这种道德意识,担负起援助非洲的责任,我认为其意义完全是积极的。"他强调,在实现联合国所设定的"新千年发展目标"上,中非合作论坛为此提供了一个具体的范例,"我们应该给本届中非合作论坛打一个高分"。③

五是权力平衡,便利世界多极化。随着中国实力的不断强大,中国已成为推动世界多极化进程的重要力量。由于当今世界霸权主义和强权政治依然盛行,要推动世界多极化进程首先必须限制这种破坏性力量。所以,权力平衡(均势)战略就成了中国最现实的选择。按照通常的解释,权力平衡战略的核心原则是,一旦无政府国家体系中一国的地位对其他国家的生存构成威胁,一个或更多的国家就会通过共同利益的沟通而联合起来,"大家达成不允许任何国家取得支配他国的绝对优势或对他国发号施令的共识,"以确保现存国家体系的维护。一句话,权力平衡的最终目标就是抑制霸权的行为。④ 在现实中,权力平衡战略可以有两种选择,即通过军备和军事联盟的直接对抗和竞争方法、通

---

① 上海合作组织元首会议官方网站,"上海合作组织为构建新型安全架构率先垂范",2006年6月16日,http://www.scosummit2006.org/zxbb/2006-06/16/content_809.htm.

② "非洲国家形成'北京共识'中国援助不附带条件",2007年6月4日,新华网,http://news.xinhuanet.com/world/2007-06/04/content_6195579.htm.

③ "我们应该给本届中非合作论坛打一个高分",《新华每日电讯》2006年11月13日,第3版。

④ 汉斯·摩根索,《国家间政治:权力斗争与和平》(第7版),徐昕等译,北京:北京大学出版社2006年版,第252—253页。

过建立国际规范和制度的协作方法。① 中国毫不犹豫地选择了后者,积极倡导和推进区域间合作机制建设就是最重要的现实表现。这样,作为缔造"战略联盟"的重要举措,区域间主义便被赋予了权力平衡的重大意义。这就是所谓经由区域间主义的"制度平衡"或"合作平衡"效用。②

三、对区域间主义"中国模式"的评估及建言

目前,就起主导作用的行为体及其决策程序而言,全球范围内的区域间主义大体上可以分为4种不同的运行模式,即"欧盟模式"、"东盟模式"、"美国模式"和"中国模式"。总体上讲,"中国模式"在发展议题和能力上更类似于"欧盟模式",而在"软政治"议题、决策程序及注重不干涉原则上更类似于"东盟模式"。但"中国模式"具有这两种模式所不具有的一个重要特点,即作为合作一方的中国是一个实力强大的主权国家,自主决策能力最强。"中国模式"还具有"欧盟模式"所不具有的一个重要优点,即区域间安排不附加任何政治条件,更注重合作伙伴之间的平等相待。而这两点恰恰是区域间主义的"中国模式"最大的魅力所在。

作为发展中国家,中国在发展援助和贸易优惠政策上比那些发达国家更为慷慨,彰显了中国在区域间合作中的魄力和诚意。这就决定了"中国模式"不像"东盟模式"那样只局限于东南亚的周边区域,也不像"欧盟模式"那样容易为政治因素所羁绊,因而在非洲等广大发展中区域更具吸引力。来自国际社会尤其是非洲的广泛赞誉就证明了这一点。世界银行行长沃尔福威茨说:"世行今后面临的最大挑战,是如何鼓励与世行合作的国家执行正确的发展政策。"他认为,中国提供了一个很好的发展典范,世行只需把这个榜样介绍给其他国家。③ 非洲国家驻华使团团长埃蒂安强调:"中非合作论坛的出现是国际舞台上南南

---

① Richard Little, "Deconstructed the Balance of Power: Two Traditions of Thought", *Review of International Studies*, Vol. 15, No. 2 (April 1989), p.95.

② 参见 Jürgen Rüland, "Interregionalism: An Unfinished Agenda", in Heiner Hänggi et al. (eds.), *Interregionalism and International Relations*, pp. 306-307.

③ "中非合作论坛吸引世界目光",《人民日报海外版》2006年11月3日,第1版。

合作的光辉典范。"①

然而,由于中国所推动构建的区域间合作机制起步较晚,"中国模式"尚在发育之中,仍存在一些明显的不足。这主要表现在两个方面:一是制度化水平较低。制度作为安全区域主义进程中最为关键的环节,其本身就是一种权力的聚集、一种共同利益和集体认同的载体,所以,其紧密程度决定着区域间合作机制有效性的程度。中国所推动构建的区域间合作机制"弱制度"特征使其在决策程序上类似于"东盟模式"。这种决策方式是一种以高度协商和共识为特征的决策程序,是一种与西方多边主义谈判中惯用的对抗姿态、多数表决和其他法律程序相反的,以自主、非正式达成共识和非对抗性谈判形式为基础的区域互动与合作的过程。② 这种决策方式虽有灵活性优势,但常会导致区域间安排履行中"强制性不足、自愿性明显的"的结果,即其履行不依赖于具有强制性的法律义务,只能取决于成员国的意愿和信用。二是国际公共产品供应明显不足。鉴于区域间主义已迅速成为介于国家、区域与全球之间的一种新的研究层次,一种有潜力的新国际公共产品——区域间国际公共产品——随之悄然显现出来。在现实中,这种区域间国际公共产品作为共有利益的一种聚集,主要表现为国际性的安全保障、多边机制和经济援助等。由于与其他任何形式的公共产品一样,区域间国际公共产品具有非排他性和非竞争性的重要特征,可以为区域间合作机制中所有行为体所共享,因而已成为区域间主义发展的基本推动力量。然而,区域间主义"中国模式"中"软安全"合作和"软制度"运行的核心特征,使其对作为物质基础的国际安全保障和作为制度基础的多边机制这些国际公共产品的供应存在明显的不足;与以发达国家为主要构成的"欧盟模式"和"美国模式"相比,中国对作为另一个物质基础的国际经济援助这一国际公共产品的供应也明显处于劣势。

鉴于此,对于建设中的区域间主义"中国模式",我们需要以更积极的态度并依赖集体的力量来精心呵护它、培育它。对中国政府而言,一方面,在战略上,应在已有的《中国对非洲政策文件》等区域间合作框架基础上,制定更严谨、更具体、更一致的区域间合作政策,如出台类似

---

① "南南合作光辉典范——访非洲国家驻华使团团长埃蒂安",《人民日报》2007年11月5日,第7版。

② 参见 Amitav Acharya, *Constructing a Security Community in Southeast Asia: ASEAN and Problem of Regional Order*, pp. 47 - 72.

"中国区域间对话与合作共同文件"等政策文件,把区域间合作纳入国家对外战略的整体规划之中。另一方面,在行动上,在维持和发展既有区域间集体对话的基础上,实施有效的多轨与多速推进政策。"多轨"意味着在积极推进并扩大以中国为一方,以来自某一区域或次区域的区域组织/集团或一组国家为另一方的"中国对区域"的区域间合作的同时,还要积极参与以亚洲或东亚或上海合作组织为一方,以来自某一区域或次区域的区域组织/集团或一组国家为另一方的"区域对区域"的区域间合作(如亚欧会议、东亚-拉美论坛等),并努力在其中发挥重要的作用。"多速"意味着在条件成熟的情况下,先期与区域或次区域组织/集团(如非洲的非洲联盟、南部非洲发展共同体、西非国家经济共同体等;拉美的里约集团、南方共同市场、安第斯共同体、加勒比共同体等;阿拉伯国家的阿拉伯联盟和海湾合作委员会等)或一个或多个国家达成更为紧密的伙伴关系协定或经济合作协定等,强化区域间合作的法律基础,以更有效地推进已有的和新建的区域间合作机制的制度化进程。在行动上,还要逐步引入和扩大军事安全这一"硬安全"领域的合作,并根据本国经济发展的实际情况,尽可能地为合作伙伴国提供更多的贸易优惠和经济发展援助,扩大区域间合作机制建设所必需的物质基础,以此打造"一个有能力、有度量、不自私、乐于助人的'仁厚兄长'"的"中国形象"。这是"对大国制度建设能力与道德感召力的考验",也是成为"区域领导者"和"世界大国的基本功之一"。①

对中国工商企业而言,要紧跟政府的政策,积极参与到区域间的经济合作之中,努力发挥"市场主体"应有的驱动作用,切实做到"既做生意,又做公益",实现真正的互利、共赢的最终目标。对于公民社会组织(如非政府组织、学术团体等)而言,既要为政府的政策和工商企业的活动出谋划策,又要独立地开展区域间社会、环境、文化等领域的合作,切实承担起非盈利的志愿组织应有的"政策建言者"和"社会服务者"的重要责任。

总之,培育区域间主义的"中国模式",既需要中国政府发挥主导作用,又需要工商组织与公民社会组织的广泛参与。这是中国和平发展的重要步骤,也是经由"和谐地区"建设最终实现"和谐世界"宏伟目标的必然选择。

---

① 薛力,"仁厚兄长:中国在亚洲整合中的角色",《世界经济与政治》2008年第10期,第38页。

2010年美国《国家安全战略报告》的话语分析
——从高频词的使用看奥巴马政府安全战略的延续性与新特点

杨巧燕[*]

摘　要　伴随着哲学界的语言转向,人们开始认识到语言对社会意义建构的重要性。在政治文本中,词汇的大量使用能够反映言说者关注的议题和一定的意义建构企图。本文运用话语分析方法,从高频词汇的使用模式入手,利用Antconc软件,重点分析2010年美国《国家安全战略报告》,并进行比较研究,试图从微观层面解读奥巴马政府安全战略的延续性与新特点。

关键词　话语分析　美国　国家安全战略　延续性　新特点

1986年,美国国会通过"国防部重组条例",要求每任总统向国会提交一份《国家安全战略报告》,声明现任政府对本国实力的评估,以及如何使用军事和外交手段来推进国家安全利益。之后,《国家安全战略报告》成为每任总统的法定职责,每四年推出一次。2010年5月27日,奥巴马政府发布上任以来的第一份《国家安全战略报告》,阐述了美国对国际形势的总体看法及其政策倾向,成为外界了解奥巴马外交政策的重要依据之一。本文拟运用话语分析研究方法,以冷战后历届美国政府的《国家安全战略报告》为研究文本,重点分析2010美国《国家安全战略报告》(下称《2010报告》)的高频词汇,从而揭示奥巴马政府安全战略的延续性与新特点。

---

[*]　杨巧燕,南京大学国际关系研究院博士生,浙江工业大学讲师。

一、词汇建构意义

长期以来,语言被认为是一种符号,是人类认识世界、理解世界的工具。19世界末20世纪初,伴随着哲学界的语言转向,人们开始意识到语言的本体论意义。语言不再被认为是理解外部世界的镜子,语言本身被认为构成一种实践,可以建构社会现实和意义,具有权力的属性。

政治家、语言学家和思想家研究发现:第一,作为工具,语言可以表达意义。语言对事件的叙述内容、方式、角度和框定能够帮助命名、理解和渲染某个问题或事件,使行为体能够解释某个具体问题或事件的社会意义。[1] 通过语言,人们可以框定关于事物的知识,并赋予其意义边界。第二,语言具有一定的控制力,能够改变人们的认知结构,甚至行为,参与新的意义的建构。梵·迪克(Van Dijk)的研究表明,语言不仅能对人的行动自由进行限制,而且能对思维造成影响。通过说服、干预等策略,语言能够影响并改变人们的长期记忆和短期记忆进程,以及心智模式的形成,从而修改和重新形成人们对于重要社会事件的态度或意识形态。[2] 第三,语言的意义还受到权力的制衡。权力能够从外部控制语言使用者对语言的使用,影响意义的产生过程,从而帮助维持着一定的社会关系。权力关系下维持的这种社会关系,往往体现权力支配者的利益,同时也加强这种权力关系。这样,作为知识的语言与权力之间形成互构关系。[3]

作为一种符号,词汇的意义相对固定。在维特根斯坦看来,一定的社会习俗和具体的语言实践,使得词汇含义在一定范围内获得相对的稳定性。[4] 这种稳定性,反过来使其成为构建社会现实和意义的基本单位。20世纪传播学家肯尼思·伯克(Kenneth Burke)则将修辞定义

---

[1] Rodger A. Payne, "Persuasion, Frames and Norm Construction", *European Journal of International Relations*, Vol. 7, No. 1, 2001.

[2] Teun A. Van Dijk, "Discourse and Manipulation", *Discourse and Society*, Vol. 17 (2), 2006.

[3] Michel Foucault, *Discipline and Punish: The Birth of the Prison*, New York: Vintage Books, 1995, p. 194.

[4] Ludwig Wittgenstein, *Philosophical Investigation*, Massachusetts: Blackwell Publishers Ltd., 1997, pp. 1-2.

为"人使用词语形成态度或导致他人采取行动"。① 通过词以及词的修饰，人们获得了最基本的知识，以此进行判断并指导自身行为。而从认知角度来看，"词的修饰具有表达事件模式中的结构和观点的功能，它还具有夸张等修辞功能"。② 因此，词汇的选择、使用策略及其暗含的意识形态往往影响人们感知和理解世界的方式，词汇的使用在一定程度上决定事件存在于社会的基本形式。

语言对意义建构的作用与影响，使得语言与政治往往联系在一起。政治家必须使用一定的政治语言来表达特定的意图、引导公共舆论、获得政治支持、制定国家政策。保罗·切尔顿（Chilton）指出："政治行为首先要通过语言来建构，离开语言的政治活动并不存在。小到词的选择，大到一定规模的国家语言政策事件，政治就是应对一系列语言问题的过程。"③在他看来，"政治在很大程度上就是语言的使用"。词汇是语言的基本单位，词汇的使用是政治家意义建构的一个重要方面，能反应言说者的交际和意义建构意图。在现实政治中，各种行为体往往谨慎地使用语言来构建一定的政治意义。他们往往采用一定的语言技巧，使用特定的词汇来框定一定的社会现实，建构意义。伊拉克战争前，美国将萨达姆描述为"拥有大规模杀伤性武器"、"独裁者"、"支持恐怖分子"，而将美国描述为"伟大的国家"、"受上帝保佑的国家"，从而发动一系列的"战争动员"。事实证明，伊战前的语言使用非常有效，到发动伊拉克战争前，美国民众对伊拉克战争的支持率达到72%④，成为伊拉克战争时期公众支持率的最高点。

值得注意的是，词汇的重复对意义的建构也非常重要。人在接受信息时，总是下意识地更容易接受与自己原有认识保持一致的新信息，即所谓"认知相符"现象。而词汇的大量重复，更加强化了这种模式，更容易使人对其熟悉的事物产生共鸣。政治家在演讲中经常有意地重复核心词或是主题，并经常使用重复的技巧，比如押韵、首句、口号的重复

---

① Kenneth Burke, *Rhetoric of Motives*, Berkeley: University of California, 1969, p. 41.

② Teun A. Van Dijk, "Political Discourse and Political Cognition", in Paul Chilton (ed.), *Politics as Text and Talk*, Amsterdam: John Benjamins Publishing Company, 2002, p. 232.

③ Paul Chilton, *Analysing Political Discourse: Theory and Practice*, London: Routledge, 2004, p. 15.

④ "Public Attitudes Toward the War in Iraq: 2003 - 2008", March 2008, http://pewresearch.org/pubs/770/iraq-war-five-year-anniversary.

方式,这类信息在听到无数遍时就会在人的脑海中变得稳定,不需要再进行有意识的思考。① 所以,一定的词汇,使用频率越高,就越能体现相关意义的建构意图。"词汇重复和模式化是建构语料主题的明显方式",也是政治家用来表明自己关注点的一种方式。② 可见,通过词汇选择和词汇使用频率统计的分析,可以在一定程度上判断言说者的交际意图。

二、对《2010报告》的词汇分析

1990—2010年美国《国家安全战略报告》共有6份,是研究美国外交政策的一种非常合适的研究语料。通过使用词频统计软件Antconc,我们可以将文本中的高频词汇列出,从而在分析比较的基础上,进一步探讨《2010报告》是否存在美国安全政策的延续性,以及是否表现出新的特点。

(一) 延续性

根据软件统计结果,剔除the,of,and等一些虚词,选取前十位能反映美国国家安全战略关注点的高频词汇,其分布见表1。

表1 历次国家安全战略报告中的高频词
(括号内的数字表示该词在报告中出现的次数)

序号\年份	1990	1995	1998	2002	2006	2010
1	苏联(80)	安全(124)	安全(203)	世界(48)	自由(67)	安全(219)
2	安全(77)	经济(105)	国际(200)	自由(42)	世界(65)	国际(174)
3	军事(74)	军事(91)	努力(144)	经济(34) 发展(34)	安全(56)	合作(70)
4	欧洲(67)	利益(71)	经济(136)	安全(33)	经济(54)	机制(68)
5	经济(61)	国际(64)	军事(114)	盟国(32)	恐怖分子(47)	发展(66)

---

① "Analysing Rhetoric",来源于 http://www.diplomacy.edu/language/rhetoric/analysing.htm.
② J. Flowerdew, "The Discourse of Colonial Withdrawal: A Case Study in Creation of Mythic Discourse", *Discourse & Society*, 1997(4).

续 表

序号\年份	1990	1995	1998	2002	2006	2010
6	国防39	民主(59)	利益(78)	恐怖主义(30)	机制(43)	经济(63)
7	盟国(37)	和平(55)	贸易(76)	武力(28)	民主(42)	挑战(61)
8	世界(36)	策略(54)	武力(67)	武器(27)	发展(35)	核武器(60)
9	利益(34)	地区(50)	武器(64)	利益(24)	武器(34)	价值观(58)
10	民主(44)	国家(49)	地区(62)	机制(22)	地区(33)	威胁(51)

根据"词的大量重复表明了语言交际者所关注的基本问题"的观点[1]，表1中的10个高频词实际上反映了冷战后美国国家安全战略制定者所关注的问题，主要有：美国的全球领导地位、安全、经贸、价值观念、地区、伙伴、机制、和平与发展等。从历次报告中的共有高频词汇统计来看，三类词出现频率最高。

第一类是"国际的"(international)、"全球的"(global)、"世界的"(world)、"领袖"(leader)等词汇，这些词汇反映出美国自冷战结束以来对国际事务持续的兴趣与全球视角。《2010报告》开篇明确指出："美国追求'国家复兴和全球的领导地位'。国内事务将决定美国的力量与影响力，因此必须重建国内经济。国际方面，报告称要建立一个新的国际秩序，来维持美国21世纪在全球的领导地位，并通过加强合作来应对当今世界的各种复杂挑战。报告承认，现存的国际制度与规范存在缺陷，美国应参与制度的改革，并与其他国家共同行动，为共同利益谋福利。美国将与其他国家进行接触，这样有助于建立一个基于权利和义务的国际秩序。"[2]

第二类是"民主"、"自由"、"价值观"(value)。从表1可以看出，作为美国价值观念的核心，民主与自由是历届国家安全战略报告中十大高频词的常客。《2010报告》同样如此。报告称，"价值观"是美国安全

---

[1] R. Folwer, & G. Kress, "Critical Linguistics", pp. 185 – 213, in R. Fowler, B. Hodge, G. Kress and T. Trew (ed.), *Language and Control*, London: Routledge and Kegan Paul, 1979, pp. 212 – 311.

[2] *National Security Strategy* (2010), p. 3. 来源于 http://www.whitehouse.gov.

利益的四大支柱之一,"支持普遍价值观是美国长期安全与繁荣的基础"。同以往的报告一样,今年的报告依然对人权与民主极为重视。美国将在坚持增强自身榜样力量的同时,向外推行民主与人权。不仅支持民主,而且支持人权与发展。美国将支持民主程度较弱的机构发展民主,支持将人权纳入美国与专制政权的对话,并且支持有助于自由获得信息的有关技术的传播。① 此外,美国将从满足基本需求和维护尊严的角度,继续支持普遍价值观。

第三类是经济(economic,economy)。克林顿执政时期,该词使用出现一个小高潮。当时,面对经济全球化过程中西欧和日本经济的高速发展,克林顿提出了"信息高速公路"战略,国家安全的重心转向经济。同样,奥巴马政府将美国经济作为国家安全战略的一部分,认为经济繁荣是美国充当世界领袖的基础。为此,美国必须把推动经济增长和扭转财政乱象当作国家安全的首要任务。具体包括:"为公民提供接受完整教育的途径;改变生产与使用能源的方式;提供高质量可承受的医疗保险;减少财政赤字;加强对财政预算的监管;加强科学与创新等。此外,美国将努力促进全球繁荣与稳定所必需的平衡与可持续增长,防止再次发生经济的不平衡和金融过剩。美国将增加储蓄并扩大出口,争取达成有助于促进共同繁荣的双边及多边贸易协定,同时加速发展投资,缩小不平等构成的差距。"② 奥巴马还表示,在全球化时代,其他国家的经济动荡会直接影响美国人的生活。

(二)新特点

奥巴马政府《2010 报告》体现出一些新特点。

第一,"安全"的定义更加宽泛

从统计来看,冷战后历届美国总统无一例外都强调国家安全,但是他们对安全威胁所使用的词汇有所不同。由表 1 可知,在《2010 报告》中,威胁和挑战(threat/threaten/challenge)首次居前十位高频词之列。涉及对美国安全造成威胁的高频词详见表 2 所列。从具体文本来看,奥巴马政府对美国安全威胁或挑战的定义比以往各届政府更加宽泛。除了对军事、大规模杀伤性武器、核扩散、恐怖分子的重视,《2010 报告》第一次把网络安全隐患、气候变化、公共安全等列入国家安全威

---

① *National Security Strategy*(2010),p.5.
② Ibid.,pp.4-5.

胁名单。(1) 网络安全是美国面临的最为严重威胁。这种威胁可能来自网络黑客罪犯,也可能是有组织的犯罪团伙、恐怖网络或是国家政府。因此,要保护美国数字基础设施的安全和可信度。(2) 气候变化需要合作。由于全球变暖引发的变化将会导致全球在难民与资源、自然灾害等方面出现新的冲突。因此,美国将与其他国家一起合作,应对气候变化。(3) 公共安全压力增大。当今世界,疾病传播已经跨越了政治疆域,如 H1N1 等全球性流行疾病不断涌现。美国必须加强与多边机构的合作,改善全球对流行性疾病的监管与预警能力,提高应对疾病的控制和遏制能力。美国将与其他国家、国际组织以及非政府组织共享健康信息与数据。① 因此,"美国现在面临多样化的挑战……必须准备应对非对称性的威胁(asymmetric threat)"②。

表 2 《2010 报告》中描述美国国家安全遭受威胁的高频词

出现次数	对美国造成威胁的高频词
32	恐怖分子
25	基地组织及其党羽
25	核武器扩散和生物武器扩散
24	气候变化
23	网络
15	极端分子与罪犯
11	传播性疾病、传染病等公共健康威胁

第二,机制改革越来越重要

从表 1 可以看出,2002 年开始,美国国家安全战略报告中前十位的高频词中出现了"机制"(institution)一词,而且该词的使用频率呈上升状态。为了理解"机制"的涵义,笔者将 2002 年、2006 年以及 2010 年三份报告中涉及"机制"部分的高频词进行统计,结果见表 3。可以看到,尽管三份报告都重视机构方面的变革,但是变革的重点略有区别。2002 年报告的第四部分中强调,要改变国家安全机构来应对 21 世纪的挑战与机遇。"在改善情报和外交的同时,也要改变外交手段,改善公共信息能力。"2006 年的报告则强调,"国防部、国土安全部等国

---

① *National Security Strategy* (2010), pp. 48 – 50.
② *Ibid.*, p. 17.

内机构应该继续改革,推进国务院外交职能的转变。同时,应加强联合国的有意义改革,通过国际与多边的制度加强民主与民主推广。"

表3 2002、2006 以及 2010 年美国《国家安全战略报告》中对机制描述部分的高频词统计

年份	与机构有关的高频词汇及其出现次数
2002	intelligence(14), defense(8), armed forces(5), diplomacy(3)
2006	democracy(5), defense(5), diplomacy(3), partnership(2), cooperation(1)
2010	cooperation(11), organization(7), coordination(3)

《2010 报告》中,"机制"一词一跃成为十大高频词之第四位。报告认为,要实现机构的现代化,加强国际规范以及国际法的执行,美国必须"加强民事调遣能力,实现外交和发展能力的现代化。情报和国土安全措施也必须配合美国及其盟国和伙伴的国家安全政策"。在建立新秩序的过程中,美国要加强与联合国以及其他机构的合作,通过多边框架达成决议,致力于建立高效、有力和长期信任基础上的多元盟国制度;在多边关系中,发挥美国的领导作用;鼓励地区组织提高和改善其在各地、各国以及全球制度和劳动分工过程中发挥相应的作用。① 可见,2010 美国安全机制改革着眼于国际。

第三,国际合作必不可少

无论出于战略调整还是政治宣传,今年报告的一个显著特点是强调国际合作。由表1可知,2002 和 2006 年的美国国家安全制度改革中非常强调"军事"和"国防",而 2010 报告对这些词的使用大大减少,取而代之的是使用频率位居第四位的"合作"。

《2010 报告》的序言中提到,"长远的国家安全并非借助在他人心中建立恐惧,而是通过与对方的对话来获得"。当前的挑战不能仅靠一国单独解决,因此,美国要加强与各种国际和地区组织在打击恐怖分子、防止核扩散、促进全球经济繁荣、关注气候变化、维护和平与避免武装冲突、控制流行性和传染性疾病和跨国犯罪等方面的交流与合作。

针对中美关系,奥巴马在报告中发出了积极信号,愿意以接触的方式来对待中国,希望通过对话与中国合作,试图建立一种"积极的、建设性的、广泛的"合作关系。美国将利用新建立的战略经济对话机制,加

---

① *National Security Strategy*(2010), p.47.

强与中国的军事交流,减少不信任。

三、评述与思考

本文利用话语分析研究方法,从微观层面——高频词汇的使用模式——入手,对 2010 美国《国家安全战略报告》进行了非传统意义上的深入解读。从话语分析理论来看,"政治是建立和改变意义的过程"①,政治家不仅通过使用大量高频词反映想要表达的基本问题,还通过对高频词的重复,深化其意义。当情况变化需要对意义进行改变时,则使用新的高频词汇,对公众进行战略引导。新的高频词汇大量出现,预示着政策的战略意图的变化。新的高频词的出现及其交际实践,相应地形成新的话语规则。这种规则潜在提供一种结构,而通过这种结构,事物或人的行为被赋予了新的意义。② 因此,6 份《国家安全报告》中高频词汇的使用形成了人们认识美国国家安全战略的大致框架,为解读美国安全政策提供了一种知识性引导程序和解释模式。

就《2010 报告》来看,这个框架的核心就是美国将极力维护其全球的领导地位。为此,首先,美国要增强国力。2007 年开始爆发,持续到今天仍未结束的金融危机,不仅极大地伤害了国内经济,而且还动摇了其世界金融中心的地位。因此,新报告认为,美国的首要任务是恢复经济活力,因为它是实力和影响力的源泉。其次,继续向全世界推广美国的价值观。立国伊始,美国就以山巅灯塔自居,以照亮世界为己任。向世界其他国家展示其民主成就以及向外推广美式价值观,已经成为美国扩大影响力的重要途径。冷战后的老布什与克林顿政府都力主推进民主,克林顿还明确地将推进民主看作是国家安全战略三大目标之一。小布什政府进一步将推进民主看成是"美国的政策",而当今的奥巴马,不仅支持民主也支持人权,向外推行美国的价值观已成为美国安全政策的一种习惯动作。第三,修正美国的外交形象。在经历美阿和美伊两场战争以后,美国已经人为地造成了崇尚"先发制人"、奉行单边主义的刻板形象。因此,《2010 报告》放弃"先发制人"的提法,表达了修复传统盟友关系、加大与新兴大国对话,以及改善国际合作机制等积极想

---

① 孙吉胜,"国际关系理论中的语言研究:回顾与展望",《外交评论》2009 年第 1 期。
② K. M. Fierke, "Links Across the Abyss: Language and Logic in International Relations", *International Studies Quarterly*, September 2002.

法。美国甚至提出了武力是最后手段的说法来努力改变国家形象。

综上所述,《2010报告》中的美国扮演了一个"温柔巨人"的角色,强调机制与合作是本次美国安全政策调整的一个最大变化。其原因来自以下三个方面。第一,世界的多极化和多元化发展趋势。无论美国是否愿意,冷战后国际社会的多极化和多元化趋势越来越明显。传统大国努力奋斗,希望恢复往日的荣耀;新兴大国快速发展,希望在世界舞台上扮演自己的角色。尽管美国超级大国的地位短期内不会变化,但是其他"极"的不断强化势必导致多极化格局的最终形成。除此之外,多元化也是冷战后国际格局的一个显著特点。非国家行为体的能量得到极大释放,9·11事件以及之后连续不断的恐怖活动已经证明:在这场非对称的较量中,作为非国家行为体的恐怖组织同样可以在特定时期占据上风。第二,金融危机对美国的影响。毋庸置疑,2007年爆发的金融危机被称为是"大萧条"以来美国最严重的经济衰退。至10月15日,美国财政部官员表示,2010财年美国联邦财政赤字达到1.294万亿美元,占GDP的8.9%,虽然比2009年略有改进,但财政前景仍然不容乐观。① 巨额的财政赤字引起了国内的高度关注,茶党运动等反对当前经济政策的活动正在迅猛发展。第三,乔治·W.布什政府的错误决策——发动战争。小布什政府贸然对阿富汗和伊拉克发动了两场不计后果的战争,表面上看来,美国取得了胜利。然而,战后重建花费了美国预想不到的时间、精力和资源,是拖累美国经济的一个巨大负担。因此,奥巴马政府适时调整安全战略是迫于形势,同时体现了其战略的务实性。

---

① Timothy Geithner and Jeffrey Zients, "On Budget Results for Fiscal Year 2010", October 2010, http://www.ustreas.gov/press/releases/tg911.htm.

非传统安全视角下的国家安全战略
——全球化背景下的思考

程计险

摘 要 全球化背景下,非传统安全在当代国际政治中凸显出来,它深刻地改变了国家安全战略的内涵与外延。在非传统安全视角下,国家安全的战略谋划必须重新审视军事力量。军事力量的作用已经超越了军事目的,安全议题从军事领域拓宽到非军事领域,议题的优先排序更加复杂,而国家安全价值观的重心也从国家生存向人的安全转移。

关键词 全球化 传统安全 非传统安全 国家安全战略

安全,传统意义上等同于国家的军事安全,相对应地,国家安全战略也是着眼于军事目的;然而全球化背景下,国家之间的距离缩短,交往更加密切;大规模战争的成本急剧提高,这使得大国理性地拒绝了相互之间的重大战争,安全的内涵发生重大变化。巴里·布赞与奥利·维夫等认为,安全应该包括军事、政治、经济、环境、社会五大领域,包括全球、区域、国家三个层次。[1] 应付军事威胁不再是安全的全部内容,如何应付经济、环境、社会、资源、网络、信息等领域所出现的非传统威胁都进入国家安全战略的议程。学术界和决策层广泛地认识到,非传统安全问题逐步全面地上升到国家安全战略的高度。虽然,非传统安全到现在为止还不是一个很成熟、很明确的概念,它更多地是以传统安全——以军事安全为主要内容的国家安全,它甚至可以与军事战略研究划等号——为坐标的一个相对概念,是对安全概念重新定

---

[1] Barry Buzan, Ole Wæver, and Jaap de Wilde, *Security: A New Framework for Analysis*, Boulder: Lynne Rienner Publishers, 1998.

义的产物。① 它也是一种观察安全问题的视角,包括两个方面:对传统威胁的非传统应对和如何处理非传统威胁。不可否认的是,非传统安全问题在实践上的突出和理论上的研究确实对国家安全战略产生了深刻的冲击,以军事安全为主的传统的国家安全战略观念已经不能适应一个全球化的国际形势。本文以全球化为背景,通过对比传统的国家安全,从军事力量的作用、安全议题的拓宽、优先排序的复杂性以及价值观重心的转变等四个方面探究非传统安全如何推动国家安全战略内涵与外延的演变,以及所产生的影响和带来的问题。

一、军事力量的作用:超越战争目的

在相当长的历史阶段中,国家安全战略在传统意义上几乎就等同于军事安全与国防安全。无论是古代中国还是近代以来的欧洲,汗牛充栋的战略学著作,如《孙子兵法》、《武经七书》、《战争艺术》、《战争论》、《战略论》、《大战略》等,都是围绕着军事安全,探讨攻城掠地、夺取政权的克敌制胜之道,来阐述国家安全战略的基本原理。《大英百科全书》(1967年版)将大战略即国家安全战略定义为"为了达到战争(与和平)的目的而动员一国或几个国家联合起来的所有资源的艺术"②,科林·格雷认为,"战略的核心是关于武力或武力威胁"。③ 战略奉行的原则则是,"一国之所得必为他国之所失"的零和游戏规则。"在国际关系领域的传统意义上,安全一词是基于两个假设:(1) 对国家安全的威胁主要来自于边界之外;(2) 威胁的本质虽不完全是但基本上都是军事性的,因此如果国家要维护自身的安全,也必须以军事手段回应军事

---

① 关于安全的重新定义,可以参见 Richard H. Ullman, "Redefining Security", *International Security*, Vol. 8, No. 1 (Summer 1983), pp. 129 – 153;Raimo Vayryne, "Concepts of Security Revisited", *Mershon International Studies Review*,(1995)39, pp. 259 – 262;郑先武,"全球化背景下的安全:一种概念重构",《国际论坛》2006 年第 1 期。需要指出的是,使用"非传统安全"这一术语比较频繁的是中国学者,尤其是 2003 年 SARS 危机之后,中国学术界加强了对于非传统安全的研究。参见王逸舟,"中国与非传统安全",《国际经济评论》2004 年 11—12 月刊,第 32—35 页。关于非传统安全的定位与由来则可以参见:朱锋,"'非传统安全'解析",《中国社会科学》2004 年第 4 期,第 139—146 页。

② 伊藤宪一,《国家与战略》,外国军事研究部译,北京:军事科学出版社 1989 年版,第 12 页。

③ Colin S. Gray, *Strategic Studies: A Critical Assessment*, Westport, CT.: Greenwood Press, 1982, p. 3.

威胁。"①沃特·李普曼对这些假设作了最好的概括,"国家在什么情况下是安全的呢?当避免战争可以使得国家免于牺牲核心价值观的时候,或者一旦受到挑战就可以通过战争的胜利来维护这种价值观的时候。"②安全研究可以定义为关于"威胁、使用和控制军事力量的研究"。③它研究的是在什么条件下可能使用武力,使用武力会以哪些方式影响个人、国家和社会,以及为了准备、防止或介入战争国家应当采用哪些特殊政策。④可见传统安全视角下,安全以生存为底线⑤,国家安全"主要是指军事上的安全,而军事安全与经济、政治尽管存在着一定程度的相互联系、相互制约的关系,但是它们之间的界限毕竟还是比较清晰的,具有相对独立性"⑥,国家安全战略以"国家总是面临着生死存亡的军事威胁,重大战争不可避免"这一假设为基点,以围绕着打赢实际的或假想的战争为最高目标,以军事力量的使用和威胁使用为主要手段,是一种军事优先的战略谋划。

但是,在全球化背景下,尽管生存仍然是国家的安全底线,但是"国家总是面临着生死存亡的军事威胁,重大战争不可避免"这一假设不再是颠扑不破的真理,甚至于有人提出重大战争已经过时了。⑦从战争技术层面上看,战争武器的杀伤力急剧增大,尤其是核武器的出现使大国恐惧在核战争中互相毁灭,这就形成一种恐怖平衡,从而放弃了重大战争。更重要的是,全球化进程从根本上改变了军事力量的历史使命,各国经济相互依赖变得空前严重起来,这使得大规模战争的经济成本急剧提高,自由、民主、人权等观念的扩散是国家不再把战争视为光荣

---

① Mohammed Ayoobb, "The Security Problematic of the Third World", *World Politics*, Vol. 43 (1990 – 1991), No. 2, pp. 257 – 283, 261.

② Lippman, *U. S. Foreign Policy: Shield of the Republic*, Boston: Little Brown, 1943, p. 51.

③ J. S. Nye and S. Lynx-joxe, "International Security Studies: A Report of a Conference on the State of the Field", *International Security* (1988) 12:5 – 27.

④ Stephen M. Walt, "The Renaissance of Security Studies", *International Studies Quarterly* (1991)35, p. 212.

⑤ Barry Buzan, "New Patterns of Global Security in the 21st Century", in William Olson (ed.), *The Theory and Practice of International Relations*, Prentice Hall College Div., 1994, p. 207.

⑥ 唐永胜,"国家安全战略的转变",《中国软科学》1998年第7期,第31页。

⑦ John Mueller, "The Obsolescence of Major War", in Charles W. Kegley and Eugene R. Wittkopf (ed.), *The Global Agenda: Issues and Perspectives*, Peking University Press, 2005.

的手段;纵观二战后的世界历史,尽管发生过苏联颠覆捷克斯洛伐克政权、入侵阿富汗,美国入侵格林纳达、颠覆阿富汗塔利班政权和伊拉克萨达姆政权等战争,政权被外来军事力量灭亡,但是一个国家因为外敌入侵而被吞并从而导致整个国家灭亡的事件则极为少见,并且越来越不可能,即使出现了越南入侵柬埔寨、萨达姆伊拉克吞并科威特等恶劣的事件,被侵略国也在国际社会的干涉下最终恢复了领土,用战争调整领土争端变得既无效也无必要。朝鲜战争、越南战争中诸大国之间的角力已经很明显地表明了大国对于重大战争的恐惧和克制;而中小国则因为受到国际社会体系强有力的制约,更是无法发动重创邻国的重大战争,即便是超级大国对中小国家的战争受到多方掣肘,不能为所欲为(印度在1975年吞并锡金得到国际社会的默认是极其罕见的例外)。可见,虽然各国面临的传统军事威胁并没有完全消失,但是重大战争的逐渐消失使得国家的存活率比起从前却大大提高,国家基本上不再因为外来威胁而灭亡,这样国家就有精力关注非军事威胁,非传统安全的兴起就具备了基本前提。

在这种情况下,如果战略家们仍然把军事安全视为国家安全战略的全部,"想当然地认为必然存在着军事威胁,并且把自己的思考全部限定在如何应付军事威胁上,因而排斥诸如裁军、非暴力抵抗等一系列非军事手段"[1],甚至没有威胁时要假想威胁,只会导致社会资源向军事领域过于集中,只会加剧不必要的军事紧张气氛,并且削弱对其他领域的关注;在国外,国家为加强军事安全必然要扩张军备,又必然引起周边国家和对手国家的不安并引发军备竞赛,从而使安全困境成为一种自我实现的预言。正如乌尔曼指出的,把国家安全的定义仅仅局限在军事范围内,就会导致两种危险的结果:(1)国家过于集中精力关注军事威胁,从而忽视了更具危害性的危险,从而降低了国家的整体安全性;(2)国际关系军事化,从长远眼光看这只会提高全球的不安全性。[2] 一言以蔽之,军事优先导向的安全努力往往导致了不安全的结果。

因此,战略家们有必要在国家安全战略中重新审视军事力量的作用,"关键是准备而不是使用。全球领域的无政府冲突要求改变军事力量的使用方式而不是减少军事力量。国家领导人应该减少的是下面两

---

[1] Hedley Bull, "Strategic Studies and Its Critics", *World Politics*, Vol. 20, No. 4 (July 1968), pp. 593–605.

[2] Richard H. Ullman, "Redifining Security", p. 129.

种倾向:(1)用军事手段作为解决危机的本能的第一反应;(2)将国家安全仅仅限制在军事目的和手段上。如今许多国家的国家安全政策常常以军事手段来追求非军事目的,军事力量开始在与军事威胁抑或国家安全没有直接关系的政策中发挥了重要作用。"[1]这方面的例子很多,比如,2008年5月,中国人民解放军调动11万军力参与5·12四川大地震的抗震救灾,完全不是用于传统的军事安全目的而是用于自然灾害这样的非传统安全目的;另一个典型的例子是联合国维和部队,虽然也是执行军事任务,但这支国际性的正规武装力量并不与任何交战双方发生战争,也就是说它不是靠"以战止战"而是创造缓冲地带来防止战争。

二、安全议题的拓宽:从军事领域向非军事领域

传统的国家安全过于关注军事领域,越来越不能适应一个全球化了的时代,这引起了众多学者的不满,早在20世纪60年代,赫德里·布尔就撰文批判安全研究等同于战略研究[2];20世纪80年代,理查德·乌尔曼就主张将安全议题从军事领域拓展到非军事领域,他认为国家安全面临的威胁还有:"紧缺能源的全球供应,恐怖主义袭击,第三世界主要国家的持续不断的暴力,移民造成的冲突"[3];巴里·布赞则在其成名作《人民、国家和恐惧》[4]中提出安全复合体,只是由于冷战的大背景,这些文章和著作并没有引起太多关注。

相反,冷战结束后,面对学术界拓宽安全议题的呼声,许多学者表达了担忧,史蒂芬·沃尔特认为,拓宽安全概念会"破坏知识的连贯性,更难解决任何重要问题"[5];奥利·维夫则警告说,把一个问题"安全化",即将其视为国家安全问题或国际安全问题,"会导致特殊的解决方

---

[1] Robert Mandel, *The Changing Face of National Security: A Conceptual Analysis*, London: Greenwood Press, 1994, p. 23.

[2] Hedley Bull, "Strategic Studies and Its Critics", pp. 593–605.

[3] Richard H. Ullman, "Redifining Security", p. 134.

[4] Barry Buzan, *People, States and Fear: The National Security Problem in International Relations*, Chapel Hill: University of North Carolina Press, 1983.

[5] Stephen M. Walt, "The Renaissance of Security Studies", *International Studies Quarterly*, Vol. 35, No. 2 (June 1991), pp. 213.

式:威胁、防御,常常是国家中心的解决方式"①,并指出"非安全化"才是最理想的选择。

尽管有着这些争论,但是由于全球化进程中全球问题日益凸现,并且许多全球问题演变成对世界各国国家安全的威胁,比如恐怖主义、环境恶化、金融危机等,因此后冷战时代国家安全议题的拓宽成了安全研究不可阻挡的方向和趋势。有研究指出,安全研究不应该只是集中在传统军事安全方面,还要更多关注包括经济、环境、人口等议题。② 罗伯特·吉尔平这样的现实主义者也承认,经济不平等构成了威胁的根源,"作为不平衡发展趋势的结果,世界经济的作用已经对国际安全产生了重要的影响,国际经济和军事实力平衡的转变使一些国家更加安全的同时,增加了另一些国家的不安全"③,他还认为,不安全、不稳定的贸易体系和全球金融的脆弱性正威胁着全球共同的安全和繁荣。④ 克洛德奇亚认为,国家安全概念需要拓展到足以应付这个世界上的多种多样的挑战⑤,这既应当是安全研究中要包含经济学、心理学和社会学/人类学等一系列社会科学;也应该是安全研究议题中要包含国内暴力、次国家和跨国家威胁、艾滋病、毒品交易、国际债务和经济衰退、人口膨胀、环境污染、贫富差距扩大等一系列国际问题。以布赞为代表的哥本哈根学派则把安全议题拓宽到军事、政治、经济、社会、环境五个核心领域,并认为这五大领域都可以成为相对独立的安全领域,而不是其他领域必须依附于军事领域,这就是著名的领域分析法。⑥ "这种国家安全议题拓宽的趋势,不仅在国际关系理论界而且在决策层中已经被广泛地接受。……实际上,理解环境恶化、不发达问题和疾病有助于解释和解决国家内部和国家之间的冲突。更重要的是,通过采纳安全的宽泛定义,国际关系理论对于安全政策制定过程中的重要变化作出了回应。政治家、军人和普通公众日益意识到犯罪、恐怖主义、环境恶化

---

① Ole Wæver: "Securitization and Desecuritization", in Ronnie D. Lipschutz (ed.), *On Security*, New York: Columbia University Press, 1995, pp. 65.

② Richard H. Ullman, "Redifining Security".

③ Robert Gilpin, "Economic Dimension of International Security", in Henry Bienen (ed.), *Power, Economics and Security*, Boulder: Westview Press, 1992, p. 52.

④ 参见 Robert Gilpin, *The Challenge of Global Capitalism: The World Economy in the 21st Century*, Princeton: Princeton University Press, 2000.

⑤ Edward A. Kolodziej, "Renaissance in Security Studies? Caveat Lector!" *International Studies Quarterly*, Vol. 36, No. 4 (December 1992), pp. 421-438.

⑥ 参见巴里·布赞等,《新安全论》,朱宁译,杭州:浙江人民出版社2003年版。

和传播性疾病不仅威胁到个人安全,也威胁到国家安全。这种转变广泛地反映在美国和其他国家的国家安全评估中。"[1]

日本是当代在国家安全战略层面上拓宽安全议题的第一个国家。20 世纪 80 年代初,日本政府提出"综合安全保障战略",认为对国家安全的威胁不仅有军事威胁,还包括自然灾害、粮食危机、资源危机等。多种多样的综合性威胁要求对付威胁的手段多样化,"要把防卫、政治、经济、外交、文化等一切力量综合地汇集起来,充分加以运用"。[2] 军事手段是维护国家安全的重要手段,但不是唯一手段。只有在政治、经济、军事、科技、外交、文化等方面作出努力,国家安全才能得到保障。

美国的国家安全战略文件也清晰地反映了安全议题拓宽的趋势。1988 年的《美国国家安全战略报告》指出,美国要"有效地应对"国际恐怖主义活动"对美国和美国公民的安全构成的威胁",1991 年 8 月美国公布的国家安全战略首次将环境纳入国家安全的范畴,指出,"我们必须运用保护增长的潜力和当代及后代人的机会的办法来管理地球的自然资源……对全球环境的关注……是没有国界的。这些环境挑战带来的压力正成为政治冲突的一个原因。"1994 年,克林顿在《美国国家安全战略报告》中提出了冷战后美国国家安全的"三大支柱",即"增强美国军事力量,繁荣美国经济和扩大民主",明确把繁荣经济提升到安全的层面,同时认为对美国国家安全构成新威胁的不仅来自军事方面,还包括恐怖主义、贩毒、环境恶化等。2003 年 2 月 14 日,美国总统布什公布了美国历史上第一个《反击恐怖主义国家战略》报告,它同《反击大规模杀伤性武器国家战略》《网络空间国家安全战略》《国土安全国家战略》等报告一样,是 2002 年 9 月出台的《美国国家安全战略报告》的重要组成部分或补充。

欧洲的政要们也认为新的威胁在不断出现。在 2002 年 12 月的国会演说中,法国国防部长迈克尔·奥利特-玛里指出:"冷战结束的十多年来,我们一直期望一个给我们带来稳定与和平的新的世界秩序。然而,与我们的希望相反,对和平的威胁却在与日俱增。区域性危机更加频频发生。弹道导弹和大规模杀伤性武器还在继续发展;……9·11

---

[1] Elke Kraahmann (ed.), *New Threats and New Actors in International Security*, New York: Palgrave Macmillan, 2005, p.11.

[2] 综合安全保障组,《综合安全保障战略报告书》,转引自方连庆等主编,《战后国际关系史》(下),北京大学出版社 1999 年版,第 666 页。

事件中美国遭到了恐怖主义袭击,然后是巴厘岛,大规模的恐怖主义已经成为一个现实。它直接威胁到了我们公民的生命和国家利益。"①德国国防部长彼得·斯特鲁克于 2003 年 1 月指出:"近年来,国际环境对德国提出了新挑战。有的来自于类似 9·11 事件的恐怖主义袭击……安全形势比过去更加复杂。越来越多的国家和非国家行为主体在追求大规模杀伤性武器和弹道传输系统,因此削弱了地区安全和全球安全。恐怖分子手中的生化武器,甚至核武器是我们这个时代的最大威胁。"②

三、优先排序复杂化:从军事优先到优先目标模糊

有学者指出,"战略本来就是一个选择问题,任何国家的资源总是有限的,所以如何做最佳的分配也就自然成为一项优先的考虑"③,"政府不能回避国家安全中何为优先这一重大问题……政府必须把资源分配到他所认为的有必要的领域,以保卫国家安全"。④ 然而,战略目标之间的层级划分与优先排序从来就是一个复杂的问题,在人类历史上从来没有一项战略是按照事先实际的方案在实践中原封不动地得以执行的。保罗·肯尼迪指出:"大战略关注目的与手段的平衡,既在战时,也在平时。国务家们仅仅考虑如何赢得战争是不够的,还需要考虑代价(最广义的代价)会有多大;大战略不可能永远是精确无误的和预先注定的。相反,它依靠对政治实体的目的和手段做不断的和明智的再审视。"⑤威廉森·默里等人认为:"战略是一个过程,一种不断调整,以便在一个偶然性、不确定性和含糊性占优势的世界上适应变动中的条

---

① Speech before the French National Assembly, Paris, November 28, 2002, http://www.defense.gouv.ft.
② Tomas Valasek,"New Threats, New Rules: Revising the Law of War", *World Policy Journal*, Vol. 20, No. 1, 2003, pp. 21-22.
③ 纽先钟,《战略研究》,桂林:广西师范大学出版社 2003 年版,第 13 页。
④ David Baldwin:"Security Studies and the End of War", *World Politics*, Vol. 48, No. 1, 1995, p. 127.
⑤ Paul Kennedy (ed.): *Grand Strategies in War and Peace*, New Haven: Yale University Press, 1991, p. 4.

件和环境。"①在安全议题之间如何优先排序,一直是国家安全战略的焦点,国家安全议题的扩大使得这种排序更加复杂。

传统的国家安全具有结构性稳定的特点,威胁不是朝夕之间出现的,也不是朝夕之间可以解决的,在一个相对稳定的国际格局中一个国家面临的传统安全问题也是相对不变的,有相对比较可靠的预测性。当代国家传统安全问题的解决往往依赖于国际关系格局的结构性变革,如德国统一依赖于苏联在欧洲力量衰退的大背景;越南从柬埔寨最后撤军是因为苏联力量衰退的全球性背景,也依赖于中美在印度支那半岛对苏联逐渐取得战略优势的地区性背景;中国要解决台湾问题也须依赖于亚太地区大国的力量对比向中国倾斜。另一方面,在传统意义上,国家安全战略所面临的威胁是明确的,即另一个民族国家的军事威胁,而后冷战时代的一些非传统威胁则是"没有威胁者的威胁"②,威胁的来源和方式往往出乎意料。"以核威慑战略为例,它建立在如下几个假定上:(1) 战略目标是另外一个民族国家;(2) 这个被威慑的国家对于核武器是拥有一定的集中决策权的;(3) 最重要的是,对手拥有反击能力和对应目标,这构成第二次核打击的目标。这种以理性为基础的现存威慑仍然在国际安全中起作用,同时武装的非国家和次国家行为体日益增多,使这种战略思维越来越过时。他们不占领任何主权国家的领土,因此他们不会给威胁报复提供目标。换言之,因为你找不到目标,所以你没有办法威胁报复。"③

非传统安全威胁的主体和范围在全球范围内是多样化的,并且全球化加强了非传统威胁在全球范围内传播的概率和速度,这不仅为国家安全战略增加了新的议程,而且使其优先排序更加复杂。(1) 非传统安全强调经济、社会、文化等非军事领域,每个领域都会强调各自领域在国家安全战略中的重要性。经济学家坚持经济福利的优先性,"因为如果公民没有食物、衣服或者住所等起码的经济福利,谈何考虑外来军事威胁!同样,环境主义者也会强调环境问题的优先性,一个国家如

---

① Williamson Murray, Macgregor Knox and Alvin Bernstein, *The Making of Strategy: Rulers, States and War*, New York: Cambridge University Press,1994, p. 1.

② George Fidas, "Global Development: Non-Traditional Security Challenges in International Politics", 25 August, 2001, http://www.maxwell.syr.edu\ir\globdev04.syl-f2kl.htm.

③ Victor D. Cha, "Globalization and the Study of International Security", *Journal of Peace Research*, Vol. 37, No. 3 (May 2000), pp. 391–403.

果没有军事力量保卫外敌袭击当然不能生存,但是一个国家如果没有空气可以呼吸,没有水可以饮用那又怎么生存呢?"①(2) 非传统安全具有很大程度的不确定性和爆发性,它可能在短时间内迅速上升为国家安全战略中的优先议程,比如,2003 年,中国爆发 SARS 危机,在短短的数月内,控制病情的蔓延成为中国国家安全的头等大事,事态一旦控制下来,它又迅速地失去了这种优先性;在特定情况下非传统安全很可能向传统安全转化,并最终成为安全战略议程中的长期优先事项,例如,9·11 事件后,反恐问题上升为美国国家安全战略中的最优议程,并且美国以武力方式解决反恐问题,先后发动阿富汗战争、伊拉克战争,使得反恐问题由非传统安全向传统安全转化,在小布什任期内一直是最优议程。

从原则上说,由于国家安全的底线仍然是生存,并且国际政治的无政府状态和安全困境没有得到根本改变,所以传统的军事安全仍然应处于国家安全的核心位置,不如此就难以保障国家的生存。但是"不同国家因为自身国情的不同,对于传统和非传统安全威胁的看法及解决顺序,有着不同的优先性和排列组合"。② 对于西方发达国家中的大国,尤其是美国,仍然将传统安全放在最重要的位置,另一方面他们又要面对来自发展中国家的"输入型"非传统威胁;发达国家中的小国,比如加拿大、北欧国家,传统安全问题的重要性日益下降,乃至基本上不存在传统的军事威胁,其国家安全战略中优先事项就是如何面对"输入型"为主的非传统威胁;发展中国家的大国和中等国家,如中国、印度,安全问题尤为严峻,既要面对传统安全问题,又要面对内部滋生的非传统安全问题以及外部输入的非传统安全问题,国家安全议题的战略排序也是最为复杂的;发展中国家的微型小国,比如南太平洋岛国,他们没有能力关注传统安全问题,应付非传统安全威胁构成了国家安全战略的全部。

四、价值观重心的转变:超越国家生存

阿诺德·沃尔弗斯在 1952 年就指出,"安全是一种价值观",是国际政治研究的"起点"和"落点",国家安全是"客观上不存在对国家所追

---

① David Baldwin, "Security Studies and the End of War", p. 127.
② 王逸舟,"中国与非传统安全",《国际经济评论》2004 年第 6 期。

求价值观的威胁和主观上不存在对这些价值观将会遭到袭击的恐惧"。① 在传统的国家安全概念中,国家想要诉诸战争加以保卫的核心价值都是有关民族国家的——保卫国家主权和国家独立,保持领土完整和边界神圣不可侵犯,以及不允许本国内政被强行干涉。② 所以,赫德里·布尔批判说,战略家们不考虑道德,战略家们是冷漠的,但是他们没有权力这么做。③

然而,在全球化时代,仅仅用国家来回答"谁的安全"问题是不能令人满意的。巴里·布赞指出:"人们很快会发现安全有许多潜在的指涉对象,他们不仅因为国家、社会成员的增加而成倍增加,而且经由国家向下移向个人层次,向上移向作为整体的国际体系层次。因为任何一个指涉对象或层次的安全,都不可能孤立于其他指涉对象和层次来实现,他们中任何一个的部分的安全会成为总体安全的一种前提。"④指涉对象多元化过程中,人的安全最为引人注目,肯·布斯提出,安全的指涉对象是多样化的,国家不是唯一的候选,可选择的还有个体的人、民族、种族、亲属集团和整个人类共同体,而"个体的人是安全的最后指涉对象"。将个人作为指涉对象的观点,成为后实证主义者关于安全新定义的基础。⑤ 有的学者还探讨了国家安全与人的安全之间的矛盾,例如,布赞首先提出,国家不仅是安全捍卫者,也是威胁的制造者,"或许对于这个世界上的大多数人来说,来自国家的威胁是他们生活中不安全的主要来源"⑥;尼古拉·波尔认为,在有些国家,处于统治地位的政权是安全的核心指涉点,政府政策的目的不是使其民众谋求安全,而是保护精英们对权力的控制。⑦ 简而言之,在传统安全概念中,保障国家生存是无可争辩的核心价值观;而在非传统安全视角下,安全指涉对

---

① Arnold Wolfers, "National Security in an Ambiguous Symbol", *Political Science Quarterly*, Vol. 67, No. 2 (Fall 1952), pp. 482–511.

② Benjamin Miller, "The Concept of Security: Should be Redefined?" *Journal of Strategic Studies*, Vol. 1(July 2001), p. 17.

③ Hedley Bull, "Strategic Studies and Its Critics", pp. 593–605.

④ Barry Buzan, *People, States and Fear: An Agenda for International Security Studies in the Post-Cold War Era*, 2nd ed., Boulder, Co.: Lynne Rienner, 1991, pp. 3–5.

⑤ 郑先武,"全球化背景下的安全:一种概念重构",第 49 页。

⑥ Barry Buzan, *People, States and Fear: The National Security Problem in International Relations*, p. 26.

⑦ Nicole Ball, "Security and Emancipation", *Review of International Studies*, No. 4, 1991, pp. 313–326.

象尽管没有形成定论,但是"延伸"是大势所趋,强调人的安全成为最核心的价值,只有当国家成为捍卫人民安全的有效工具时才获得价值。同时,经济繁荣、环境保护、地区安全、全球安全也成为国家安全战略的重要价值观。

非传统安全强调安全指涉对象的多元化,把人的安全视作最终关怀,这在学理上是一大进步,也成为当代国际社会逐渐认可的一种共同的安全理念。然而,由于"人的安全有四个重要特点:普世性、其组成部分是互相独立的、需要保护、以人为本"[①],因此在实践操作层面上,"人的安全"、人类安全等新概念则为西方国家人道主义干涉提供了一种理论依据,为美国这样的霸权国拓展战略空间提供了一种新的合法性来源。1999年,美国为首的北约以人道主义干涉为名发动科索沃战争,试图确立一种人权高于主权的原则;美国在9·11事件后以反恐为名发动阿富汗战争,不但打击了基地恐怖组织、扶持了一个亲美的阿富汗政权,还把进驻中亚的美军从短期变为长期,从而把美国的战略利益拓展到了俄罗斯的后院,使其在中、美、俄、印四大国中亚竞争格局中获得相当大的战略优势;2003年,美国又以防止大规模杀伤性武器为由发动伊拉克战争,图谋增强对中东局势的控制能力。

另一方面,非传统安全所强调的价值观又为当代国家,尤其是上升的大国摆脱安全困境开辟了新的路径。传统安全涉及的是有关国家生死存亡的核心利益,总是假设存在着敌对双方,每个国家都有明确的假想敌,并且双方之间只可能是一场"我方所得必为敌方所失、敌方所得必为我方所失"的零和游戏,"一国试图提高本国安全的一系列措施常常造成了他国安全降低的结果"[②],形成无法解脱的安全困境。因此在传统安全的视角下,合作比较难以进行,即使是部分国家之间的传统安全领域的合作也往往会引起其他国家的担忧。而在非传统安全视角下,威胁来源有可能是次国家,也可能是跨国家的非国家行为体,因此要求受威胁的各个国家携起手来与对方合作,一国的国家安全与地区安全和全球安全往往形成相互依存关系。所以,暂时搁置敏感的传统安全问题,推动非传统安全领域的合作,不但不容易触及其他国家的核

---

① Gary King and Christopher J. L. Murray,"Rethinking Human Security", *Political Science Quarterly*, Vol. 116, No. 4 (Winter 2001-2002), pp. 589.

② Robert Jervis, "Cooperation under the Security Dilemma", *World Politics*, Vol. 30 (1977-1978), No. 2, p. 169.

心利益,从而招致猜疑和威胁,相反它有利于增强周边国家的信任,有利于让维持现状国尤其是霸权国减少对上升大国的担忧,减少安全困境。这一点对于中国尤其具有现实意义,近年来中国推动非传统安全领域的合作,积极参与地区主义的一系列政治外交活动也证明了这一点。①

五、小　结

全球化是一种"历史过程,它转变了社会关系和交易的空间组织,造就了权力运用和交往行为的跨大陆的或者区域间的网络"②,当代国家都生存在一张以经济、政治、军事、环境、社会等为经,以国际组织、国家、次国家行为体为纬的越来越紧密的网络之中,国际体系已经进入一种"成熟的无政府状态"。③ 自二战以来因为外来武力而遭亡国之灾的案例已几乎不存在,传统安全视角下的国家生成问题得到基本满足,并且冷战结束后,国家之间尤其是大国之间高烈度的军事对抗可能性越来越小,而非传统威胁却日益增多,当代国家可以并且必须把非传统安全问题上升到国家安全战略的高度,因此从非传统安全的视角审视国家安全战略,成为一种历史的必然。

非传统安全的重要意义在于:在这个非传统威胁与日俱增的新世界里,人们再也不能用过去的以赢得战争为目的的军事思维来谋划国家安全战略;当代国家安全战略必须着眼于全球化背景,充分地考虑到经济、社会、环境等非军事议题;国家安全的研究应该更多地转向以道德、价值取舍和合作为主的方法。

---

① 关于中国在参与地区主义活动中是如何推动非传统安全合作的,可以参见孙学锋、陈寒溪,"中国地区主义政策的战略效应",《世界经济与政治》2006 年第 5 期。
② 戴维·赫尔德和安东尼·迈克格鲁编,《治理全球化:权力、权威与全球治理》,曹荣湘、龙虎等译,北京:社会科学文献出版社 2003 年版,第 2 页。
③ "成熟的无政府状态",简单说来,就是国际体系处于一种无政府但有秩序的状态中,这区别于完全丛林状态下没有秩序的不成熟的无政府状态。巴里·布赞对这个概念进行了论述,可参见 Barry Buzan, *People, States and Fear: The National Security Problem in International Relations*.

非法移民对美国国家安全的影响

黎红霞

摘 要 随着全球化的不断加深,美国开始从国家安全的角度考虑非法移民问题。特别是9·11事件后,由于恐怖分子利用美国移民体系的漏洞进入美国,策划了震惊世界的恐怖袭击,非法移民问题逐渐受到美国政府高度重视,并成为其战略考虑的要素之一。本文从政治安全、军事安全、经济安全、生态安全和社会-文化安全等方面探讨非法移民问题对美国国家安全的影响。

关键词 美国 非法移民 国家安全 非传统安全

一、概念的界定

所谓"非法移民包含两种情况下居留于所在国境内的外国人和无国籍者。一种是不按照所在国法律规定进入该国国境的人,通称为非法入境者。另一种非法移民的情况是,虽然某人是获准合法入境的,但他在所在国的居留已经超过了合法的期限,成为了非法逾期居留者,或是丧失了合法身份(没有有效的护照或类似的身份证件),或者使用涂改的证件或他人的证件,这样的非法移民称为'当地产生的非法移民'"。[①] 由于合法移民进入入境国时得到了入境国政府的许可,并且每年入境国会根据本国情况给予一定的配额,此配额的确定也是综合本国国情和安全等各方面因素的考量,所以入境国对于合法移民的进入是可以控制的,一般对于本国的安全不会产生危害,而且被允许移入的人口大部分都是各类人才,对移入国的发展往往有利。所以,移入国

---

① 梁淑英,"该拿'坦帕号'难民怎么办?",大洋网,2001年9月6日,http://www.dayoo.com。

政府真正想要控制的是非法移民。本论文所要探讨的是非法移民对美国国家安全的威胁。

这里也需要对国家安全作一个简单界定。传统的国家安全强调军事安全、领土的完整和政权的牢固。但是随着现实世界的发展及理论界在安全研究领域的拓展,人们对于国家安全构成的看法发生了变化。我国学者认为新的国家安全概念应主要包括以下 6 个方面:政治安全;军事安全;经济安全;科技安全;生态安全;社会-文化安全。① 本文主要是从政治安全、军事安全、经济安全、生态安全及社会-文化安全五方面来探讨此问题,而研究非法移民对科技安全影响限于资料基本没有涉及。

二、非法移民对美国政治安全的影响

首先有必要了解政治安全的语境,"政治安全是国家对其主权的维护和保障,也是国家传统的、最经久的安全诉求"②;"政治安全是传统安全的重要领域,然而从政治认同的角度考察政治安全,政治安全则进入非传统安全领域"。③ 政治安全还可理解为"国家安全的政治合法性维度",指的是国家组织的稳定性,以及赋予其合法性的政府系统和意识形态的维护,是政府及其机构履行法定职责和保护自身免于国内骚扰、叛乱或纷争的能力。④ 由此可以看出,政治安全主要包含两层意思:一是传统视角下的政治安全;二是从政治认同角度来看的政治安全。这里探究非法移民对美国政治安全的影响,主要从移民输出国与美国之间因移民问题所引发的纠纷;非法移民削弱了政府及其机构履行法定职责和保护自身免于国内骚乱、叛乱和纷争的能力;移民导致美国国内政治认同存在危险这三个方面来分析。

---

① 可参考谢雪屏,"国家安全及若干相关概念的学术梳理",《福建师范大学学报》(哲学社会科学版)2007 年第 5 期;马维野,"国家安全、国家利益、新国家安全观",《当代世界与社会主义》(双月刊)2001 年第 6 期,第 16—17 页;刘跃进,"论国家安全的基本含义及其产生和发展",《华北电力大学学报》(社会科学版)2001 年第 4 期。

② 阮征宇,"跨国人口迁移与国家安全——一项非传统安全因素的研究",暨南大学博士学位论文,第 57 页。

③ 余潇枫、潘一禾、王江丽,《非传统安全概论》,杭州:浙江人民出版社 2006 年版,第 39 页。

④ Nazi Choucri, "Migration and Security: Some Key Linkages", *Journal of International Affairs*, Vol. 56, No. 1 (Fall 2000).

第一,非法移民引发移民输出国与美国政治纠纷

非法移民问题引发政治纠纷从美国和墨西哥关于移民问题的较量中可见一斑。美墨边境从太平洋一直延伸到墨西哥湾,长度为2 000英里,边界地区主要为一些无人区以及荒漠农村。① 边界沿线经常出现人口和毒品走私问题,而且二者经常同时进行,同时还有边界地区的社区腐败(community corruption)问题,这些都让边界地区的美国百姓感到生活不安宁。墨西哥武装警察和军队还经常侵入美国,而且非常司空见惯。美国媒体曾多次报道过,如案例之一墨西哥士兵与亚利桑那州诺加利斯(Nogales)地区警察在走私者所挖掘的隧道中发生武装对抗;墨西哥军队人员向新墨西哥州一位骑在马上的边境巡逻人员射击等等。一些美国联邦密探表示:亚利桑那州西南部经常发现墨西哥士兵或墨西哥人装扮成的墨西哥士兵。墨西哥军方和执法界官员被贿赂以及他们与毒品走私者的勾结长期以来令两国关系受到影响。② 更令美国不满的是,墨西哥政府在本国制订了两套移民政策:一套是针对墨西哥南部边界,另一套则针对北部边界。墨西哥移民服务局(Mexico's immigration service)负责人普雷西厄多(Felipe de Jesus Preciado)表示这样做的目的是因为中美洲人非法进入墨西哥造成了"安全问题"。他表示:这些非法移民通过使用和走私者一样的渠道和路径入境,给墨西哥南部边境城市带来了困扰。所以在南部,墨西哥和美国一样实施打击非法移民的政策。③ 其实,墨西哥控制其南部边界的另一个重要原因是为了限制非墨西哥籍公民进入美国的人数,以便使墨西哥公民在入美者中处于支配地位。如果说墨西哥的该项移民政策至少还控制了其他美洲国家非法入美的话,那么墨西哥政府在其北部边界实施的移民政策则令美国大为光火:在墨西哥北部边界,墨西哥政府不但不协助美国打击非法移民,而且还为非法移民入美提供便利,同时还抱怨美国的边界管辖措施。早在2000年福克斯就任总统前,墨西哥政府就已经采取措施保护非法移民。墨西哥政府在本国建立了一个特殊警察部门(名字为Grupo Beta),有记者曾描述了其工作内容:"他们穿着外形似海盗的军队制服,一般晚上出没,他们和一群移民出

---

① Glynn Custred, "North American Borders: Why They Matter", April 2003, http://www.cis.org/articles/2003/back803.htm.
② Katherine McIntire Peters, "No Man's Land", *Government Executive*, July 2002; *ABI/INFORM Global*, p. 22.
③ *The Washington Times*, 8/13/2001.

现在围栏旁,挤作一团的移民奉承着这群陌生人。他们在移民旁蹲伏着,查看地形,看到散发着微光的美国边境巡逻车在雾中穿过,这些军人拿出名片说:'不用担心,我们是警察,来自 Beta Gobernacion(Beta 的一个下属部门),我们到这里是来帮忙的,有问题吗?没有碰到强盗吧?有警察拦住你们吗?有的话让我们知道。'"①该部门甚至还准备了一个连环画性质的小册子,上面用简单的西班牙语和有颜色的图画解释如何在非法越境的路上应付各种危险。福克斯总统上台后情况也没有好转。

非法移民问题一直是美国的一块心病,而且非法移民的主要来源地就是墨西哥。据美国 2002 年的人口统计结果估计,美国大约有 930 万非法移民,墨西哥非法移民数高达 530 万,占非法移民总数的 57%。来自其他拉美(主要是中美洲)的非法移民数量大约为 200 万,约占总数的 25%。② 以 2003 年为例,美国国土安全部共抓获了 1 046 422 名非法入境者,其中 931 557 人是边境巡逻队抓获的,而边境巡逻队所抓获非法入境者中的 97% 又是在西南边境,即美墨边境。③ 作为美国主要非法移民来源地的墨西哥不协助美国处理非法移民问题,而且还帮助非法移民潜入美国,美国的愤怒情绪可想而知。

美墨之间因非法移民而引发的政治纠纷还可从一例中看出。2002 年 5 月,众议员国际关系委员会(House International Relations Committee)通过了由北卡罗莱纳州共和党议员卡斯·巴伦杰(Cass Ballenger)所提的一项决议,要求美国每特赦 500 万名非法移民,墨西哥国有石油企业就必须开放一家让美国公司投资。墨西哥新闻界非常愤怒;墨西哥城大教主认为"这是勒索";石油工会的代表则表示"这非常愚蠢";诺贝尔和平奖获得者阿道夫·佩雷斯·埃斯基维尔(Adolfo Pérez Esquivel)则认为这是"试图吞并拉美"的阴谋;墨西哥参议院认为这个例子充分表明美国立法者的"无知"、"傲慢"以及"帝国野心"。舆论要求文森特·福克斯总统"穿上他的裤子"——像男人一样行动起来——反对这个提议。最终,福克斯加入到了这些批评者当中,无条件

---

① Sebastian Rotella, *Twilight on the Line: Underworld and Politics at the U. S. - Mexico Border*, New York: W. W. Norton, 1998, p. 92.

② Jeffrey Passel, "Mexican Immigration to the US: The Latest Estimates"[EB/OL], http://www. migrationinformation. org/Feature/display. cfm? ID-208.

③ *2003 Yearbook of Immigration Statistics*, Published by U. S. Office of Immigration Statistics.

地拒绝了墨西哥国家石油公司(Pemex)的私有化。① 关于在美墨边境建立隔离墙也引发了美墨间纠纷:2006年5月17日,美国参议院以83∶16票的比例通过了向美墨边境地区派遣6 000名国民警卫队士兵和修筑一条370英里的隔离墙的议案。370英里围墙穿越了整个亚利桑那州沙漠,加上现有的从加利福尼亚圣迭戈市至亚利桑那州的700英里围墙,横亘美墨边境的围墙总长度将超过1 000英里,因此,被美国媒体戏称为21世纪西方世界的"长城"。早在去年12月,墨西哥总统对美国众议院通过斥巨资修造"千里长城"的决议就公开表示非常不满。他表示,这个计划不会保护美国的经济利益,而且会损害移民权利,并号召美国国会通过法案认可非法移民。墨西哥总统的"反感"是本能的。"千里长城"在自己家门前平地而起,使墨西哥非法移民对美国社会造成的冲击"铁证如墙"。有分析预料,随着"千里长城"的崛起,美墨之间的盟友关系恐怕会遭遇种种变数。② 可见,非法移民问题会引发移民输入国与输出国之间的政治冲突。

第二,非法移民削弱了政府及其机构履行法定职责的能力

政府的职责包含多个方面,以下笔者主要从政府对国家主权的维护能力、司法体系、庇护制度三个方面讨论非法移民的影响。首先是非法移民对国家主权维护能力的挑战,而边界就代表着国家主权。边界像其他机构一样,既有作为工具的职能(instrumental function),也具有象征意义(symbolic function)。国际边界的工具职能就是划定界限表明某一国主权到此为止,另一国主权由此开始。沿着此条边界某国拥有控制商品和人口出入其主权领土的法定权利,并且国家视外部军事力量进入其边界为侵略。③ 非法移民的跨界行为就是对国家主权赤裸裸的侵犯。不断到来的非法移民给美国移民与归化局(INS:Immigration and Naturalization Service)带来了严重挑战。INS的职责之一就是在边境巡逻抓捕非法移民。随着非法移民的日益增多,INS的人手也日趋紧张。现在有9 000名联邦人员在2 000英里的美墨边境巡

---

① Mark Krikorian, "Oil for Illegal? Mexico, and the Democrats, Have a Fit over House Vote", National Review Online, May 14, 2003, http://www.cis.org/articles/2003/markoped051403.html.

② 佚名,"美国非法移民的功与罪",学术交流网,http://www.annian.net/show.aspx?id=19764&cid=8.

③ Glynn Custred, "North American Borders: Why They Matter", April 2003, http://www.cis.org/articles/2003/back803.htm.

逻。而在美加边境上，只有 400 名巡逻人员，而美加边境长度是美墨边境的两倍多。①

非法移民与恐怖分子交织在一起，更是考验了美国相关部门的能力。9·11 事件后，调查人员调查了 19 名已死亡劫机犯的签证情况，发现至少有 6 名劫机犯是在美国驻沙特阿拉伯吉达(Jeddah)领事馆获得的签证，他们途经香港、伦敦、苏黎世后到达美国。信息显示 9 名劫机分子是合法赴美的，但同时也发现至少 3 名劫机分子是非法赴美且逗留时间超过了许可。而另外的 7 名劫机分子根本没有记录或者记录不完整。② 9·11 事件中恐怖分子利用了美国移民政策和移民体系的漏洞，这使美国认识到了移民体系的缺陷。INS 局长(commissioner)齐格勒(Ziglar)就曾向国会陈述："我们的组织体系和管理体系都已经过时了，面临挑战时在许多方面都表现不足。"③美国审计署(The General Accounting Office)同样表示：尽管国务院管辖的签证体系目前取得部分进展，但是对美国而言它仍是个"重要挑战"，人手及人员经验不足以及虚假签证问题，导致恐怖分子非法进入或在美延期逗留。④ 美国报刊 9·11 事件后也对美国移民政策进行了讨论。持反对移民态度的人认为 9·11 事件至少暴露了美国移民政策的明显漏洞：(1)边境巡逻和执法力量太弱；(2)外国人进入美国缺乏记录，没有跟踪外国人的系统；(3)联邦政府各机构间彼此信息没有共享，也无各层面间的协调与合作；(4)国会屈从于亲移民集团和工商界的游说，通过的移民法太宽松。⑤ 为此，美国对移民体制进行了大幅改革，并建立了国土安全部(Homeland Security Department)以加大对非法移民的执法力度来保卫本土安全。

其次，非法移民也对美国司法体系形成挑战。美国是法治国家，外国公民要想入境美国，必须按照签证或护照规定的期限及美国法定的出入境关口或港口进入美国。非法移民要么是不按照法定出入境关卡

---

① Linda Chavez, "Don't Seal the Borders", *Wall Street Journal* (Eastern Edition), New York, November 21, 2001, pg. A. 14.

② Chris Adams, "Gaps in Immigration System could Leave U. S. Vulnerable—As Congress Weighs New Measures, Visa Problems Remain 'Significant Challenge'", *Wall Street Journal* (Eastern Edition), New York, October 16, 2001, pg. A. 28.

③ Ibid.

④ Ibid.

⑤ yahoo news, October 2, 2001; "The San Diego Union-tribune", October 15, 2001; National Review Online, October 20, 2001.

或港口入境,要么是签证或护照过期,在美逗留时间超过法定范围,这损害了社会的普遍法则。2004年,美国边境巡逻队阻截和拘押了110万非法移民。据美国非政府研究机构"普优西斯帕尼克中心"(Pew Hispanic Center)2005年9月28日公布的最新一项调查报告披露,尽管美国当前经济不如20世纪90年代时期强劲,但美国境内没有合法身份的移民人口仍以每年50万人以上的速度在增加,非法进入美国的外国人正不断增多,已超过合法移民美国的人数。① 而有研究表明,非法移民持续以很高的比例来到美国,这会使现有或潜在的非法移民认为美国不仅不会执行移民法,而且也不会执行其他法律。当法律不再是抑制潜在非法移民的武器时,整个法律体系的完整性将受到危害。②

最后,非法移民还动摇了美国的庇护制度。政治庇护是西方政治制度的一项重要内容,也是西方民主和人权的象征。其本意是要超越国家主权,给予受政治、宗教和战争等受到生命威胁的人以人道主义保护。③ 但是由于美国打击非法移民的力度加大,不少非法移民开始利用庇护制度进入美国,试图通过此制度来获取合法身份。不仅如此,由于恐怖分子与非法移民相互混杂,庇护制度还成为非法移民危害美国安全的渠道之一。2002年7月4日,发生了一名恐怖分子汉斯海姆·汉德耶特(埃及人 Hesham Mohamed Hedayet)在洛杉矶国际机场谋杀了两个人的事件,之前他就曾申请美国的庇护制度,且在申请过程中他的申请原因是埃及政府认为他是恐怖分子,并表示在埃及时曾承认过自己是伊斯兰组织成员。但是 INS 从来没去调查他是否真的与恐怖组织有关,这才导致了悲剧的发生。此外,还有其他一些恐怖分子也利用了庇护程序,如20世纪90年代有一名恐怖分子什克·奥马尔·拉哈曼(Sheik Omar Abdel Rahman)试图利用其他手段留在美国但都没有成功,最终他就是通过庇护制度才没有被遣返回埃及。此人在美

---

① 2006年全球政治与安全报告,"全球非法移民:动因、影响及发展",学术交流网,http://www.annian.net/show.aspx?id=19742&cid=16;2001年后,合法进入美国的永久居民已从57.8万人下降至45.5万人,而非法进入美国的移民则由54.9万人增长至56.2万人。截至2004年3月,美国境内在外国出生的移民人数已经占美国人口的12%,达到3500万人,其中没有合法身份的移民人数多达1035万人,占29%,比2000年840万人多出23%。Migration Policy Institute, http://www.migrationinformation.com.

② Laurel R. Boatright, "Clear Eye fort the State Guy: Clarifying Authority and Trusting Federalism to Increase Nonfederal Assistance with Immigration Enforcement", *Texas Law Review*, May 2006; *ABI/INFORM Global*, p.1639.

③ 2006年全球政治与安全报告,"全球非法移民:动因、影响及发展"。

国策划了众多的恐怖阴谋,包括 1993 年袭击美国世贸中心。① 由于非法移民、难民和恐怖分子之间的甄别非常困难,因此美国庇护体系地位受到根本动摇。

第三,非法移民导致美国国内政治认同存在危险

边界界定了一国的主权领土范围,但是边界还具有象征意义,表达了一种共同体认同(identity of community)。这种认同是它的成员在与其他的国家共同体及其成员相区分开来这种愿望驱使下进行互动而形成的。② 因此边界不仅是指地上的一条线,它还指公民集体心理(collective mind)。边界是人们把国家看成一个有限的、其所属主权共同体的重要组成部分。③ 从这个意义上讲,国界除指物理意义上的边界范围,还指边界内公民的国家共同体意识。而政治认同属于这种共同体认同的一种,此外它还包括文化认同、民族认同等。④ 非法移民不断入境美国,使美国国内政治认同存在危险。以墨西哥裔为例,美国著名学者亨廷顿就曾表示:他们对美国的认同仍是乏力的。在 1992 年对移民儿童进行的调查中,出生于墨西哥的孩子没有一个回答自己是"美国人"。至于在美国出生的孩子,墨西哥裔的只有 3.9% 说自己是美国人。而其他族裔做同样回答的人有 28.5% 到 50%。⑤ 而且墨西哥承认双重公民身份,非法移民入美后即使变为合法移民,墨西哥政府依然可利用此制度削弱他们对美国的政治认同,并可能对美国政策施加影响。⑥ 此外,这种政治认同过低的危险在边界地区以及前墨西哥地区表现得更为严峻:1835—1836 年的德克萨斯独立战争和 1846 年的美墨战争,

---

① Steven A. Camarota, "Threats to National Security: The Asylum System", The Visa Lottery, Testimony Prepared for the U. S. House of Representatives, Committee on the Judiciary, Subcommittee on Immigration, Border Security, and Claims, October 9, 2002. http://www.cis.org/articles/2002/sactestimony1009.html.

② Anthony C. Cohen, *The Symbolic Construction of Community*, New York: Tavistock Publications, 1985, p. 12.

③ Glynn Custred, "North American Borders: Why They Matter".

④ 参见余潇枫,"认同危机与国家安全?——评亨廷顿《我们是谁?》",《毛泽东理论研究》2006 年第 1 期。

⑤ 塞缪尔·亨廷顿,《我们是谁:美国国家特性面临的挑战》,程克雄译,北京:新华出版社 2005 年版,第 201 页。

⑥ Adolfo Aquilar Zinser, "La Noche de la Migra", *EI Siglo del Torren*, 2001(a) (May 5); Adolfo Aquilar Zinser, "La Migracion y la Nueva Vecinidad", *EI Sigo del Torren*, 2001(b) (August 24). 转引自 Glynn Custred, "North American Borders: Why They Matter".

美国夺走了墨西哥一半领土。而这些领土正好就是现在墨西哥裔移民生活的主要聚集区。一些墨西哥移民用西班牙语"reconquista",即英文中的"reconquest"(重新征服)来表达他们渴望重新看到加利福尼亚州、新墨西哥州、亚利桑那州和田纳西州重新回到墨西哥的愿望。① 2002 年一项国际民意测验(Zogby International Poll)随机抽样了 801 名墨西哥人,询问其是否同意"美国西南部的领土属于墨西哥"。调查者中 58% 的人同意此说法,还有 57% 的人同意以下说法,"墨西哥人拥有在未经许可的情况下进入美国的权利"。只有 28% 的人不同意,14% 的人不确定。② 可见移民对美国政治认同之低。

三、非法移民对美国军事安全的影响

军事安全是指一国不受军事威胁,主权不受侵犯。二战后特别是冷战后虽然各国面临的传统军事威胁并未完全消失,但是国家所面临的生存威胁已大大降低,国家的存活率比起从前大大提高。军事安全所面临的威胁来源开始发生转移,一些非传统安全主体开始对国家军事安全进行挑战。9·11 事件给美国造成重大伤亡,严重危害了美国的军事安全,让美国见识了非常规战争的威力。理查德·拉姆(Richard D. Lamm)指出:"9·11 所带来的最重要的一个因素,就是我们用于保护自己的战争的类型(the type of warfare)变化了。"③恐怖分子对美国军事安全的影响是不容置疑的。而恐怖分子又与非法移民有着千丝万缕的联系,因为恐怖分子经常混入非法移民中或者是通过松散的美国移民签证体系和检查程序合法入美。无论是哪种情况,恐怖分子入境都与美国移民体系有脱不掉的干系。由于很难区分非法移民与恐怖分子,所以非法移民也成为威胁美国军事安全的来源之一。美国移民研究中心的官员卡马罗塔(Steven Camarota)表示:"没有什么比美国移民体系更能阻止对美国国土的进攻了……因为现在的恐怖威胁几

---

① 杨丹华、华倩,"墨西哥移民对美国国家安全的影响",《华中农业大学学报》(社会科学版)2007 年(1)。
② Glynn Custred, "North American Borders: Why They Matter".
③ Richard D. Lamm, "Terrorism and Immigration: We Need a Border", *Vital Speeches of the Day*, May 1, 2002;*ABI/INFORM Global*, p. 298.

乎绝大部分都源于国外的恐怖分子。"①9·11事件是个非常典型的划分移民影响美国军事安全的例子。

9·11事件中的19名劫机者使用了临时旅游签证、商务签证,或者学生签证进入美国,大部分人在发动袭击时还具有合法身份。策划了袭击世贸中心双子塔以及五角大楼撞机事件的三人(Mohammed Atta, Marwan al Shehhi 和 Hani Hanjour),都在美国飞行学校学习过。而且,另两个只有旅游签证的恐怖分子(Atta 和 al Shehhi)也被同一所飞行学校录取,后来他们通过申请还拿到了学生签证。② 这充分说明了美国移民体系的漏洞和宽松,促使美国政府发现潜在的军事威胁可能就来源于美国内部。美国意识到自内战以来,美国本土成功躲避了两次世界大战,但是在21世纪却无法防止恐怖主义威胁。恐怖主义已成为"美国最现实的、最直接的威胁"。布什就曾表示:"恐怖主义是美国21世纪面临的第一场战争。"战争形态的改变促使布什政府被迫把有限的资源转投入对恐怖主义的防范。维持美国的国内安全将是美军的重要任务。布什提出:"这是对美国的战争,美国将运用一切资源来打赢这场战争。"

为此,2001年10月1日,布什政府在《四年防务评估报告》中把恐怖主义列为对美国安全的"首要威胁"。③ 于是美国政府开始对美国的移民体系进行重大改革,目的是改变该体系对恐怖主义的脆弱性。移民局的任务还应包括识别与防止恐怖分子入境。政府开始检查移民法、移民政策以及执法行为中的问题,正是它们使实施民主、自由贸易的美国暴露在了恐怖分子面前。④ 2003年2月14日,布什总统公布了美国历史上第一个《反击恐怖主义国家战略》报告。⑤ 它同《反击大规模杀伤性武器国家战略》《网络空间国家安全战略》《国土安全国家战略》等报告一样,是2002年9月出台的《美国国家安全战略》报告的重

---

① Steve A. Camarota, "The Open Door: How Militant Islamic Terrorists Entered and Remained in the United States, 1993 – 2001", Center Paper 21, Washington, D. C.: Center for Immigration Studies, 2003, p. 13, http://www.cis.org/articles/2002/theopendoor.pdf.

② Andrew I. Schoenholtz, "Transatlantic Dialogue on Terrorism and International Migration", *International Migration*, Vol. 41(4)2003, ISSN 0020-7985.

③ 王逸舟,《全球化时代的国际安全》,上海:上海人民出版社1999年版,第84页。

④ Andrew I. Schoenholtz, "Transatlantic Dialogue on Terrorism and International Migration".

⑤ "National Strategy for Combating Terrorism", February 2003, http://www.whitehouse/news/realses/20030214-7.htm.

要组成部分或补充,表明9·11后美国的国家安全战略发生重大转型,非传统安全一改过去对传统安全的从属地位,正式上升到了国家战略安全的高度。①

四、非法移民对美国经济安全的影响

国家经济安全是指国内国际社会经济有序、良好运行,内外各项因素有利于经济的发展,并不存在对经济的威胁。② 也有学者认为它属于国家安全结构性维度,即"维持国家福利和力量的资源、财政和市场秩序不受干扰和侵害"。③ 理论界大体认同非法移民会对一国经济产生影响,如增加社会经济成本,耗费大量国家资源,造成地下黑市流行,抢夺本土劳动力市场等④,但他们大都从宏观上指出非法移民对一国经济产生的影响,并未具体考察。笔者认为,从短期来看,非法移民对美国的经济安全确有影响,但这种影响是有限的,因为其主要影响群体是美国社会中最底部的那群人。据美国移民研究中心(Center for Immigration Study)研究表明:美国受教育程度低者(less-educated)就业率下降很快。在劳动力市场中,受教育程度为高中以下的本土成人(18—64岁)比例在2000年至2006年间从59%下降至56%,而具备高中学历的人从78%下降至75%。同时,劳动力市场中本土低学历者开始增多:在劳动力市场中,具有高中学历者、低教育程度者及未受教育者有2 300万;有1 000万本土青少年(15—17岁)未就业或不在劳动力市场上;有400万大学生未就业或不在劳动力市场上;而相比之下,预计700万非法移民却有工作。很多研究表明,移民造成了低收

---

① 参见牛新春,"美国反恐之纲——简析美国《反击恐怖主义国家战略》",《现代国际关系》2003年第3期。

② 关于经济安全的定义非常之多,可参见王逸舟主编,《全球化时代的国际安全》,上海:上海人民出版社1999年版;李少军,《国际政治学概论》,上海:上海人民出版社2002年版;雷家骕,《国家经济安全导论》,西安:陕西人民出版社2000年版;赵英主编,《超越危机:国家经济安全的检测预警》,福州:福建人民出版社1999年版。转引自阮征宇,《跨国人口迁移与国家安全——一项非传统安全因素的研究》,第52页。

③ Nazli Choucri, "Migration and Security: Some Key Linkages".

④ 这方面的书籍很多,但多偏于宏观概述。如田禾,"移民潮对国家安全的影响",《当代亚太》2001年第4期;田源,"移民:传统经济维度中的非传统安全因素",《经济问题探索》2006年第9期;2006年全球政治与安全报告,"全球非法移民:动因、影响及发展",学术交流网,http://www.annian.net/show.aspx?id=19742&cid=16 等。

人,本土美国人就业率下降,工资下滑。最后研究指出:移民对美国整体经济影响非常小,其长期或短期对工作人口年龄比例的影响也非常小。① 詹姆斯·史密斯是兰德公司专门研究移民问题的经济学家,他也认为,非法移民正在与技能最低的美国人竞争。可见,短期来看非法移民对美国经济影响有限,但从长期来看,它们会对美国养老金体系构成严重挑战。

非法移民会给美国带来负担,尤其是给美国的老龄化及养老金体系带来负担。原因是:一方面美国人和大部分移民都将步入老龄化;另一方面是移民对养老金及社会保险基金体系贡献太少。后者不足以支持前者的增长,由此给美国经济带来沉重负担。一研究报告分析了美国主要的移民来源地墨西哥移民的情况,指出:由于人口的快速减少,在美国和墨西哥的墨西哥人都将迅速老龄化;到2030年,13.2%的墨西哥人年龄在65岁以上,和美国现在的比例一样。到2040年,这个比例将接近1/5,到2050年,这个比例会达到1/4。同时,其工作年限要缩短,未来美国接受的移民都是快速老龄化的工人。这些工人在美国的工作年限变短,贡献社会保险基金的年数变少,同时对社会保险基金的依赖反而会迅速增加。如果美国依然实施累进支出政策(progressive payout policy)的话,移民从中所得将比其毕生收入还要高。② 同时指出:由于美国的墨西哥人贫困率很高,收入很低,多受雇于非正式(即非缴税)的经济实体,并且这种状况将继续恶化,因为在未来五年内,每年都会有 300 000 至 400 000 名低技能墨西哥工人入境美国,这些人缴付社会保险基金的可能性甚小。③ 移民研究中心的另一项报告也指出:按照国家科学院(the National Academy of Sciences)移民研究预计,根据移民者的年龄和受教育程度可以得出,每个成年墨西哥移民的终生平均受教育支出(所纳税减去所耗费的服务)为负 55 200 美元。同时还指出,墨西哥移民大多受教育程度很低,要研究其经济影响比较困难,因为他们只会影响那些收入水平很低的人。但是,这些低收入者的到来带来了很高的成本,因为现代美国经济给这些低技能移民所提

---

① Steven A. Camarota, "Immigration's Impact on American Workers", Testimony Prepared for the House Judiciary Committee, May 9, 2007, http://www.cis.org.

② David Simcox, "Another 50 Years of Mass Mexican Immigration Mexican Government Report Projects Continued Flow Regardless of Economics or Birth Rates", March 2002, http://www.cis.org/articles/2002/back202.html.

③ *Ibid*.

供的工作机会有限,他们不会提升只会增加贫穷人口和无保险者的人数,以及领取福利者的人数。① 所有研究都表明:受教育程度低的移民所交税收不足以弥补对政府服务的消耗。因此,这些移民不光对美国穷人不利,而且也会对纳税者造成负担。② 同时,从美国本土居民来看,在"婴儿潮"出生的美国居民高达7 900万人,这些人将在可见的未来面临退休养老的问题,而该群体与雇佣部门签订的大都是"固定收益性养老金计划",此计划现在已经给很多企业造成了沉重负担而使其濒临破产,到了这些人真正老去之后,状况可想而知。据预测,2018年美国社会保险基金的支出将超过收入,到2042年这一基金将彻底用光,而亏空部分,只有用加税来弥补。③ 而未来拉美裔移民和美国本土老龄化比重都将加大,这两大群体的共同压力将使美国养老金体系面临严峻挑战。因此,非法移民从长远来看,将对美国的宏观经济产生巨大冲击。④

其次,非法移民还会冲击美国医疗体系,给美国社会带来负担。根据美国1986年通过的一个紧急治疗法案又称反遗弃法案(Anti-dumping Act)规定,美国医院和救护车对需要紧急救护的病人必须无条件进行服务,病人的身份、国籍、有无支付能力都必须忽略。墨西哥非法移民增加了美国地方医疗费用的负担。以洛杉矶为例,每5个病人中,就有一个是墨西哥非法移民,每年给墨西哥非法移民提供的医疗服务费高达7 000万至1亿美元。在墨西哥非法移民集中的美国西南地区,当地的州政府都要求从美国联邦政府取得一些补贴来弥补州政府的支出。亚利桑那州一家报纸甚至这样写道:"当墨西哥医院发现病人没有钱或保险时,他们只需把病人往美国送就得了。"⑤

最后非法移民还会影响美国边界经济。以墨西哥移民为例,在美墨两国2 000多英里的边境线上美国这一侧生活了200多万美国人,

---

① Steven A. Camarota, "Immigration from Mexico—Study Examines Costs and Benefits for the United States"; "Immigration from Mexico: Assessing the Impact on the United States", http://www.cis.org/articles/2001/mexico/release.html.
② Steven A. Camarota, "Immigration's Impact on American Workers", Testimony Prepared for the House Judiciary Committee, May 9, 2007, http://www.cis.org.
③ 佚名,"美国非法移民的功与罪",学术交流网,http://www.annian.net/show.aspx?id=19764&cid=8,2006年9月24日。
④ 同上。
⑤ Jim Tyrell, "Borderline Infraction: Unsafe Borderlines, Complacent Government?", *NYTU Policy Paper*, September 2003.

该地区主要是以农业和劳动力密集型的小产业为主,大批墨西哥非法移民的涌入让当地本土工人叫苦不迭。在 2000 年,美国劳工部的一份失业调查中,仅在美国田纳西州与墨西哥接壤的 100 英里的边境地区,失业人口就达到 125 690 人,再就业率仅为 60%。①

五、非法移民对美国生态安全的影响

随着非传统安全观的兴起,生态安全也成为了安全要素之一。它是指一国的生态资源和生态环境如气候、水流、耕地、森林等的恶化或退化会对该国安全构成威胁。非法移民大量到来,同样对美国的生态安全带来影响。非法移民首先会对美国边境地区的农业或森林造成破坏。由于大规模非法移民穿越土地,附近的印第安人专属区及其他的土地所有者正常活动和劳作遭受到骚扰;边界上或靠近边界的国家公园也蒙受了环境损失(environmental damage)。② 其次,非法移民也会影响美国的气候安全。美国作为温室气体的大排放国,因拒不签订东京议定书而遭到各国诟病,大规模非法移民的到来只会使此问题更为严峻,更为影响美国的气候安全,加大美国所面临的压力。最近移民研究中心出台的一份报告论证了移民与美国气候安全之间的关系。该报告指出:美国未来移民人数的增长将对二氧化碳气体的全球排放产生影响。美国移民将大幅提高世界范围内二氧化碳气体的排放,因为移民致使世界低污染地区的人口转移到了美国这个高污染国家。到美国后这些移民排放的二氧化碳气体增加了 4 倍。具体如下:美国移民(合法或非法)平均二氧化碳排放比本土美国人的平均排放水平要少 18%;但是比其在原在国时的排放量多了 4 倍;美国移民每年理论估计排放出 6.37 亿吨的二氧化碳,这是英国和瑞典的总和;预计美国移民排放出的 6.37 亿吨二氧化碳中,4.82 亿吨是比其在原国时多出来的;在全球排放上,移民对美国的影响在于,1980 年以来,每年使世界二氧化碳排量增加接近 5%;移民所排放出的二氧化碳中,83% 来自合法移民,17% 来自于非法移民;合法移民影响更大是因为他们收入更高,所以导致二氧化碳排量放比非法移民要多;此研究没有包括美国移民子

---

① Kathleen Staudt, "Worker Displacement in the U. S. /Mexico Border Region: Issues and Challenges", *The International Migration Review*, Spring 2005.

② Glynn Custred, "North American Borders: Why They Matter".

女的二氧化碳排放,如果把他们也包括进去的话,影响将更大;考虑到美国移民政策没有变化,在未来 20 年将有 3 000 万新移民和非法移民来美定居;最近几年,美国二氧化碳排放的增加主要源于人口的增长,因为人均二氧化碳排放已经很稳定。因此随着非法入美的人数增多,美国所面临的因非法移民引发的二氧化碳排量增加等生态安全问题将更为严峻。

六、非法移民对美国社会-文化安全的影响

社会-文化安全通常表现为在可接受的发展条件下,语言、文化、宗教、民族认同和风俗的连续性;它指的是在不断发展变化的条件下,可能面临或实际面临威胁的社会仍然具有保持文化特色的能力。① 移民的到来一方面丰富了美国的文化,另一方面也不可避免地与美国文化产生碰撞,移民的双重认同对美国的社会-文化安全构成冲击。首先,移民的到来改变了美国的人种比例。在美国历史上,最先到达北美洲的是白人,且 19 世纪移民浪潮中来美国者也大部分为欧洲白人,随着后来种植园的开发才慢慢贩卖进了一些黑人和华工。因此,美国的传统文化是盎格鲁-萨克逊新教白人文化,但是随着一个个移民浪潮的兴起,美国的人种发生很大的"变色"。作为近代移民美国的一个主要群体,墨西哥人绝大多数是混血的西班牙人-印第安人的后裔、黑人-印第安人后裔,他们属于有色人种群体。由于墨西哥裔移民出生率很高,美国人种"变色"过程更为加剧。2004 年,美国新出生的婴儿为 400 万,这其中大约 9% 是墨西哥妈妈所生;而根据美国人口学家统计,到 2031 年,由墨西哥妈妈所生育的婴儿总数将达到 100 万。② 与此相对的是美国的白人总数将从 20 世纪末的 73% 下降到 2030 年的约 60%,到 2059 年更是会下降到 50% 以下,而亨廷顿更是认为到 2050 年,美国的非西裔白人人数将会下降为 48%。③

其次,作为移民来源大户的拉美裔移民很难同化,这对美国社会-文化安全形成挑战。原因有以下几个方面。(1) 他们采取"大杂居,小

---

① Barry Buzan, *People, State and Fear: An Agenda for International Security Studies in the Post-Cold War Era*, 2nd ed., Boulder Co.: Lynne Rienner, 1991, pp. 19 – 20.

② Stefan Hrafn and Michael S. Rendall, "The Fertitilty Contribution of Mexican Immigration to the United States", *Demography*, February 2004.

③ 杨丹华、华倩,"墨西哥移民对美国国家安全的影响"。

聚居"的方式居住,移民人口增长迅猛,同时也给同化带来困难。墨西哥人主要居住在加利福尼亚、德克萨斯等西南各州;古巴人主要居住在迈阿密;波多黎各人和多米尼加人多居住在纽约。这使得美国文化很难渗透进去,这些居住地往往形成"国中国","同化和认同已经出现障碍"。① (2) 族内通婚率高,与异族通婚率低也提升了同化难度。1997年,拉美裔的婚姻有31%是异族通婚。1994年异族通婚只占25.5%,1998年只占28%。族内通婚率很高,即便是在异族通婚中,渐渐出现非拉美裔一方接受拉美裔文化,他们的子女也往往自称为拉美裔人。② (3) 在对子女的教育上,拉美裔父母优先注重本族语言学习。如墨西哥移民保持了强烈的母语意识。如今,在美国将西班牙语作为第一语言的人数约为2 200万,其中墨西哥人占了60%。墨西哥移民大都采取"只有先学好母语,才能学好英语和其他学科"的教育方式,使得即使在美国出生、成长的墨西哥裔移民的孩子也能够熟练地使用西语。③ (4) 墨西哥政府承认双重国籍,使得墨西哥移民更难同化。离开墨西哥来到美国的非法移民往往经常被墨西哥精英们视为"英雄",因为大量低技能劳动力离开被看作是墨西哥社会的"安全阀"(safety-valve),也被看成是每年100亿美元汇款的来源。④ 为了利用这些人,不管其是否拥有了其他国家公民身份,墨西哥政府都承认这些移民及其后代的双重公民身份。同时,墨西哥政府还采取了一系列措施,如呼吁美国善待墨西哥非法移民,每年送250名墨西哥教师去美国进行西语教学,鼓励墨西哥移民参与墨西哥国内政治选举等,以加深墨西哥移民对母国的认同感。⑤ 美国社会-文化安全受到移民冲击,这在边境地区表现非常突出。美国边境地区的人口组成、文化、语言等都越来越体现墨西哥特征。统计数字显示边界地区的人口、社会和经济都具有第三世界的特点。有舆论警告说,亚利桑那州正在形成一个底层阶级。美国移民研究中心的卡马罗塔表示,对整体情况的调查显示,亚利桑那州正走在通往"新阿巴拉契亚"(美国受非法移民影响非常严重的另一边界地

---

① 钱皓,《美国西裔移民研究——古巴、墨西哥移民历程及双重认同》,北京:中国社会科学出版社2002年版,第212页。
② 塞缪尔·亨廷顿,《我们是谁:美国国家特性面临的挑战》,第200页。
③ 杨丹华、华倩,"墨西哥移民对美国国家安全的影响"。
④ *The Arizona Republic*, 1/25/2003.
⑤ Carlos Gonzolez Gutierrez, "Fostering Identities: Mexico's Relations with Its Diaspora", *The Journal of American History*, September 1999.

区)的路上。① 东部边界地区也同样如此,同化在此地区毫无效果。②边境地区流传着格莱美获奖者泰格斯·戴尔诺特(Tigres del Norte)的一首歌曲,名为 Somos mas Americanos,此歌曲 2001 年在拉丁唱片榜上高居三周之久,反映了墨西哥移民对美国认同之难,歌词中唱道:"他们向我们怒吼了千百次,回家,你们不属于这里;我要提醒外国佬,我没有越界,是边界跨越了我。"③

同样的例子还有,1998 年 2 月在美国洛杉矶举行的中北美及加勒比海金杯赛足球决赛的赛场上,美国队和墨西哥队狭路相逢。在 9 万名球迷云集的赛场上,放眼望去是"一片红白蓝(墨西哥国旗)的海洋"。许多美国媒体注意到当比赛最终的结果以墨西哥队捧杯结束时,许多在场的球迷都对这一结果表示欣喜。美国队的球员抱怨说美国国家队简直是在墨西哥队的主场比赛——当美国国家队退场时,观众纷纷向他们丢掷杂物、矿泉水瓶以及垃圾。④

此外,90 年代以来美国学术界和传媒界越来越对美国的"巴尔干化"的可能性感到不安。哈佛大学政治学者塞缪尔·亨廷顿指出,美国现有的民族同化政策存在重大缺陷,如果不能妥善处理好西裔移民,特别是墨西哥移民,美国将会出现两种文化(盎格鲁和西班牙)和两种语言(英语和西班牙语),最终会导致美国"国将不国"。⑤ 非法移民确实对美国盎格鲁-萨克逊文化产生了冲击。

美国由一个本来的移民国家发展到现在通过控制移民、打击非法移民来保护本国的国家安全。随着国际形势的演化,非法移民威胁以及其他力量在安全化过程中的"催化"促使此问题不断地安全化为美国国家安全问题。从非法移民对美国国家安全影响这一事实可以看出传统的军事安全观的嬗变,新的非传统安全观及视角的出现。尽管不同的国家面临不同的移民问题,但是为了更好的维护国家安全,在"非传统"安全危险性增大的形势下,各国应慎重考虑移民问题对国家安全的影响,制定出适合本国国情的国家移民安全观和移民安全战略。安全

---

① *The Arizona Republic*,1/8/2001.

② See Glynn Custred,"North American Borders: Why They Matter".

③ *Ibid*.(歌曲英文由 Allan Wall 翻译)

④ Grahamel L. Jones,"Mexico Is Right at Home to Win",*Los Angles Times*,February 16,1998,转引自杨丹华、华倩,"墨西哥移民对美国国家安全的影响",第 31 页。

⑤ Samuel Huntington,"The Hispanic Challenge",*Foreign Policy*,March/April 2004.

观念上的落后会导致一国安全政策上的失误,会影响到一国的长远利益,所以各国应顺应时代的发展变化,制定出适合本国战略需要的移民安全战略。

新媒介与安全矩阵
——詹姆斯·德·德里安全球安全观探析

高 欣

摘 要 本文探讨和分析美国布朗大学教授詹姆斯·德·德里安以"新媒介"和"全球安全矩阵"为视角的全球安全观。评析德里安这位国际关系领域中先锋人物的全球安全思想,为安全研究在传统范式之外提供了一种"新媒介"、"矩阵"的后现代视角。

关键词 詹姆斯·德·德里安 新媒介 全球安全矩阵

美国布朗大学国际关系学教授詹姆斯·德·德里安[①](James Der Derian)长期致力于信息科技、战争与和平问题的研究。由他主持的全球安全研究获得了福特基金会、纽约卡耐基基金会的支持,开辟了有别于传统安全研究的后现代全球安全领域。

德里安的主要著作有《有效战争:构筑军工-传媒-娱乐网》[②]、《论外交:一种远离西方的系谱学》[③]、《反对外交:间谍、恐怖、速度与战争》、《国际/文本间关系:世界政治的后现代解读》[与迈克尔·夏皮罗(Michael Shapiro)合编],最为中国读者所熟知的是已译成中文出版的《国际关系理论批判》。想读懂德里安的书不是一件容易的事,诺伊曼和韦弗尔在《未来国际思想大师》中说,人们可能会想通过近乎随意的选择方式剔选并整理他的某些著作以达到分析其思想的目的,但这种

---

① 同时他还是"全球安全项目"(Global Security Program)主任、"全球媒介项目"(Global Media Project)和"信息科技、战争与和平项目"(ITWP Project)创始人。
② James Der Derian, *Virtuous War: Mapping the Military-Industrial-Media-Entertainment Network*, Boulder Co.: Westview Press, 2001.
③ James Der Derian, *On Diplomacy: A Genealogy of Western Estrangement*, Oxford: Blackwell Publishers, 1987.

方法并不适合于解剖德里安的学术框架。① 笔者不揣浅陋对德里安全球安全观进行初步探讨,希望本文能在国际安全研究传统范式之外,给读者介绍一个前沿、新媒介、"矩阵"的新视角。

一、"新媒介"②与国际安全观的变革

在传统国际关系研究中,世界由扩张和收缩的空间集团和领土单位组成。而21世纪初以来,主权国家之间的地理边界日益模糊,经济全球化、全球性媒体、互联网、跨国公司以及跨国犯罪组织,单独或合在一起对主权国家行为产生了重要影响。③ 我们需要重新思考新力量中心和权威中心,需要理解媒介、技术、全球化等现象对空间关系、国际关系结构的意义。④ 在所有影响后冷战时代国际关系的因素中,新媒介具有突出地位,它为嬗变中的国家间关系设置了新的背景。

新媒介以电视、计算机和手机为接受终端,通过互联网、互动技术、数字技术等向用户传输图片文字、视频、音频、语音数据服务、连线游戏、远程教育等集成信息和娱乐服务等,同时可以实现发送和接受"多点对多点"互动的媒介。⑤

新媒介改变了世界面貌,它又如何改变了人们的国际安全观呢? 德里安认为新媒介时代的虚拟性尤其是"虚拟战争"对安全问题有重要影响。他特别推崇法国哲学家保罗·维希留(Paul Virilio)的观点,认为在国际关系中"速度"一直没有被认为是一个有意义的政治要素。战争其实是国家组织和杀人机器"合成速度"的展现;当速度超越空间与时间的局限,也就是速度的时空障碍愈来愈小时,战争已无法真实地想

---

① 伊弗·B. 诺伊曼、奥勒·韦弗尔主编,《未来国际思想大师》,肖锋、石泉译,北京:北京大学出版社2003年,第475—476页。

② 关于媒介和媒体的区分。"媒介"对应的是英文medium,"媒体"对应的是medium or media business or industry。电视是媒介,电视台是媒体;报纸是媒介,报社是媒体;互联网是媒介,网络公司是媒体;手机是媒介,手机网络服务提供商是媒体。媒介是技术问题,媒体是组织问题,在实际使用中,两者可以通用。

③ Gearoid O. Tuathail, "Postmodern Geopolitics? The Modern Geopolitical Imagination and Beyond", in Gearoid O. Tuathail and Simon Dalby (eds.), *Rethinking Geopolitics*, London and New York: Routledge, 1998, pp. 16–17.

④ 图阿塞尔(Gearoid O. Tuathail)认为有必要用"后现代主义地缘政治学"解构传统地缘政治学。

⑤ 卜彦芳编著,《传媒经济学:理论与案例》,北京:中国国际广播出版社2008年版,第353—354页。

像,只能虚拟地操作。正如还来不及看见敌人在何方就已阵亡一样,战争以绝对超越"你对战争"的真实体验之前就给予你"战争对你"的全部意义。① 以无法渗透的边界和严格的地缘政治性为特征的国际关系正在向加速度的物流、被挑战的疆界以及流动的时间政治性范畴转化。②

传统战争特别是 20 世纪战争主要依赖钢铁和火药。在各种形式的军事冲突中,谁占有的钢铁和火药的数量与质量最高,谁就有最大的军事优势,因此传统观念以钢铁数量来衡量国力和用炸药的当量来衡量原子弹的威力。

但是随着智力和技术在军事领域的广泛运用,新媒介时代的战争方式发生了不可避免的变化。新媒介时代的战争主要依靠的不是钢铁,而是一个国家所拥有的智力和技术资源,谁的智力和技术资源丰富且领先,谁就会在军事上占据优势。所以"新战争"的主要样式将是信息战、电子战、网络战、非接触性作战、非对称性作战等。③

德里安教授是把新媒介和国际安全研究结合起来的先行者。"虚拟战争"的提出是对现实战争的反应,它影响了国际关系和国际安全理论,仅仅用"全球化"、"跨国主义"、"国家销蚀"、"结构变化"等术语层面来描述已经大大落后于国际安全的研究现实。

二、全球安全矩阵

(一) 什么是全球安全矩阵?

矩阵研究的历史悠久,拉丁方阵和幻方在史前年代就已经有人研

---

① 这就是后现代意义下"生来即死"的隐喻:人一出生,就死在虚拟空间里,因为实体世界已被"先验地"虚拟化。
② James Der Derian, *Antidiplomacy: Spies, Speed, Terror, and War*, Oxford: Basil Blackwell Press, 1992, pp. 129-130.
③ 关于信息时代的战争,可以参见 Stuart J. D. Schwartzstein (ed.), *The Information Revolution and National Security: Dimensions and Directions*, Washington, D. C.: Coalition for Strategic and International Studies, 1996; Robert L. Pfaltzgraff, Jr., and Richard H. Shultz, Jr. (eds), *War in Information Age: New Challenges for U.S. Security*, Washington/London: Brassey's, 1997.

究。矩阵的概念①,常见于线性代数、线性规划、统计分析以及组合数学等。例如,在线性代数阵中,矩阵就是由方程组的系数及常数所构成的方阵。1848年英国数学家和律师詹姆斯·约瑟夫·西尔维斯特(James Joseph Sylvester)首创 matrix 一词。著名数学家凯莱、威廉·卢云·哈密顿、格拉斯曼、弗罗贝尼乌斯和冯·诺伊曼等都研究过矩阵。数学上,$(A)_{ij}$:表示矩阵 A 在第 i 行与第 j 列交叉位置的元素;$(A)_{(i)}$:矩阵 A 的第 i 行;$(A)_{(j)}$:矩阵 A 的第 j 列。由 m×n 个复数 a_{ij}(其中 i=1,2,…,m;j=1,2,…,n)构成下面的长方形矩阵:

$$A=\begin{bmatrix} a_{11} & a_{22} & \cdots & a_{1n} \\ a_{21} & a_{22} & \cdots & a_{2n} \\ \cdot & \cdot & & \cdot \\ \cdot & \cdot & & \cdot \\ a_{m1} & a_{m2} & \cdots & a_{mn} \end{bmatrix}$$

这个矩阵被称为一个 m 行 n 列的矩阵,或 m×n 矩阵,它共有 m 个行和 n 个列。矩阵的每一个元素 a_{ij} 有两个下标,第一个表示它所在的行数,第二个表示它所在的列数。② 因为这些数字有规则地排列在一起,形状像矩形,所以数学家们称之为矩阵。

德里安及其团队③提出的全球安全矩阵目前④有两个版本——矩阵 1.0 和矩阵 2.0。虽然矩阵 2.0 试图在扩展二阶⑤上有所作为,但从目前情况看,矩阵 2.0 只是更多地增加了动态的矢量图,其本质仍然是二阶的。由于纸张平面表现形式的局限,动态的、多维的、人机交互式的矩阵 2.0 模型在本文中无法完全展现。为了给读者一个整体概念,

---

① 在著名电影《黑客帝国》(*The Matrix*)中,矩阵不仅是一个虚拟程序,也是一个实际存在的地方。在影片中,人类的身体被放在一个盛满营养液的器皿中,身上插满了各种插头以接受电脑系统的感官刺激信号。人类也靠这些信号,生活在一个完全虚拟的电脑幻景中。机器占领了人类的思维空间,用人类的身体作为电池以维持自己的运行。

② 行数 m 与列数 n 相同的矩阵称为 n 阶方阵;行数或列数为 1 的矩阵称为行向量或列向量。

③ 从全球安全项目的网站来看,目前团队参与人主要有:研究助理 Lena Buell,Rebecca Steingut,Claire Harlam,Christina Kim,Natalie Rubin;编程员 Kerri Hicks,项目助理 Ellen Darling;德里安也感谢对启动这个项目作出贡献的 Masha Kirasirova 和 Jesse Finklestein,以及 Elli Mylonas 和多媒体专家 Jon Buonaccorsi 提供的技术上的支持。http://www.watson-institute.org/globalsecuritymatrix.

④ 这里指公元 2008 年 5 月 20 日之前。

⑤ 张量概念是矢量概念和矩阵概念的推广,标量是零阶张量,矢量是一阶张量,矩阵(方阵)是二阶张量,而三阶张量则好比立体矩阵,更高阶的张量用图形无法表达。

表 1 列出了全球安全矩阵 1.0。矩阵有 8 行 5 列,两个版本的矩阵的行数和列数没有变化。① (全球安全矩阵)$_{ij}$表示第 i 行与第 j 列交叉形成的影响全球安全的因素。

表 1 全球安全矩阵 1.0

	人	国家	系统	网络	全球
战争					
恐怖和犯罪					
失败的国家					
资源冲突					
流行疾病					
环境					
大规模杀伤性武器扩散					
信息战争					

来源:http://www.watsoninstitute.org/,2008 年 1 月

简单来说,五个横向标量分别是:人、国家、系统、网络、全球,八个纵向标量分别为:战争、恐怖和犯罪、失败的国家(危机国家)、资源冲突、流行疾病、环境、大规模杀伤性武器扩散和信息战争。这些标量不是单独起作用的,而是行列交叉形成复合因素后对全球安全产生作用。

(二) 走进矩阵,走出矩阵

走进矩阵:分析与比较

德里安的全球安全矩阵为安全研究提供了一个研究框架。与传统的国家安全观不同,德里安除了认为安全是共同安全、综合安全、合作安全外,他和其团队采用了矩阵的表现形式,把全球安全的五个主要行为者和八个主要影响因素整合起来,建立了联系。具体而言,把影响全球安全的因素分为战争、恐怖和犯罪、失败的国家(危机国家)、资源冲突、流行疾病、环境、大规模杀伤性武器扩散、信息战争,排为 8 行;全球安全的行为者扩展为人、国家、系统、网络和全球 5 列。② 全球安全矩阵 2.0 的 8 行 5 列组合与矩阵 1.0 相比排列基本未变。但在内容上,

---

① 只有第三列的标量从 1.0 的"失败的国家"(Failed States)变成了 2.0 的"危机国家"(States at Risk)。

② 但是笔者认为"系统"这个概念太过模糊,对于什么是系统还要进一步界定。"系统"和"全球"之间有交叉,界限模糊。

矩阵 2.0 分为"探索、讨论、见证、申请"四个部分,图表也由 1.0 静态升级为不断更新的动态,所以 2.0 比 1.0 更充实、更系统。

矩阵 2.0 增加了新的示意图,对(全球安全矩阵)$_{ij}$ 对安全的威胁等级做了区分。耶鲁大学艺术学院资深评论员迈克·比鲁特(Michael Bierut)做了他自己对安全威胁等级(threat level)的填色和分析。由于每个学者对不同安全问题的理解和偏好不同,所以他们各个盒子的填色也是不一样的,(全球安全矩阵)$_{ij}$ 所在区域颜色越深威胁越大。威胁等级从无色到深色依次为:没有威胁、低威胁、中等威胁、高威胁、紧急威胁。

虽然国际关系学界的多数学者认为,安全研究的对象是多元、多层面与综合性的,但学界对有关层次问题的看法并不一致。比如,阿诺德·沃尔弗斯(Arnold Wolfers)①提出两个层次,肯尼思·沃尔兹(Kenneth N. Waltz)认为是三个层次,而罗伯特·杰维斯(Robert Jervis)则认为是四个层次。② 笔者认为,巴里·布赞等学者的概括是比较有代表性的,他提出了一个完整的安全研究体系,并把这个研究体系分为五个分析层次③,为了便于和德里安的"全球安全矩阵"相比较,笔者按照"全球安全矩阵"的范式把布赞的分析层次矩阵化为表 2:

表 2 巴里·布赞安全分析的 5 个层次

	国际体系	国际次体系	单元	次单元	个人
经济					
环境					
社会					
军事					
政治					

德里安在"全球安全矩阵"里用颜色深浅来表示威胁等级,而巴里·布赞是用星号(*)的多少表示威胁等级。一个问题被安全化意味

---

① 沃尔弗斯是传统现实主义的一代宗师,美国耶鲁大学和约翰·霍普金斯大学教授,《纷争与协作——国际政治论集》是他的代表作。
② 罗伯特·杰维斯,《国际政治中的知觉与错误知觉》,秦亚青译,北京:世界知识出版社 2003 年版,第 4 页。
③ 巴里·布赞等,《新安全论》朱宁译,杭州:浙江人民出版社 2003 年版,第 7—8 页。

着它被当作"存在性威胁"提出,需要采取紧急措施,并证明这些措施固然超出政治程序正常限度但仍然不失为正当。换句话说,所谓安全化是指一种"威胁"被指定和接受的过程。①

表3是巴里·布赞在《新安全论》的第八章第一节给出的"不同层次的安全分析":星号(*)代表安全的等级差别。星号越多,其在安全层次分析中的重要性越大。按照布赞的分法,处于第一位的用"支配性安全化"的四颗星表示,第二位"次支配性安全化"用三颗星表示,比"次支配性安全化"再低一级的是用两颗星表示的"次要的安全化"。一颗星或者空白表示这个复合因素还没有成为全球安全的影响因素,或者说还没有成为全球安全的研究领域,即"无安全化"。

表3　不同层次的安全分析

动力/领域	军事	环境	经济	社会	政治
全球的	**	****	****	**	****
非地区性子系统的	**	**	**	**	*
地区的	****	***	**	****	****
地方的	***	****	**		**

- ****——支配性安全化　　***——次支配性安全化
- **——次要的安全化　　*——无安全化

来源:巴里·布赞等,《新安全论》,第222页。

把巴里·布赞的分析层次和威胁度评估表与德里安的"全球安全矩阵"相比,我们可以看出两者在安全定义和范畴研究上异曲同工的地方,比如,把 a_{ij} 作为合成器来分析当代全球安全格局的逻辑。

相比较而言,笔者更偏爱"全球安全矩阵",因为它不仅进一步谨慎扩展了全球安全的主体,而且把主体和全球安全现存问题——战争、恐怖和犯罪、失败国家或危机国家、资源冲突、流行疾病、环境、大规模杀伤性武器以及特别强调的信息战争各自对应起来。德里安不是单独地就某个问题、某个角度谈安全,任何一个盒子②都不是孤立的,它存在于矩阵之中,与其他盒子相互作用。他提供了跨学科、多视角、多侧面的全球安全研究方法。除了重新定义全球安全以外,在多层次的基础

---

① 巴瑞·布赞等,《新安全论》,第32—36页。
② 本文中的"盒子"指影响安全的复合因素,即矩阵中的 a_{ij}。

上,矩阵栩栩如生地描绘了全球安全所面临的威胁。

德里安在"全球安全"的博客里写到,提出"全球安全矩阵"(Global Security Matrix)的目的是希望它们能够创造对话,驱走萦绕于国际政治的恐怖幽灵。其最有价值的一点是它根据全球安全的多元定义对现存威胁做了相对的排列——"一个人机交互的网站的模型"。当然,"全球安全矩阵"不是安全分析的最高形式,但是它指出了安全分析的不同目的,逐个领域分析的方法。

走出矩阵:全球安全矩阵存在的问题

第一,笔者认为现阶段民族主权国家仍是国际关系的主体,过于扩展安全的边界有使一切问题安全化的可能性,这对国际安全研究反而是有害的。当然,德里安也赞同人权不能超越主权,不能借口人权问题践踏神圣不可侵犯的主权;不能借口信息网络的无边界,不警惕网络对主权的销蚀。

巴里·布赞曾对矩阵的方法批评说,带有许多盒子的"矩阵"只是在集合层面上才能充当论点,因为它很少得出结论,或以任何方法总结出对特定形势的分析。除非你认为因为有25个盒子(德里安的矩阵有40个盒子),每一个盒子都应该得到4%的政治关注,否则这无助于解决怎样才能出台上好的政策。这种方法的一个总的问题是,就像自由主义者的国际关系理论一样,过多矩阵的盒子在试图描绘一幅具体的一一对应的世界地图,但却使问题更复杂化。

而且盒子中也有理想化的倾向,矩阵 2.0 里"恐怖和犯罪"以及"人"的盒子中在谈到非国家行为者的犯罪行为和暴力时就是如此。犯罪行为和暴力从产生起就是不尊重人类生活的,而且更直接地讲,它威胁到人的生命,有血和火的教训。例如 1995 年 3 月 20 日,日本奥姆真理教的信徒在几辆地铁列车里制造的惨绝人寰的沙林毒气袭击事件,不能奢望"乐观的"恐怖主义团体和暴力团伙去考虑尊重人类的生活。

当然从积极意义上看,矩阵方法对宏观历史有用途。宏观历史目标对全球安全趋势进行理论分析,并在分析中进行分解和综合。比如,关于多领域相对重要性的整体趋势是什么?解释全球发展大趋势的经济安全和政治安全之间有什么关系?在矩阵中许多大事件和决定得到了评估。[1] 相对于以往分散的、单独的论述,这更有利于解决问题。

第二,全球化背景下,国家安全视野的范围、安全维护的手段和方

---

[1] 巴里·布赞等,《新安全论》,第 253—254 页。

式应有相应的扩大和调整。但是,在"全球安全矩阵"大规模扩展安全范围的同时,我们仍应强调安全的本质——安全是"谁的安全"的问题。

我们承认,新技术、非国家行为体的多样化、向外延伸的地区(如欧盟),以及内部的分崩离析(如民族主义浪潮)大大地削弱了国家主权赖以生存的基础。在西方世界权威衰落的进程中,出现了政治合法性危机、民族身份认同危机等危机。

"全球安全"、"国家的安全"和"人的安全"不是对立的,笔者主张在推广"全球安全矩阵"的过程中不矮化国家作为安全支柱的作用。国家依旧是安全研究最重要主体和"参照物",也是维护"人的安全"的重要载体和有效手段。

国家在不同的历史时期、不同的发展阶段所面临的安全威胁是不同的,发展中国家与发达国家的安全利益和安全考虑的侧重点也不同。无论是发达国家还是发展中国家都关心自己的人权和主权安全,但发达国家或因目前无主权安全之忧,或因大部分国内社会问题已经解决,更关注诸如能源、环境、生态、民主、人权等问题,而发展中国家尽管也存在这类问题,但无疑是更多地关注国家主权和发展问题。一定的理论总是为特定的政治服务的,西方的"人类安全论",如同其人权理论一样,将争端的矛头指向所谓"失败政府"、"失败国家",有可能成为大国干涉别国内政的借口。

而且什么样的国家是"失败国家",谁来界定"失败国家",这都可能造成国际关系中的话语霸权。哈佛大学肯尼迪政府学院国内冲突项目主任、世界和平基金会主席罗伯特·罗特伯格(Robert Rotberg)给"失败国家"提出许多标准,主要有下列四个[①]:暴力的持久性;国家丧失了对边界的控制;老百姓受到严重压迫和剥削;暴力犯罪活动猖獗,帮派和犯罪团伙控制了城市街道,武器和毒品走私普遍、警力瘫痪,无政府状态成为常态,公民转向军阀或部族强人寻求保护。

著名国际关系学者昆西·赖特(Quincy Wright)指出:"各个政府和民族在他们确定一个世界联邦能够保护自己之前是不会放弃自卫手段的,事实上,只有最强大的国家已经放弃自卫手段时,世界联邦才能保护所有的政府和民族。"很显然,这个"世界联邦"离国际关系现实还很遥远,即使在"世界联邦"的条件下,人们还是需要一种介于"联邦"和

---

① Robert Rotberg,"The New Nature of Nation-State Failure", *The Washington Quarterly* (Summer 2002).

"个人"之间的组织形式或机构来实现自己的安全。①

第三,"全球安全矩阵"中的经济、信息、资源、环境、国际恐怖主义活动、跨国犯罪等问题不是单独一个国家可能解决的。在目前情况下,只有合作才能解决问题,而合作首先是主权国家之间的合作,因为国家是"安全资源"的拥有者,它能最大程度地调动一切力量,与相关国家和国际组织达成某项关于安全问题的制度性安排,并确保这种安排的有效性。2003年"非典"爆发期间,中国政府采取坚决措施,与东南亚相关国家及"世界卫生组织"积极合作,迅速遏制"非典"的大规模流行,就是这种有效性的具体体现。由于民族国家在现今国际社会的主体地位,一国的安全在法理上又是该国主权的最后象征,即使在一体化安全进程最快的欧盟,主权让渡依然导致各国在共同的安全和防务政策上难以进行实质性的有效协调。

三、重新思考全球安全——德里安的超越

国际安全理论经历了从现实主义的"国家安全",自由主义的"国际安全"到以德里安为代表的后现代"全球安全"观的发展过程。德里安认为,一直以来关于安全的基本定义很有争议,而且很大程度上依赖于多重的比喻、不同的观点以及权力的统治来确保安全。那么安全研究的内涵到底是什么呢?②

经典现实主义理论认为,安全主要指国家安全;国家安全的重要内容是军事实力;国家安全是相对安全,不是绝对安全。经典现实主义对国际安全持悲观态度,认定国家将最大限度地寻求扩大其权力或安全。

与经典现实主义不同,新现实主义的悲观更多源于国际体系的性质。代表人物肯尼思·沃尔兹认为:"国际体系的基本结构特征是无政府状态,不存在合法的集中控制力量。"国际体系由于缺乏国家之上的权威而导致不安全、冲突及对于有组织的暴力的依赖,这种性质导致国家间的竞争和冲突不断地发生。国家可以通过外交和权力均衡的方式来缓和国际体系无政府状态的影响,但却不能从根本上消除它的影响。

新现实主义对经典现实主义的国家安全观进行了修正和补充,在

---

① 李学保,"全球化背景下的安全:国家的地位和作用",《现代国际关系》2004年第5期,第17页。
② http://www.watsonblogs.org/globalsecurity/,2008年3月。

不否定军事实力重要性的前提下,强调国家安全的层次分析,即人、国家、国际社会三层次分析,增加从人和国际社会的层面分析国家安全,强调国家安全的非军事内容和追逐安全手段的非军事化因素。

与现实主义安全观相对,自由主义安全观也历史悠久。经典自由主义强调自由、合作、和平与进步,强调人类的善良、理性以及人与人之间关系的和谐。20世纪70年代以来,随着全球化进程的发展,自由主义者认为,迅速发展的相互依存和对外贸易将使国内安全与国际安全的界限模糊,人类将进入新安全时代。诸如恐怖主义、环境、艾滋病、贩毒等跨国性的非传统安全问题将改变400多年的主权国家体系。新自由主义安全观有两个重要特点:第一,强调制度或合作对调解国际无政府状态下国家行为的不可替代的作用;第二,更强调国家在安全合作中的绝对获益,不太考虑别的国家得到的收益是比自己多还是少。

20世纪80年代建构主义也对安全研究产生了一定影响。建构主义接受并重新阐释了现实主义和自由主义的一些概念,诸如权力、利益、自助、无政府、国际体系等。但是,建构主义的中间道路也有些模糊不清,他们或多或少从自己的需要出发,把现实主义和自由主义的一些主要观点装进去,然后采用实证主义的方法重新定义自己的概念和逻辑。

德里安全球安全是一种批判实在论,在认识论上与实证主义不同的地方是,它主张使用一系列研究方法,反对把归纳和演绎视为唯一正确的和普遍适用的方法;同时与后实证主义不同的是,它认为在人类的知识创造过程中存在着规则性,不是无原则的。因此,批判实在论能够超越实证主义与后实证主义之间的对立,为国际关系研究提供一种新的科学哲学基础,从而有助于推进国际关系理论的发展。①

德里安提出了"全球安全宣言"②来总结概括他对全球安全的理解,宣言分为五个部分。

第一,全球安全广义上是我们如何理解、管理和改善这个受到危险的世界,它是21世纪的紧迫挑战。安全问题不再由分离的分析层次、受束缚的研究学科以及固定的权力配置而定义,新的全球势力正改变

---

① 刘慧,"超越实证主义和后实证主义之争——批判实在论与国际关系理论研究",《世界经济与政治》2007年第7期,第44页。

② http://www.watsonblogs.org/globalsecurity/archives/2005/03/global_security_1.html.

着安全问题。

第二,安全不能局限在一个领域,只在一个研究领域来理解,只由单一的行为者来保证安全。多层次分析和身份的快速转换正在定义着安全。国际秩序已经从两极转换到多极,从多极转换到单极,再从单极转换到全新的一个阶段,即"全球异极矩阵"(Global Heteropolar Matrix),大范围的各种行为者可以通过网络产生深远的全球影响。这些新的全球行为者在身份、利益和力量上都各不相同,从占优势的政治力量、经济机构到跨国的恐怖分子和罪犯,再到非政府组织和反全球化活动家,它们通过社会网络和信息科技的宽带,而不是像以领土为基础的主权政府那样通过喷气式战斗机(Stovepipe)来逐渐增加优势。在规范信仰的灌输和多媒体力量的增长下,各种各样的行为者已经成为国际政治中非常有力量的参与者。

第三,民族国家还不会消失,但是民族国家正在被新的全球力量(地理经济、神话恐怖主义)、跨边界流动(金融、人口、环境、病毒)、国际制度(法庭、辩护、制裁)以及复杂网络(媒体、罪犯、恐怖分子)所困扰。全球异极矩阵的特征是反复无常的、复杂的和不确定的。

第四,在安全中我们发现了不安全。安全,产生于降低生活意外事件发生的偶然性,延缓死亡的发生。在其本质上,安全既是理论上的挑战也是物理上的挑战。想获得安全的愿望常常会导致相反的结果。它可以产生安全困境,一个大国对安全界限的追求会导致其他国家的不安全,产生不断升级的军备竞赛或是不对称战争——就像后9·11时代显而易见的,它也可能产生由于国家的威胁、危险甚至多疑而导致的恐惧。在紧密联网的矩阵里,自体免疫的反应可能超过最初攻击所带来的伤害,进一步侵蚀民主的市民社会的基础。

第五,民族国家从来没有享受过真正的主权,在后威斯特伐利亚时代它加速地受到各种全球流动、跨国威胁和内部不稳定的严重挑战。国家安全的假设和保证在受到攻击。"全球安全"是一个必要但还不充分的替代物。

总而言之,传统国际安全研究关注如何描述自变量和因变量之间的理性模式和因果模式,没有注意到全球化时代下安全问题所具有的外溢(spill-over)、外部性(externality)和规则的例外性(exception)。鉴于实证方法未能有效地解释类似的安全事件,从新媒介和"安全矩阵"角度来理解全球化时代国际安全的不规则的、碎片化的、非物质性的形式是一种有益的尝试。

一方面,德里安提醒我们重视在全球化时代新媒介对国际安全研究的影响。虽然媒介与核武器比起来相形见绌,但在国际关系的实践中它却常常发挥着超过核武器的威力和大范围的影响力。[①] 另一方面,德里安减轻了传统国际安全研究的沉重性。在分析全球安全形势、制定国家安全方针和策略时,笔者赞同德里安"全球安全矩阵"从更大范围、更多领域、更宏观的层面去考虑,充分注意到军事以外的其他因素对安全的影响,重视从军事以外的其他领域强化国家安全。但是,由于国际安全传统研究强调方法正统性,诸如德里安之类带有"异端色彩"的后现代方法究竟有多少能被国际关系学界接受仍然是一个问题,还有待其进一步的成熟和完善,并需要用时间以及国际关系发展的现实来检验。

---

① 詹姆斯·多尔蒂和小罗伯特·普法尔茨格拉夫,《争论中的国际关系理论》,阎学通等译,北京:世界知识出版 2003 年版,第 165 页。

全球化理论第三波*

卢克·马特尔著　石志宏译　朱瀛泉校

摘　要　本文对著述界关于全球化理论存在三波思潮的说法进行了探讨,认为这种区分为全球主义论、怀疑论、后怀疑论或变革主义论的划法必须重新看待。本文是对这些思潮中的第三波及其与第二波的关系所作的一个批评。第三波论者不仅捍卫为怀疑论者所批评的全球化思想,而且试图构建一种比第一波阐述更全面、更合理的全球化理论。本文的观点是,第三波论者得出了试图捍卫全球化的结论,但其中却包含着实际上重申了怀疑论者主张的一些限定。第三波论者著述的这种特点,一直以来在各种辩论中被忽视,本文目的即是重检文本研究,辨别并讨论这一问题。这一揭示具有政治上的含意。第三波论者提倡全球主义的世界主义民主,但他们观点的实质却并非支持世界主义的全球结构,而是在实际上更多地支持了怀疑论者的政治观,这种政治观是以不平等和冲突、民族国家和地区集团、共同利益或意识形态的联盟为基础的。

近来一些作者在关于全球化问题的著述中认为,全球化理论中有三波思潮或者三种视角:全球主义论、怀疑论、变革论或后怀疑论。全球化理论被认为在20世纪80年代进入繁荣期,是从对经济、政治和文化全球化强有力的描述开始,将领土边界和民族经济、国家和文化的重要性一扫而空。大前研一(Kenichi Ohmae)经常被选做全球化理论这一波思潮的代表,有人认为这一波思潮的其他支持者还包括罗伯特·

---

*　本文选自《国际研究评论》(*International Studies Review*)2007年第9期,作者为英国苏塞克斯大学社会学系的卢克·马特尔教授。现予译出,供对全球化研究感兴趣的读者参考。限于篇幅,删去了注释部分,特此说明——编者注。

赖克(Robert Reich)和马丁·阿尔布罗(Martin Albrow)等作者,以及商界、媒体和政界的各种论说。

全球化理论的第一波思潮被看成是对经济的一种"超"全球主义的描述,它认为,鉴于资本流动性、跨国公司和经济相互依赖所起的作用,民族经济的重要性已大大降低,甚至不再存在。由于对货币流动的政治限制的减弱和金融交易的计算机化这一技术变革,大量的货币几乎可以瞬间快速流动,而无法把这种流动约束在各国的边界以内。从所有权而言,许多公司被视为是跨国的而不是某一个国家的企业,它们的生产设施、劳动力和顾客都分布在国际范围内。在这些讨论中,经常被提及的公司包括"可口可乐"、"麦当劳",以及像"新闻集团"之类的媒体跨国公司,这些媒体跨国公司持有从报纸到图书出版、因特网、电视等多种形式媒体的股份,跨越全球不同的地区。因此,人们认为全球经济已经开放和一体化了,囊括了世界更多的地方,尽管这究竟是不是一件积极的事情仍然有待讨论——马克思主义者和经济自由主义者都认为世界是全球化了,都能同意这已是一个事实,虽然他们在这种变化是否有益的问题上无法获得一致。同样,还存在着关于全球化是否具有一种平等化和均衡化结果的争论。

这种全球主义的视角有时被看成是"经济主义"的视角,认为经济的变化具有政治上和文化上的意味。民族国家已经失去了权力和影响乃至主权,因为它们不得不(或者主动选择)修改政策来适应资金流动的需要,随之而来的结果是影响到社会民主或者福利国家的生存状态的改变,以满足工商界利益群体的愿望。这种行为据称导致了民族文化的衰落和一种更为同质化(或者有时是混杂化)的全球文化。由于人们消费的是来自世界各地的文化,而不是完全依赖他们本民族的文化,民族之间的区别已经不再那么显著了。这种消费因全球的电子通讯而变得更为便利,比如像互联网、全球化的电视广播、移民和旅游业。新技术所起的作用使得全球化似乎成了某种相当新近才有的现象,也许是在上世纪60年代后或者80年代后出现。按照超全球主义者的看法,民族国家在政治上已经被像联合国和国际货币基金组织这样的国际组织所取代,被本质上是全球性的各种运动或者甚至是一种全球公民社会所取代。无论在经济上、政治上还是在文化上,全球主义者都认为跨国家的、全球性的力量正在取代民族国家,成为经济、主权和认同的主要源泉。对一些人来说,这意味着社会科学必须离开它所依附的方法论上的民族主义,而走向在阐述社会关系方面更具世界主义的、全球性的视角。

然后,在主张全球化有三波理论的作者看来,存在着一套更为冷静的描述,它以怀疑主义的态度对上述的那一波理论观点提出反对,认为全球化并不是新的,而上文所描述的那些进程可能也并不是真的具有全球性。在本文中,我们将会更详细地讨论第二波和第三波思潮的视角,为避免重复,这里只对它们作一个初步的概述。怀疑论者对全球主义者视角的抽象本质感到担心,认为这些观点在经验实证上是单薄的,而且对于进程问题的看法也是千篇一律的,似乎这些进程对于世界所有地区的影响都是平均的,而得到的回应也是一样的。怀疑论者看到了民族国家持续发挥作用的证据,无论在它们自己的边境内还是作为全球化跨国进程的行为者都是如此,在这一进程中,它们既保持了权力也失去了权力。以处于全球化核心的北美和欧洲为例,国家仍然是强有力的。民族国家的认同是一种历史,而且持续占据着民众的想像力,是各种全球性的认同所无法取代的,这种民族国家的认同是处于演进之中而不是被席卷一空。现在甚至还有证据表明,当有悠久历史的国家同时面临来自强势民族主义和跨国主义的挑战时,民族主义出现了复兴的势头。

怀疑论者对全球主义的观点进行检验,结果发现它们有时缺少证据。怀疑论者关注的是全球化在各处是否被平均地接受,反响是否一致,而丝毫不用奇怪的是,他们发现全球化在其扩张的过程中出现了分化的迹象。怀疑论者倾向于认为全球经济并没有把全球都纳入其中。比如说,非洲撒哈拉沙漠以南地区融入全球经济的程度就远远不如东亚、欧洲和北美等强劲力量,而且全球不平等程度增大,保护主义也依然盛行,像欧洲和美国对于来自亚洲日益增长的经济体的进口的反应就是如此。就如我们将看到的那样,怀疑论者认为全球经济是国际化和三足鼎立的而不是全球性的,近些年它的国际化程度并不是空前的,实际上世界在100年前的国际化程度甚至可能比今天更高。全球化或者自由贸易——如果真正存在所谓自由贸易的话——是否就是解决全球性贫困的答案,这是有疑问的。自由主义政策和融入全球经济或许帮助了世界的部分地区,比如说中国、印度和亚洲的另外一些地方。但在这些地方,保护主义和国家干预也可能在扮演着重要角色。而在世界的其他地区比如非洲,各国及其民众已经陷入更大的不平等和贫困之中,越来越不可能在开放的全球经济中得到机会,而一些人把这种开放的全球经济当作是这些问题的解决之道。

在政治上,全球化的影响可以说是不均匀的,各国既获得权力也失去权力。实际上,一些国家完全不理睬超全球主义关于全球化的压力迫使其要遵循新自由主义政策的观点,一直持续地推行着更多的社会民主政策。这一发现表明,民族国家仍然在许多方面保持着自治和主权,不过在这方面并不很均匀。诸如联合国之类的机构看来既是国际化的也是跨国性的,这些机构由民族国家组成并受其驱动,同时又高于和超越于民族国家。在联合国安理会以及全球气候变暖、核扩散、国际司法等协议中可以见到的全球治理,受到了批评者的怀疑。这种治理不可避免地被看成是那些最强大的国家的工具,当不符合这些国家的需要时,它们就绕过这些规则或者不受其约束;而当符合这些国家的需要时,它们就利用这些机构强行施加自己的意志以牟取私利。

在文化上,人们认为各国对于全球化的反应可能完全不同。麦当劳已扩展到了世界各地,但其制作的原料为了适应各地的习俗而发生变化(从日本的虾肉汉堡到为犹太顾客提供的特制汉堡);其顾客群体更多是工人阶级还是中产阶级,也因地而异;而在不同的场合下,进餐习惯从快速吃完到悠闲地享用也大不相同。从法国到中东地区,并不是所有人对美国文化的全球化所作出的反应都是正面的。事实上,一些地方对于全球化的明显反应是退回到原教旨主义以及不是更少而是更多的民族主义。同样值得注意的是,人们在涉及与文化全球化的关系时谈论美国文化,与谈论源自世界其他地方的文化一样地多。目前甚至流行着一些关于全球化引起文明冲突的著名预言,这与超全球主义者关于文化同质化或者混合化的那些假定正好相反。但是这些冲突——如果确实存在的话——可能更多地与经济利益和外交政策有关而不是与文化有关;实际上,文明冲突的思想通常把文化过分地同质化了,其结果是妖魔化了文化和挑起了冲突,这种作用与对世界做精确分析所起的作用一样大。像保罗·赫斯特(Paul Hirst)和格雷厄姆·汤普逊(Grahame Thompson)这样的怀疑论者并不想与所谓文明冲突的观点有过多的瓜葛。不过,这类观点在那些对全球化文化正在成长抱怀疑态度的人们中确实是存在的。

目前已存在着另外的一套反应,不过它们是随着作为替代超全球主义的怀疑论看法一道出现的,同时也是对怀疑论的一种回答。持有此类反应的人和怀疑论者一样关注证据,但他们不能不正视呈现在他们眼前的全球化进程,这一进程近期正在以空前的水平向前推进。比如说,经济上的相互依存被认为已经显著地增加,以致民族经济不能再局限于国家边界之内。这些第三波思潮的论者热衷于批判性地对全球主义的主张进行重新评价,但不想将婴儿连同洗澡水一起泼掉。其结果是离开了怀疑论者的某些结论,取而代之以一幅更为复杂的全球化图景,也就是认为全球化正在发生,但它并没有像超全球主义者所认为的那样将其面前的一切都席卷一空。

从事金融业务的各种机构的全球性质,诸如环境、毒品和犯罪之类的问题,以及国际通讯与交通的发展,已经导致更多全球性的政治论坛的出现。在此类论坛中,国家的经济、政治和文化力量已经有了改变,它们不得不将其主权与其他的实体分享(这些实体属于全球治理和国际法的领域,同时还包括了流动资本、跨国公司和各种全球性社会运动),但它们自己的主权并没有消失。全球化的确仍然是一种力量,但也可能因其类型(比如经济的、文化的或者政治的)和所发生的地方的不同而产生不同的效应。全球性的不平等被认为已经从一个单一性的核心-外围的问题,变成了一个包括中间群体在内的三层结构,这些层次之间没有清晰的地理分界,原因就像被边缘化的人群可能与精英人群生活在同样的城市里一样。所有这些涉及到现存结构的连续性和变革性,而这一过程处于怀疑论描述和超全球化主义描述的中间地带。

按照这第三波理论的阐述,全球化的前景是不确定和开放式的;它能采取不同的形式(更具新自由主义或者更具社会民主式的),或者甚至可以被逆转而并非全球化的永远扩大,或者民族国家结构的持续。如果承认了这种不确定性,也就是承认了行为体在决定全球化内容方面的重要性,而不是像第一波思潮的阐述所认为的那样,假定全球化是预先注定和不可避免的。概括来说,全球化理论的第三波思潮已经涌现,它对于超全球主义持批评态度,而且希望形成一种更为精致的图景;不过与怀疑主义相反的是,它认为全球化正在改变着世界。第三波的这些观点并没有像怀疑主义的批评走得那么远,并不否认已经发生的各种真实的显著变化。它们承认全球化变化的现实性,因而支持一种全球主义的立场,但这种立场是经过改进的,比超全球主义者的立场更为复杂。这里为避免重复只是提及了第三波理论的观点而没有进一步深入研讨。全球化理论中的这个第三波思潮是本文关注的重点,随着本文的展开,我们将看到它在经济、政治和文化方面的更多详细的观点。

表1是按照关于全球化的三波思潮或三种视角的文本内容所做的概括。该表展现了这三波思潮的镜像。作为单个个体的作者,包括上

文中引述的在内,并不一定总是会与某一波完全吻合。我们将看到,尽管某一波思潮会以某种方式展现自己,但当你更贴近地审视其各个细节时,会发现它似乎实际上强化了它原本试图予以批评的其他一波思潮中的一个。因此该表的重点是:这三波思潮如何陈述自己的观点。至于其真实性如何,我们将在本文中余下的部分进行探讨。

表 1　全球化三波思潮的镜像

	全球主义者	怀疑论者	变革论者
全球化	全球化是原因	全球化是个话题,国际化是其他原因的结果	全球性的变革,但也存在区别和嵌入性
方法	抽象的、总体性方法	经验性方法	定性而不是定量的方法
经济	全球经济;一体化;开放的自由贸易	国际经济是三足鼎立的、地区性的和不平衡的;存在国家干预和保护主义	全球性转变;新的分层;全球化但有区别
政治	全球治理或新自由主义;民族国家的衰落;国家主权的丧失	民族国家,地区集团,国际强权和不平等;政治行为体是可能的	政治的全球性转变;民族国家重要但被重构;主权被共享
文化	同质化	文化的冲突;民族主义;美国化;全球化是有差别的	全球性转变;混合化;复杂的和有差别的全球化
历史	全球化是新的	国际化是老的	全球化是老的,但其目前的形式是空前的
规范性政治	全球治理或新自由主义;社会民主福利国家的终结	改革性的社会民主和国际规制是可能的	世界主义民主
未来	全球化	民族国家、三足鼎立、冲突、不平等	不确定,行为者或左或右;持续的;停滞或被逆转

三波思潮的识别

关于全球化的三波理论思潮之间的划分并不是截然分明的。如上面已提到的,有些作者符合的不只是某一波的理论观点,尽管在本文中我们将看到这种交叉会导致一些矛盾。不过,就像表1所呈现的,在全球化理论方面,这三波的确表现出一些不同的图景。本文聚焦的是第三波,将审视科林·海伊(Colin Hay)和戴维·马希(David Marsh)的著述,他们作出了关于三波思潮的概述,并将自己与他们认为正在崛起的第三波联系在一起;我们还将审视戴维·赫尔德(David Held)及其同事们的著作,他们对与这三波思潮对应的三种视角进行了概括。戴维·赫尔德等人将自己的观点界定在第三种也即变革论的视角,这与海伊和马希的第三波有相似之处。我们也将简要地看一看简·阿特·斯科尔特(Jan Aart Scholte)的全球化概念,他虽然没有明确地谈到有三波思潮,不过其概念是建立在一个比极端的全球主义者更为复杂的"全球化"定义之上的,因而保持了全球化的立场而没有落入怀疑论。从这方面来看,他在全球化问题上是第三波的一位论者。

出于篇幅原因和为了确保进行更深入的分析,本文重点放在怀疑论和变革论(或后怀疑论)的一些特定代表人物。赫斯特、汤普逊、赫尔德等人是让人感兴趣的,因为他们分别被广泛地看作是第二波与第三波的代表人物,他们的著作常被阅读和引用。他们的视角在理论上和经验实证上都得到了发展,而且互相讨论过彼此的发现(比如《开放的民主》)。海伊和马希的著作受到重视,因为他们对于第二波及第三波进行了清晰的思考,他们提倡第三波,而且被作为这一领域的重要作者受到引用。有的第三波论者尽管运用的是第三种视角,但他们在这样做的时候,并没有像海伊和马希那样对事实进行自觉的思考。斯科尔特就属于这一范畴。他并不提及三波这种说法,不过他的观点包含有第三波的所有特征。他的著作条理清晰、容易接近,易于被读者理解,受到广泛讨论和引用。他为第三波理论在实际方面提供了一个很好的例子,也包含了本文即将讨论的一些内在冲突。

有许多其他人,比如A.G.霍普金斯(A.G. Hopkins)、安格斯·卡梅隆(Angus Cameron)、罗南·帕兰(Ronen Palan)、罗伯特·霍尔顿(Robert Holton)、保罗·霍珀(Paul Hopper)也对这三波进行了论述,但在这一问题上他们的思考没有上述作者那么细致。埃里奥诺·科夫曼（Eleonore Kofman）和吉列·扬斯（Gillian Youngs）早就对全球化的各种视角进行过概括，但他们讨论的是两波而不是三波。他们的这一贡献对于本文现在的观点非常重要，我们将在文章结束时探讨他们的这一方法。

尽管伊安·布纳夫（Ian Bruff）也谈到了三波理论，但他进行了不同的分类；他认为第一波中包括了像赫尔德和斯科尔特这样比较温和的全球化论者，而其他多数人会将这两人归为第三波；他把超全球主义者排除出第一波，但多数人认为他们是属于第一波的；他划分的第三波中还包含了新葛兰西学派（Neo-Gramscian）和后结构主义（Poststructuralist）的视角。本文谈及的是新葛兰西学派和后结构主义视角中所突显的论述力量，但我们在这里没有篇幅就这些方法作进一步的探讨。像布纳夫、卡梅隆、帕兰等人一样，新葛兰西学派和后结构主义的视角，在对于全球化的思考方面带来了重要的进展，但本文作者的观点是：早先关于全球化的理论辩论中存在着一个一直没有被提到的问题，认为第三波的理论实际上是加强了他们本来试图削弱的怀疑主义论。

尽管有大量讨论文化全球化和跨国公民社会的著作，而且其数量仍然在不断增多，但本文并无足够的篇幅来涵盖全球化问题的所有领域。因此，本文将首先聚焦于全球化的经济和政治方面，这是本文中要讨论的那些作者所主要侧重的方面。

超越第二波？

正如已经指出的那样，本文关注的是全球化理论的第二波和第三波。在第二波和第三波论者看来，第一波夸大了全球化的程度，而且是以一种抽象和宽泛的方式来为全球化辩护，并没有对经验性证据或者全球化过程中的不均匀性和行为体作出充分说明。在不同的程度上，第三波的理论家们都试图既与更为激进的全球主义者又与公开的怀疑论者保持距离。他们试图捍卫全球化的观点，因此让自己与怀疑论者们疏远了，尽管他们是以一种比第一波更复杂的方式来捍卫。本文即将阐述的一个核心观点，就是他们在这样做时，增加了一些限制条件和复杂性，从而实际上为第二波怀疑论的提法提供了支持。情况当然并不都是如此，第三波论者和怀疑论者之间是有所不同的。但在他们试图通过增加复杂性和限制条件来拯救全球化理论时，第三波的论者实际上在某种程度上削弱了它，而增加了怀疑论者的理由。

第三波的分析家们不是声称要拯救全球化主义者的观点，就是建议要对第二波的观点进行一番精致的改进。因此，他们引导读者们远离怀疑论的各种观点，转向一种经改进的全球主义，或者转向一种据称更精致的怀疑主义；后者在表达中把全球化的形式当作一种真实。第二波的怀疑论被认定是一种分析较弱的理论。但是，如果第三波论者在实际上确认了第二波的理论，那么不管他们是否愿意，重要的是怀疑论的观点证明是有效的，而不是被声称能够提供一些更好东西的第三波论者把它作为一种缺乏适当分析的理论。正确地理解第三波实际上在说些什么，对于我们恰当地理解全球化是重要的。怀疑论者和第三波论者对于他们的哪些看法更为充分已展开过争论，不过如果第三波论者们实际上确实强化了第二波的怀疑论的话，那么这种重叠必须加以识别。

　　正如下面更为详细的阐述中所概括的那样，这种争论具有政治上的后果。通过从他们分析中描绘的全球主义的结论（尽管更为复杂），以及他们认为已经揭示出的怀疑主义缺点，诸如赫尔德等一些第三波的论者进而得出结论说，在试图指引全球化沿着更为进步的道路前进方面，像世界主义的全球性民主这样的政治形式是最合适的途径。他们认为自己的分析支持了全球主义的视角，这种臆测导致他们得出了这样的结论。由于得出了与怀疑论相反的结论，他们看来削弱了怀疑论对政治的分析，这种分析主张以一种更具现实主义的立场来看待世界，认为由于先进国家尤其是西方和 G3 国家（美国、日本和欧元区）拥有出众的力量，由于全球各个行为体在利益和意识形态上的冲突，以及政治在民族国家、地区集团及其他联盟层次上的重要性，这样的全球性形式（全球性民主）是不可能出现的。

　　怀疑论分析所得出的结论是强调权力、不平等、冲突和民族国家的重要性，所有这些都指向一种政治而不是全球性民主。这种政治可能依赖于国家；依赖于具有相似目标或利益的国家在更为非中心化的基础上结成的联盟，比如说出自于对所谓新自由主义或者美帝国主义的共同憎恶；依赖于特定的与目标相联系的全球性社会运动。这并不是一些具有更多全球性的普遍结构，或者是对这样一些结构的一种补充，在这些结构中，共同的一致可能无法达成，或者可能被一些更为强大的行为体所"劫持"（利用）。如果正如本文所认为的那样，第三波的分析实际上比其所声称的更为指向怀疑论的发现，那么，为怀疑论者所强调的关于全球权力的不平等和民族国家权力的分析，就应当成为图景的一部分,而世界主义的全球性民主则看上去更成问题了。对于世界主义的全球性民主,海伊和马希没有表现出有与赫尔德等人同样的信念,这一点可能是很重要的。他们关于政治的结论更多地建立在民族国家政治的各种可能性之上,这可能是海伊和马希在论述有关该主题的篇章中摇摆于第二波和第三波之间的一个原因,这一点我们将在后文中看到。

第二波

这里的阐述将集中于第三波的观点对第二波来说有着怎样的含义。为了进行这一讨论,我们需要对第二波的一些主张进行考虑。这样当我们讨论到第三波时,就可以加以比较了。本文的关键问题是关于第三波思潮相对于第二波思潮的"地位"的看法,但首先必须对这两波思潮做一个概述。赫斯特和汤普逊作为怀疑论或者第二波思潮的最主要提倡者经常受到引用,他们已经直接与第三波论者进行了讨论,比如在赫斯特的《开放的民主》(*Open Democracy*)一书中与赫尔德的辩论。无论在理论上还是经验实证上,他们的分析都为概述怀疑论提供了一个不错的选择。

赫斯特和汤普逊的各种主张主要是经济方面的,依靠用经验性数据来检验一种全球化的理想类型。他们说,他们所使用的这种理想类型是一种极端的状况,但如果这种状况一直在不断发生的话,它就应当代表着全球化会是什么样子;而且他们说,这种状况目前影响着商界和政界的各种讨论。尽管赫斯特和汤普逊并不探讨文化方面的问题,但他们认为全球化理论家所声称的文化和政治的各种变化是承接经济全球化而来的,因此如果关于经济全球化的主张被发现缺乏证据的话,那么关于前者的主张看上去也会成问题。他们的主要观点如下。

● 金融市场、技术以及制造和服务业的一些部门已经有了国际化,从20世纪70年代以来尤其如此,这些变化中有一些已经对国家层面治理中的激进政策进行了限制。比如说,在国家层面追求激进政策是危险的,因为国际化已经使得投资更容易逃出国家的边界。

● 目前高度国际化的经济并不是史无前例的。特别是在1870—1914年间,国际经济曾经更为开放,它的国际化规模是视条件而定的,有的已被中断或者逆转。比如,赫斯特和汤普逊展示的数据表明,1914年之前贸易和移民曾达到很高的水平,这一情形在两次世界大战之间的时期大都被逆转,这表明全球化并不是沿着一条进化的或者预定的路径一直向前,而是一条可以停止或者甚至逆转的路径。

● 国际贸易和投资正在不断增大,但这是在现存结构内进行的,而并没有发展为一种新的全球性经济结构。目前正在发生的一切都是在国家之间,国际上则尤其表现为在主导国家或者地区之间进行,而不是什么已经扩展到全球,成了超越国家的、国际或者地区间层面的事物。

● 跨国公司仍然罕见。大多数公司仍然是以国家为基础,在多国范围内展开贸易。即是说,我们拥有的是多国公司(MNCs)而不是跨国公司。目前并未出现朝真正的全球性公司演进的重大趋势。因此一个公司可能设在一个国家内,而将商品和服务推销到国外。但这使它成为了一家在国际市场内运作的国家公司,而不是一家全球公司。

● 外国的直接投资(FDI)集中在发达的工业经济体当中,并没有出现投资和雇佣朝第三世界国家大规模转移的现象。第三世界国家在贸易中仍然处于边缘状态。这一状况的例外情形是拉丁美洲和东亚的一些新兴工业化国家(NICs)。

● 世界经济并不是全球性的,贸易、投资和资金流集中在欧洲、日本和北美这一"三足鼎(triad)"地区。一个如此缺乏世界范围包含性的东西,是不能被称为全球性经济的。

● G3(美国、日本和欧元区)拥有对金融市场施加强大经济管治的能力,但它们出于意识形态和经济利益的原因而不选择这样做。它们固守着不使金融受到阻碍的意识形态上的承诺,或者发现它们能从中获得利益。这就是在经济治理中没有什么制约的原因之所在,而不是因为不可能做到。如果它们选择那样做的话,国家自己(或者以地区和国际合作的方式)就拥有规制全球经济和追求改革性政策的能力。

● 由于国内和国际上所要求的条件(比如,国际金融市场接受的各种规范),在国家经济管理中推行激进的扩张性或再分配的战略是不可能的。如果政府追求过于激进的社会主义的政策,资金就会逃离。由于国际化,政府和其他行为体都不得不以在一定程度上相同的方式运作。但是全球化理论导致一种过度的宿命论的观念;由于全球化,新自由主义是不可避免的,这种训令无论在意识形态上还是实际上成了一种必然;政治家会说,为要证明他们在意识形态上承诺的政策是正确的,新自由主义不可避免,如同它在实际上真的是不可避免一样。利用现有的各种机制和做法,在国家和国际层面上实行改革的策略则是可能的。

读者在这里可以看到，赫斯特和汤普逊认为世界经济在一些方面是高度国际化的（同时参见赫斯特和汤普逊 2000 年对于英国经济"过度国际化"的议论）。但他们使用的词是"国际化"（internationalization）而不是"全球化"（globalization）这个词，而且认为前者方面的证据有时被用来为后者的主张辩护。因为上述的这些结论性意见，他们认为世界是国际化的而不是全球化的。

我们现在来看看那些在全球化问题上采纳第三种视角的人。这些人试图保持一种全球主义的看法，这种看法不像怀疑论者们那样从全球主义者的立场后退，而是试图概括出一种比第一波的超全球主义者更为复杂的全球主义。

海伊和马希：在第二波和第三波之间

海伊和马希在他们编撰的《解密全球化》（*Demystifying Globalization*）一书中说，他们想要做的，就是"对以全球化名义作出的各种常被疯狂夸大的观点，投以一种批判性的、大体上持怀疑性的凝视"。他们说这是对第二波全球化思潮的一种回应，但他们希望能对第三波思潮的方法有所贡献，用一种多维的视角来观察许多以复杂和不均匀的方式展开的全球化进程。他们认为这是关于全球化的著述中一个正在崛起的、与众不同的"第三波"的一个组成部分。

如上所述，第一波思潮将全球化描述为不可避免的，它是跨越不同地区而进行的一种单一的进程，正在侵蚀民族国家、福利国家和社会的各种边界。据称这种观点在媒体、商界和政界，在某些学术圈子，在新自由主义的右派以及左派中都非常流行。人们认为第一波的视角是通过经验性证据的缺乏及其滥用而得以维持的。

第二波或怀疑论被认为已经提供了经验性证据，这些证据削弱了第一波的全球主义。通过集中于对商业全球化的评价，海伊和马希声称第二波已经表明：国家干涉主义是有效的（针对全球化削弱了民族国家的观点），对资金和外国直接投资流动性存在着限制，在各种经济指数和政策上缺乏全球性的趋同性，国内关注的重点是在生产，资金的流动集中于 G3 地区，以及外国直接投资的流动是有先例的（表示全球化并不是一个新的东西）。所有这些都提供了各种经验性的理由，从而构成了对第一波理论的质疑。

在提倡第三波时，尽管海伊和马希甚至采取了一种怀疑和批判的态度,但仍然是在一个并不拒斥全球化的框架内进行的。所以他们的分析是试图发展一种复杂的全球化理论,而不是试图将全球化当作一种现象加以揭穿。因此,就像赫尔德等人的观点一样,这被视为试图以一种更具批判性及更为精致的形式来拯救全球化理论。他们的调子较赫尔德等人更具怀疑性,但他们的分析是以一种特别的方式对全球化的形式加以概念化。

海伊和马希赞扬了第二波,但认为它仍然是从第一波的"全球主义鬼话(globaloney)"中派生出来的,认为第三波理论需要建立在第二波的批判主义的基础之上。他们认为第三波不可将全球化看成是一个过程或者最终状态,而是一种存在着各种反趋势的趋势。它处于变化之中,能够被逆转,或者可以朝不同的方向变化。而且,就像贾斯汀·罗森伯格(Justin Rosenberg)同样认为的那样,全球化的各种原因及其背后的各种行为体必须予以识别,而不是将全球化本身视为原因,或者认为它是不可避免的,是不受人们的控制的。推动着全球化的是政府和工商业,而不是全球化在决定着它们的行为。从第三波的观点来看,全球化是趋势性的、视条件而定的和有限度的。

如果这些事情必须由第三波来加以考虑的话,那就意味着第二波并没有做这样的思考。如果需要做的新的工作涉及到新一波理论的工作,那么第二波必定贫乏到了如此一个程度,以至于无法在其现有框架内通过另外的努力加以改善。

海伊和马希认为,他们正在作出一些创新,使他们能区别于第二波的理论,并说"看到了有必要与第二波的全球化文本作出决裂"。他们确认了四个共同的论题,说"如果要形成第三波,这些核心论题就必须提出来予以重视"。第一个论题是,有关全球化的谈论会产生相关的效果。比如说在防范资本外逃的问题上,政府对资本外逃话题所作出的反应,可能与真实情形发生时所做的反应是一样的。政治家们声称全球化意味着政府别无选择而只能推行重商政策,这种反应受全球化谈论的影响可能和现实的影响一样大,而在这一现实中,全球化可能并不是唯一可能的道路。或者政治家自己就可能是这种谈论的发起者,以此来为出于意识形态原因而选择的政策辩护,但这种政策却是因全球化需要的名义而推销给选民。

第二个论题是,在此前的几波理论中,全球化被赋予一种它本身其实并不具有的能造成因果关系的力量。海伊和马希认为,与其说全球化本身是一种原因,不如说它更多地是其他原因的一种结果;而且全球化是视条件而变化的,它由政治意愿所导致,而且受到去全球化(deglobalization)因素的影响。全球化并不是像"失控的世界(runaway world)"这个词语所意味着的那样,不可避免和不受控制地在驱动着经济、政治和文化的进程,而是可以由公司、政治家的决策,或者由资本主义和国家利益所引起。因此,它是受控制的,而且如果公司和政治家作出其他决策的话,它是可以被带往其他方向或者被逆转的。

第三个论题,全球化被认为是一种具有异质性的事物,因形式和地点的不同而具有不同的影响,而不是一种同质性和普遍性的事物。因此金融全球化与文化全球化是不同的。它们的进程有不同的步伐,在不同的地方有着不同的结果,比如说,美国文化在英国和日本比在朝鲜或中国传播得更为广泛。

第四个论题,海伊和马希强调文化和经济之间存在着一种相互作用,而不是两个能从不同专业得到最佳阐释的相互隔离的领域。文化全球化可能源于试图推销文化,源于经济全球化和资本主义的传播。或者说经济全球化是受那些相信全球化说法的人推动的,而这种全球化说法正是由于全球化文化的结果。

事实上,所有这四种观察都证实了第二波怀疑论的观点,而不是将分析导向第三波。尽管第三波批评的目的是想推动我们离开第二波,但实际上看来是证实了后者。让我们来看看海伊和马希在何处强化了第二波的观点,而不是像他们所预期的那样在走向新的第三波理论。

首先,全球化是一个话题,有时候主体的行为只是对人们的议论而不是任何现实的反应。海伊和马希将这一主张作为第三波区别于以前两波的创新之一。但这种主张强化了赫斯特和汤姆逊已经说过的东西。赫斯特和汤姆逊认为国际金融市场的规范给激进的政策带来了限制,但又认为国际化的迹象被用来错误地证明全球化正在发生。他们指出,全球化理论导向了一种错误的宿命论,所谓新自由主义不可避免的宣称,更多的是一种意识形态而不是现实。实际上,实行改革的策略在国家和国际层面上都是可能的,比如:进行再分配,制定让公司对员工和团体更负责任的规章制度,增加对于健康、教育和福利的投入。海伊和马希在其著作中比赫斯特和汤姆逊更详细地阐述了谈论全球化所产生的效力问题,而赫斯特和汤姆逊的研究则更侧重在经济方面。但是在这一问题上,海伊和马希强化了第二波的主张,而没有像他们认为自己的观点所具有的作用那样,将我们推进到更高的理论境界。

第二,海伊和马希说,一种不同的且具有创新的分析在于,把全球化看成是各种因素和行为的结果，而并非它本身就是原因，是不可避免的。赫斯特和汤姆逊(1996)将正在发生的一切看成是国际化而不是全球化。但后者对历史过程所做的勾画表明，国际化既是行为者决策的结果，也是一种原因或者无主体的过程。比如就像我们已经看到的那样，赫斯特和汤姆逊说是 G3 行为者们的意识形态和利益将国际化引向了如今的方向，而不是的确有可能成为一种朝着更规范方向的现实性选择。海伊和马希再次强化了第二波，而不是提供一些比其更高明的东西。

第三，对于海伊和马希来说，第三波的创新之处包括将全球化分析为具有特定影响的异质性事物，它不具有同质性和普遍性。但是又一次地，这一提法重申了怀疑论者们的各种发现，而并没有超越它们。赫斯特和汤姆逊认为更高程度的国际化正出现在金融市场而不是其他部门。他们认为在不同的历史时机中，国际化是可以变化和逆转的，"美好时期"(the belle epoque)是全球化的一个高点(high point)，此后出现过逆转(比如 20 世纪 30 年代)和进展(比如 20 世纪 70 年代)，而且他们认为一些发达的和新兴的工业化国家与国际经济的融合程度更高，而其他国家相对地处于贸易和投资世界之外。简而言之，赫斯特和汤姆逊指出全球化是一个很不均衡的过程。

第四，在海伊和马希看来，第三波的分析揭示了文化和经济之间的相互作用，两者并非由不同专业来研究的隔离的领域。但是赫斯特和汤姆逊也认为存在着这样的相互作用。他们的著作集中于经济的研究，但他们觉得如果世界经济的全球化存在着疑问的话，那么文化的全球化也必然存在着疑问，因为后者与前者是紧密相连的。赫斯特和汤姆逊并没有像海伊和马希那样分析文化及其与经济的关系，但是他们断定有这种联系。因此海伊和马希关于经济和文化之间相互作用的提法，仍然处于一个与第二波一样的框架之内，而不是更向前发展，只是他们对此所做的探索更为具体了。

海伊和马希还说，在第三波中，全球化可以被看作一种存在着各种反趋势的趋势(a tendency with counter-tendencies)，而不是一个事实或者一种只朝一个方向发展的进程。但赫斯特和汤姆逊的分析表明，全球化还远远没有完成，国际化有前进时候也有倒退的时候，而且它处在像 G3 之类行为体改变其方向的能力范围之内。和前述的四点一样，海伊和马希所说的各种创新，看来更多的是在实际上证实和延续了第二波怀疑论的分析。

因此，海伊和马希所认为必须具备的许多见解在第二波里已经存在。他们含蓄表示的第二波的各种局限，实际上通过提出和认可第二波已经推出的观点而得到强化。事实上，尽管第三波论者试图从第二波的思想上继续前进，提出一种更为高级的、有限定的全球主义，但在这样做的过程中，他们强调了一些为第二波所突显的特征，结果强化了第二波的怀疑论方法。

所以毫不奇怪，海伊和马希（2000年）对自己著作的界定是处于"关于全球化辩论的第二波和第三波之间"，承认他们"并不把这当成是在明确地为第三波开路"。可是，这种限定以及他们的理论主张，实际上复制了第二波的分析，削弱了他们所谓正在发起第三波并朝着不同于第二波的方向前进的说法。实际上，他们所做的限定和所提供的论据是加强了第二波，而不是表明其在第二波的基础上有了进步。

赫尔德等人：变革论者，一种改良的全球主义

赫尔德等人的情形并不完全相同于海伊和马希的分析及其与怀疑论的关系。海伊和马希在格调上更具怀疑论色彩，而赫尔德等人在倾向上更具全球主义色彩。不过这两类第三波的论者在对待怀疑论者及全球化方面有某些相似之处。赫尔德等人试图使自己与怀疑论保持距离，声称后者攻击的是一种虚假的理想模型，认为全球化是一个真实的过程。不过他们主张，与第一波的超全球主义者的提法相比，全球化必须以一种更为复杂与不确定的方式得到阐述。他们推动了第三种也即变革论的视角，这为全球化勾画了一幅更为复杂的图景。这种阐述不仅醒目地出现在他们的著作《全球大变革》（*Global Transformations*）中，而且也出现在许多其他场合，比如赫尔德和赫斯特之间在《开放的民主》一书中的辩论。

这里要阐述的观点是，在赫尔德及其同事们的各种提法当中，存在着一些彼此不同走向的东西。他们试图通过提出一个全球化的改良版来捍卫全球化理论。但他们所增加的各种限定和复杂性，导致怀疑论者论文中的许多观点得到证明，而没有像他们声称的那样削弱了怀疑主义或者支持了全球化。

让我们来看看赫尔德等人从变革论者的立场所推出的东西，以及他们对于怀疑主义的批判内容。以下用以说明变革主义而列举的例子均出自本文作者。赫尔德等人的关注大都集中于政治类型中的变革，

而正如我们已经看到的那样,赫斯特和汤姆逊则集中于经济方面。不过在他们所分析的领域,仍然存在着真正的重叠。

下面是根据变革论者的立场所做的概括。

- 当代的全球化在历史上是前所未有的。同时变革论者还说,它是一个具有前现代形式的长期的历史过程。因此贸易和移民是一直就存在的,比如可以追溯到前现代时期在亚洲、中东和欧洲的边缘地带之间所发生的情况。但第二次世界大战以来,技术和政治的各种变化已经使全球性媒体传播、国家间的经济相互依赖,和国际政治组织等事物,在程度、速度、规模和强度上出现了空前的发展。

- 全球化引起了深刻的变革性变化,是重塑世界的各种变化背后的一种核心驱动力量。在经济、社会和政治进程中,国内和国际之间并无明显的区分。比如说在媒体、电影、宗教、食品、时尚、音乐等这些民族文化的领域,充满了如此多来自国际资源的输入,以致民族文化再也无法与国际分离开来。这是一种变革性的驱动力,因为这种全球化改变着人们的各种生活体验。

- 经济正在变为去领土化的、全球性的和跨国性的。这种变化正在不断地发生,是通过诸如跨国界的资金流动、跨国公司的作用、不同国家经济之间的相互依赖等因素而实现的。

- 尽管民族国家在法理上仍然具有主权,但由于国际性的治理和法律,由于全球生态、交通和通信的发展,由于跨国公司这样的非领土性组织和各种跨国社会运动,它们的权力、功能和权威正在被重新构建。民族国家现在不是一个自我管理的自治单位(尽管他们说国家从来没有获得过完全的主权),其权威更为分散。赫尔德等人还说,国家已经变得更具行动主义色彩,它们的权力并不一定减少但正在获得重塑。这既不同于全球主义者认为民族国家的主权已经终结的观点,也不同于怀疑主义者认为改变的东西很少这样一种立场。

- 领土边界仍然是重要的,但那种认为它们仍然是现代生活的首要分界线的观点已经越来越成问题了。各种经济、社会和政治活动都扎根于地方上,但它们通过各种本土化和民族化的新形式,会变得脱离领土或者再领土化(territorially disembedded or re-territorialized)。因此一家公司可能在一块特定的领土上生根,但随着其职员来源的国际化或者当其产品在国际上销售时,它就变得脱离了领土。根据其职员分布的新场所或者出于使产品适应不同地区的市场而做的调整,这家公司就可能出现再领土化。各种音乐可能从一个地方起源,但当它们是在全球范围内制作或销售,或者具有全球性影响时,它们就脱离了原有的领土。它们可以影响和融入全球范围或者其他民族地方的音乐,在某个特定的地区,这种融合创造出本土的或者民族文化的新形式,这就是新形式的本土化和民族化。

● 变革论者说,和其他的视角不同,他们并不将世界简化为一个单一、固定的理想形式;他们承认世界的矛盾性和暂时性。他们觉得,全球主义者和怀疑论者分别将世界简化为全球型或者非全球型,却没有意识到这种简化是多么的自相矛盾;实际上来自两方面的情形都有。考虑一下文化之类的东西何时可以保持民族化,而民族性的东西又如何可以被全球性的输入所改变,从而形成一种民族性和全球性的混合物。在世界是否或多或少变得具有全球性这一点并非预先注定,而是可能朝各种不同的方向变化的问题上,他们认为全球主义者和怀疑论者都在暗示着种种必然性(不可避免性)。

● 据称,怀疑论者把世界看成是沿着一个单一的进程演化,而实际上在生活的不同领域中,它因具有不同的模式而互不相同。因此,比如说,某些类型的全球化(如金融)可能比其他的(如公司)更为全球化,而世界上的某些国家(如那些最需要引进投资的国家)可能比其他国家更受全球金融的影响。

● 赫尔德等人认为,怀疑论者们是经验主义者,因为当需要更多的定性证据和解释性分析时,他们只是用数字性证据来证实、限定或者拒绝全球化命题。比如说,就商品交易价值或者人口移动的数量而言,如今的移民或贸易可能(这一点有待商榷)并不比"美好时期"更为全球化。但在现时代,移民和贸易对于经济、政治和文化的定性影响可能更大。定量指数上的有限变化并不一定表明缺乏性质上的变化。

● 目前存在着一种单一的全球性体系,几乎所有社会都是其中的一部分,但并未出现全球趋同或者单一的世界社会。民族性的社会和体系交织在各种形式的地区间网络之中,但这些网络是不同于全球一体化的,全球一体化目前并不存在,因为这意味着太多的单一性;它们也不同于趋同,趋同目前也并不存在,因为这意味着以同质性为前提。比如说,全球性的经济相互依赖可能是存在的,但这并不意味着在价格和利率等经济因素上存在着全球趋同。一个全球性的经济体系可以在没有全球趋同或者单一经济的情况下存在。

● 全球化牵涉到跨越社会的和社会内的分层的新形式,有的不断陷入其中,有的则被边缘化,不过是以区别于旧的核心-边缘、北方-南方、第一世界-第三世界那些划分的新的构成出现的。由此可见，全球化并不是普遍化的，因为并不是所有人都体验到同等程度的全球化。目前有了一种新的模式取代全球不平等的核心-边缘模式，这一新模式表明，在拉丁美洲和亚洲的发展中国家中形成了一个中等集团，这些国家已经有了明显的发展，更为融入全球经济，从而使它们自己摆脱了边缘地带；但其他国家比如一些非洲国家已经变得更为虚弱，被遗留在边缘地带。因此完全对立的两极模式被一种更为复杂的分层所取代，这种分层兼有更大的包容性和排斥性、更大的在顶端和底端之间的极化倾向。这里，全球化的影响是不均衡的，一些（国家或地区）变得更加融人其中，而其他一些则更加遭到排斥。

● 变革论者说，和超全球主义者与怀疑论者不同的是，他们承认全球化未来的方向是不确定的，而不是目的论的和线性发展的，具有一个给定的未来的终极目标。因此，变革论者说，全球化并不是注定将席卷一切，现状也不会成为预先决定的未来状态，国际的未来是开放式的，可以由诸如大公司和政府的选择，或者公民社会和社会运动的影响等这些因素来决定。

● 政府应对全球化世界的战略据说应包括新自由主义、建设发展型或者激励型的政府、以国际规范为基础的更为外向的战略。这一系列的政府行为受到了像赫尔德这样的世界主义民主人士的青睐。因此，由于全球化未来可能有多种路径可走，政府可以采取一系列选择来影响其方向，包括推行经济自由主义、采取更多的政府干预以引导经济和社会的未来、对世界经济和全球性问题进行全球治理。

变革论者和怀疑论者的比较

赫尔德等人所概述的这种变革主义第三波在多大程度上以一种改良的形式挽救了全球化理论而削弱了怀疑论者？让我们来审视一下赫尔德等人阐述的一些要点。

变革论者和怀疑论者之间无疑是存在着各种区别的：在定义上（他们看到的那些过程应当被定义为国际化还是全球化）、在历史分期上（目前的全球化是空前的，还是1870—1914年之间的时期是全球化程度最高的）、在规范性主张上（在究竟将民族国家、国际集团还是将全球性民主作为未来政治行动的基础方面，存在着分歧）。

赫斯特和汤姆逊被指责通过攻击一种极端化的理想类型来削弱全

球化的理由。这种指责是公平的,赫斯特和汤姆逊承认自己是这么做的。他们运用了一个他们认为如果全球化要存在的话就应当呈现的模式,并证明这种模式在现实中并不存在。但是这一模式是一种影响商业和政治辩论的理想类型。赫尔德等人则通过与他们所批判的强烈超全球主义者的立场的对比,来证明自己变革主义立场的正确性。然而比这些观点尤为重要的是这样一个事实:赫斯特和汤姆逊所批判的那个理想模式描述了一些他们说实际上并不存在的东西。在对变革主义者和怀疑论者进行比较时,更为明智的做法是对他们作同类事物的对照。不是去把赫尔德等人认为正在发生的全球性变革同赫斯特和汤姆逊认为并没有在发生的模式进行比较,而是将赫斯特和汤姆逊所说的世界发生着的国际化与赫尔德等人所说的世界上发生着的全球性变革进行比较,这才更为有益。然后我们可以明白在需要给予评估的他们的立场之间是否存在着真正的区别。我们可以通过审视上面列出的变革主义各个要点,来进行这种比较。

赫尔德等人说,当代的全球化在历史上是空前的,不过存在着更早的前现代的全球化形式。尽管这种说法听上去似乎矛盾,但它意味着全球化是有先例的,不过没有现在这样强烈、广泛、迅速,具有如此伟大的规模和影响。怀疑论者和变革论者对于全球化是一个相当长的进程可能并没有什么不一致。但他们的区别在于:赫斯特和汤姆逊认为全球化的全盛期是1870—1914年,而现在的强度相对要弱小,赫尔德等人的看法则是现时代的全球化程度为最高。

赫尔德等人认为国内和国际的进程之间并无明显的区别,这一点怀疑论者也是同意的。从上面对怀疑论者立场的归纳可以看出,他们认为国内经济是高度国际化的,比如在金融、贸易和投资方面。分歧之处是在国际化进程是否可以被描述为"全球化"。赫尔德等人关于民族性与国际性相互渗透的观点,并没有将变革主义与怀疑主义明显区分开来。

赫尔德等人认为经济正在变为去领土化的,全球性的和跨国性的。这听上去是一种比怀疑论者更为激进的立场,但赫尔德等人认为领土边界仍然是重要的,从而对自己的观点作了限定。经济、社会和政治活动源于地方,通过本土化或者民族化的新形式变成脱离领土或者再领土化的。这与怀疑论的立场有什么区别呢?怀疑论认为民族经济在进行国际贸易,公司的基地在地方,它的生产、贸易和投资活动则超越了这个特定的地点。赫尔德等人对于"去领土化"和"脱离领土"的强调超越了怀疑论的立场,但关于"根源"和"再领土化"的概念并没有超越。

赫尔德等人认为民族国家是拥有合法主权的行为体,其权力并不一定会削弱而是可以重塑。比如说,一个民族国家可能在地区的和国际的组织中重新构建自己,结果它的权威更为分散,它的自我治理能力也因为这一点以及全球性的经济压力而被削弱。但它仍然拥有合法的主权,在一个更加全球化了的世界中,它以一种维持或者甚至加强其权力的方式重构自己,从而发挥着积极的作用。这一提法被看成与怀疑论的认为没有什么变化的立场不同。但是,这种与怀疑论立场的区别有三点疑问。

首先,怀疑论者们并未说什么都没有变化。他们说有许多东西已经改变了,在早先的"美好时期"以及20世纪70年代和80年代都是如此,但这并不是说我们现在生活在一个全球化了的时代。正如上文对其立场的概括中所述,他们认为国际经济已经出现了重大的转变,尽管这是在现存结构之内的。公司必须用不同的方式行事,国际金融市场的各种规范对于民族国家可能要做什么已作出了限制,比如排除激进的宏观经济政策。

第二,怀疑论者同意民族国家并不具有完全的主权,而且它必须被分享。例如,他们概述了国际组织和国际金融在世界上的作用,以及像我们已看到的在国家层面对激进再分配政治作出限制。他们对此所做的限定是,这种情况一直就是这样,并非新的。但他们没有离开这样一个观点:不存在不被分享的清晰主权。

第三,怀疑论者同意关于活跃的国家的观点。如果有什么不同的话,变革论者对于这一观点的强调实际上加强了怀疑论的观点:民族国家是国际舞台上的重要行为体,拥有在国家和国际层面上的权力来决定全球化采取的形式。怀疑论者认为民族国家能自主决定全球化的未来,赫尔德等人对于像新自由主义、发展型或者激励型政府、世界主义的民主等替代战略的概述,看上去似乎加强了这样一种观点:在全球化了的世界上,民族国家具有某种自主性和权力来决定未来,而这也是赫斯特和汤姆逊所同意的方式。这并不就是说在关于民族国家在当今的全球性或者国际性世界的作用方面,变革论者和怀疑论者的看法是完全一致的。但看来确实如此,变革论者分析中所做的限定证实了怀疑论的许多观点,其情形就如同在驳斥怀疑论一样。

对赫尔德等人来说,变革论和怀疑论立场的一个不同之处,就是前者承认世界多维性、暂时性和矛盾性的本质以及其方向的不确定,而后者认为它是单一的、线性的,有着一个给定的终极状态。但这看来是误解了怀疑论者的立场。赫斯特和汤姆逊集中讨论的是经济而不是其他领域,因此并无多少迹象表明当全球化影响其他领域时,他们如何看待它。他们的确认为国际化在世界的不同地方有着许多不同的影响,许多的活动都集中在先进经济体,而世界其他地方则并未如此融入。他们声明国际化并不是线性的,而是可以逆转的,例如在"美好时期"之后的年代;他们还认为,所谓全球化是预先注定和不可避免的观点是一个用来为新自由主义政策辩护的神话;真实的情形是,单个的或者国际上组织起来的民族国家都把改变国际化进程视为自己的权力的范围。变革论者所暗示的他们与怀疑论者相区别的那种不同,是建立在对怀疑论者说法的误解之上的。实际上,变革论者在这些问题上所主张的东西,看来是与怀疑论者相一致的。

最后,变革论者认为现在存在着一个单一的把所有社会都交织于其中的全球体系,这似乎不同于怀疑论者的立场,怀疑论则认为国际经济中的许多重要活动都集中在日本、欧盟和北美,有些新兴工业化国家也在进入这个有影响力的范围,而世界其他地方融入的程度要低得多。然而,变革论者勾画出了一种情形,认为虽然存在一个单一的世界体系,目前也并没出现全球趋同或者单一的世界社会;他们认为在社会内部和社会之间存在着各种形式的分层,有的交织于其中,有的被边缘化,全球化并不具有普遍性,因为不是所有人对它有相同的体验程度。如果考虑到变革论者的这些观点,那么他们与怀疑论者之间的区别就小得多了。对全球体系融入程度的不均衡,这近似于怀疑论者的概括,这种概括导致他们得出结论说,由于这种兼有包含性和排斥性的结构,目前不存在全球化经济。

全球化的政治

各种试图反驳怀疑主义和捍卫一种改良的全球主义的努力,常常看上去有着与怀疑论者的分析其实相同的重要立场,从而引起对全球化的真实性的怀疑。尽管与怀疑论者有着这种共同的特性,但变革论者在调门上更为强烈地把全球主义作为一种事实来捍卫,这种论说可能是导致两者在一个领域存在重要分歧的部分原因。变革论者仍然忠实于全球主义的观点,他们就一种能应对全球化的政治所提出的规范性建议是极力强调世界主义的全球民主。这包括各种全球性的政治论坛,不同共同体和利益群体可以通过参与这些论坛来就一些问题达成协议,这些问题中许多具有全球性特征,无法单纯从国家层面得到解决。诸如人权和战争、生态问题、毒品和犯罪、经济不稳定性和不平等这类问题被视为是全球性而不是国家性的问题,需要全球协调或者全球干预来寻求解决途径。世界主义者寄望于各种以全球世界主义意识为基础的全球性世界主义论坛和国际干预来解决这类问题。

怀疑论者的分析并没有得出这样的全球主义的结论,他们对于全球政治并不具有同样的信念。这是因为怀疑论者并不相信强大的西方国家将会容忍那种全球性民主所容许的政治平等性。这些国家将会抵制政治上的平等化和包容性(inclusivity),而要设法保持其在全球性论坛中的优势权力。当各种行动符合他们的利益时,他们会用全球性政治来对付其他国家;而当各种行动违背他们的利益时,他们会逃避受到这种政治的制约。民族国家之间在各种资源上存在着利益和意识形态上的重大冲突,这种冲突因为像气候变暖之类的生态问题的影响而处于增大之中。全球性问题的解决办法必然会牵涉到利益或者意识形态,对有的国家有利,对有的国家则不利,这些问题没有共赢的解决方案。因此在全球性政治中更有可能出现冲突,而世界主义所依赖的合作意识是不可能的。

比如说,考虑一下美国在国际政治中的作用。它企图保持自己在国际机构(例如联合国安全理事会)中反对平等性的权力,利用此类国际机构作为其追逐自身利益、对付其他国家的阵地,或者当那些解决方案不符合美国的利益时就予以绕过,以避免自己受到约束。美国支持或者破坏各种国际协议(比如关于全球变暖、国际正义和权利、核扩散)是有选择的,其所依据的是自身的意识形态,以及经济、政治和地缘战略的利益。

世界主义者关注像生态、权益和不平等之类的问题,并将这些问题视为全球性的,认为解决这些问题通常必须是跨国性的。他们的这种意愿是良好的也是正确的。但如果由于上面提到的这些理由,世界主义政治是不可能或者不可取的话,那么另一种解决此类问题的政治会是什么呢?在怀疑论者看来,未来在于民族国家独自行动;或者由于此类问题的跨国性,由他们组成地区集团或者同盟一起采取多边的(而不是全球性的)行动。这样的行动不牵涉到普遍的或者全球的一致,但却是基于共同的目标、利益和意识形态、具有多边或双边协定的集团与联盟。就国家和其他政治行为体而言,与那些想法和利益相同的行为体进行跨国联盟，比起谋求全球层面上的世界主义意识可能要更好，在这个层面上有着许多相反的利益、意识形态以及更为强大的力量。这意味着一种能够在不一致、对抗和国家联盟的现实中运转的政治，而不必是那种为全球性世界主义民主所必需的共同性和一致性。例如，这样的联盟可以在那些认为自己是反新自由主义或者反帝国主义的政府或者运动中间获得推进，像拉丁美洲的左翼政府、不结盟运动或者全球性正义运动。

目前存在着各种国际机构，而且必须与之发生联系。但这些机构常常是既代表全球利益，也代表着特定的利益；既是平等和民主的工具，也是有权势国家的工具。因此，民族国家不得不在此类机构之外行动，彼此结成联盟，利用它们拥有的各种资源（例如能源、人的专业技能）在一种冲突的（而不是世界大同的）政治中相互提供支持，以对抗强权势力。这些势力在此种政治中维护的是不平等，缺乏民主，僭越人权，是各种生态问题或者战争的幕后推手。

这种政治既不是以国家也不是以全球为中心的（尽管它利用这两个层面）。它并不将对世界主义政治的怀疑主义与反干涉主义、和平主义或者无所作为联系在一起。它赞成在全球及相关问题上采取行动主义和跨国性干预，承认存在着冲突而不是共同利益和目标。它倾向于通过多边或双边集团的行为体来采取跨国的和超越国家的行动，而不是通过单独国家或者全球一致来采取行动，这种行为体具有已经存在或者可以营造的共同议程和利益。这是对国家主义和全球中心主义的一种替代，既在这两个层次上运作，也在两者之间的一个层次上运作。它紧密相连的是较穷和较弱国家的利益，而不是全球主义者的希望或一种想象的整体主义。

此外，跨国性政治必须不能只是程序性的，不能只是建立在对全球问题解决的制度上面，例如世界主义民主和国际法。在法律和制度性程序之外必须具有实质性内容，因为上述的许多问题不仅需要合适类型的制度性程序，也需要特殊的实质性政策。不同的制度性程序可能导致不同的实质性政策，对于后者的选择与对前者的选择一样重要。

怀疑论者和变革论者对于规范性政治的结论上的不同，看来更多地源于变革论者的全球主义结论，而不是源于其观点的实质；实际上，这些观点常常与怀疑论者的研究具有共同点。正如上文中概括的那样，变革论者的分析描述了一体化程度的不均衡，主要聚焦于不平等、分层、权力；描述了有着不同可能的行动主义战略的民族国家（即使是重构的国家）；描绘了再领土化和地区集团。在这一基础上，他们所青睐的世界主义全球民主的政治是不可能出现的。他们的分析表明了各种不平等和冲突的存在，从而使全球性的一致难于达成。这些经常是强大民族国家之间的情况。从这样一幅关于世界秩序的图景中得出的适当的结论，看来应当是承认不平等和冲突、民族国家、地区集团或多边的拥有相同想法的集团，正如怀疑论者所指出的，这些更可能是未来政治当中存在的结构。

那么，变革论者的问题是，他们在得出全球主义的结论中导向了全球主义政治。但如果他们所说的东西实际上更多地是给怀疑论增加了信服力的话，那么这种全球性政治可能只是提供了一些希望。拥有一种更为现实的政治观可能更好，这种政治观不会寄托于全球民主，它更多地倚重民族国家、地区的或者其他的集团/联盟，承认它们与公民社会中其他相反利益群体之间的斗争，而不是吁求普遍一律和全球一致。之所以要在三波理论中去获得对全球化的准确分析，一个原因就是要确保所得出的政治结论应是最好的。

因此，变革论者的方法是试图驳斥怀疑论者，同时以一种比超全球主义者所推出的更为精致的形式来拯救全球化理论。但是，正如本文所论证的那样，这种阐述存在着一些问题。总体而言，变革论者拥有的是一种在言辞上捍卫全球化的视角，甚至尽管它实际上很是帮了怀疑论的大忙。出现这一情况的一个原因，就是由于他们在对全球化的描述中增加了重要限定和复杂性，变革论者与怀疑论者有了比乍看上去更多的共同之处。第二个原因就是变革论者像我们已看到的那样，并不总是能够对怀疑主义进行正确的描述。有时候关于怀疑论的描述离开了它原来的观点。但当更细致地研究怀疑论的观点时，我们看到怀疑论之所述与别人对它的说法并不怎么相同，它的视角经得起批评。

斯科尔特：一种有限制的全球主义

斯科尔特尽管坚持全球化理论的一些关键主张，但他试图对该理论加以改进。在一定程度上，他的这种努力导致的是与赫尔德等人的分析一样的结果。斯科尔特并没有像海伊和马希、赫尔德等人那样明确点明全球化理论中的第一、第二和第三波或者三种视角。但他试图通过加上各种限定，来提供一种更为复杂的全球化概念，这一概念超越了全球化的极端概念，但并没有像怀疑论者那样走出那么远。在这样做的过程中,他希望将全球化作为一种现实予以捍卫,而不是让其被推翻。就这样,他落入了第三波的后怀疑论阵营。

斯科尔特认为全球化牵涉到的是超领土的(supraterritorial)而不是跨地球的(transplanetary)关系。后者更像是怀疑论者勾画世界特征时所说的各种国际联系。他说,跨地球的连结牵涉到世界不同部分之间的关系。这些关系已经变得更为紧密,牵涉到更多人群,更为频繁,更为广泛,更为强烈,规模更大。但是,这些联系的出现已有许多个世纪,从本质上而言是属于世界不同部分之间的国际联系。

斯科尔特认为,超领土性是相当新的,打破了领土的地理布局。这涉及的不只是各种跨地球连结的强化,而且还涉及到各种超越了领土单位的全球连结的不同类型。它们超越领土布局,并与其脱离联系。这方面的例子可能包括世界的同步性(比如世界各地的人们都在喝同一样的咖啡)或者世界的即时性(比如国际电话)。他给出的其他超领土性的例子,包括乘喷气飞机旅行、人们的迁移、消费、电讯、全球性媒体、金融、生态问题、全球性组织、全球性健康问题、国际法、全球意识(比如全球性体育赛事和人权事务)。

超领土性牵涉到的不只是时间相对于空间的浓缩——这是跨地球连结加强的标志性特征。它涉及到同样超越领土空间的各种社会关系。跨地球联系的时空浓缩与超领土性之间是一种定性的区别。对于斯科尔特而言,领土范围仍然是重要的,但没有对整个的宏观空间(macrospatia)框架进行说明,这一框架如今有了超领土的维度。

斯科尔特对这幅图景增加了一些限定。在他关于全球化的著作的第二版中,他抛弃了以前用来囊括全球性关系的"去领土化"一词,因为这个词隐含着领土再也不重要了的意思,他还暗示说这可能将事情说得太过头了。他如今强调的是"超领土性"这个词,整个词语把握住了那种超越领土范围的东西,但隐含的意思是领土即使被超越了,也还依然存在着。斯科尔特认为领土主义仍然是重要的,例如在生产、治理、生态和认同等方面,而且全球主义无法根除它。这些例子具有超领土性的维度,但它们仍然具有领土根源的方面。他说,这个世界既是领土性的,也是全球性的,并不存在任何独立于领土空间之外而存在的纯粹的全球性。这个世界是领土性的,也是超领土性的,两者相互交叉。全球性并不是一种与地区、国家、省和地方各个层次都分离的存在,它们全都是相互交叉的。

斯科尔特的讨论原本是要通过进行一种更复杂更微妙的描述来捍

卫全球化的概念和现实,但问题是他引入了一些限制条件和保留,这种限定和保留实际上意味着他的分析与怀疑论有着颇多的共同之处。斯科尔特给出的例子上文中已经提及,其中许多都源自20世纪60年代以前的时段,他说全球化就是在60年代起飞的。它们中有许多看上去是跨地球的连结而不是超领土性。比如说,世界体育赛事是由相互竞争的国家体育队组成的,观众们常常热情地站在具有其本国特征的队伍一边;人们迁移的模式和经历,则受到移民的国籍和目的地状况的严重影响;气候变化源于该问题在各国起因上的明显差异。对于他所引事例的超领土性本质的这些怀疑,同样反映在斯科尔特对全球化所加的限定之中——认为这些关系并没有超越领土而是镶嵌于其中。

简言之,斯科尔特的主张与赫尔德等人、海伊和马希的观点是有相似之处的。在这三者的各自的主张中,都有一个提法说是捍卫全球化。实际上,这些提法是想要表明全球化是多么复杂,但有时他们所做的那些限定削弱了全球主义者所得出的结论。总体说来,第三波的变革论者试图限定全球主义的那种方式,时常意味着他们比第一波的全球主义者或者第二波的怀疑论者们缺少一致性;结果他们最终是为其他波的理论提供了支持,或者说是以不同的方式对他们所批判的两种立场都提供了支持(罗森伯格2000年对于斯科尔特的批评也得出了一些类似的结论)。

结　论

本文所阐述的观点,表明全球化理论第三波如何试图构建一个比第一波更为复杂的框架。第三波论者认为,这一更为复杂的图景展现了今天全球化的真实性,削弱了怀疑论者认为我们最多是生活在一个国际化的时代,而不是生活于一个高于和超出国际化的新的全球性阶段的观点。

然而海伊和马希说,他们的理论旨在迈向第三波但还没有达到,这可能并非巧合。其原因也许是,那样做将涉及到摒弃第二波,但他们的结论看来却是证实了而不只是显示需要变革。赫尔德等人主张一种全球主义的理论和全球主义的各种规范性结论,尽管他们许多重要论点描述的似乎是一幅有时与怀疑论者所述的很相像的世界体系图景。一种改良的全球主义是以一种时常在细节上看上去接近怀疑论者的和全球主义理论的方式加以阐述的,斯科尔特的著作遵循的也是这种模式。这种重叠迄今未被识别出来。本文的目的是回顾这三波全球化理论的著作,通过文本研究来辨别这一问题,并探讨它的含意。

很可能具有意义的是,科夫曼(Kofman)和扬斯(Youngs)在早期的一篇论及全球化理论思潮的论文中提出的只是两波,其中的第二波看来是关于怀疑论者和变革论者提出的各种观点的总括。科夫曼和扬斯认为全球化理论过于笼统和一律,而没有对全球化在特殊背景下所产生的特性予以足够的关注。在他们看来,如果全球化是什么新的东西的话,那它同时也是对于旧的东西的一种重组。如果说出现了新形式的话,那原有的各种关系也仍然是明显的。比如说,权力在很大程度上还是单向,仍然来自于西方,但小国通过相互之间的合作,已经能够参与和影响各种讨论。资本的流动已经更为自由,但各国在控制移民也就是人们的移动方面已经更为严格。国家继续保持着主权,即使因为各种地区性机构崛起等事物而使它受到影响和发生变化。媒体、通信、技术和金融是全球性流动的,但这些流动并不会面临消失,而是在特定的地方以特殊的方式予以清楚地展现和具体化,这些地方是本地、地区、国家和国际的交汇点。

科夫曼和扬斯的视野并没有在怀疑论与后怀疑论、怀疑主义和变革主义之间进行区分。正如海伊和马希所发现的还不可能超越第二波达到理想的第三波,科夫曼和扬斯只是概述了第二波。他们的这一概述与本文所讨论的怀疑论和变革论视野是一致的。怀疑论者和变革主义者得出的结论存在着差异,比如在定义、分期和规范性政治等方面。但正如科夫曼和扬斯的第二波一样,那些基本的重要分析能够横跨这两种视野,这表明它们之间的差异是被夸大的。变革主义者实际上有着和怀疑论者们一样的许多怀疑,并在他们自己的分析中表达了出来,不过他们在得出更具全球主义的结论时离开了这些怀疑。

这些结论在政治上是重要的。如果变革主义者将其全球主义的规范性主张建立在一种与怀疑论者具有共同立场的分析之上,即认为这个世界存在着一体化的不平衡,存在着分层,民族国家被重构但仍然活跃,存在着重新领土化和地区集团,那么他们所主张的世界主义全球民主看来是不可能的。权力政治、不平等、民族国家间的冲突、地区集团、在资源和种种经济政治利益方面由具有相似利益和意识形态的行为体组成的政治联盟——怀疑论者所指出的这种未来,看来更有可能出现,必须得到重视。

西班牙内战中不干涉政策的形成
——英法两国的合作与斗争

张 涛

摘 要 不干涉政策深深根植于埃塞俄比亚战争和莱茵兰事件产生的政治后果。西班牙内战爆发后,英法两国对欧洲安全形势和本国外交目标的判断不尽相同,两国在外交谈判地位上也不平等。法国为了协调对英关系、阻止英德接近,设计了不干涉政策。英法两国通过外交上的合作与斗争,使英国的恶意中立和法国的善意中立得到了调和,达成了关于西班牙内战的不干涉协定。

关键词 英国 法国 不干涉政策 西班牙内战 人民阵线

1936 年 7 月西班牙内战爆发时,欧洲国际关系正处于深刻调整中。1935 年 10 月意大利对埃塞俄比亚发动侵略战争的直接后果是集体安全失灵,国际联盟彻底瘫痪、权威尽失。紧接着德国于 1936 年 3 月进入莱茵非军事区,使得西欧五国《洛迦诺公约》成为一纸空文。原有的欧洲安全机制被打破,欧洲的安全形势变得晦暗不明。意识形态方面,共产国际的人民阵线策略不仅为德意法西斯所敌视,也让英国坐立不安,法国则在西班牙问题上进退两难。正是在这种复杂的国际背景下,英法两国通过双边外交上的合作与斗争,达成了对西班牙内战的不干涉协议,以不干涉政策作为西班牙问题的外交解决方案。

一、欧洲安全形势晦暗不明

1936 年的欧洲,既有柏林奥运会和英王爱德华八世逊位这样的重大公共事件,也有政治舞台上的风雨欲来之势。在前一年的 10 月,意大利对埃塞俄比亚(旧称阿比西尼亚)发动侵略战争,由英法两国主持的国际联盟对意大利实行的经济制裁软弱无力。石油这一意大利最短缺的资源未在禁运之列,英法也没有对意大利关闭苏伊士运河。两国把国联看作是执行各自全球战略的工具,奢谈国联的法理约束力和道德号召力,却不愿为国联注入物质威慑力。1935 年 12 月,英法之间达成《霍尔-赖伐尔协定》。该协定牺牲了国联的一切原则,英法企图以割让埃塞俄比亚三分之二的领土来满足意大利的扩张野心。该秘密协定曝光后很快为国际社会所唾弃,但是英法绕开国联与侵略者做交易的行径无疑使国联"事实上毫无用处了"。①

1936 年 3 月,纳粹德国以法国国民议会批准《法苏互助条约》为由,宣布废除《洛迦诺公约》,并派遣军队进入莱茵非军事区。1925 年签订的《洛迦诺公约》,对《凡尔赛条约》后的西欧德、法、比三国边界进行了"再保险",英、意两国为公约背了书。基辛格评价道:"倘若集体安全真正可靠,洛迦诺便属多余;若洛迦诺有其必要,那就等于国际联盟连其主要创始会员国都保障不了。"②莱茵兰事件使得本来就根基脆弱的西欧安全机制陷入重大危机之中。德国在莱茵兰事件上未受任何惩罚,却看到了英法两国的软弱与分歧。法国萨罗(Sarraut)内阁主张动员,但是法国军方却以动员困难为借口主张忍耐。法国求助于英国的态度,英国首相鲍德温明确地告诉法国外长佛朗丹:"你的意见或许是对的,但是,如果你的警察行动,哪怕只有百分之一的可能引起战争,我也没有使英国参战的权力。"③既然法国自己没有使用军事力量捍卫《洛迦诺公约》的决心,又怎么能指望条约背书人呢?英国在对德问题上的态度比法国暧昧许多,"他们不过是进入自家的后花园"代表了当时很多英国人对此事件的看法。

就英国而言,莱茵兰事件已是既成事实,寻求新的洛迦诺五国公约,并在此基础上与德国达成协议成为英国外交的头等目标。④ 实现这个目标的钥匙在柏林而不是巴黎,法国在英国外交中的地位下降了。就法国而言,莱茵兰事件后,法国的安全形势恶化,而追求安全的努力

---

① Anthony Eden, *The Eden Memoirs*: *Facing the Dictators*, London: Cassell, 1962, p. 318.

② 基辛格,《大外交》,顾淑馨等译,海口:海南出版社 1998 年版,第 247 页。

③ 丘吉尔,《第二次世界大战回忆录》,第 1 卷,吴方忧译,长春:时代文艺出版社 1995 年版,第 177 页。

④ W. N. Medlicott and Douglas Darkin (ed.), "Preface", *Document on British Foreign Policy*(以下简称 *DBFP*),1919–1939, Second Series, Vol. XVIII.

是第一次世界大战后法国外交的主轴。法国的外交陷入这样的困境：法国的安全需要英国的保证；鉴于英法之间的利益分歧和相互需求的不平等，法国如果要得到这种保证，就必须协调与英国的立场，这就有丧失外交独立性的危险。这种危险将在西班牙内战导致的外交危机中表露无疑。

埃塞俄比亚战争使得国际联盟彻底瘫痪、权威尽失，莱茵兰事件又使《洛迦诺公约》成为一纸空文。集体安全机制失灵，英法德意四国之间唯一的多边安全纽带作古，新洛迦诺的前景晦暗不明，欧洲安全形势恶化，欧洲站在了十字路口上。

二、人民阵线

面对法西斯主义扩张的咄咄逼人之势，1935年7月25日至8月20日，共产国际在莫斯科举行第七次代表大会，中心任务是制定共产国际和各国党在反法西斯斗争中的策略方针。共产国际总书记季米特洛夫作了《法西斯主义的进攻和共产国际为工人阶级反法西斯统一战线而斗争的任务》的报告。报告指出反对法西斯主义发动战争的关键是建立工人阶级统一战线基础上的广泛的人民阵线，而共产党在统一战线中必须保持无产阶级政党的特色。这就为欧洲各国共产党指明了今后的斗争路线以及反法西斯的历史任务。随后"人民阵线"在欧洲数国蓬勃发展。

在1923年至1930年德·里维拉(de Rivera)独裁时期，西班牙经历了深刻的社会分裂进程，"西班牙处于无政府状态"。[①] 1931年，国王阿方索十三世(King Alfonso XIII)连同君主制被推翻，代之以西班牙第二共和国。共产国际七大以后，1936年1月，西班牙人民阵线建立，西班牙共产党是其中的重要组成力量。2月，人民阵线在大选中获胜，建立了合法政府，并迅速颁布了一系列激进的改革措施。右翼势力不甘心失败，特别是在国家政治活动中自成体系的保守军官团不愿失去传统上干涉国家政治的特权，他们于1936年7月17日在西属摩洛哥发动了武装叛乱。7月18日，西班牙本土的部分军队加入叛乱。西班牙海军忠实于共和国政府，通过封锁地中海阻挠了佛朗哥军团返回西

---

① Tom Buchanan, *Britain and the Spanish Civil War*, Cambridge, UK: Cambridge University Press, 1997, p.14.

班牙本土,也使得佛朗哥军团得不到运输工具。佛朗哥只有寻求国外援助才能率叛军返回伊比利亚半岛。共和国政府同样也需要外国援助。西班牙旧军队在保守军官团的领导下十分不可靠,共和国政府打算从国外购买武器建立新的武装力量来对付叛乱。对外寻求援助和阻止对方得到援助成为共和国政府和叛乱方较量的生死关键。7月19日,吉拉尔(Jose Giral)出任西班牙共和国总理,当晚他没有通过西班牙驻法大使而是通过电报直接向法国政府请求武器和飞机援助。电文中写道:"受到危险的军事政变的奇袭,请求您立即用武器和飞机帮助我们。"

1930年底,法国继其他国家之后也卷入了经济大危机,经济直到1935年春天才出现复苏迹象。从1929年到1936年6月勃鲁姆(Leon Blum)人民阵线政府执政,当中更换了18届内阁,平均每届任期不到4个月。经济危机也导致了法国社会的深刻分化,右翼极端主义势力得到了极大发展。1934年4月,法共领导人多列士(Maurice Thorez)赴莫斯科与共产国际新领导人季米特洛夫交换意见,回国后改变了过去敌视社会党的态度,表示愿意与其他左翼党派结成反法西斯统一战线。1934年7月,法共与社会党实现联合。1935年7月,中左翼大党激进党加入联合,法国人民阵线成立。在1936年4月26日至5月3日举行的法国国民议会选举中,人民阵线获得了胜利。社会党成为国民议会第一大党团,在法国历史上第一次组阁执政,社会党领导人勃鲁姆成为法国新总理。从5月11日开始,法国发生席卷全国的大罢工。大资产者用资金外逃的办法对人民阵线投了不信任票,选举后一周法兰西银行黄金储备减少了25亿法郎。看守政府萨罗内阁不愿节外生枝,听之任之。6月6日,勃鲁姆内阁通过议会信任投票,在形势严峻的情况下开始了被称为"勃鲁姆试验"的广泛社会改革。在外交方面,勃鲁姆内阁由激进党人德尔博斯(Delbos)出任外长,因为激进党人有丰富的执政经验。勃鲁姆本人是坚定的和平主义者,主张集体安全、全面裁军、加强国联的作用,也希望与英国保持良好的外交关系,看重英法合作的重要性。摆在勃鲁姆内阁面前的既有萨罗内阁在莱茵兰事件中无所作为的烂摊子,还有意大利5月9日宣布吞并埃塞俄比亚的事实。6月25日,勃鲁姆与英国外交大臣艾登在英国驻巴黎使馆举行了会晤。勃鲁姆和德尔博斯敦促两国应该尽快再次会晤,比利时也应与会,在即将到来的由英国倡议的旨在建立新洛迦诺的五国会议之前做预备讨论。在7月15日英国内阁外交委员会(Cabinet Committee on Foreign Policy)关于外交问题的议论中,内阁拟议 7 月 22 日在伦敦召开关于新洛迦诺公约的英法比三国预备会议。英方同时认为,"这个会议将有助于提高虚弱的法国现政府的威望,并且可能延续它的存在……鉴于法国政府急于召开这样的会议,因此法方会接受将会议议题限定在有限范围内。"拟定的会议前的公报为:"英法比三国政府决定于 7 月 22 日在伦敦商讨如何更好地促进实现一个欧洲总协定。"①16 日鲍德温内阁会议确认了 15 日会议的内容。西班牙内战于 7 月 17 日爆发,7 月 22 日伦敦会议的原始宗旨不应看作将涉及到西班牙问题。

英国国民联合政府(National Government)由保守党人占多数。当 1935 年共产国际改变阶级斗争的策略转向建立反法西斯统一战线的策略时,英国表现出很深的怀疑。英国驻苏联大使奇尔斯顿子爵(Viscount Chilston)向国内报告说"这并不是由衷的改变……仅仅是策略的改变……世界革命仍然是共产国际政策的终极目标。"他将统一战线称为"新式特洛伊木马",在 1935 年 11 月他警告伦敦:莫斯科的转变仅是"很高明的攻击线路的转变,这样最终好像是要摘取民主国家的果实而不是走从前的鼓吹公开革命的路线。"这些话证实了白厅苏联问题专家们长期以来的怀疑。在 1935 年圣诞节之前,他们认为"共产国际并没有死",尽管它的活动"现在更多地从公开转入地下,基本教条还是世界革命"。英国政府倾向于认为 1936 年 2 月西班牙选举的结果是共产主义颠覆活动的证据。在选举前夕,英国驻西班牙大使奇尔顿(Chilton)报告说:"200 万比塞塔的资金从俄国布尔什维克的基金中划给了人民阵线用于竞选。"当人民阵线在选举中获胜后,他又向国内报告,"俄国共产主义者潜入了西班牙"。到了 3 月 26 日,鉴于不断出现的混乱和暴力,奇尔顿向外交部常务次官范西塔特(Sir Robert Vansittart, the Permanent Under-Secretary)报告说,"每个人的人身安全和财产安全都得不到保证"。英国更担心共产主义从马德里传播到里斯本。3 月 4 日,葡萄牙萨拉查独裁政府提醒英国驻葡萄牙大使温菲尔德(Charles Winfield):西班牙正快速走向共产主义,并且将波及到葡萄牙。两周后,葡萄牙外长蒙泰罗(Armindo Monteiro)前往伦敦拜会

---

① Conclusions of the Second Meeting of the Cabinet Committee on Foreign Policy Held in the Prime Minister's Room, House of Commons, 15 July 1936, C5417/4/18, *DBFP*, 1919-1939, Second Series, Vol. XVII.

外交大臣艾登,私下里警告说西班牙人民阵线打算最终使西班牙和葡萄牙成为一个社会主义-共产主义的统一体。此时葡萄牙共产党人不是在监狱里就是流亡在外,不管这个说法有无根据,艾登却立即警觉起来。他指示温菲尔德完整报告"社会主义者和共产主义者在葡萄牙的活动,他们的力量以及军队镇压起义的能力和意愿,特别是这种起义有无西班牙的支持背景"。5月早期,西班牙左翼工人要求征用力拓(Rio Tinto Company)和其他英国在西班牙的跨国企业,这使得伦敦相信马德里的"克伦斯基"政府很快将垮台,西班牙"列宁"或"托洛茨基"将上台。与此同时,希腊人民阵线也展开活动。从里斯本、马德里,到雅典,构成了英帝国本土至印度的生命线的整个西欧-地中海部分,白厅认为这背后是苏联颠覆英帝国的大阴谋。5月初,法国人民阵线也在选举中获胜,更加刺激了英国人的神经。5月中下旬发生的法国工人大罢工使得英国政府悲观地认为勃鲁姆政权也是"克伦斯基"式的,法国共产党正准备从幕后夺权。英国驻法大使克拉克(Sir George Clerk)在回答外交次官范西塔特关于法国局势的询问时说:"这让人回忆起俄国革命的早期。"6月15日,苏联驻巴黎的外交官向克拉克表示,克里姆林宫没有搞幕后活动并且寻求一个强大的法国来制衡德国,但是英国外交部不相信。① 7月初,勃鲁姆已经成功地恢复了国内的相对平静。英国方面仍然认为法国人民阵线的最终目标还是共产主义革命。在西班牙,政府要求企业重新雇用过去因参加政治活动而遭解雇的员工,外国企业也不例外。以力拓公司为代表的英国企业为此进行抗议,英国驻西班牙领事福布斯(Ogilvie Forbes)在6月12日也就此向西班牙政府发出了抗议。② 英国国民联合政府对人民阵线的看法充满了敌视,

---

① Chilston to Hoare, 30 July 1935, and Minutes by B. A. Burrows, 6 August 1935, and J. L. Dodds, 7 August 1935, N3894/54/38; Chilston to Hoare, 29 November 1935, and Minutes by Dodds, 19 December 1935, and Laurence Collier, 20 December 1935, N6304/135/38, FO371, Vols. 19457 and 19460, PRO FO371; Chilton to Eden, 7 January 1936, W342/62/41; Chilton to Eden, 3 March 1936, W2041/62/41, PRO FO371, Vol. 20520; Chilton to Vansittart, 26 March 1936, W4129/62/41, PRO FO371, Vol. 20520; Eden to Wingfield, 29 March 1936, W2676/478/36, PRO FO371, Vol. 20511; Clerk to Vansittart, 11 June 1936, C4355/1/17, PRO FO371, Vol. 19857; 引自 Douglas Little, "Red Scare, 1936: Anti-Bolshevism and the Origins of British Non-Intervention in the Spanish Civil War", *Journal of Contemporary History*, Vol. 23, No. 2, April 1988, pp. 293 - 294.

② Note by Mr. W. H. Montagu-Pollock on Recent Developments in Spain, 23 June 1936, W5693/62/41, *DBFP*, 1919 - 1939, Second Series, Vol. XVII.

而这种敌视又往往被有很强倾向性的报告所加强。美国驻西班牙大使鲍尔斯(Bowers)曾向华盛顿报告:(英国驻西班牙大使)奇尔顿做的每件事都试图削弱(西班牙)政府并帮助叛乱者。①

1936年英国的注意力也不是集中在西班牙问题上。鲍德温首相专注于国内问题,保守党在1935年11月大选中的胜利被看作是鲍德温个人的胜利。② 在外交领域,德国进入莱茵非军事区造成《洛迦诺条约》失效,埃塞俄比亚战争以来的英意关系一直处于紧张状态。少数有识之士如当时的下院议员丘吉尔也说:"我确实认为,英国政府自己还有许多事情要做,自然不宜过问西班牙的事情。"③丘吉尔对西班牙人民阵线政府并无丝毫同情。7月19日,他在下院演讲中说:"众所周知,在西班牙,安全、秩序的普遍保障已经很大程度地崩溃……宪法下的议会政府仅仅是个面具,用来掩盖走向秘密且致命的极端共产主义或者向无政府分裂的转变……"④在西班牙内战的问题上,英国政府从开始就有一个明确的立场:它乐意看到"红色西班牙"的失败。对法国人民阵线政府,英国政府并不信任,认为它十分虚弱、有求于英国。对拟议中的伦敦会议,英方大有对法方"拉一把,等等看"的意味。

三、不干涉政策的形成

不干涉政策的形成大致可分成四个阶段。第一阶段(7月22日—7月24日),三国伦敦会议。这一阶段扑朔迷离,大体可认为是试探阶段。在这期间,英法两国政府都了解了对方的原始立场。英国政府心理上倾向于西班牙叛乱方,法国政府则准备对西班牙政府进行武器援助。伦敦会议期间英国的态度对法国产生了潜在影响。第二阶段(7月24日—8月1日),法国国内的政治风暴和不干涉倡议的出台。法国政府内部出现了重大分歧。很大程度上出于协调对英关系的考虑,法国政府决定向欧洲各国发出不干涉倡议,意大利飞机迫降法属北非事件加速了这个决策的出台。与此同时,法国的武器运送计划继续秘

---

① Bowers to the Secretary of State, 12 January 1937, *FRUS*, 1937, Vol. 1.
② Charles Loch Mowat, *Britain Between the Wars, 1918-1940*, London: Methuen, 1955, p.555.
③ 丘吉尔,《第二次世界大战回忆录》,第1卷,第192页。
④ Robert Rhodes James (ed.), *Winston S. Churchill: His Complete Speeches, 1897-1963*, Vol. Ⅵ(1935-1942), New York: Chelsea House Publishers, 1974, p.874.

密进行。法国政府同时追求两个目标:寻求国际间共同不干涉西班牙,同时秘密帮助西班牙政府。在这一阶段看不出英国对法国的直接影响。第三阶段(8月2日—8月8日),英法在不干涉政策上开始寻求合作。英国在与法国合作的同时,也对法国施加了直接影响甚至进行了威胁,法国同时追求两个目标的努力在英国的干预下失败,法国走上了不干涉的单行道。第四阶段(8月9日—8月15日),英国重新审视局势,英法得以达成不干涉协定。英国认为虚弱的法国不符合英国的利益,同时认为一个大国协定将能结束西班牙内战并在西班牙产生一个非共产主义的政权。这两点决定了英国的决策。

(一) 伦敦会议(7月22日至7月24日)

勃鲁姆7月20日非常惊讶地收到吉拉尔19日发出的紧急求援电报。7月18日他刚刚接待了一位西班牙社会党友人,关于西班牙的情况,得到的回答是"很好,我们非常满意"①。勃鲁姆对于西班牙人民阵线的同情几乎出于天然。21日至22日两天,在国内右翼已经显示出对佛朗哥强烈同情的情况下,勃鲁姆和德尔博斯、陆军部长达拉第、航空部长科特(Cot)开会定出了一个向西班牙出售武器的计划,并约定只有极小的圈子知道此事。西班牙驻法大使卡德拉斯(Cardenas)被怀疑是佛朗哥的同情者,而武官巴罗索(Barroso)则是佛朗哥派。前者在把法国政府的援助决定通知给西班牙政府后辞职,后者则把消息泄露给了巴黎右翼报纸。7月22日晚,《巴黎回声报》详细披露了法国政府准备援助西班牙政府的计划。7月23日,德国驻法大使维尔策克(Welczeck)将这些消息发给了柏林,当晚他又再次通过电报确认了消息的真实性,他是从法国内阁一名成员那里获得了确认。② 7月24日,英国驻法大使克拉克向国内汇报了关于西班牙请求法国武器援助的消息。当天下午,西班牙驻英大使奥利文(Jose Lopez Olivan)拜会艾登时,告诉艾登西班牙驻法大使已辞职,驻法代办拒绝为本国政府向法国

---

① 威廉·夏伊勒,《第三共和国的崩溃》,尹元耀译,海口:南海出版社1990年版,第372页。

② No. 3, The Ambassador in France to the Foreign Ministry, *Documents on German Foreign Policy*(以下简称 DGFP), 1918-1945, Series D, Ⅲ, *Germany and the Spanish Civil War, 1936-1939*.

政府购买武器的订单签字。①

西班牙政府在向法国提出武器援助的同时,也对英国进行了试探。7月21日,西班牙驻英大使奥利文奉本国政府之命约见英国外交部驻议会次官克兰伯恩勋爵(Lord Cranborne, Parliamentary Under-Secretary),希望英国政府同意出售存放在直布罗陀的油料给西班牙舰队。克兰伯恩表示,直布罗陀的油料储备属私人企业所有,出售这些油料无需得到英国政府的批准。7月23日,奥利文就油料出售事宜再次约见克兰伯恩。克兰伯恩询问奥利文关于不明身份飞机试图袭击直布罗陀一事,奥利文表示已通过国内确认:飞机不是政府军所有。克兰伯恩随后表示,鉴于有受到空袭的危险,英国政府不能迫使私人石油公司为西班牙战舰加油。② 英国政府事实上拒绝了西班牙政府的请求。

7月22日,德尔博斯动身前往英国参加英法比三国伦敦会议。7月23日,勃鲁姆前往伦敦。关于勃鲁姆行程的初衷,美国外交文件有不同的描述:7月22日,法国驻英大使科尔班(Corbin)打电话给勃鲁姆,告知英国政府十分关切这一意外事件(指武器出售),并催促勃鲁姆尽快赶往伦敦和鲍德温、艾登讨论形势……科尔班的请求成为勃鲁姆突然去伦敦的首要原因,而不是一般认为的是去参加三方会议。③ 这个消息的源头据说是法国最高军事委员会(French Supreme War Council),休·托马斯在其著作中引用了这份文件。

美国外交文件的记载,未能找到英方外交文件的对应辅证,而英方公布的外交文件并不支持这一说法。首先,前述之英国内阁7月15日会议记录中明确表示,伦敦会议的议题将被限定在有限范围内。其次,英方外交文件表明,勃鲁姆来伦敦已事先由英法双方外交部磋商好,并不是临时决定。7月16日,当法方希望会议放在最初设定的布鲁塞尔时,艾登向法方表示,会议放在伦敦可以使勃鲁姆与鲍德温及其他英方官员更方便地会晤。④ 7月18日,法国驻英大使科尔班告诉艾登法方已同意参加伦敦会议。最后,从外交惯例看,7月22日法国援助西班

---

① Eden to H. Chilton, 24 July 1936, W6893/3694/41, *DBFP*, 1919 – 1939, Second Series, Vol. XVI.

② Minute by Lord Cranborne, 21 July 1936, W6753/62/41; Minute by Lord Cranborne, 23 July 1936, W6776/62/41, *DBFP*, 1919 – 1939, Second Series, Vol. XVII.

③ Straus to the Secretary of State, 27 July 1936, *FRUS*, 1936, Vol. 2.

④ Eden to G. Clerk, 16 July 1936, C5221/4/18, *DBFP*, 1919 – 1939, Second Series, Vol. XVII.

牙的动议在法国仍处于严格保密中，英方即使已知晓，也不会贸然就此问题催促勃鲁姆来伦敦讨论。

勃鲁姆到达英国后与英国、比利时代表举行了例会，议题是"新洛迦诺"的前景，并最后商定预备公报的措辞。在一次记者吹风会上，勃鲁姆证实了一位法国记者的提问，承认法国准备向西班牙政府运送武器。当该记者表示这样可能令英国人不悦时，勃鲁姆回答道："这非常可能，我真的不知道（英方的意见）。但无论如何，我们会执行那个政策。"①在勃鲁姆离开英国前，艾登到宾馆拜访了勃鲁姆。当艾登询问勃鲁姆是否准备向西班牙共和国提供武器并得到了肯定的答复后，艾登表示："那是你们的事，但是我请求你保持慎重。"②艾登在他的回忆录里并没有提到这句话，他只说在三国会议中没有提到西班牙问题。③M.D.加拉赫的文章里引用当时美国国务卿赫尔的回忆录说，鲍德温在与勃鲁姆的会谈中涉及了西班牙问题。鲍德温对勃鲁姆说："那是你们的事，但在那个问题上，不要指望我们。"鲍德温甚至进一步说道："英国政府认为法国对西班牙的援助会导致一场国际危机。"④

无论艾登还是鲍德温的讲话都只有单方面的记载，而无英方材料加以证实。无论如何，勃鲁姆和德尔博斯在伦敦的所见所闻肯定能感受到英方的态度。在伦敦期间，科尔班曾告诉勃鲁姆："英国内阁中有强烈的支持叛乱方的倾向。"⑤接下来勃鲁姆将要面对的是来自国内的舆论风暴。

（二）法国国内的政治风暴，不干涉倡议（7月24日至8月1日）

7月24日晚，勃鲁姆和德尔博斯回到巴黎。在机场，副总理肖当

---

① Blum at His Trial, *Les Evenements Survenus en France, 1933–1945* (Paris 1947–1952),引自 M. D. Gallagher, "Leon Blum and the Spanish Civil War", *Journal of Contemporary History*, Vol. 6, No. 3 (1971), p. 58.

② Blum at His Trial, *Les Evenements Survenus en France, 1933–1945*, pp. 216–217,引自 Hugh Thomas, *The Spanish Civil War*, Guildford and London: Billing & Son, 1961, p. 219.

③ Anthony Eden, *The Eden Memoirs: Facing the Dictators*, p. 476.

④ M. D. Gallagher, "Leon Blum and the Spanish Civil War", *Journal of Contemporary History*, Vol. 6, No. 3 (1971), p. 58.

⑤ Geoffrey Warner, "France and Non-Intervention in Spain, July-August 1936", *International Affairs (Royal Institute of International Affairs 1944)*, Vol. 38, No. 2 (1962), p. 205.

(Chautemps)告诉勃鲁姆国民议会已经知道了政府的秘密援助计划,国内正形成舆论风暴。勃鲁姆立即会见德高望重的参院议长让纳内(Jeanneney, President of Senate),结果让纳内情绪激动,担心援助马德里会为法国招来战祸。晚10点,勃鲁姆在宅邸召开会议,与会的有外长德尔博斯、航空部长科特、陆军部长达拉第、财政部长奥利奥尔(Auriol)以及西班牙特使里奥斯(De los Rios)。与会者除了德尔博斯强调英国的态度外都认为责任和直接利益促使法国帮助西班牙共和国政府。里奥斯中途离开后,勃鲁姆告诉他的同僚他在伦敦的见闻,德尔博斯接着强调要谨慎。会议最后决定在25日召开内阁会议。会议结束后,科特单独招来里奥斯商谈武器出售细节。

7月25日上午,勃鲁姆晋见共和国总统勒布伦(Lebrun)时发现后者十分不安。勒布伦警告勃鲁姆:"出售武器给西班牙对法国意味着战争或是革命!"[1]国民议会议长赫里欧(Herriot, President of the Chamber of Deputies)也告诉勃鲁姆:"我请求你,我的朋友,不要掺和进去。"[2]预定的内阁会议于下午4点在爱丽舍宫召开。会议上发生了激烈的争论,表明政府内部发生了巨大分歧。以科特为首的一方坚持对西班牙军售,以肖当为首的一方则坚决反对,还有很多人主张保持谨慎。作为各派之间的妥协,会议决定对外宣布法国不干涉西班牙的内部冲突。[3] 同时决定通过各种秘密渠道,包括转道墨西哥继续向西班牙出售武器。

同在7月25日,德国决定援助佛朗哥,并派遣由德国飞行员驾驶的20架容克式运输机和6架战斗机帮助佛朗哥空运军队回西班牙本土。[4] 在此之前,德国外交部曾明确拒绝了佛朗哥的援助请求。[5] 佛朗哥通过在西班牙的德国海外纳粹党商人直接与希特勒联系并取得了成

---

[1] De los Rios to Giral,引自 Geoffrey Warner, "France and Non-Intervention in Spain, July–August 1936", *International Affairs*, p. 207.

[2] Blum at His Trial: *Les Evenements Survenus en France, 1933–1945*, pp. 216–217,引自 M. D. Gallagher, "Leon Blum and the Spanish Civil War", *Journal of Contemporary History*, p. 59.

[3] Clerk to Eden, 26 July 1936, W6978/62/41, *DBFP*, 1919–1939, Second Series, Vol. XVII.

[4] Frances Mochan, "Germany and the Spanish Civil War", Unpublished.

[5] Document No. 2, The Consul at Tutuan to the Foreign Ministry; No. 5, The Foreign Ministry to the War Ministry, Foreign Department, *DGFP*, 1918–1945, Series D, Vol. III.

功。意大利方面,7 月 25 日意大利驻丹吉尔领事德·罗西(de Rossi)向外长齐亚诺伯爵(Count Ciano)汇报了意大利使用西属摩洛哥机场的技术问题。意大利飞机何时起飞只待墨索里尼定夺。

英国财政大臣内维尔·张伯伦在 7 月 25 日的一封信中提到了对勃鲁姆个人的看法:"诚实、正直并且仁慈,但是我怀疑他是否理解他所做的事情的后果。"①7 月 27 日,鲍德温对他的密友托马斯·琼斯(Thomas Jones)说:"昨天我告诉艾登,无论是法国或是谁,绝不可以把我们拖入和俄国人一边的战斗。"②7 月 28 日,西班牙驻英大使奥利文拜访艾登。事情的起因是位于西属摩洛哥休达的伊巴罗那石油公司(Ibarrola Oil Company)向英国帝国航空公司订购了 4 架福克式飞机,这些飞机将通过葡萄牙飞往西属摩洛哥,很可能被叛军使用。③ 奥利文获悉后在未得到西班牙政府指示的情况下寻求艾登的解释。艾登告诉奥利文,这些飞机是老旧的民用飞机,并不需要武器出口许可证,因此英国政府不会干预。奥利文又试探艾登:如果西班牙政府要求向英国购买军火,英国政府态度如何?艾登回答说,这需要许可证并按照通常的程序进行。④ 7 月 29 日,艾登在内阁会议上通报了此事,并且指出:西班牙政府是被承认的,英国政府不能拒绝西班牙的武器购买请求,这将按照通常程序处理。新式武器除外,这些新式武器需要优先满足英国国防重新武装的需要。⑤ 随后,英国维克斯-阿姆斯特朗公司(Vickers Armstrong Company)收到西班牙政府为海军军舰购买炮弹的订单。形势很快又发生了变化。7 月 31 日,艾登在度假前给外交部关于西班牙问题的原则性指示中写道:"用这样或那样的办法来避免提供(武器)。"⑥艾登的指示可能与法国的不干涉政策倡议有关,或者说,

---

① Neville Chamberlain to Hilda, 25 July 1936, NC18/1/971, Neville Chamberlain Papers,引自 Douglas Little, "Red Scare, 1936: Anti-Bolshevism and the Origins of British Non-Intervention in the Spanish Civil War", *Journal of Contemporary History*, Vol. 23, No. 2(April 1988), p. 300.

② Baldwin quoted in Jones, *Diary with Letters*, pp. 231－232,引自 Geoffrey Warner, "France and Non-Intervention in Spain, July-August 1936", *International Affairs*, p. 212.

③ 这批飞机途经法国波尔多时被法方扣留。见:Clerk to Eden, 29 July 1936, W7364/62/41, *DBFP*, 1919－1939, Second Series, Vol. XVII.

④ Eden to Chilton, 28 July 1936, W7174/62/41, *DBFP*, 1919－1939, Second Series, Vol. XVII.

⑤ *Ibid.*

⑥ *Ibid.*

法国的不干涉政策倡议给了英国政府回避军售的理由。

法国方面,左翼和右翼舆论都在关注西班牙问题的发展。7月30日,勃鲁姆对参院外交委员会(Foreign Affairs Committee of Senate)表示:没有物资发往西班牙。但是鉴于最近(德意干涉)的情况,政府会重新考虑不干涉的决定。德尔博斯在国民议会中表示,他正在邀请其他国家和法国一样保持中立,不向内战任何一方出售武器。这已经有了不干涉政策的影子。① 7月31日,美国驻法大使向华盛顿汇报了法方前一天的会议情况,并指出法方"可能"会建议另两个地中海大国——英国和意大利——加入一个正式声明,不出售武器给西班牙内战任何一方,不对西班牙问题进行任何干预。② 英国驻法大使、德国驻法大使也向国内做了类似的汇报。

7月30日当天,2架意大利轰炸机因为燃油耗尽迫降在法属北非,其中一架在迫降中失事,机组成员丧生,另一架连同机组成员被法属北非地方当局扣押。③ 法方立即展开调查,确认这些飞机的目的是西属摩洛哥,驾驶员是意大利皇家空军飞行员。法国国内舆论随后报道了整个事件。在意大利干涉西班牙内战证据确凿的情况下,8月1日上午10点,法国内阁就西班牙问题召开第二次正式会议。会上依然分歧严重。德尔博斯建议呼吁欧洲国家的智慧,共同采取不干涉的一般性原则。德尔博斯的建议得到总统勒布伦的坚定支持。会议在下午1点30分结束后,仍然没有结果。内阁成员继续商议到当天晚上才出台一份正式公报。公报声称法国同时关注两个目标:法国将从外国干涉西班牙的有害影响中维护国际局势;法国将维护与西班牙合法政府的良好关系。法国政府迄今严格遵循了不出售武器的决定,并紧急呼吁西班牙问题的主要利益相关方立即采取不干涉的一般性原则。最后,法国政府保留判断该决定适用性的自由。④ 不干涉政策由法国首倡,此时正式浮出了水面。勃鲁姆、科特希望在不干涉协定达成之前尽可能

---

① Geoffrey Warner, "France and Non-Intervention in Spain, July – August 1936", *International Affairs*, p. 209.

② Straus to the Secretary of State, 31 July 1936, *FRUS*, 1936, Vol. 2.

③ 有资料称是3架。3架的数据取自克拉克给艾登的报告,见 Clerk to Eden, 31 July 1936, W7445/62/41, *DBFP*, 1919 – 1939, Second Series, Vol. XVII。3架中有1架燃油耗尽坠海失事,实际在北非迫降的只有2架。

④ Straus to the Secretary of Sate, 2 August 1936, *FRUS*, 1936, Vol. 2.

地给西班牙政府以帮助。①

值得讨论的是,7月30日德尔博斯在国民议会的发言中提到关于不干涉政策的初步设想,意大利轰炸机也是在这一天迫降在法属北非。有学者认为意大利飞机迫降事件是促成不干涉倡议浮出水面的原因。不干涉政策的直接策划人法国外交部秘书长莱热(Alexis Leger, Permanent Head of the French Foreign Office)表示,不干涉政策是阻止保守党统治下的英国同纳粹德国结盟而不是与人民阵线法国结盟的工具。② 从时间上看,不干涉政策的初步设想应在7月30日之前酝酿。意大利派出12架轰炸机起飞前往西属摩洛哥是在7月30日凌晨,法属北非地方当局的调查结果在7月30日晚上到达巴黎。③ 因此,不干涉政策的决策源头在法国协调对英关系上,意大利飞机迫降事件只是加速了不干涉政策初步设想的具体化和实施的节奏。

(三) 英法既合作又斗争,法国同时追求两个目标的努力失败(8月2日至8月8日)

法国的倡议若要取得成功,英国的加入毫无疑问是关键。在法国倡议最初设想的三个地中海大国中,意大利执行了与法国完全相反的政策;英国虽然某种程度上同情叛乱方,却只能是法国首要的争取对象,英国的支持将有助于其他国家的表态。8月2日,法国驻英使馆代办加邦(Cambon)向英国外交部递交了关于不干涉倡议的照会。艾登度假后,外交部日常事务由内阁掌玺大臣哈利法克斯子爵(Viscount Halifax, Lord Privy Seal)主持,而8月2日星期天当天值班的是外交部次官助理乔治·芒西(Sir George Mounsey, Assistant Under-Secretary)。8月2日晚,芒西送给哈利法克斯一份关于法方照会的备忘录。在备忘录中,芒西指出:法国政府保留了改变先前政策并重新向西班牙现政府提供援助的权利。他接着评论道:"我认为我们的回复必须小心。法国政府无疑会将我们拖入对西班牙现政府的某种支持,哪怕仅仅是道义上的,并使其他向叛乱方出售武器的政府面对英法的反对。我们对法方掌握主导表示不安。我想我们在西班牙问题上的主要目标

---

① Geoffrey Warner, "France and Non-Intervention in Spain", July–August 1936, *International Affairs*, p. 211.

② *Ibid.*, p. 219.

③ Michael Alpert, *A New International History of the Spanish Civil War*, New York and Basingstoke: Palgrave Macmillan, 2004, pp. 39–40.

是彻底的公正并能自由地实施不干涉政策。除非其他重要的国家,比如德国,还有苏联加入,一个英法意协定不会有任何用处,甚至有害处。我不认为我们应该自缚手脚参加任何实际上非普遍性的协定。"①8月4日,加邦再访芒西。加邦希望英方能立即原则上支持法方的建议并对法方的中立政策表示赞成,通过展示英法的团结来帮助勃鲁姆应对法国国内要求援助西班牙的那部分人。② 当天下午,英方将答复交到法国驻英使馆。该答复由芒西起草,由哈利法克斯修改并同意发出,用的是艾登的名义。在答复中,英方表示欢迎基于不干涉原则尽早达成协定。英方希望德国和葡萄牙也能同时参加进来,并最终让所有有关国家加入。③ 英方的态度只能说是谨慎的欢迎,没有明显提到对法方的赞许,并提议让德国和葡萄牙加入进来。加邦当天晚上告诉芒西,法国政府很失望,并且怀疑英方的答复能否帮助法国政府应对越来越大的国内压力。

  法国政府的失望除了加邦所说之意以外,更大的可能是因为意大利对法方的倡议反应冷淡,法方迫切需要英方的积极回应来加强它在罗马的谈判地位。8月3日下午,法国驻意大使夏布伦伯爵(Comte de Chambrun)拜访意大利外长齐亚诺伯爵,并拿出了法方的不干涉倡议。齐亚诺不置可否,表示"领袖"不在罗马,意方不能立即回应。齐亚诺更关心法方对意大利飞机迫降事件的调查。④ 8月4日上午,法国驻德国大使庞塞(Francois Poncet)拜会德国外长牛赖特男爵(Baron Von Neurath)。牛赖特对法国的不干涉倡议也反应冷淡,反而建议苏联应该加入。会谈以双方互相指责对方出售武器给西班牙而告终。⑤ 8月5日,法国驻苏联使馆代办佩耶(Payart)拜访苏联外长李维诺夫。李维诺夫表示苏联同意不干涉原则并准备参加协定。李维诺夫补充了两

---

  ① Note from Cambon to Eden, 2 August 1936, W7504/62/41, *DBFP*, 1919–1939, Second Series, Vol. XVII.
  ② Minute by G. Mounsey, 4 August 1936, W7748/62/41, *DBFP*, 1919–1939, Second Series, Vol. XVII.
  ③ Letter from Eden to Cambon, 4 August 1936, W7504/62/41, *DBFP*, 1919–1939, Second Series, Vol. XVII.
  ④ Kirk to the Secretary of State, 4 August 1936, *FRUS*, 1936, Vol. 2.
  ⑤ No. 29, Memorandum by the Foreign Minister, *DGFP*, 1918–1945, Series D, Vol. III.

点:葡萄牙应该参加协定;一些国家对叛乱方的援助应该立即停止。①同一天,夏布伦再访齐亚诺,告之英国对于法国倡议的答复,并敦促意大利尽快答复。法国驻葡萄牙使馆代办艾米-勒罗依(Ame-Leroy)会同英国驻葡萄牙使馆代办多德(Dodd)也在这一天向葡萄牙政府发出不干涉倡议。多德的加入是遵从了英国外交部的训令,训令要求英国驻罗马和里斯本的外交官配合法方的行动。② 从8月2日开始,德尔博斯开始高效率地寻求其他国家对不干涉倡议的支持。英国要求德国和葡萄牙加入,德国又要求苏联加入,苏联又要求葡萄牙加入。对此,德尔博斯都指示法国驻外使馆立即行动。与此同时,勃鲁姆则竭力寻求不干涉政策之外的解决方案。

  7月31日至8月4日之间,勃鲁姆在巴黎接见了来访的英国工党领导人贝克(Philip Noel-Baker)。勃鲁姆谈到意大利可能在巴利阿里群岛、德国可能在加那利群岛获得海军基地,并指出这将是对法国和英国的共同威胁。贝克询问勃鲁姆法国军方在这个问题上的立场。勃鲁姆表示,法国海军参谋长达尔朗中将(Vice-Admiral Darlan, Chief of Naval Staff)持相同的意见。贝克建议勃鲁姆派达尔朗把这个信息传递给英国海军部,并通过英国海军部进一步传递给英国内阁秘书汉基(Sir Maurice Hankey, Cabinet Secretary)。③ 8月5日,达尔朗中将和德考少将(Real-Admiral Decoux)到达伦敦后拜会第一海务大臣查特菲尔德男爵(Baron Chatfield, the First Sea Lord)。会谈中达尔朗首先提到虚弱的西班牙将无力拒绝意大利对巴利阿里群岛、德国对加那利群岛的索取。这不仅威胁到法国与北非的联系,同时也威胁到英国地中海和好望角的航路。查特菲尔德问法方是否有根据,达尔朗回答法方有意大利索求巴利阿里群岛的情报,德国方面则不能确认。查特菲尔德又问法国是否会派战舰去上述海域,达尔朗表示,法国不会单独派战舰去巡视,法国海军希望与英国皇家海军共同行动。查特菲尔德随后表示,这个问题应该通过外交渠道通报,他将把信息传递给海军大

---

  ① Jane Degras (ed.), *Soviet Documents on Foreign Policy*, Vol. Ⅲ (1933 – 1941), p. 203, 引自 Geoffrey Warner, "France and Non-Intervention in Spain", *International Affairs*, July – August 1936, p. 215.

  ② Foreign Office to Drummond, 5 August 1936, W7808/62/41, *DBFP*, 1919 – 1939, Second Series, Vol. ⅩⅦ.

  ③ 汉基在一战之后协助当时的首相劳合·乔治重建了帝国国防委员会。在帝国防务问题上,汉基拥有巨大的影响力。

臣和外交部。至于法方希望访问汉基一事,查特菲尔德表示没有必要,因为汉基正在休假。查特菲尔德随后把此次会谈的记录发给海军大臣霍尔(Sir S. Hoare, First Lord of the Admiralty)。霍尔在备忘录中说,法国提供的情报不足以让英国采取行动。作为前外交大臣,他继续评论道:"当我说'中立'那是指严格的中立,那就是说,在俄国人官方地或非官方地援助共产主义分子的情况下,无论如何,我们不能支持西班牙的共产主义。特别是想到共产主义可能在葡萄牙尤其是在里斯本传播将是对英帝国的严重危险。"①达尔朗使命彻底失败,他既没说服英国海军部官员,也没见到汉基。这个结果对勃鲁姆影响很大,勃鲁姆作为法方首要决策人开始从科特的立场倒向德尔博斯的立场。

8月6日开始,法国外交部向各国外交部正式发出不干涉宣言的草本。首先收到法方草本的是英国外交部。加邦一如既往地恳请英方尽快同意。芒西表示英方会尽快仔细研究这份草本。英国外交部法律顾问马尔金(Sir Herbert Malkin, the Legal Adviser)在看了文本后表示,草本可以作为总体原则加以接受,但是其中具体两条涉及到英国贸易委员会(Board of Trade)的技术事宜。② 8月6日下午,意大利外交部发表通报,表示原则性赞成不干涉政策。但是意方提出三点反建议,其核心是"道德裁军",包括集会声援、资金捐助、志愿者募集的禁止。③意大利的表态实际上增加了新的障碍。

8月7日下午,英国驻法大使克拉克以私人名义拜会德尔博斯。克拉克行动(Clerk's demarche)看来并未得到英国外交部的指示。英国驻法使馆代办劳合·托马斯(Lloyd Thomas)8月11日给英国外交部代理次官卡多甘(Sir Alexander Cadogan, Deputy Under-Secretary)的秘密报告中谈到了克拉克行动的缘由。8月7日上午,法国外交部政治和商业司司长巴热东(Bargeton, Director of the Political and Commercial Affairs Department of the French Foreign Office)跑到英国驻法使馆。他告诉托马斯:德尔博斯、肖当以及其他政府中理性的人

---

① Record by Lord Chatfield of a Conversation with Vice-Admiral Darlan and Real-Admiral Decoux & the Annex Note by Hoare, 5 August 1936, W7781/62/41, DBFP, 1919-1939, Second Series, Vol. XVII.

② Record by Mounsey of a Conversation with Cambon, 6 August 1936, W7981/62/41, DBFP, 1919-1939, Second Series, Vol. XVII.

③ Ingram to Foreign Office, 6 August 1936, W7916/62/41, DBFP, 1919-1939, Second Series, Vol. XVII.

的位置十分虚弱、动摇,欢迎英使馆任何支持德尔博斯的举措。[1] 从克拉克与德尔博斯会谈的内容看,克拉克行动与其说是支持,不如说是威胁。克拉克首先就不干涉倡议在其他各国首都的反应情况询问了德尔博斯,随后谈到军售问题。德尔博斯表示,鉴于德意派遣飞机给西班牙叛军的明显证据,法国政府不可能继续保持禁运,但这也正好说明法国不干涉倡议的紧迫需要。克拉克则反问德尔博斯怎么能肯定马德里的那个政府是个真正的政府而不是那些西班牙极端无政府主义者的幌子?最后,克拉克谈到:任何可能最终导致法国卷入冲突一方的行动的危险性以及英法两国进一步合作的困难性。[2] 实则暗示德尔博斯如果因为西班牙问题引起法国为一方,德意为另一方的冲突,法国很难指望英国的支持。从这句外交辞令的分量讲,克拉克行动被冠以"通牒"的称谓并不为过。克拉克认为他的行动很及时[3],因为在接下来的法国内阁会议上德尔博斯援引了英国的态度。英国外交部对克拉克行动是"认可的",并且认为"获得了很好的结果"。[4]

8月7日晚,法国内阁开会,因为分歧巨大,决定在8日召开正式会议。8月8日下午,法国内阁召开由总统勒布伦主持的关于西班牙问题的第三次正式会议。科特、奥利奥尔反对德尔博斯的不干涉倡议。德尔博斯和达拉第坚持认为:如果法国的不干涉倡议有任何成功的希望从而阻止西班牙冲突发展为国际冲突的话,法国清楚地表明自己坚持不干涉义务就非常重要。[5] 德尔博斯的意见在会议上占据了有利位置。会后,法国政府宣布中止所有对西班牙的战争物资出口并关闭法西边界。8月8日的内阁会议标志着法国两条腿走路政策的终结。在8月8日之前,无论先前公开宣布的保留自由行动的权利,还是一直秘密进行的武器运送,还是试图说服英国从安全角度出发采取联合海军行动,法国政府都有两个选择。现在,法国暂时只有坚持不干涉倡议这一个选择了。

(四)英国态度发生变化,英法签订不干涉协定(8月9日至8月15日)

8月9日,美国驻西班牙塞维利亚领事贝(Bay)发现10架意大利

---

[1] Letter from Lloyd Thomas to Cadogan, 11 August 1936, W8676/62/41, *DBFP*, 1919-1939, Second Series, Vol. XVII.
[2] Clerk to Foreign Office, 7 August 1936, *DBFP*, 1919-1939, Second Series, Vol. XVII.
[3] Clerk to Foreign Office, 8 August 1936.
[4] Note, Clerk to Foreign Office, 7 August 1936.
[5] Wilson to the Secretary of State, 10 August 1936, *FRUS*, 1936, Vol. 2.

轰炸机、18架德国轰炸机、6架德国战斗机到达塞维利亚。① 德国驻塞维利亚领事也向国内报告说,在塞维利亚的德国人穿着显眼的白制服,吸引了很多外国媒体的关注,德国的行动毫无秘密可言。② 法国单方面自我约束的行为丝毫不影响德意干涉行动的继续,法国国内对勃鲁姆政府的压力越来越大。8月10日,加邦访问芒西,希望英方认识到法国政府8月8日决定的重要性并请求英方更进一步地给予支持。芒西认为法方不干涉宣言草本存在一些细节问题,需要修改。③ 8月12日,德尔博斯召见克拉克,敦促英方立即与法方达成协定。德尔博斯认为讨论并起草一份新文本会损失宝贵的时间,并会导致其他国家政府进一步的拖延。德尔博斯建议可以在文本翻译上有差异或者在文本上添加各自政府就某一特殊事项的说明。德尔博斯最后强调法国政府面临的巨大国内压力。④

在英国外交部次官助理萨金(Sir Orme Sargent, Assistant Under-Secretary)8月12日的备忘录中,他写道:如果不干涉原则失败,欧洲将分裂为两个敌对意识形态的集团。意识形态上的对立将超越国家之间的其他政治分歧,并将使各国的国内政治陷于分裂。英国政府的自然倾向是在法西斯主义和共产主义的冲突中保持中立,但是国外和国内的压力能不能使英国这样做? 即使英国能这样做,对欧洲有没有好处? 英国应该阻止这种集团的建立。英国应该支援法国政府关于不干涉政策的努力,或者施加压力迫使法国这么做,使法国摆脱莫斯科和国内共产主义者的支配,即使这样某种程度上干涉了法国内政,值得冒这个危险吗? 关于意大利和德国,目前这两国合作的主要动机不是惧怕共产主义而是他们感觉自己在欧洲处于孤立。更进一步讲,德国和意大利的合作主要不是害怕发生在西班牙的事情而是害怕发生在法国的事情。德国害怕法国被共产主义传染,意大利害怕法国虚弱。法国如果走向共产主义,将和苏联一起包围德国。因为法国和德国在西欧处于均势,意大利才能与德国平等相处,法国的虚弱将导致意大利失去

---

① Bay to the Secretary of State, 12 August 1936, *FRUS*, 1936, Vol. 2.
② No. 39, The Consul at Seville to the Foreign Ministry, *DGFP*, 1918－1945, Series D, Vol. Ⅲ.
③ Minute by Mounsey for Cadogan, 10 August 1936, W8229/62/41, *DBFP*, 1919－1939, Second Series, Vol. ⅩⅦ.
④ Clerk to Foreign Office, 12 August 1936, W8379/62/41, *DBFP*, 1919－1939, Second Series, Vol. ⅩⅦ.

和德国平等相待的地位。因此,结论是:英国要阻止法国在西班牙内战的影响下走向布尔什维克;使意大利摆脱自埃塞俄比亚危机以来的孤立和脆弱。卡多甘和哈利法克斯支持萨金的分析。[①] 不是因为法国强大,而是因为法国虚弱;不是因为不干涉政策的道德因素,而是因为英国自身现实外交目的,促使英国现在考虑给予法国实质性支持。

8月14日上午,芒西与休假中的艾登通过电话交换了意见。艾登询问芒西是否真的尽可能地帮助了勃鲁姆政府,芒西对此作了解释。最后,芒西表示将尽可能寻求一份政府公开声明(来支持法国),并期望获得哈利法克斯的赞成。[②] 艾登又与哈利法克斯通了电话。据道格拉斯·利特尔的分析,哈利法克斯在电话中说:四大国之间的不干涉协定,可能会使这场战争结束,并在西班牙产生一个非共产主义的政府。[③] 鉴于勃鲁姆坚持法国中立,艾登同意英国必须立刻批准不干涉协定。当天,英国外交部训令克拉克立即将英方关于不干涉协定的备忘草本递交法国外交部。8月15日上午,劳合·托马斯前往法国外交部与法方讨论英方备忘草本,修改了一处用词后法方表示认可。当天下午,在法国外交部,克拉克与德尔博斯签字互换备忘录。英法终于达成关于不干涉西班牙的协定。

至此,不干涉政策从法国一国倡议变为国际协定,在向普遍不干涉协定演进的过程中迈出了决定性的一步。英国政府对西班牙内战的恶意中立与法国政府对西班牙内战的善意中立通过不干涉政策得到了调和。

四、德国、意大利、苏联和葡萄牙加入不干涉协定

在1936年以前,除了长枪党领袖普里莫·德·里维拉(Primo de

---

① Minute by Sargent on the Danger of a Creation of Rival Ideology Blocs in Europe, 12 August 1936, W9331/62/41, *DBFP*, 1919-1939, Second Series, Vol. XVII.

② Minute by Mounsey of a Telephone Conversation with Eden, 14 August 1936, W8885/62/41, *DBFP*, 1919-1939, Second Series, Vol. XVII.

③ Douglas Little, "Red Scare, 1936: Anti-Bolshevism and the Origins of British Non-Intervention in the Spanish Civil War", *Journal of Contemporary History*, Vol. 23, No. 2 (April 1988), p. 303. 利特尔引用的是哈利法克斯一份没有载明日期的手写备忘,利特尔分析判断这个手写备忘是与艾登通电话的记录。

Rivera)曾于 1934 年访问过希特勒外,纳粹德国与西班牙长枪党并无正式联系。① 西班牙内战爆发后的 7 月 23 日,佛朗哥通过外交渠道向德国外交部请求飞机援助,被德国外交部拒绝。7 月 23 日,佛朗哥的私人代表德国海外纳粹党成员伯恩哈特(Bernhardt)前往柏林。因为纳粹党员身份,伯恩哈特可以绕开通常的官僚程序直接将佛朗哥的请求呈递给纳粹党高层。在纳粹党副元首赫斯和海外纳粹党负责人波尔(Bohle, Head of the AO)的支持下,伯恩哈特 7 月 25 日晚到达巴伐利亚的贝劳斯,并面见了希特勒。希特勒经过几个小时的考虑后决定援助佛朗哥。德国成立了一家 HISMA 公司专门处理援助事务,并用来掩盖援助的官方背景。除了纳粹党和军方外,德国外交部起初并没有被告知。很快,大批德国飞机和飞行员到达西班牙。

　　法西斯意大利与西班牙保皇势力在西班牙内战以前就有广泛的接触,意大利将西班牙看作是处理法意关系的砝码。1934 年 3 月 30 日,意大利与西班牙保皇党人签订了一个秘密协定,墨索里尼允诺向西班牙保皇党人提供一批军火和资金用于阴谋行动。该协定并未兑现。1935 年到 1936 年 6 月,意大利将全部心思放在了埃塞俄比亚,它希望地中海西部维持现状。西班牙内战爆发后,西班牙叛乱方又将 1934 年的秘密协定搬出来,请求罗马的支援。1936 年 7 月 15 日,国联停止了对意大利的制裁,但是英法并没有承认意大利国王加冕为埃塞俄比亚皇帝。墨索里尼刚刚获得了部分行动自由,并期望在意大利国王加冕的问题上得到英法的支持。出于观望和犹豫,墨索里尼在 7 月 22 日拒绝了叛乱方的援助请求。外长齐亚诺则为支援佛朗哥不遗余力。7 月 24 日和 25 日,齐亚诺和意大利驻摩洛哥丹吉尔的外交官讨论了意大利飞机使用西属摩洛哥机场的技术问题。7 月 29 日,墨索里尼终于决定对飞机放行。7 月 30 日凌晨,意大利飞机从撒丁岛起飞,迫降法属北非的事件也发生在当天。

　　8 月 4 日,德国和意大利两国的情报部门负责人举行秘密会议,讨论在援助上的合作。援助佛朗哥成了德意两国的共同事业。对于法国的不干涉倡议,两国采取拖延战术。意大利以"道德裁军"为反建议,而德国则借口西班牙共和国政府扣押一架德国飞机而拒绝接受倡议。直到 8 月 21 日和 8 月 24 日,意大利和德国才正式加入不干涉协定。

---

① Wayne Bowen, *Spaniards and Nazi Germany*, *Collaboration in the New Order*, Columbia: University of Missouri Press, 2000, p. 22.

苏联在国联推行集体安全政策，外长李维诺夫是该政策的积极推动者。其目的是为了拉近与英法的关系，联合英法两国共同承担维护欧洲安全的义务。在斯大林看来，共产国际的政策不能偏离苏联的外交轨道，它并不是世界革命的工具，而是为了保卫苏联革命的果实。当人民阵线路线在 1935 年 8 月共产国际七大通过后，斯大林曾评论道："共产国际大会开的不错。"①集体安全政策和人民阵线路线，其核心都是为了制衡德国，但两者并非完全一致。季米特洛夫在共产国际七大报告中预言道："欧洲各国的人民阵线不仅保证纳粹主义的失败，而且也保证资本主义的灭亡。它将指引欧洲进入建立无产阶级专政和苏维埃政权的时代。"②这个预言还是包含了世界革命的因子，英国驻苏大使奇尔斯顿子爵将其解读为新式"特洛伊木马"。人民阵线是把双刃剑，在指向法西斯国家的时候，也让英国感到另一面的锋芒，这与李维诺夫路线之间存在内在的不协调。1936 年 5 月国联理事会上，李维诺夫对西班牙驻国联代表马达里亚加表示："你们的社会主义者为什么不安静呢？"③西班牙走向内战并不符合苏联的利益，它将人民阵线路线和李维诺夫路线之间的不协调推到了台面。英国驻苏大使奇尔斯顿子爵发给国内的报告也认为苏联政府对西班牙内战没有任何热情。④ 起初，苏联只限于使用舆论来声援西班牙共和国政府。当德意两国开始军事援助叛乱方后，苏联还是保持了足够的谨慎，避免任何官方介入西班牙内战的色彩。当 8 月 5 日法国向苏联发出不干涉倡议后，李维诺夫表示苏联原则同意加入，但以葡萄牙加入为条件。

葡萄牙处于萨拉查政权独裁统治下。与法国和西班牙两个人民阵线政府之间天然认同相似，任何西班牙独裁政权的建立都受到萨拉查政权的欢迎。西班牙人民阵线政府组阁后，15 000 名各色西班牙保皇党人、保守分子进入葡萄牙寻求庇护，包括 1932 年政变的组织者桑胡尔将军。8 月 5 日英法外交官联合向葡萄牙提出不干涉倡议后，葡萄牙外长蒙泰罗反提出承认交战权的问题。葡方以西葡边境处于叛乱方控制下、为保证葡萄牙一侧边境安全为借口，打算承认叛乱方的交战

---

① 陈晖，《1933—1941 年的苏德关系》，南京：南京大学出版社 2005 年版，第 79 页。
② 同上。
③ 萨尔瓦多·德·马达里亚加，《西班牙现代史论》，朱伦译，北京：中国社会科学出版社 1998 年版，第 493 页。
④ Chilston to Foreign Office, 10 August 1936, W8628/62/41, *DBFP*, 1919 – 1939, Second Series, Vol. XVII.

权。蒙泰罗还污蔑苏联已经提供军火给西班牙政府、西班牙政府要进军里斯本。最后,蒙泰罗提出英国和法国是否给予葡萄牙以安全保证。① 8月10日,英国外交部的回答是:苏联会加入不干涉协定;承认交战权需要根据形势的发展;英国承认过去英葡之间条约的有效性,不需要就西班牙问题与葡萄牙达成一个新的安全协定;英国欢迎法国的不干涉倡议,并且认为葡萄牙也会持相同的观点。② 8月13日,葡萄牙原则上接受了不干涉倡议。由此可见,英国对葡萄牙有足够的影响力。

五、英法在不干涉政策形成中的合作与斗争

英国外交部常务次官范西塔特在1936年8月柏林奥运会期间长期逗留柏林,与包括希特勒在内的很多德国官员进行了广泛的会谈与接触。③ 8月早期,当不干涉倡议正在各国之间进行紧密磋商时,英国政府同意与德国就安全问题进行单独谈判。④ 与法国相比,英国国民联合政府面对较小程度的内部分歧。自由党支持政府的政策,工党的情况则稍微复杂。西班牙内战爆发时,工党领导人克莱门特·艾德礼呼吁支持西班牙政府。进入8月以后,工党领导层不顾工党下层的压力,转而支持政府寻求不干涉政策。8月7日,工党议员格林伍德(Arthur Greenwood)对范西塔特私人秘书诺顿私下表示,同意政府的考虑。⑤ 1936年10月工党爱丁堡年会决定谨慎同意不干涉政策。⑥ 意识形态上的考虑对英国政府决策也有不可估量的影响。英国外交部官员几乎都认为马德里政府受苏联和共产国际的操纵。英国政府从英帝国安全的角度考虑,认为西班牙人民阵线政府和西班牙内战将导致葡

---

① Dodd to Foreign Office, 7 August 1936, W7918/62/41, *DBFP*, 1919-1939, Second Series, Vol. XVII.
② Foreign Office to Dodd, 10 August 1936, W7818/62/41, *DBFP*, 1919-1939, Second Series, Vol. XVII.
③ 范西塔特在1933—1936年间一直寻求联合意大利反对德国。德方认为范西塔特是英国外交部中反德势力的代表。范西塔特访德印证了英国在莱茵兰事件后对德国的重视。
④ Foreign Office to Phipps, 6 August 1936, C5680/4/18, *DBFP*, 1919-1939, Second Series, Vol. XVII.
⑤ Record by Norton of a Conversation with Greenwood, 7 August 1936, W8204/62/41, *DBFP*, 1919-1939, Second Series, Vol. XVII.
⑥ C. Fleay and M. L. Sanders, "The Labour Spain Committee: Labour Party Policy and the Spanish Civil War", *The Historical Journal*, 28, I (1985), p.187.

萄牙、希腊的共产主义化,从而威胁到英帝国本土到印度的海上生命线。法国走向共产主义的可能性是英国坚决不能容忍的,英国政府一定会全力阻止。相反,英国政府官员对佛朗哥的看法至少不坏。查特菲尔德在会见达尔朗之后曾表示:佛朗哥比红色分子绅士多了。霍尔在谈到佛朗哥可能出卖巴利阿里群岛给意大利的问题时也说:"交易它的财产不是西班牙的性格。"①

  反观法国,则陷入了内政和外交的双重困境。莱茵兰危机中法国政府的无作为将它的外强中干表现得一览无余。德国进军莱茵兰,使法国失去了对德军事缓冲区,法国要面对德国重新武装后的直接威胁。法国不得不将人力和物力向法德边境集结,削弱了法国用于解决其他问题的资源和意志。除此之外,法国在《洛迦诺公约》失灵的情况下需要英国的安全保证。法国社会内部的分裂加剧了对英国的依赖。当国内左右两翼意见势均力敌时,英国的态度自然就成为关键性的因素。参院议长让纳内在7月25日内阁第一次会议上就讲到:"我们都相信如果因为干涉西班牙而引起欧洲争端,英国不会跟随我们。"②这个表态定下的基调伴随了法方决策的整个过程。法国政府还十分担心法国将因为西班牙问题陷入革命和内战(见勒布伦7月25日的表态),英国政府也有这种看法(见萨金8月12日备忘录)。勃鲁姆进行的社会经济改革需要稳定的国内环境,西班牙问题加剧了法国国内的意识分裂,这是法国外部安全困境外的又一个内政困境。历史的经验教训对法国也是正反皆有。自1659年《比利牛斯和约》以来,法国大体上一直享有一个和平的比利牛斯山边境,使法国拥有了安全的战略腹地。同时,西班牙王位继承问题也让法国卷入多次欧洲战争,其中三次战争见证了法国整个近代由盛而衰的全过程。西班牙王位继承战争结束了路易十四的大陆霸权梦想;拿破仑对西班牙的征服战争导致了帝国的衰败;普法战争则永远结束了法国在欧洲大陆的优势地位,让法国从此生活在德国的阴影之下。1936年的西班牙内战,如果佛朗哥胜利,法国可能要面对周边除德国、意大利之外的第三个敌对政权,这是法国不愿看到的。正如勃鲁姆7月30日在参院外交委员会的说明:法国-西班牙边

---

  ① Jill Edwards, *The British Government & the Spanish Civil War, 1936-1939*, London and Basingstoke: Macmillan Press, 1979, p. 24.
  ② Blum at His Trial: *Les Evenements Survenus en France, 1933-1945*, p125, 引自 M. D. Gallagher, "Leon Blum and the Spanish Civil War", *Journal of Contemporary History*, Vol. 6, No. 3 (1971), p. 60.

境犹如美国-加拿大边境,法国已经多年没有部署军队和修建要塞。西班牙军事独裁政府的建立将改变这一点,同时会在战时妨碍法国从北非向欧洲调集军队。① 范西塔特在柏林奥运会期间长期驻留德国不能不引起法方的高度警惕。8月6日,英国外交部电令驻德大使菲普斯(Phipps),要求他与法国和比利时驻德大使保持充分的交流,因为外交部从私下渠道了解到法国外交部对英德官员会谈很怀疑。② 法国为了阻止英德的接近,只能以迎合英国的意见来解决英法两国之间的分歧。

当然,法国也不是完全牺牲了自己的立场。不干涉政策的实质是希望维持现状,而维持现状是英法的共同目标。维持现状就是维护一战结束以来英法两国在欧洲乃至全球的既得地位与利益。在这个前提下,虽然英法两国有诸多分歧,但是一旦两国面临对现状的挑战,它们总能找到共同语言,英法两国既不愿意看到德意两国的接近与扩张,也不愿意看到苏联在欧洲事务中的地位增强。不干涉政策也是英法两国应对国内舆论分歧的工具。对法国政府来说,具有"不偏不倚"色彩的不干涉政策可以安抚处于尖锐对立的国内左右两派舆论。英国国内民众也呼吁本国政府支持西班牙共和国政府,英国政府虽然某种程度上倾向叛乱方,但是公开支持叛乱方也有很大的压力。德国驻英使馆代办俾斯麦在给国内的报告中写道:"与其说(成立不干涉委员会)是为了采取实际行动,不如说是为了安抚两国国内左派政党的激烈情绪。"③

六、结语:不对称的伙伴关系

不干涉政策深深根植于埃塞俄比亚战争和莱茵兰事件产生的政治后果。埃塞俄比亚战争使国际联盟事实上丧失了机制功能,不干涉政策不是依靠国际联盟产生的,而是大国政治的产物。莱茵兰事件除了使《洛迦诺公约》成为废纸外,还进一步暴露了英法之间的分歧,打破了英法两国之间的平衡。英国执意于新洛迦诺的前景,甚至不惜对德就安全问题单独谈判。法国则面临来自德国的直接威胁,需要英国的安全保证。在西班牙问题上,法国很难指望与英国平等相商。意识形态

---

① Straus to the Secretary of State,31 July,*FRUS*,1936,Vol.2.

② Foreign Office to Phipps,6 August 1936,C5780/4/18,*DBFP*,1919–1939,Second Series,Vol. XVII.

③ No.79,The Charge d'Affaires in Great Britain to the Foreign Ministry,*DGFP*,1918–1945,Series D,Vol. III.

上的分野加强了这种形势。尽管苏联极力推行集体安全政策,但在国际联盟失灵的情况下,此时它实际被排除在欧洲安全领域角力舞台之外。共产国际的人民阵线路线直指德意两国,又为英国所猜忌和敌视。法国为了自身温和的人民阵线政府能够存续选择了自保。如果有平衡英法德意四大国利益的协定的话,那么被牺牲的只能是西班牙的人民阵线。法国首倡不干涉政策,只不过是试图减轻西班牙人民阵线痛苦的一厢情愿。

在不干涉政策的形成过程中,法国无疑是首倡者。在法国作出不干涉倡议的决策之前,大致看不出英国施加的直接影响。伦敦会议并未正式讨论西班牙问题,而该会议是法国发出不干涉倡议之前,英法高层官员唯一的正式接触。当法国政府内部开始检讨不干涉倡议的实施情况时,也是法国官员主动邀请英国外交人员介入进行干预,这才有了克拉克行动。这两点决定了法国在不干涉政策上不可推卸的责任与地位。英国对法国决策的影响则由潜在到直接。首先,伦敦会议虽未正式讨论西班牙问题,但是法国感受到了英国的态度,这种潜在影响不可低估。其次,协调对英关系是法国设计不干涉政策的首要诉求。不干涉政策是弥合英法两国立场差异的工具,是谋求英法两国合作的工具。再次,达尔朗使命在英国的失败导致法国只能走不干涉路线这一单行道。最后,在不干涉倡议推行的过程中,英国都积极予以配合。在预期法国的虚弱和摇摆不符合英国的利益的前提下,英国才与法国达成了双边协议。这四点,都明确界定了英国在不干涉政策形成中的合伙人角色。假使英国能迎合一点点法国诉求的话,那么最微妙的变化是:法国可能会继续试图秘密援助西班牙政府。① 毕竟法国政府中很大一部分人并不反对这样做,只是慑于英国的反对会造成法国的孤立罢了。

不干涉政策是英法两国维持欧洲现状的共同需要,也是应对各自国内压力的共同选择。它使法国的善意中立和英国的恶意中立得到了调和,并企图以大国协定来决定欧洲小国的命运。不干涉政策的精神是,用大国协定使危机局部化,以此来换取欧洲其他地区的"安全"与"和平"。当德意两国无视协定的存在时,协定本身的软弱一览无余。其结果是,德意在不干涉协定后不久就走到了一起,实现了柏林-罗马轴心。英法两国不仅没有从不干涉政策的失败中吸取教训,相反,却从

---

① 8月15日之后,法国仍然秘密交付了少量的飞机和武器给西班牙政府,但是这与德国和意大利有组织的大规模直接干涉相比,微不足道。

不干涉协定中找到了在以后危机中寻求相互合作的精神与方法。与失败的《霍尔-赖伐尔协定》不同,不干涉协定用"不干涉—国内政"的表象掩盖了它的危险适用性。西班牙内战成了欧洲大国力量分化组合的试金石。此后,欧洲的和平不得不一次次地遭到破坏,每次的局部修改都导致了人人自危。从这个意义看,不干涉政策为英法两国日后进一步的绥靖埋下了危险的种子。

从《马斯特里赫特条约》到《里斯本条约》
——欧盟机构与决策机制的变革与发展

方 晴

摘 要 本文通过对欧盟的几轮重要的政府间会议以及所缔结的条约的梳理,论述欧盟机构与机制的变革及其合法性的构建与完善进程,分析这一改革发展进程的动因、内容、特点与存在的问题。本文还从多层治理理论这一视角出发重新审视欧盟制度的特征;探讨这一新的理论模式是否有助于更清晰地理解欧盟制度的实质和机构体制的运作方式与特点。

关键词 欧盟基本条约 机构体系 决策机制 权力分配 民主赤字 多层治理

欧共体乃至欧盟的建立是通过立法的途径逐渐加以建设的,是建立在成员国遵循的一系列条约的基础上的,因为这些条约包含着建构共同体乃至欧盟的重要的政治原则。根据欧洲法院的规定,"欧洲经济共同体条约虽然是以国际协定的形式确定的,但是已确立为共同体的宪章"。[①] 所以欧盟机构与决策机制的发展、改革与完善也必须建立在构成欧盟的基本条约框架的改进上。摩拉夫塞克认为不断变革的欧盟条约基础有利地影响了欧洲一体化的进程。[②] 通过条约这种被大多数接受的政策建议来影响未来的规则的制定与解释,使之成为合法化政策决定的原则,在未来制度建设进程中保持影响力。所以透过条约改

[①] 尤利·德沃伊斯特,《欧洲一体化进程——欧盟的决策与对外关系》,门镜译,北京:中国人民大学出版社 2007 年版,第 11 页。

[②] George Tsebelis and Geoffrey Garrett, "The Institutional Foundations of Intergovernmentalism and Supranationalism in the European Union", *International Organization*, Vol. 55, No. 2 (Spring 2001), p. 360.

革的进程和相关内容可以清晰地梳理欧盟机构体系与决策机制的变革,以及合法性的构建与完善过程。同时也可以从中发现欧盟制度建构过程中所要面对的问题。

一、欧盟机构与决策机制改革的进程与特点

(一) 欧盟机构与决策机制改革的动因

欧盟机构与相关机制不断革新发展的动因并非单独作用,而是彼此间有着明显的相互影响的关系。如深化与扩大是制度化的两个方面。深化可以理解为一种垂直的制度化进程,它显示欧盟内部各机构及相应机制的职能范围、分工及相互关系、权力分配等方面的逐步明晰化和完善化的过程。扩大则可理解为一种水平方向的制度化过程,即从欧盟原有的地理外围不断外扩,这表明越来越多的欧洲国家的政策与行为将在一定程度上受欧盟的相关规则所管理。[①] 两种方向的制度化过程必然会有互动作用。扩大的成功推进不断证明着欧共体/欧盟制度的合理性与吸引力,这促进了对该制度体系的进一步深化完善的信心。同时由于扩大的现实趋势而导致的问题也成为推动机构与相关机制改革的动力。不断完善的制度也必将更加有利于欧盟继续扩大的进程。

又如一方面,经济一体化在横向(参与国的增多)和纵向(合作程度的深入)的发展使欧盟的经济实力明显增强,在此基础上欧盟在国际舞台上的影响力也在加强。另一方面,随着欧盟的成员国增多,各国经济水平与状况出现多样化特征,欧盟内部急需进行适当的协调。随着欧盟实力的加强,欧盟内部以及国际社会都在希望其能在地区乃至世界范围的经济、政治、安全及社会事务中发挥更大的作用,承担更大的责任。这种不断提高的内外双重要求使欧盟制度本身的不足之处愈加明显,欧盟只有不断变革完善其制度体系,提高其机构与决策机制的能力与效率才能更好地适应自身所处的环境。

---

① Frank Schimmelfenning and Ulrich Sedelmeier, "The Study of EU Enlargement: Theoretical Approaches and Empirical Findings", in Michelle Cini and Angela K. Bourne (eds.), *Palgrave Advances in European Union Studies*, New York: Palgrave Macmillan, 2006, pp. 97 – 98.

（二）欧盟机构与决策机制改革的进程与内容

第一阶段，《马斯特里赫特条约》：欧盟机制框架的形成

《罗马条约》规定了欧共体/欧盟构成的基础。随着欧共体的扩展与增强，为完善其构成基础而对其进行修正和补充的工作在 20 世纪 80 年代已开始，并以 1986 年的《单一欧洲法令》的法律形式表现与确定下来。关于机构与决策机制的规则成为这一法令的主要内容。另外，它将欧洲政治合作机制纳入法律轨道，并首次以基本法的形式为其实施奠定了基础。因此它被看成是欧共体改革的里程碑，也为欧共体转变成欧盟打下了条约法的基础。①

1990 年 6 月在都柏林的欧洲理事会会议确定了召开探讨政治联盟的政府间会议，与以经货联盟为谈判重点的经济联盟谈判并行。会议也确定主要议题：政治联盟目标；共同体关于效率与民主的制度变革；共同体对外政策与公民社会建设等。②

1992 年 2 月 7 日签署的《马斯特里赫特条约》虽然在批准程序中遇到波折，但最终于 1993 年 11 月 1 日正式生效。其出台标志着欧共体正式转变成欧盟。它通过修改原来的欧共体条约将欧盟设计成拥有两个联盟（欧洲经济联盟与欧洲政治联盟）以及三根支柱（欧洲共同体、共同的外交和安全的政策，以及司法与内务领域的合作）组成的更加完整与强化的一体化制度体系。其变革主要有：对于欧盟委员会的组成等作出规定；扩大部长理事会特定多数表决制的使用范围；第一次使欧洲议会拥有否决某些建议的权利，建立共同决定程序这样的立法与决策机制，使部长理事会与欧洲议会试图去消除他们的沟通困难，逐渐促成在某些政策领域中欧洲议会与部长理事会的平等位置。③

《马斯特里赫特条约》生效后欧盟体制的运行情况表明，由于"柱形结构"的多边性，恰巧在最需要体现其整体性和发挥集体力量的地方，欧盟仍表现得难以协同和低效。作为连接不断妥协的结果而存在的众

---

① 周弘编，《欧洲发展报告：欧洲联盟 50 年》(2007—2008)，北京：中国社会科学出版社 1998 年版，第 27 页。

② Daniel Wincott, "Federalism and the European Union: The Scope and Limits of the Treaty of Maastricht", *International Political Science Review*, Vol. 17, No. 4, 1996, p. 406.

③ Treaty on European Union, *Official Journal of the European Communities C 191*, July 29, 1992, http://eur-lex.europa.eu/en/treaties/dat/11992M/htm/11992M.html.

多不同程序降低了决策的有效性,使条约变得难以理解。条约结构与决策体制的复杂性加之普遍缺乏的透明度是其显而易见的弊端。①

第二阶段,《阿姆斯特丹条约》与《尼斯条约》:欧盟机制的改革与突破

为了改革欧盟的相关机制,政府间会议以1996年春季的欧洲理事会会议为起点确定三项主要议程:建设更贴近公民的联盟,建立更加民主和高效的机构与机制以及加强欧盟的外部行动力量。1997年,一些更加敏感的机制性问题开始提上议事日程。这包括未来委员会的规模和组成;理事会中的票权数改变;特定多数表决机制的运用门槛与范围(是否将其在第一支柱内充分扩展)。

在阿姆斯特丹会议的最终条约中涉及机构体制变革的内容主要有下列四个方面。(1)在共同决定的决策机制方面,其适用的领域从原有的15个扩大到38个。第一支柱中除了农业和商业政策等之外,大部分有关立法性事务都被包括进去。这一决策程序也被简化,在这一决策过程中,理事会拥有的"三读"多数表决议案的权力被取消,欧洲议会的地位与作用得以提升。可以说这次变革实际上已取消了原有的合作程序。(2)特定多数表决机制的适用范围得以有限地扩展,包括了社会和就业政策、公共医疗等方面。(3)确定欧洲议会的最大席位数是700个。(4)为使欧盟的机构体制运行更为民主与透明,条约还规定欧洲公民有获得欧盟有关信息的权利。同时理事会立法时将公布投票结果并对投票作出解释。②

尽管阿姆斯特丹会议以及条约被设想在欧盟扩大之前去解决机构以及决策机制方面的问题,但其显然没有做到。它的主要失败之处在于在委员会的组成和部长理事会的投票权数这两个关系到欧盟机构体制的中心问题上遭遇到了阻碍。这次改革进程成效有限是因为成员国的立场缺乏集中性,多数人还没有感觉到解决这些问题的迫切压力。

《阿姆斯特丹条约》的签订对于欧盟机构改革并没有明显的推动,对于具有政治敏感性的机构的改革问题,由于大、小国之间的不同观点和利益冲突而不得不推延下去。新的一次政府间会议于2000年2月

---

① 戴炳然,"评欧盟《阿姆斯特丹条约》",《欧洲》1998年第1期,第57页。
② 周弘编,《欧洲发展报告》(1997—1998),第49—52页;Treaty of Amsterdam Amending the Treaty on European Union, the Treaties Establishing the European Communities and Related Acts, *Official Journal of the European Communities* C 340, November 10, 1997, http://eur-lex.europa.eu/en/treaties/dat/11997D/htm/11997D.html.

14日正式开始。当年12月7日到12月11日的尼斯会议被期望可以结束本轮政府间会议。此时各成员国已在包括灵活性机制运用等会议议题方面取得了进展,但在投票权数和特定多数表决机制的运用范围的扩展这两个主要问题上仍存在争议。经过近一年艰苦的政府间谈判协商,2000年12月11日《尼斯条约》终于达成。与阿姆斯特丹会议相比,此次政府间会议则具有更为鲜明的特点,有关机构体系以及决策机制的改革主要集中在五个方面。

1. 欧盟委员会的规模与构成。条约规定直到欧盟的成员国达到27个时才考虑大国支持的方案。这意味着27国欧盟的首届委员会人数将少于成员国的人数,人选将依照平等原则轮流替换的机制挑选。另外欧盟委员会主席将获得更大的权力,将有权确定委员会的组织结构和委员们的职责范围。

2. 关于部长理事会的投票权数和特定多数表决机制运用的扩展。这是另一个谈判的主要难点。条约不得不照顾各方利益,决定自2005年1月1日起,特定多数表决体制将进行部分修改。其主要的内容包括以下几个方面。第一,各国的投票权数都将增加,大国与其他国家之间的票权数的差距将扩大。目前票权数的6个档次将在成员国增加后扩展为9个,而法德依然保持相同权数。第二,对于决策是否通过所需的赞成票数仍接近现阶段的状况(占总票数的71.26%)。此后等新成员都加入后,特定多数的门槛将是345票中的255票,即占总票数的73.91%。第三,为了协调大、小国之间的权力与相互关系,条约一方面规定成员国构成简单多数(超过成员国半数)后可阻止决议的通过,这显然对小国有利;另一方面又规定成员国可以要求,组成特定多数国家人口应达到欧盟总人口的62%以上,否则决议不可被采纳。这样大国仍然可以通过联合达到否决决议的目的。另外,对于特定多数表决制的运用范围与程度问题,虽然成员国普遍都承认这一机制对于欧盟提高决策的效率十分重要,但又不愿轻易就放弃否决权,最终条约规定将在30个领域中从一致通过转变为多数表决。但对委员会看重的如贸易与移民等领域,仍放在规定之外以满足坚持将其作为国家层面的决定性政策的国家。

3. 关于欧洲议会的规模和共同决定权的扩展。条约重新分配了各国在欧洲议会的席位数。未来德国将保持99个席位,其他成员将必须接受它们各自在议会中的席位数的减少。

4. 灵活性和强化合作。按规定,如愿意先行的国家达到8个以上就可以推进这一进程以加强合作。每一国都可向欧洲理事会提交建议,并将一票否决制转化为特定多数制。其他国家日后如愿意都可加入。①

从以上论述可以看出,虽然过程异常艰难,但此次政府间会议和谈判以及由此产生的条约是就欧盟的机构体系以及决策机制做了较为实际的改革与调整。在不少方面,条约的规定在原有基础上有明显突破和明确。其对欧盟将要开始的东扩进程,乃至未来的制宪道路的开拓和政治体制的完善都有着重要意义。

第三阶段,《欧洲宪法条约》与《里斯本条约》:制宪进程的危机与成就

从本质上说,欧盟制宪问题的提出是欧洲一体化深化与扩大进程发展的必然产物。这是欧盟作为一种基于欧洲传统文明和新的历史条件之上的国际社会组织谋求自我革新以获取更多合法性的重大步骤之一。从深化方面看,是坚持民族国家主权的首要地位还是不断加强欧盟的超国家特性的模式之争在前几轮改革过程中愈加尖锐化,这给欧盟制度的发展造成负面的影响。为此成员国以及欧盟的决策者都感到有必要就此作出根本性的决断以明确欧盟未来的发展方向。从扩大角度看,一方面各国都承认如果不做重大的甚至是根本性的变革就将无法承受新一轮扩大;另一方面由于这次扩大将对各国的地位与利益以及相互的关系带来许多微妙的影响,所以各方都希望把握住欧盟机制改革的主动权,及时促成有利于自身地位与利益的规则的更新。②

作为欧盟制宪进程的开始,2001年的莱肯会议有着重要的意义。当年12月15日,会议发表《莱肯宣言》。宣言决定设立欧洲未来大会(The Convention on the Future of Europe)这一专门会议,即制宪筹备会议,以此来保证制宪参与的广泛性与过程的开放性。③ 大会的工作可以分为三个阶段,从2002年夏季开始。2003—2004年的政府间会议于2003年10月4日开始,会谈的焦点依然集中在委员会规模以及

---

① 《尼斯条约》中有关欧盟机构与决策机制内容,参考何志鹏编,《欧洲联盟法发展与制度结构》,长春:吉林大学出版社2007年版,第39页;郑秉文编,《欧洲发展报告:欧元与欧洲的改革》(2001—2002),北京:社会科学文献出版社2002年版,第75—79页;Treaty of Nice Amending the Treaty on European Union, the Treaties Establishing the European Communities and Certain Related Acts, *Official Journal of the European Communities* C 80, March 10, 2001, http://eur-lex.europa.eu/en/treaties/dat/12001C/htm/C_2001080EN.000101.html.

② 郑秉文编,《欧洲发展报告:欧盟东扩》(2002—2003),北京:社会科学文献出版社2003年版,第70—71页。

③ Laeken Declaration of the Future of the European Union, December 15, 2001, pp. 1 - 7, http://european-convention.eu.int/pdf/LKNEN.pdf.

理事会投票权数等机制问题上。2004 年,经过又一轮激烈的博弈,持续三年的制宪进程总算有了结果,当年 6 月《欧洲宪法条约》终于成型,25 国在布鲁塞尔首脑会议上一致通过欧盟宪法草案的最终文本,10 月签署了欧盟历史上第一个宪法条约。①

《欧洲宪法条约》比前几个条约更为完整地规定了欧盟的制度体系的结构、规范与原则以及各领域的管理权限和方式等较为全面的内容。条约共有 448 项条款,在序言中肯定了其以人为本的理念、公民权利的不可侵犯和剥夺以及法律的崇高地位。其把自由、民主、平等和法治作为根本目标。条约还规定了欧盟决策运作的原则,即授权原则、辅助性原则和均衡原则。在欧盟宪法条约中,对欧盟机构体系以及决策机制的改革仍是重点内容。

1. 欧盟理事会的机构化改革。宪法条约首次将欧盟理事会列入欧盟机构,其地位仅次于欧洲议会。其职责将是依然履行政策推动与指导的责任,但将不再拥有立法权。主席由欧盟理事会以多数表决方式任命,不可为成员国首脑。主席的责任是与欧盟委员会协作以确保引导与主持理事会工作顺利开展,并在国家与政府元首级安全及外交政策上代表欧盟。

2. 欧盟委员会的组成与规模。宪法条约接受了妥协性方案,即 2014 年之前保持一国一人的规则,2014 年起则依据平等的轮替机制减少委员会成员,使委员数量相当于原来的三分之二。此外欧盟理事会通过一致表决可以改变委员会的组成。

3. 欧洲议会的组成。宪法草案提出议会的总席位为 736 席,每个成员国至少可获 4 席,但未设上限。宪法条约中则将总席位提高到 750 席,每个成员国至少可获 6 席,最多可获 96 席。

4. 部长理事会构成以及表决机制和适用范围。对于部长理事会的构成,该宪法文本只规定了总务理事会与外交事务理事会。对于多数表决机制,宪法条约规定的比较复杂。它所规定的多数分别是 55% 的成员国数(至少 15 国)以及它们所代表的人口必须占欧盟总人口的 65% 以上。阻止一项政策通过至少须有 4 个国家的反对意见。对于重要事项(如安全与外交)的表决采取加强性的特定多数表决,即双重多数分别为 72% 的成员国和 65% 的人口。另外在 2009—

---

① Derek Beach, *The Dynamics of European Integration: Why and When EU Institutions Matter*, New York: Palgrave Macmillan, 2005, pp. 188 – 193.

2014年过渡期中还有一个折中机制：如理事会成员反对通过某法案达到阻止少数的75%，不论是以人口还是以成员国数衡量，则理事会在合理的时间内以适当方式协商处理。2014年后可由特定多数的方式废除该妥协性方案。

5. 欧洲外交部的设立。此机构设外交部长的职位。在安全与外交政策方面，外交部长将成为欧洲理事会的代理人，同时还是负责对外关系的欧盟委员会副主席。外交部可以制定具体建议。①

《欧洲宪法条约》虽然较为完整地勾画出了欧盟机构体系及相关决策机制结构与运作蓝图，但其自身存在着机构与机制复杂化、职能分工模糊以及妥协性方案难以彻底解决某些机制难题等局限性，更为重要的是宪法条约在各成员国按各自国内宪法程序批准进程中出现了问题。2005年5月29日法国公投中超过69%的选民参加了投票，结果54.7%的投票者反对批准《欧洲宪法条约》。6月1日，荷兰的公投中投票率是62.8%，其中61.6%的投票者反对批准《欧洲宪法条约》。②这一结果显然已阻碍了欧洲宪法的真正生效，也为整个制宪过程罩上了一层阴影。

经过两年的重新研究与准备，2007年初，欧盟利用庆祝《罗马条约》签署50周年之际重新激活了欧盟的制宪进程。经过谈判，6月23日欧盟峰会终于通过德国默克尔政府推出的拯救欧洲宪法条约的"路线图"，准备作为替代2004年宪法条约的新条约，法国萨科奇政府也为新的条约的出台而努力，并且极力劝说波兰等国以维持各成员国的协作。7月，葡萄牙拿出了新条约草案，交由欧盟政府间会议磋商；10月初，新条约草案文本获得各成员国法律专家通过。新条约文本终于在10月19日凌晨得到所有成员国首脑首肯。同年12月13日，欧盟成员国领导人在里斯本签署了新的欧洲改革条约，即《里斯本条约》。条约规定如在各成员国顺利批准，其将在2009年1

---

① 《欧洲宪法条约》中有关欧盟机构与决策机制规定的内容，参考周弘编，《欧洲发展报告：大欧盟，新欧洲》(2004—2005)，北京：中国社会科学出版社2005年版，第78—80页；施鹏鹏，"《欧盟宪法条约》框架下的欧盟机构改革"，《西南政法大学学报》2005年第1期，第58—61页；Treaty Establishing a Constitution for Europe, *Official Journal of the European Union C* 310, December 16, 2004, pp. 18 – 24, http://eur-lex.europa.eu/LexUriServ/LexUriServ.do? uri=OJ:C:2004:310:0011:0040:EN:PDF.

② 周弘编，《欧洲发展报告：欧洲宪法的命运》(2005—2006)，北京：中国社会科学出版社2006年版，第10页。

月正式生效。

《里斯本条约》被看成是原来宪法条约的简化版。它实际包含两个条约：一是欧盟条约，它包括大部分制度性条款；二是欧盟运转条约，它保留了宪法条约的大部分内容。《里斯本条约》的双层结构是一项重要的创新：一层是基础法律；另一层是特殊政策。① 新条约改变了原条约中较为激进的联邦化象征。如新条约不再使用"宪法"字样，也删除了欧盟盟歌、盟旗和铭言等可能使欧盟成为"超国家机构"的内容。但是新条约对原来的宪法条约中有关机构以及相关决策机制改革的主要内容还是有保留与继承，并且在此基础上作出了一定的改进和更为明确的定义。新条约对于欧盟机构体系及相关机制的规定有以下几方面。（1）设立常任欧盟理事会主席职位，取消目前每半年轮换一次的欧盟主席国轮替机制。（2）将目前的欧盟共同外交和安全政策高级代表与欧盟委员会负责外交的委员这两个职权交叉的职务合并，统归为欧盟外交和安全政策高级代表一职，全面负责欧盟对外政策。（3）将更多政策领域划归到以特定多数表决制决策的范围，以简化决策过程。各成员国在"有效多数表决制"下的加权票数重新调整，2014年至2017年之间逐步实行。以"双重多数表决制"取代目前的"有效多数表决制"，即有关决议必须至少获得55%的成员国和65%的欧盟人口的赞同，才算通过。新表决制将在2014年开始实施，到2017年之前的3年为过渡期。（4）从2014年起，欧盟委员会的委员人数将从27名减至18名，委员会主席的作用将加强。（5）欧洲议会权力将增强。此外，议会的议席数将从目前的785减至750，成员国议会将在欧盟决策过程中发挥更大作用。例如，如果一项欧盟立法草案遭到三分之一成员国议会的反对，将返回欧盟委员会重新考虑。②

---

① 程卫东，"改革条约与弹性一体化"，人民网，2007年12月14日，http://world.people.com.cn/GB/1030/6654858.html.

② Sebastian Kurpas, Philippe de Schoutheete and Antonio Missiroli, "The Treaty of Lisbon: Implementing the Institutional Innovations, Joint Study CEPS, EGMONT and EPC", November 2007, pp. 5–78, http://shop.ceps.eu/BookDetail.php?item_id=1554; Sebastian Kurpas, "The Treaty of Lisbon—How Much 'Constitution' Is Left? An Overview of the Main Changes", CEPS Policy Brief, No. 147, December 2007, pp. 4–6, http://shop.ceps.eu/BookDetail.php?item_id=1568; Treaty of Lisbon Amending the Treaty on European Union and the Treaty Establishing the European Community, *Official Journal of the European Union C 306*, December 17, 2007, pp. 16–23, http://eur-lex.europa.eu/LexUriServ/LexUriServ.do?uri=OJ:C:2007:306:0010:0041:EN:PDF.

条约的批准过程和原宪法条约的批准过程一样也是一条充满风险与不确定因素的道路。2008年6月，在18个欧盟成员国已经顺利批准新条约后，13日爱尔兰公投的结果却是否决了该条约，这一结果使得欧盟不得不面对占欧盟总人口1%的爱尔兰选民将欧盟其他的公民抛入了未知结局的尴尬局面。欧盟不得不再次面对一次批约危机带给其制度体系的冲击，欧洲一体化进程再次遭到严重挫折。

在2008年12月中旬的欧盟峰会上，欧盟就与爱尔兰达成了一定的妥协，爱尔兰将在2009年10月底前再次对《里斯本条约》进行投票表决。爱尔兰就欧盟《里斯本条约》举行的第二次全民公决在当地时间2009年10月2日22时结束。10月3日爱尔兰公投委员会宣布，爱尔兰选民以67.1%的支持票通过了旨在推动欧洲一体化进程的《里斯本条约》。10月10日和11月3日波兰总统卡钦斯基以及捷克总统克劳斯分别在华沙和布拉格正式签署《里斯本条约》。11月下旬，现任比利时首相范龙佩和英国人凯瑟琳·阿什顿在欧盟峰会上被推选为欧盟首任"总统"（欧盟理事会主席）和"外长"（欧盟外交和安全政策高级代表）。12月1日，经过漫长的等待和争吵，欧盟新宪法《里斯本条约》正式生效。

《里斯本条约》正式生效为欧盟的政治一体化带来了新希望。这不仅缓解了自《尼斯条约》以来困扰欧盟多年的制度性危机，改善了欧盟的决策程序，还有助于欧盟在国际舞台上扮演更加重要的角色。但《里斯本条约》通过后的欧盟依然面临不少的困境与挑战。就机构与机制本身的改革来说，欧盟委员会的组成与欧盟理事会主席的改革可能会成为导致欧盟内部紧张与不确定的因素。欧洲理事会常任主席、欧盟委员会主席和欧盟外交和安全政策高级代表的职责还不是十分明确，三方工作的相互协调将是对欧盟领导层的能力乃至欧盟机构运行体制的考验。而由于"双重多数表决制"牵涉到人口数量，各成员国如何界定各自人口总数将成为新的问题。另外，从欧盟的运行实践来说，从2008年开始的经济危机以及由此引起的从2009年10月持续到现在的希腊等国的债务危机，2010年4月发生的导致欧洲多国之间航空运输受阻的"冰岛火山灰危机"等都在一定程度上反映出欧盟在应对经济、社会管理以及突发灾难与危机的处理和协调等方面存在着弱点与漏洞。欧盟要应对未来发展中的众多挑战，继续改进其机构与运行机制是必然的选择。

(三) 欧盟机构与决策机制变革进程与内容的特点

从 20 世纪 90 年代《马斯特里赫特条约》的签署到 2007 年《里斯本条约》的成型,纵观欧盟机构与决策机制的变革进程,笔者认为其呈现以下几个特点。(1) 经济一体化的要求与推动促发了机构与机制等政治和管理方面的一体化进程变革的要求与信心。(2) 变革进程具有灵活性与创造性。在这一进程中欧盟创造性地运用了多种双边或是多边的谈判协商方式,灵活地应对这一进程中出现的各种风险与问题。而作为谈判结果的各个重要条约也充分反映出这种善于调适和富于创新的特点。虽然有时变革进程十分艰难,可也能体现出这种集体的智慧。(3) 变革进程显然体现出一种渐进性的发展模式。每一轮新的政府间会谈都是前一次的基础上的继续,每一个条约都在前一个基础上力图有所进步与突破。(4) 这一进程充分反映出超国家行为体与主权国家之间复杂的互动。每一次进展都需要双方的协调或是达成一定的妥协。(5) 这一进程在很大程度上主要还是由欧盟及各成员国的政治精英们推动的,民众与决策过程和结果之间依然有距离,他们的观点也会和决策精英们不尽相同。这从《欧洲宪法条约》和《里斯本条约》在全民公投程序中受阻明显显露出来。

就欧盟机构与决策机制本身变革而言,机构的职能范围都有所扩大,它们在欧盟中部门化和自成一体的程度日益降低。各个机构职权界限都有一定的变更并出现权限交叉和模糊的特点。权力共享的程度加深使各机构间的关系更为紧密,它们之间的权力分配与制衡变得更为微妙。如原来政策制定模式是委员会提出建议,议会提供咨询,部长理事会作出决定。而现在部长理事会由于越来越多地参与到提出与决定政策的过程中,而取得了一些原本属于委员会提出建议的职责。随着欧洲议会的地位与作用的增强,欧盟立法过程中的"委员会-部长理事会"轴心已转变为"理事会-委员会-议会"轴心。[1] 越来越多的欧盟主要机构之外的行为者参与和影响决策程序。欧盟的决策程序与相关机制呈现日益复杂化、多样化和灵活化的特征。由于运用特定多数表决制的领域逐渐增多,欧盟决策机制的运行效率得以加强。而欧洲议会影响力的提升也使人们对于决策程序的民主化增强了信心。

---

[1] 周弘编,《欧洲发展报告:欧洲联盟 50 年》(2007—2008),第 29 页。

二、欧盟机构与决策机制变革的问题与阻碍

欧盟的改革的困境乃至合法性问题的争论实际上反映出欧盟制度在构建和发展过程中自身存在的几个问题。

(一) 欧盟内部权力和利益的分配与平衡

欧盟是一个由复杂多元部分组成的政治实体。在其中既有欧盟的各个机构,又有各成员国家。随着一体化程度的扩大与深化,欧盟内部各种关系中的权力与利益分配和制衡变得日益复杂,矛盾也会愈加突出。

1. 大、小国家之间的权力分配。欧洲一体化的进程之所以被认为取得重大成就,其重要因素就在于它是一个参与国不断增加的过程。成员国不但平等地遵守有关规则和规范的约束与管理,另一方面也拥有平等的权利以合作的方式共同促进联盟的发展,构建与改进其机构体系、决策程序乃至整个治理模式。但大、小国由于自身的特点与区别,在欧盟的建设上有着一些不同的具体目标。法、德等欧盟主要大国希望尽量维持欧盟的机构与决策机制以确保其自身在整个一体化进程中的"控制室"和"发动机"的地位和影响力。小国则希望一方面利用欧盟的各种资源配置以增强自身的实力,取得经济和政治方面的"欧盟红利";另一方面,它们又极不愿意自己刚从冷战时期前苏联的控制中解脱出来,又陷入欧洲大国们设计并操纵的制度机器的控制下。

2. 欧盟机构之间以及机构与成员国之间的权力分配。在欧盟机构体系中欧盟委员会、部长理事会以及欧洲议会等主要机构性质、地位和运作方式不同,在各自的发展目标上也呈现出不同的特点。三大主要机构都想在欧盟决策与管理机制中拥有更大的权力,使自己的目标与理念对欧盟的发展有更大的影响。欧盟机构之间权力的渗透、转移、分享或是争夺使得机构间关系错综复杂。

欧盟机构与成员国之间的权力分配与争夺更为明显。成员国主权的转移或是维护的范围和程度始终都是欧洲一体化进程中的一个根本性问题。一体化进程的发展使成员国的部分主权不可避免地会逐渐转移到欧盟层面,由一体化进程中构建的组织机构来协调管理。但随着这一进程逐渐深入到民族国家内部主权的敏感区和核心区,欧盟往往需要在这种深化与改革进程中使用妥协的方式努力协调两者的权力分

配关系。这使得其机构与成员国的职责权限往往难以划清。

(二) 欧盟的"民主赤字"问题

民主作为一种政治思想通常指在某种权力统治体系中,要以"人民主权论"为根本宗旨,即统治者的权力来自人民,其职责在于保护人民的权利并在此基础上得到人民的认可,从而完善这一统治形式的稳定。为了保障这一点,公民通过正当的选举渠道选择政策的制定者和执行者,同时又要求整个决策过程公正和透明。这样,民主也可被称为一种制度形式。对民主乃至民主制度的追求,是从欧洲传统政治观念中孕育出来的,并早已成为不论是社会精英还是普通民众的共识。所以虽然与民族国家的政治统治结构有不同之处,但逐渐发展起来的欧盟也必将面对这个如何完善自身制度体系民主化的问题。

就欧盟的"民主赤字"来说,主要表现在以下几方面。首先,在决策机构得到公民的认可和支持方面,欧盟与成员国相比仍然存在着相当的差距。在这种情况下,各国政党对欧洲议会的选举不像对国家议会选举那样重视,民主"输入"明显不足。

其次,决策机构缺乏透明度而不受公民监督。这一点使普通民众对欧盟的体制很难有足够的了解,在反映社会各种利益方面主要依赖于游说集团和专家的意见。这种决策机构难以直接反映民意,民主在"输出"方面也存在着问题。

更重要的是,欧盟层面上的"公民身份"尚未形成,欧盟的相关机构或是运行机制缺少直接实施民主措施的条件。在语言、文化和社会心理等方面他们尚未形成足够的认同。各成员国的公众没有完全形成一种对欧盟的认同感,整体上的欧盟公众尚未出现,所以,欧盟范围的政党和团体缺少一种坚实的基础,民主程序不易在欧盟层面实行。[①]

不论欧盟向何种体制结构发展都要尽可能消除民主赤字的困扰。欧盟以及其成员国的决策者们同样意识到解决这一问题的必要性,对欧盟机构体系以及决策机制的改革正是在为此而努力,但进展较困难且充满争论。

---

① 关于欧盟民主赤字的表现,参考 Andreas Follesdal and Simon Hix, "Why There Is a Democratic Deficit in the EU: A Response to Majone and Moravcsik", *Journal of Common Market Studies*, Vol. 44, No. 3, 2006, pp. 534–537;李巍,《如何认识欧盟的"民主赤字"问题》,山东大学欧洲研究中心,2006 年 6 月 13 日,http://www.europe.sdu.edu.cn/ouzhouzhongxin/php/article.php?articleid=31.

(三) 欧盟的发展模式之争

对于欧盟发展模式的分歧与争论是一个比权力分配和民主赤字更为深层次的问题。随着欧洲一体化进程的深入发展,人们越来越关注这一进程的性质与趋势。一体化发展的终极目标是什么?以怎样的模式与手段可以实现这种目标?在欧洲一体化发展的不同阶段都会出现一些关于一体化性质与发展方向的理论观点试图去回答这些问题。

联邦主义旨在调解整体上更大的政治联盟和各组成部分的适当的宪制保障的平行需求,也就是"没有一致性的统一和没有混乱的多样性"的平衡。可以看出其仍体现了明显的超国家性管制特点。政府间主义是20世纪60年代发展起来的一种一体化理论。90年代,米尔沃德和摩拉夫塞克等学者指出:成员国政府是推动或阻碍欧洲一体化进程的主要行为体,欧洲一体化并不意味着民族国家的终结,反而会增大国家的活动空间。欧共体/欧盟最好被看作是一种政策协调的国际机制,它的实质性和机制性发展可以通过国家偏好形成的序列分析和政府间的战略互动来解释。[①]

联邦主义与政府间主义的分歧在欧盟的发展进程中一直存在,在欧盟机构与决策机制的长期且艰难的变革进程中显得尤为明显。如德国极力要强化联邦一级体制,使之拥有核心主权。法国虽然和德国一样积极推动一体化进程,但在发展模式上与其有着根本性的分歧。法国反对建立一个"超级欧洲国家"或"超国家的欧洲政府",主张建立保持各国特性的欧洲。而英国的观点则有着更为明显的国家中心与政府间合作的特征。它认为欧盟只是一个成员国政府协商谈判的场所。[②] 作为在欧盟中具有重要地位和影响力的大国,三国的理念分歧是许多机制改革方面的难点久拖不决的重要原因。联邦主义与政府间主义之争如果得不到缓解,一方面会使人们对于欧盟的真实性质感到困惑,另

---

① 房乐宪,"政府间主义与欧洲一体化",《欧洲》2002年第1期,第85页;Michael O'Neill, *The Politics of European Integration: A Reader*, London: Routledge, 1996, pp. 54-55; Andrew Moravcsik, "Why the European Union Strengthens the State: Domestic Politics and International Cooperation", *Center for European Studies Working Paper*, Series 52, September 1994, p. 25, http://www.ces.fas.harvard.edu/publications/docs/pdfs/Moravcsik52.pdf.

② Kirsty Hughes, Maxime Lefebvre, et al., "France, Germany and the UK in the Convention: Common Interests or Pulling in Different Directions?" *EPIN Working Paper*, No. 7, July 1, 2003, pp. 2-5, http://shop.ceps.eu/BookDetail.php?item_id=1049.

一方面也会阻碍欧盟进一步深化发展。

权力的分配与平衡,民主赤字以及不同发展模式的争论问题一直困扰着欧盟制度的完善进程以及其合法性的维护。在欧盟机构以及决策机制的变革进程中这些问题长期无法有效解决的原因,笔者认为不仅在于问题本身的复杂性,还在于问题之间的关系,对这些问题的评价标准的差异以及问题所反映的价值取向的矛盾与冲突。第一,就问题之间的关系来说,欧盟制度内部各行为体在权力分配问题的争夺和人们对民主赤字问题的担忧在一定程度上正是关于欧盟性质与发展模式在内部权力结构以及民主价值标准方面争论的体现。超国家主义与政府间主义之间根本性的争论如果无法协调平息,那么前两个问题也很难在短期内解决。第二,就问题的评价标准来说,如对于欧盟的民主赤字问题,本文主要以欧盟的超国家机构为分析基点,以代议制以及欧洲民众与欧盟制度的关系为评价标准指出其制度中实现民主价值的难度。但政府间主义者以成员国为分析基点,以国家本身的政治合法性为评价标准,得出了这样的结论,即欧盟仍是国家间协商组织,因此不存在严重的民主赤字问题。另外有些学者则以欧盟机构庞杂,权责重叠或界限模糊以致信息无法迅速准确地沟通为评价角度与标准,认为欧盟的民主赤字是指整个机构体系官僚化以及处理实际问题的效能不强。这种对问题的定义与评价标准的差异直接导致了对问题的处理方式的不明确。第三,就价值取向来说,民主、平等、效率、稳定以及对个体利益与整体利益的重视等都是欧盟制度体系在建构与变革过程中所坚持寻求的价值规范。但在实际操作中要同时达到这些价值规范的要求显然有些理想主义化了。民主与效率这对矛盾使欧盟经常徘徊在注重决策效率以尽快达成妥协的"多数决定性民主"和顾及各方利益以协商解决问题的"协商一致性民主"之间。如果由多数人治理(多数决定原则)能充分体现决策与管理过程的效率,但可能会因为部分人的利益受损而被抱怨为缺乏民主;如果尽可能让所有人都参与协商(协商一致原则),虽然可以体现兼顾各方权利的民主,但却可能不仅影响决策与管理过程的效率,还会导致少数人阻碍多数人利益的实现。① 其实,联邦主义与政府间主义等一体化理论模式都在试图明确欧盟的性质,并找到解决问题的方法,但都有其不足之处。这表明我们需要尝试以某

---

① 贝阿特·科勒-科赫等,《欧洲一体化与欧盟的治理》,顾俊礼等译,北京:中国社会科学出版社 2004 年版,第 180 页。

种新的视角去重新审视欧盟这一独特的制度体系。将"治理"理论引入对欧盟机构与决策机制变革的研究和实践就是这样一种尝试。

三、多层治理视角下的欧盟机构与决策机制的特征与变革

(一) 欧盟多层治理理论的内涵与特征

全球治理理论的创始人之一詹姆斯·罗西瑙(James N. Rosenau)将治理定义为一系列活动领域里的管理机制,它们虽未得到正式授权,却能有效地发挥作用。治理是有共同的目标所支持的,这种目标不一定来自合法或正式规定的责任,也不一定依靠强制力量来实现。治理是一种内涵丰富的现象,既包括政府机制,也包括非正式的、非政府的机制。治理是只有被多数人接受(或者至少被它所影响的那些最有权势的人接受)才会生效的规则体系。没有政府的治理是可能的,即可以设想这样一种规章机制:尽管它们未被赋予正式的权力,但在其活动领域内也能够有效地发挥功能。①

欧盟的发展过程表明其正逐渐走上一条从传统的政府统治到现代的治理之路。欧盟委员会在 2001 就曾公布以"欧盟治理"为题的报告,并引入有关"善治"的评价标准对欧盟治理的改革与发展提出了要求。报告指出,(1) 开放:欧盟的机构应以更加开放的方式工作;(2) 参与:欧盟政策的质量、适宜性和效率的实现依赖于从观念构想到应用工具在政策链条中的广泛参与;(3) 责任性:每个欧盟的机构必须为其在欧盟中所作所为进行解释和负起责任,立法的和执行的过程必须清晰;(4) 有效:政策必须基于清晰的目标有效并及时制定和执行;(5) 连贯:政策与行动必须具有连贯性以及易于理解。每一项原则要求都很重要,但它们不可能通过单一分离的行动达到。要想政策更加有效必须将它们以更包容的方式准备、运用和加强。②

---

① James N. Rosenau, "Governance, Order, and Change in World Politics", in James N. Rosenau and Ernst Otto Czempiel (eds.), *Governance Without Government: Order and Change in World Politics*, Cambridge: Cambridge University Press, 1992, pp. 3-8.

② Commission of the European Communities, European Governance (a White Paper), COM(2001) 428 final, Brussels, July 25, 2001, p. 10, http://eur-lex.europa.eu/LexUriServ/site/en/com/2001/com2001_0428en01.pdf.

欧盟的治理没有通过一个明显存在的政府,其活动的方式、内容和过程又与成员国的政治生活紧密相联。欧盟的治理不仅会影响欧洲区域一体化,还会影响民族国家的联合或分裂。① 自《马斯特里赫特条约》生效后,尽管超国家主义和自由政府间主义的争论一直未平息,但欧盟的发展实际状况却在愈来愈明显地显示着一种比两者都要复杂的治理模式,20世纪90年代以后不少学者开始以"多层治理"来解释欧盟治理的复杂性。

从总体上说,多层治理理论挑战了对国家的角色和性质的传统的看法。多层治理的概念最先由盖里·马科斯(Gary Marks)引入欧盟研究。他以决策权在处于中心位置的国家和欧盟层面的机构与次国家的权威之间分散的现象分析指出,欧洲一体化是一个政体创立过程,在这一过程中,权威和对政策制定的影响被多层政府分享——次国家的、国家的和超国家的。在国家政府是欧盟政策制定强大参与者的同时,控制权已从它们手中滑向了超国家机制。国家已丧失了一些先前对其各自领土上的个体的权威控制。简言之,政治控制的中心已发生了变化,国家主权被欧盟成员国间的集体决策和欧洲议会、欧盟委员会以及欧洲法院的自治角色所稀释。② 多层治理框架宣称决策过程应被看成在不同界限层次的不同行为体所分享的职责,国家政府虽仍是行为体之一但并不能垄断政策过程。在多层治理机构中国家的等级化的命令和控制被分化并逐渐转变为行为体之间更为平等的对话、谈判和讨价还价。③ 这种转变表明国家以及机构等行为体的相互依赖加强,国家政府间零和性质的关系在改变。多层治理理论试图将分析重点从宏大的和历史的经验和事件转向次体系层次的政治活动。各行为体在政治活动中的重要程度根据这一特定的政治活动的性质和行为体所拥有的资源和能力而不同。

---

① Beate Kohler-Koch, European Governance and System Integration, European Governance Paper, No. C-05-01, March 14, 2005, p.1, http://www.connexnetwork.org/eurogov/pdf/egp-connex-C05-01.pdf.

② Gray Marks, Liesbet Hooghe and Kermit Blank, "European Integration from the 1980s: State-Centric v. Multi-level Governance", *Journal of Common Market Studies*, Vol. 34, No. 3, September 1996, pp. 342-343. 转引自刘文秀、汪曙申,"欧洲联盟多层治理的理论与实践",《中国人民大学学报》2005年第4期,第124页。

③ Anil Awesti, "The European Union, New Institutionalism and Types of Multi-Level Governance", *Political Perspectives*, Vol. 1, February 8, 2007, pp. 3-4, http://www.politicalperspectives.org.uk/General/Issues/V1-2-2007/V1-2007-2-08.pdf.

按照多层治理理论，笔者认为欧盟制度的变革发展不是回到重新创造传统式的国家的道路上，而是在创造一个由共享的价值、目标、利益、协同的决策体制与运行规则为基础的，包括超国家、国家乃至次国家的公共和私人行为体的制度网络。每个行为体，不论其处于哪一层次，都是这个网络中重要的节点。行为体之间通过信息的沟通与协调逐渐使目标、价值与利益形成共识与共享。每个层次以及每个层次的不同行为体都根据自己的特点执行自己的职能，发挥自己的作用，而整个欧盟体系运行的结果是每个层次的行为体的合力作用。网络中并无明确的单一中心化的权威机构的强制力，但却以共同条约等法律性文件为基础形成趋向完整与立体的原则、规范和共识来指导、定义和规范各层次行为体的行动范围与规则。各层次的行为体在这种通过共同协商制定的规范的引导和监督下实现自觉、自律与自治。同时它们也共同维护这一制度体系网络的正常运行，推动这一治理网络逐渐达到"善治"的标准。欧盟的机构与决策机制的变革进程与内容在一定程度上正是这种网络化的治理发展的反映。

（二）欧盟多层治理的模式与类型

从以上的分析中可以看出欧盟的多层治理体现的是一个复杂、多元和动态的治理过程。在实际运行中，不同的制度规则涉及不同的机构组织，不同层次的行为体都以自己的方式参与整个体系的互动过程，在欧盟的各个决策与行动领域中就必然出现风格不同的决策、执行以及监管方式，或者说属于多层治理体系框架中的具体的治理模式。

马科斯与胡奇以治理管辖权的分散程度将欧盟的治理分为两种类型。从下文表1和表2可以看出两种治理类型可以被称为一般管辖权的治理和有特殊管辖权的治理。第一种类型是以联邦主义思想观念为基础的治理方式。这种治理形式中管辖权分散在数量有限的层面上。这些层面互不交叉干涉，界限分明。这种类型的倾向性表现在其体现的是民众对某种特殊共同体的内在认同。由于这一治理形式是多任务的综合治理，所以常伴随意见纷争。这需要审慎地制定出整体上的治理规则。第二种治理形式是多中心的治理。它的治理重点是具体的任务而非将许多问题集中在一个层面进行综合性的解决。治理体制规则可根据不同的政策任务灵活变化。该形式强调自愿性、功能性和效率，尽量避免冲突,适合于以寻求"帕累托最佳"为博弈特点的决策过程。①

表1 马科斯与胡奇划分的多层治理类型

类型 I	类型 II
多任务管辖权	具体任务管辖权
管辖层面相互排斥不重叠	管辖层面交叉重叠
管辖层面数量有限	管辖层面没有限制
管辖体制持久稳定	管辖体制灵活多变

表1 根据两份图表资料总结:Gary Marks and Liesbet Hooghe, "Types of Multi-Level Goverance", *European Integration Online Papers* (EIoP), Vol. 5, 2001, http://www.eiop. or. at/eiop/texte/2001-011t. htm; Gary Marks and Liesbet Hooghe, "Contrasting Visions of Multi-Level Goverance", p. 17.

表2 两种治理模式的倾向性

类型 I	类型 II
内在共同体(Intrinsic community)	外在共同体(Extrinsic community)
发言(Voice)	退出(Exit)
冲突表达(Conflict articulation)	冲突避免(Conflict avoidance)

表2 资料来源:Gary Marks and Liesbet Hooghe, "Contrasting Visions of Multi-Level Goverance", p. 27.

(三) 对欧盟多层治理理论模式的分析与评价

人们在看待与理解某种事物时,如果能转变思维方式和观察视角往往会有新的发现。将多层治理引入欧洲一体化进程的研究领域是从20世纪90年代才开始的一种新的尝试。由于多层治理理论包含了社

---

① 帕累托最佳(Pareto Optimality)是以提出这个概念的意大利经济学家维弗雷多·帕累托的名字命名的,是指资源分配的一种理想状态。假定固有的一群人和可分配的资源,从一种分配状态到另一种状态的变化中,如果能够做到在不损害对手的利益的情况下又为自己争取到利益,就算是帕累托最佳,换而言之,如果是双方交易,这就意味着双赢的局面。这是博弈论中的重要概念,是评价一个经济制度和政治方针的重要的标准。Gary Marks and Liesbet Hooghe, "Unraveling the Central State, but How? Types of Multi-Level Governance", *American Political Science Review*, Vol. 97, No. 2(May 2003), pp. 236-239; Gary Marks and Liesbet Hooghe, "Contrasting Visions of Multi-Level Governance", in Ian Bache and Matthew Flinder (eds.), *Multi-Level Governance*, Oxford: Oxford University Press, 2005, pp. 17-27.

会学、政治学、公共管理学以及法学等多方面的理论元素,复杂性、多元性和综合性成为其明显特征。这种理论是否能更加有效地解释欧盟制度的体系特征,同时有效地指导欧盟制度的运作以及应对其所遇到的困境呢?

从理论上说,从欧共体/欧盟的发展过程看,其本身的性质与特征一直随着其制度体系的变革而变化。正像上文所述,欧盟应被看作一种新颖的国家联合体形式。它既不属于传统的国家统治体制,又比一般的国际组织更具超国家实体性;它既明显具有政府间协商合作的性质,又有类似于联邦国家的机构设置;它既具有联邦主义治理的特点,又具有多中心治理的特征和趋势。传统理论对欧盟的解释不仅局限在某一角度或层面,而且由于观点的差异明显,往往各方各执一词,争论不休。多层治理理论本身具有的包容性和多层性既可以弥补传统理论的局限,又可弥合甚至超越理论间的矛盾斗争。从这一意义上说,多层治理理论从整体上把握了欧盟的多元复杂的结构特点与性质,并对欧洲一体化发展的现实经验作了总结与描述。

从实践层面上说,在欧盟实际决策和运行操作中,关于权力分配、民主赤字问题,乃至更为根本的合法性问题等,一直困扰着欧盟制度体系的改革。多层治理理论和模式另一个重要的目标便是试图以一种新的思维方式以及相应的途径重新审视和化解欧盟面临的问题。

第一,欧盟的权力的分配、调整和平衡常常是非常敏感和难以处理的困境。多层治理理论正是试图改变人们对权力分配和利益得失的过分敏感和关注的习惯。在它看来,欧盟应该是为实现共同目标和利益而团结各方力量去处理问题的合作性制度体系。它试图将那种争权夺利的零和式的政治游戏转变为一种能够提高问题处理效率的能力的分享过程。

第二,欧盟多层治理模式作为一种缓和民主赤字以及合法性危机的新尝试,其指导理论认为欧盟本身的复杂性无法用一种广义的普遍的观念或标准所规定。在多层治理模式中,在各项不同的政策议题和领域里,治理模式都是不同的,因此作为民主合法性的标准也不尽相同。只有立足于不同层次和不同领域去讨论民主与合法性才是实际的和有意义的。

多层治理理论虽然在全面理解欧盟体制方面作出了自己的贡献,但由于其自身理论结构的特征,正像其所解释的动态的欧盟制度一样,其理论本身也存在于一种不确定的动态变化中。与政府间主义和联邦主义理论不同，它似乎没有对于欧盟发展目标与趋势的清晰的估计，或者说它在刻意回避这一长期争论的重要问题。多层治理将欧盟限定在一种不断构建和完善的网络化治理的过程中，更多地关注其问题处理现状，依然没有更好地回答欧盟未来究竟会走向何方。

四、结　论

欧盟制度体系的稳步发展需要其机构与相关决策机制合理和有效的相互协调配合。从《马斯特里赫特条约》到《里斯本条约》，欧盟通过政府间会议谈判协商的形式不断创立和修正着原则与规范，从而推动欧盟的机构与机制改进和完善。欧盟机构体系与决策机制向更合理、高效和民主的方向发展是不可否认的，其取得的进展对于完善欧盟制度体系的作用不可低估。但这显然也是一个艰难和长期的进程。政府间会议中不同观点的争锋相对，在关键的机制问题上徘徊不前和相互妥协，以及在条约批准过程中的种种不顺都反映出这一进程中包含着激烈的矛盾斗争。欧盟内部各种行为体之间权力分配与平衡的难题，民主赤字与效率要求的两难困境，联邦主义与政府间主义关于欧盟制度性质与发展方向的深层次争论，这些机构体制改革进程所显露的问题都在挑战着欧盟制度的合法性。

对欧盟发展进程持怀疑态度者就经常以欧盟机构体系与决策机制变革中所遇到的困难为证，认为随着机构与机制改革越来越靠近关乎欧盟制度本质的核心部分，这一进程中的分歧将难以弥合。欧盟的发展进程将会停滞或是倒退，而欧盟本身也可能因为无法缓和的矛盾而趋向分裂。不可否认，欧盟的机构与机制乃至整个欧盟体系的发展与变革是一个曲折的、渐进的和长期的进程，但笔者不同意悲观的看法。首先，"欧洲的联合"思想在欧洲有着深远的发展历史。在构建这种一体化制度过程中所遇到的困难不会轻易动摇欧洲整体性的价值观。欧洲一体化进程顺应了和平与发展的时代潮流因而具有生命力。其次，一种制度一旦形成就会由于其保护利益的功能、回报递增的机制使得制度之中的行为体不愿放弃选择的制度，因而会形成制度强化的路径。欧盟制度的发展带给成员国经济、政治、国际影响力等方面的利益是事实。欧盟成员国对加强彼此的联合观点早已达成共识，不会有成员国愿意成为这种联合制度失败的制造者。再次，在长期的一体化进程的磨炼中，欧洲各国已经学会怎样应对改革中的危机，怎样通过协商达成妥协与平衡。最后,全球化的发展趋势既带来了巨大利益和机遇,同时也带来了危机与风险的全球蔓延。这样的问题与危机绝不是凭单个国家的力量可以处理的,这种外部的压力将必然促使欧盟这种一体化的合作制度的深化。所以尽管困难重重,这种制度化的进程也不会逆转或停止。

如果说欧洲的联合已经成为一种不可逆的进步过程,那么作为这一进程成果的欧盟将会有怎样的发展趋势呢?由于仍有许多不确定的因素,现在谈论欧盟的终极状态还为时过早。笔者认为欧盟仍应被看成是一个不断深入发展的过程。正如多层治理理论模式所显示的那样,欧盟制度性质在未来相当长的时间中不能简单地以超国家性或是政府间性来定义。两种性质将共存于制度体系之中,在不同的层次及问题领域显示其作用。在这里笔者更倾向于用超国家因素和政府间因素的变化状况来描述欧盟制度体系的复杂性。本文论述的机构与相关机制的改革过程中欧盟委员会人数的变化、特定多数表决制的发展及运用范围的拓展、共同决策机制的完善、部分国家"加强合作"机制的产生以及欧洲议会地位的提高等具体改革内容都体现了欧盟制度体系中超国家因素的增长,但这种增长是通过成员国间反复协商而确定下来的。笔者认为在成员国间逐渐取得认同或妥协的基础上,逐步拓展制度体系中的超国家因素以便更有效地促进合作,这将是欧盟未来发展的一个明显趋势。正如今天政治一体化可以为欧盟成员国所接受,而半个世纪前则难以形成政治联盟条约一样,随着欧盟制度的发展,成员国们可以逐步化解存在的矛盾并认同更为深入的政治一体化的机制规则。欧盟将在处于理论光谱两端的超国家主义与政府间主义的逐步融合中寻找到更为适合其机构与决策机制革新和优化的道路,以继续促进欧盟制度的深化发展。

爱尔兰共和军 1980—1981 年绝食抗议及英国对其的态度

严 露

摘 要 1980 年—1981 年,爱尔兰共和军发动了爱尔兰史上规模最大的一次狱中绝食抗议,10 名爱尔兰共和军绝食身亡。本文根据有关的纪实性资料,较详细地阐述了这次绝食抗议的来龙去脉,并重点分析英国政府对此事件的态度。对这一历史个案的揭示或能给我们提供有益的启示。

关键词 英国 爱尔兰共和军 绝食抗议 撒切尔

一、英国在 20 世纪 70 年代对爱尔兰共和军的政策

从 20 世纪 60 年代末"八月事件"[①]之后,"北爱问题"愈演愈烈,英国政府面临严峻的挑战。爱尔兰的情形可以说是每况愈下,不断地陷入暴力的状态中。伦敦德里和贝尔法斯特,是北爱尔兰种族分离最严重的两个城市,在这两个城市中,充斥着民族、宗教冲突和军事斗争。面对爱尔兰共和军和英国军队的对峙,以及后来和皇家厄尔斯特警察的对峙,英国政府担心这些会对其统治造成威胁。因此,英国在 20 世纪 70 年代对爱尔兰共和军所采取的政策总体上是以镇压为目的,从无审判的拘捕政策、无陪审团的拘留政策,再到 1974 年的停火以及罪犯化政策等,随之而来的是爱尔兰共和军被分别看作是"被拘留者"、"恐怖主义者"以及"普通罪犯"。这些政策一次又一次地使共和军被镇压、被削弱、被遏制。但爱尔兰共和军自己认为他们是正规军,不应该被镇

---

① 八月事件发生在 1969 年 8 月 12 日到 8 月 14 日,一帮新教自卫队员和特警猛烈攻击德里市中部的博戈塞得天主教区,并且对居民施以恐怖手段。

压,他们是为了爱尔兰的自由和解放而奋斗的。所以,当共和军的愤怒达到顶峰后,他们选择用狱中绝食抗议这种极端方式来争取他们的政治地位。

1971年英政府的无审判拘捕行动使得共和军遭受了"不人道,有辱人格"①的待遇,大部分被拘捕的爱尔兰共和军嫌疑人遭受了特殊实验审讯。1971年前半年,共和军临时派②的炸弹攻势有增无减,其中共和军临时派射杀了首位英国军队士兵,与此同时,首位爱尔兰共和军成员也在与英国军队交火中身亡。一时间,伦敦方面对爱尔兰共和军的抓捕行动呼声高涨,认为该是大规模拘捕恐怖分子的时候了。布莱恩·福尔克纳(Brain Faulkner)接任北爱首相职位后,下定决心把拘捕行动付诸实施,制定了无审判拘捕政策,并认定无论在有效停止暴力活动方面,还是在缓和政治氛围方面,这都是一剂"万灵药"。1971年7月23日,一个代号叫"D行动"(Operation Demetrius)的大规模抓捕行动正式开始。上万名武装部队和警察怀揣一份452页的黑名单开始在贝尔法斯特和德里两个地区搜查共和军。依据《特别权力法案》(Special Powers Act)第12部分,恐怖主义嫌疑犯不用被审判即可被拘捕。拘捕行动表面上是以共和军及其他准军事组织为共同目标,而在执行拘捕行动的4年中,并没有任何新教不法分子被拘,可见其目标直指共和军成员。连福尔克纳自己都说"目前行动的最主要目标就是爱尔兰共和军"。③

1974年共和军的临时停火使得共和军元气大伤。进入1974年,爱尔兰共和军掀起了一股新的爆炸潮流,使1974年成为共和军的"炸弹年"。1月5日和2月4日分别在英国伦敦和曼彻斯特散布炸弹。鉴于1972年的前北爱尔兰事务大臣威廉·怀特劳(William Whitelaw)的谈判失败,新任北爱尔兰事务大臣梅尔林·里斯(Merlyn Rees)此时重新转向了与共和军谈判的道路。里斯决定创造一种方式可以最大限度地削弱临时派共和军组织的力量。他认为,迫使共和军停火是最有效遏制共和军的方法,因为停火持续的时间越长,共和军就

---

① D. McKittrick and D. McVea, *Making Sense of the Troubles*, Belfast: Blackstaff Press,2000,p.68.
② 临时派为爱尔兰共和军中坚持以暴力活动实现其政治主张的一派。
③ G. Adams, *Before the Dawn: An Autobiography*, London: Heinemann, 1996, p.153.

越难恢复再发起爆炸事件的力量,这一段和平时期有利于缓和政治氛围。① 里斯与共和军的谈判终于使得停火在 1974 和 1975 年成为现实,尽管没有证据表明英国从北爱尔兰撤军的可能性(共和军对停火的唯一要求就是英军从北爱尔兰撤出)。在停火期间,仍有天主教徒和新教徒不断被杀害,这说明停火并没有发挥如里斯所料的成效。但是停火之举削弱了共和军在北爱尔兰天主教徒心中的威信,更重要的是使得英政府在这期间可以继续对共和军施行拘捕,而共和军不能发动暴力反抗。于是,随着最后一批当初被无审判拘捕的共和军嫌疑犯被里斯释放后,共和军对停火越来越不耐烦了,遂重新开始回归炸弹战役。在爱尔兰共和主义者眼中,这次削弱共和军力量的停火是一场灾难。② 于是停火之后,共和军进入了一个更为暴力的宗派杀戮阶段。

英政府把共和军推入绝食境地的政策则是厄尔斯特化。在英国工党执政期间,对北爱尔兰从政治手段转向安全政策手段并没有取得什么成效。里斯热衷于制定更有逻辑的、更可行、更有效的安全政策。而接替里斯的北爱尔兰事务大臣罗伊·梅森(Roy Mason)和北爱皇家警察队(the RUC)新任局长肯尼思·纽曼(Kenneth Newman)则试图逐渐侵蚀共和军暴力斗争的政治风气,遂制定出厄尔斯特化、罪犯化和常态化等一系列政策。在这一系列连贯的政策中,以试图推动治安系统的厄尔斯特化和对准军事组织暴行的罪犯化的政策最为重要,也最有争议性。这两项政策,特别是罪犯化政策使共和军踏上了一条通向灾难的道路。

厄尔斯特化是一种类似于美国在越战期间实行的"越南化"(Vietnamization)政策,以改善厄尔斯特地区的安全体系为目的。实际上,其主要是重组和扩充北爱尔兰皇家警察和北爱尔兰防卫队(Ulster Defence Regime)的队伍,与此同时逐步减少英国常规军在北爱尔兰的数量,并最终完全取代常规军。③ 北爱尔兰皇家警察和防卫队一方面以打击爱尔兰共和军及其他准军事组织为目标,另一方面接管了北爱尔兰的安全问题,减轻常规军的负担。就对付爱尔兰共和军和其他准军事组织而言,这实际上是使之罪犯化,意味着将之定为一般犯罪而不

---

① M. Rees, *Northern Ireland: A Personal Perspective*, London: Methuen, 1985, p. 224.

② Danny Morrison's Interview, in P. Bishop and E. Mallie, *The Provisional IRA*, London: Corgi, 1987, p. 217.

③ D. McKittrick and D. McVea, *Making Sense of the Troubles*, p. 123.

论其是否有政治动机,从而剥夺其任何的政治地位。

1975年底,无审判拘捕最终以里斯释放了最后一批被拘禁者而宣告终止。伴随着共和军与警察之间的交火重新升温,北爱问题再次被定义为安全问题而非政治问题。因此最切实可行的方法就是把共和军和其他准军事组织统统关进拘留室。① 1974年颁布的《防止恐怖主义法案》(the Prevention of Terrorism Act)为此方法提供了法律依据,它允许警方在未起诉嫌疑人的情况下,将暴力活动的行为者拘留7天,进行长时间、持续强度的拷问和审讯,最后亦可将其驱逐出英国。随后,他们就会被归为毫无政治动机的普通罪犯,从而实现所谓的常态化和罪犯化。

英国两部法律《紧急规定法案》(Emergency Provisions Act/EPA)和《防止恐怖主义法案》的施行都给英国政府的安全政策提供了坚定的依据。按1973年的《紧急规定法案》建立了特别无陪审团"迪普洛克法庭"(Diplock Courts)②,并只用于处理恐怖分子嫌疑犯。这种无陪审员法庭的建立是基于法官迪普洛克在1972年提交的一份报告,报告中重点强调了对嫌疑犯威胁陪审员的担心,并同时提出了废止陪审的建议。③ 除此之外,该法案还涉及到了要求逐渐取消无审判的拘捕,但是允许警方在未起诉嫌疑人的情况下,将暴力活动的行为者拘留7天。④ 1974年《防止恐怖主义法案》的颁布,实际上也适时地回应了临时派共和军在伯明翰发动的针对实施《紧急规定法案》的扩大化爆炸行动。该法案提出了一项特别的机制,称其为"排他化命令"(exclusion order),即任何被怀疑是从事恐怖主义活动的北爱尔兰公民都不被允许进入英格兰、苏格兰或者威尔士,并且将被遣送回原居地且不给予申诉的权力。英国内政大臣罗伊·詹金斯(Roy Jenkins)曾表示:"这两种法案的结合在和平时期是前所未有的。我相信,他们的结合是完全合理的,以满足明确和现实的危险。"⑤

新审讯组由重组的侦探、新任命的负责专门收集分析证据的专家,

---

① D. McKittrick and D. McVea, *Making Sense of the Troubles*, p. 123.
② L. James, *The Ulster Question since 1945*, Basingstoke: Macmillan Press, 1998, p. 80.
③ D. McKittrick and D. McVea, *Making Sense of the Troubles*, p. 123.
④ P. Bishop and E. Mallie, *The Provisional IRA*, p. 255.
⑤ J. Conroy, *Belfast Diary: War as a Way of Life*, London: Heinemann, 1988, p. 92.

以及训练有素的审讯者们组成。坐落于贝尔法斯特东部的卡斯而雷（Castlereagh）是审讯集中营，被逮捕的共和军成员和其他准军事组织成员均被拘留于此。他们中的一些最后被认定为行为恶劣的攻击犯。然而，绝大多数的供词是通过对被拘留者身体上、精神上的拷打和虐待获得的。为此，一份临时派共和军的官员报告说，共和军是缺少抗击精神虐待的未被醍醐灌顶之徒。① 据估计，在1976和1979年之间，大约3 000名嫌疑人被判为恐怖主义攻击犯。② 但是自从这种非人审讯方式实施后，并没有证据显示爱尔兰共和军的恐怖行动因此而减少。相反，在北爱尔兰地区恐怖和暴力似乎更合理化了。从以上的分析看来，20世纪70年代，爱尔兰共和军步入恐怖暴力阶段，采取更为激进的手段争取共和派的政治地位和实现爱尔兰的民族统一。为此，英国为了稳定政治局势，维护国内的安全，对爱尔兰共和军的政策由60年代的政治政策转向安全政策，把爱尔兰共和军视为恐怖主义者，并对他们实行大规模的无审讯拘捕，促使他们签订停火协议，更采用厄尔斯特化政策把共和派罪犯归为普通罪犯，而非政治犯。英国的一系列政策均是意图削弱共和军的力量，最大限度减少英国国内的恐怖事件。70年代英爱的关系陷入了暴力斗争的低谷，英国的政策和共和军本身的思想指导使得双方互相对抗，互相斗争，一直处于镇压与反镇压、暴力与反暴力的循环反复中。

长期以来，如何处理爱尔兰政治罪犯一直是困扰英国政府的棘手问题。新芬党领导的爱尔兰共和军自20世纪初期建立以来发誓要改变英国在爱尔兰的存在现状，之后，他们就视自己是为了争取自由和独立的爱尔兰合众国的准军事组织。因此，他们在北爱尔兰的一切行动都包含了一定的政治动机。后来随着越来越多的共和主义者被判刑，他们在狱中越发坚持自己是政治犯。然而，英国政府对这所谓的"政治犯"的态度始终不明朗，一直在给予和取消之间徘徊。1972年，当时身为北爱尔兰事务大臣的威廉·怀特劳因比尔·迈奇在克鲁林（Crumlim）监狱发动的绝食抗议，而给予了临时派共和军"特别类型待遇"（Special Category Status）。怀特劳一方面希望通过这个待遇改善与共和派和民族主义者的关系，以便能在英国直接统治北爱尔兰后和共

---

① T. A. Hennessey, *A History of Northern Ireland: 1920 – 1996*, Basingstoke, 1998.

② P. Bishop and E. Mallie, *The Provisional IRA*, p. 255.

和军的代表们达成停火的可能。另一方面,英国政府也希望能够借此控制住不时发生的街头暴力事件。① 对共和军而言,如果他们的政治地位要求没有得到满足的话,通常他们会采取狱中抗议的方式来引起英国对此问题的关注。汤姆林森曾写道:"在带着使命般信念的复活节起义之后,越来越多为了争取爱尔兰独立的罪犯拼命追求政治待遇……他们抗议过被判刑犯,抗议过无审判拘捕,抗议过军事拘留……在抗议中,绝食抗议逐渐成为了最主要的方式。"②

就英国政府这方面来说,无陪审团"迪普洛克法庭"培植出的体系的首要目的就是把爱尔兰共和军划归为涉嫌参与恐怖活动的"恐怖分子"。但是,共和军坚持认为英政府颁布的"特别类型待遇"就是特别政治待遇,便是已经承认了他们是"有真正政治目的的一支叛乱武装力量"。③ 于是共和军"恐怖分子"自称拥有政治犯的权利,并且在狱中维持着他们自己的纪律管理方式。面对这样一个尴尬的新形势,英国政府不得不采取相应的政策,厄尔斯特化、普通罪犯化和常态化的政策便相继出炉。英国一个专门委员会报告写道,"实行特别类型地位是一个严重的错误"④,因为北爱尔兰既然是英国的一部分,那么在本国领土上所发生的一切有关妄图分裂北爱尔兰的暴力活动都是非法的,参与该活动的人则不能受到政治犯的待遇。英政府随后宣称:任何在1976年3月1日被指控有违法行为的人,一律被认定为普通罪犯,受普通罪犯的待遇,而特别类型待遇被正式取消。英国政府与爱尔兰共和军之间这种不稳定的尖锐关系,为80年代初爱尔兰共和军囚犯的极端抗议埋下了伏笔。

二、1980—1981年的爱尔兰共和军绝食抗议

从1976年到1981年,共和派对政治犯地位的争取持续了五年时间。在这五年中,梅兹监狱(Her Majesty's Prison Maze)成为了战斗

---

① His View Comes from L. McKeown, *Out of Time: Irish Republican Prisoners Long Kesh, 1972-2000*, Belfast: Beyond the Pale, 2001, p. 29.

② Mike Tomlinson, "Imprisoned Ireland", in Vincenzo Ruggiero, Mick Ryan and Joe Sim (eds.), *European Prisons Systems: A Critical Perspective*, London, 1995, p. 245.

③ P. Bishop and E. Mallie, *The Provisional IRA*, p. 277.

④ T. P. Coogan, *On the Blanket: The H-Block Story*, Dublin: Ward River Press, 1980, p. 56.

的主要阵地。特别类型地位的取消是执行厄尔斯特化和罪犯化政策的一部分。在1976年3月1日之后被判刑的犯人被关进梅兹监狱的新区域,即H区(H-block)。就是在这个西欧最现代化的监狱里,共和军犯人们开始了其争取政治地位并通向死亡的漫漫长路。

基兰·亨戈特(Kieran Nugent)在1976年9月成为了第一个共和派普通罪犯,他被要求强行穿上囚服。当他被带到梅兹时,他坚决拒绝换上囚服。作为对他拒绝态度的回应,他得到的惩罚是只留给他一条仅以裹身的毛毯。他自己后来回忆到:"我的全部生活在短时间内急剧改变了。被判以终身监禁的我,在监狱中仅以一条毛毯裹身……我在狱中的全部追求……就是政治地位。"①基兰·亨戈特成了第一个"毛毯人"(the blanket),随后,越来越多的共和派犯人进入毛毯人的行列,著名的"毛毯抗议"开始了。先后有超过400名②男犯人和在阿马监狱(Armagh)的女犯人加入此抗议,直到70年代末,另有200多人加入。共和派犯人声明"我们永远不会接受我们和普通罪犯一样的待遇"。③这些毛毯人往往被要求三天的面壁思过,以及仅提供"第一餐"(number one diet),即只有红茶、干面包和像水一样的汤,不能看电视,听广播,写信,甚至会遭到狱警的毒打。共和派犯人的决心是,"时刻准备着为了政治地位而牺牲。那些想方设法阻止我们的人必将付出同样的代价"。④ 狱卒和共和派囚犯之间的紧张关系在"毛毯抗议"之后迅速恶化了,亨戈特认为运用武力是"不可避免且十分必要的"。⑤ 从1976年到1980年,刺杀狱卒的行动共涉及18位狱卒身亡。

"毛毯抗议"并没有得到共和派期盼中的回应,既没有获得公众的大量支持,也没有迫使英政府改变原来的政策。罪犯们觉得有必要继续加强抗议行动去争取政治地位。1978年,罪犯们最初拒绝离开囚室,以此回应狱警的毒打,尽管英政府坚决否认曾采取毒打行为对待罪犯。继而,罪犯们拒绝使用监狱提供的洗脸盆,"肮脏抗议"⑥正式开始

---

① L. McKeown, *Out of Time*: Irish Republican Prisoners Long Kesh, 1972 – 2000, p. 54.
② T. P. Coogan, *On the Blanket*: The H-Block Story, p. 80.
③ R. English, *Armed Struggle*: The History of the IRA, London Macmillan, 2003, p. 190.
④ P. Bishop and E. Mallie, *The Provisional IRA*, p. 279.
⑤ T. P. Coogan, *On the Blanket*: The H-Block Story, p. 80.
⑥ 英国政府称之为"肮脏抗议",而共和派则称其为"不清洗抗议"(no-wash protest)。

了。在未来的几个月中,由于罪犯们拒绝走出囚室,因此囚室得不到清洗。根据麦克欧文(McKeown)回忆:囚室"很快就开始发臭和尘埃聚集。由于拒绝使用厕所……我们把尿倒在一侧的门外,并把粪便扔出窗外"。① 罪犯们住在如此令人无法想象的空间里,红衣主教托马斯·欧·菲亚奇(Thomas O'Fiaich)这样说道:"我从未见过这样的情况,就像看见成百上千的无家可归者们居住在加尔各答贫民窟的下水管道里。"②

一开始,英政府和监狱当局并没有对"肮脏抗议"给予什么关注。但是在意识到这样下去必然会引发传染病之后,一项新的野蛮计划开始实施了。囚犯们被殴打着强行拖出囚室冲洗全身。随后,各个囚室被用高压水管冲洗干净。虽然得到如此的待遇,但是共和军认为"抗议肯定还是要一直继续下去的,与被当作普通罪犯相比,倒是更愿意面对死亡"。③ 截至1978年夏季,整个"肮脏抗议"共有300多名共和派犯人参与其中。

与"毛毯抗议"相比,"肮脏抗议"吸引了来自美国政客、欧洲人权法庭(European Court of Human Rights),以及爱尔兰天主教团体的较多注意。大众媒体成了这场迫使英国政府妥协的有效工具。更多关于梅兹监狱生存状况和爱尔兰共和军的新闻和图片被刊出。持续的暴力和非人性的虐待,导致罪犯们在一系列的抗议行动之后,最终走向绝食抗议这一层面。

在经历了前后四年之久的"毛毯抗议"和"肮脏抗议"之后,与英政府交涉宣告失败,梅兹的共和派犯人最终不得不回到绝食这个传统上。监狱内,随着狱中情况的越发糟糕,长时间的不清洗和仅以毛毯裹身,使得许多罪犯出现身体上和精神上不健康的状况。罪犯们开始重新思考一种可以坚持得更长久的抗议模式。监狱外,红衣主教意识到,很可能犯人们准备开始绝食了。随后,1980年3月,红衣主教与英国保守派当政后的新任北爱事务大臣汉弗莱·阿特金斯(Humphrey Atkins)进行了会晤,就抗议过程中形成的"五点要求"给予答复。"五点要求"真实直接地反映了共和派所想得到的他们在狱中应该被给予的适当待

---

① L. McKeown, *Out of Time: Irish Republican Prisoners Long Kesh, 1972-2000*, p. 57.

② G. Adams, *The Politics of Irish Freedom*, Dingle: Brandon, 1986, p. 74.

③ 引自Dr. Thomas O'Fiaich 的话,来自P. Bishop and E. Mallie, *The Provisional IRA*, p. 281.

遇。"五点要求"包含了不同的方面:首先,可以时时刻刻穿犯人们自己的衣服(监狱规定所有的普通罪犯除了在晚上和周末之外,必须身穿囚服);第二,犯人要求免除狱中劳动工作(普通罪犯不得不在狱中的厨房、工作间进行一定的劳动,或是参加学习教育);第三,他们要求有权利正常接待访客、包裹,接触学习和娱乐设施(监狱规定,户外活动有严格的时间限制);第四,有权利充分享有往来于监狱各区域的自由(监狱只允许犯人们在周末或者工作日的晚上在各翼之间自由往来);第五,有权利要求英国归还对他们减刑的应有权利。

通过探讨,英国政府对除了关于不穿囚衣的问题之外的要求均不予妥协。从这方面看,北爱尔兰办公室似乎有意要取消囚服。然而,根据麦克欧文的说法:"红衣主教托马斯·欧·菲亚奇和撒切尔的会晤之后,北爱尔兰办公室当即宣布将发放新式的囚服,是一种普通公民式的衣服。抗议中的犯人也被允许每月多增加一次访客时间。其所有意图和动机都把红衣教主蒙蔽了。"①

从共和派领导这层面说,他们一改往日拒绝共和派囚犯发动绝食抗议的提议,全力以赴召集一切可能召集的社会和公众力量来支持绝食行动,并且对英政府大力施压,以期待英政府对共和派囚犯的坚定不妥协立场能够有所让步。除此之外,一些领导人还往返于 H 区和军事议会之间,不断汇报两边的情况并给予最新的指示和建议。

然而共和派领导人所做的这些并没能迫使英政府在政策上有任何的改变。1980 年 10 月,共和党人认为发动绝食的时机已经到了。绝食抗议被视为共和派最后的绝招,他们别无选择。自从和英方的谈判破裂后,共和派囚犯对抗议的选择余地就越发狭小了,要么立刻停止一切"毛毯抗议"和"肮脏抗议",要么就只能让抗议升级到绝食的级别。而只有绝食抗议才能强烈地反映出共和党人意图自己掌握自己命运的坚定决心,以及自己采取行动夺得政治地位的强烈愿望。1980 年 10 月每个区的指挥官和共和派负责人计划发动绝食。为了制造足够而广泛的影响,有必要从北爱尔兰六个郡中各选出一些绝食者,当然也要从爱尔兰民族解放军(Irish National Liberation Army)中选一名。梅兹监狱的共和军领导人(Officer Commanding/OC)布莱登·休斯(Brendan Hughes)一直在紧张地准备绝食前的各项工作,起草了告全国人

---

① L. McKeown, *Out of Time: Irish Republican Prisoners Long Kesh, 1972-2000*, p.73.

民书,并通过秘密渠道将信件送出监狱,与此同时,仔细研究行动方案,从 70 名志愿者中挑选出 7 人参加首批绝食。他们分别是来自德里/伦敦德里市的雷蒙德·麦卡特尼(Raymond McCartney)、阿尔马市的约翰·尼克松(John Nixon)、道恩郡的肖恩·麦肯南(Sean McKenna)、阿尔马郡的里奥·格林(Leo Green)、德里/伦敦德里郡的汤姆斯·麦菲林(Thomas McFeeley)、蒂龙郡的汤姆斯·麦克尼(Thomas McKearney)以及来自贝尔法斯特的休斯自己。

从 10 月 27 日到 12 月 18 日晚上 7 时 30 分,绝食者认为英政府已经对"五点要求"有所妥协,第一次绝食抗议总共持续了 53 天。12 月 18 日,医生对共和军代表说,麦肯南的生命已经到最后关头,最后还能延续 24 小时。但是麦肯南坚持认为不达目的誓不罢休。共和军代表在仔细研究了阿特金斯起草的 34 页文件之后,发现其中包括了一定的妥协和让步,但都很笼统,毫无实质性的内容。如果他们坚持要求更具体、更明确的答复,麦肯南将必死无疑。无奈之下,共和军决定宣布 12 月 28 日结束绝食抗议。麦肯南被迅速送往皇家维多利亚医院抢救,挽回了生命。阿马监狱的女犯也停止了绝食抗议。

第一次绝食抗议的结束是以英政府提供的 34 页文件为基础的。起初,包括鲍比·桑兹在内的共和军们都以为监狱的状况将得以改变。桑兹从休斯手中接过狱中共和军领导人的角色,出面与监狱长斯坦利·希尔迪奇(Stanly Hilditch)进行谈判。桑兹虽然知道 34 页文件并没有什么具体的内容,但是在谈判的过程中,桑兹才越来越意识到受骗了,所谓的让步也同共和军的"五点要求"相去甚远。这充分反映了英国狡猾的两面派行为。许多参加绝食的犯人闻讯后痛哭失声,并认为只有进行新一轮绝食才能挽回损失。与此同时,第一次的失败使一些共和军犯人不主张再绝食,认为最好的方式是向外界宣布绝食取得了胜利。

至于监狱内部,一开始改善计划进展得颇为顺利。新式民用型衣服在 1981 年 1 月 9 日送达至 H 区,一些囚犯对此表示满意。然而,当局提供的新式衣服与犯人们要求的穿自己的衣服还是存在很大差距的。在某种程度上,共和派囚犯认为只要他们乖乖地搬到当局提供的干净牢房里,并且停止一切"毛毯抗议"和"肮脏抗议",他们就有可能跟有关当局进一步讨论衣服的问题。1 月 20 日前后,犯人们搬进带有家具和床上用品的干净牢房。然而,事实证明,事情的发展与共和派所想的完全背道而驰。在犯人入住新牢房之后,就有消息称当局拒绝派送探监家属送来的衣物,此消息迅速在 H 区内流传开来。囚犯们对此表示强烈愤怒,并撞裂牢房内的家具以示抗议,正如麦克欧文所说:"此事正式决定了下次要绝食抗议的人选。"① 共和派犯人于 2 月发表的一份声明中说,我们"有耐心地等待了 7 周的时间,在这 7 周内给了英国政府充分的时间来准备解决监狱危机,并给其提供了机会,然而(英政府)却这样做……绝食将会再次(发动)"。②

实际上,桑兹此时承受着内外的双重压力,他亦是第一个提出第二次绝食抗议的人。③ 他一直肩负着绝食抗议的关键任务,在两次绝食之间来往于监狱、医院,负责管理狱中的共和军,定期向监狱外部的新芬党领导人传送消息,并把领导的报告带回,传达给狱中的共和军。

桑兹选定 1981 年 3 月 1 日作为第二次绝食的开始,这个日子正好标志着特别类型地位取消的第五年。并且,桑兹认定了必死的决心,以"确保被当作政治犯对待,让所有人都知道我们是政治犯"④ 为目的。与第一次不同的是,第二次并没有打算与英政府交涉,英政府要么向"五点要求"让步,要么就看着桑兹绝食而死。"如有需要,随时准备死亡"⑤是第二次绝食的原则。桑兹在绝食的第一天写道:"我正站在另一个摇摇欲坠世界的门槛上。愿上帝怜悯我的灵魂。"追随着桑兹绝食脚步的另外两名共和派囚犯,弗朗西斯·休斯(Francis Hughes)和雷蒙德·麦卡什(Raymond McCreesh)在第十四天后开始绝食。爱尔兰民族解放军的监狱管理者(OC)帕齐·奥哈拉(Patsy O'Hara),代表整个爱尔兰民族解放军也开始加入绝食的行列。在第二次绝食抗议期间,一场特别选举开展了,原因是支持共和派"五点要求"的独立民族主义议员弗兰克·马奎尔(Independent Nationalist M. P, Frank Maguire)去世了,而选区恰是在有着大量的天主教徒的南蒂龙(South Tyrone)。这场替代弗兰克·马奎尔的议员选举既推动了绝食进入高潮,同时也成功地吸引了世界各地公众的关注。共和派领导人认为,鲍

---

① P. Bishop and E. Mallie,*The Provisional IRA*,p. 289.
② 引自麦克欧文的话,来自 R. English,*Armed Struggle*:*The History of the IRA*,p. 196.
③ P. O'Malley,*Biting at the Grave*:*The Irish Hunger Strikes and the Politics of Despair*,Belfast:Blackstaff Press,1990,p. 35.
④ R. English,*Armed Struggle*:*The History of the IRA*,p. 196.
⑤ B. Sands,*The Diary of Bobby Sands*:*The First Seventeen Days of Bobby Sands' H-Block Hunger Strike to the Death*,Dublin:Sinn Fein,1981,p. 219.

比·桑兹应该抓住这个机会参加竞选。与此同时，H 区委员会也致力于把桑兹列入候选人名单，以此挽救他的生命。据麦克欧文回忆："我们认为这将极大地改善鲍比的生存机会，英国政府不会让自己的议员死于绝食。"但是，此次选举并没有挽救得了桑兹的生命，他在绝食了 66 天之后，于 1981 年 5 月 5 日身亡。

三、英国政府对两次绝食抗议的态度

第一次绝食抗议开始于 1980 年，仅仅是玛格丽特·撒切尔（Margaret Thatcher）于 1979 年当政掌权的一年之后。而爱尔兰共和国总理查尔斯·豪伊（Charles Haughey）也恰恰是在 1979 年新上任。两位新领导使得英国和爱尔兰政府均视 1980 年为"英爱两方合力解决北爱问题的新起点"。可以很明显地看出，英国的新领导人在对待北爱尔兰问题上有新的想法和新的解决方式，而这种新方式同时也会在某种程度上影响着英政府对待两次绝食抗议的态度。

撒切尔当政后，在安全问题上，致力于"一场密集而精力充沛的心理战运动，把共和军归入恐怖主义、罪犯、杀人凶手的行列，并且视其为'暴力活动的教父'，以及'邪恶的人'"。① 第一次绝食发生之初，她不为所动，坚定自己的立场，表示："坚决不向压力弯腰，一旦绝食开始，我们肯定不会在监狱机制方面做任何改变。"②并且强调指出："对绝食中的那些犯人，（英政府）绝没有妥协可说，完全没有。"在她眼中，共和派犯人及其领导人处心积虑的抗议并非为了重建政治待遇，而是为了削弱监狱机制。他们带有很强烈的控制监狱主权的目的，绝非仅仅致力于寻求监狱生活环境的改善，英政府绝对不予准许，因此他们的抗议注定是失败的。然而，绝食吸引了一些媒体的眼光，英国《卫报》（the Guardian）在第一时间报导了绝食的相关情况，披露绝食抗议的发动赢得 142 位犯人的支持，他们加入到"肮脏抗议"的队伍中，另外有 30 名犯人开始拒绝监狱劳动。③ 绝食者还赢得了监狱外的支持者，据报

---

① G. Adams, *The Politics of Irish Freedom*, p. 70; P. O'Malley, *Biting at the Grave: The Irish Hunger Strikes and the Politics of Despair*, pp. 146–147.
② M. Thatcher, *The Downing Street Years*, London: HarperCollins, 1993, p. 389.
③ "Fasting in the Long Shadow of Terence McSweeney", *The Guardian*, 28 October 1980.

导有 500 名民众举行示威游行以表支持①；几天后，由新芬党组织的 1 800 名民众利用周六的时间在都柏林列队游行支持共和派犯人。② 然而，撒切尔坚持表示，解决绝食事件的唯一原则是"只要绝食一直继续，我们就不会作出任何形式的妥协"。③

在绝食期间，第二次英爱峰会于 12 月 1 日在都柏林举行。撒切尔和豪伊的会晤不仅没有增进英爱两国的关系，相反是没有取得任何进展，而且事实上恶化了两国关系。豪伊在会议后单方面向媒体透露这次峰会"处于历史突破的中间段"，两国政府所面临的问题"正稳定地在新飞机上行驶"。撒切尔认为豪伊的讲话误解了记者们，她认为这次峰会仅仅是个尝试。尽管两国没有取得进展，但是在对待绝食事件上达成了共识。撒切尔表示两国政府对暴力活动"有强烈共识"，在"安全问题上渴望更大合作"，且希望绝食能够尽快结束，因为这"得不到任何妥协，什么都不会实现，只有浪费生命而已"。④ 我们可以发现撒切尔一直强调"凶手就是凶手"这个观点，她同时也宣称那些妄图发动爆炸以夺取无辜大众性命的爱尔兰共和军正是"最不应该获得政治犯地位的"普通罪犯。⑤

显而易见，不管是在新闻发布会上，还是在下议院的质询会上，撒切尔都致力强调基于人权原则上的所有的权力和特别待遇是给全部罪犯的，不仅是那些追求政治地位的犯人，同时也包括全部北爱尔兰犯人，如果他们都愿意遵守监狱规定的话。到了 11 月底，英政府被指责没有作出任何政策的改变，英政府辩解说他们已于早期就已经做到了关于囚服问题方面的让步，发放了"公民式"的衣服。然后，三名阿马监狱的女犯也加入了绝食的行列，这被认为是"无法言语的悲剧"，许多爱尔兰人想着英国"必须现在马上采取行动拯救他们的生命"。⑥ 自此，出现了更多的压力，更多的基于人权层面上的关注。

12 月 4 日，阿特金斯将一份题名《H 区：监狱事实》的声明公之于

---

① "Further Ulster Killing Heightens Tension", *The Guardian*, 6 November 1980.
② "Rally Highlights Support for Gaol Fast", *The Guardian*, 24 November 1980.
③ M. Thatcher, *The Downing Street Years*, p. 390.
④ Press Conference after Anglo-Irish Summit, 8 December 1980, http://www.margaretthatcher.org/speeches/displaydocument.asp? docid=104456.
⑤ House of Commons PQs, 9 December 1980, http://www.margaretthatcher.org/speeches/displaydocument.asp? docid=104459.
⑥ K. J. Kelley, *The Longest War*, Zed Book Ltd., 1984, p. 326.

众。声明基于欧洲人权法庭于1980年夏对"毛毯抗议"和"肮脏抗议"的报告,详细全面地列出了所有北爱尔兰犯人共享的权力和待遇。当时的报告指出:共和派犯人没有正当合理的理由被给予政治待遇,英国政府并没有所谓的非人性地虐待犯人的罪恶,因为现在的生活条件是犯人"自己造成的"①,不过,报告也相应地指出,英国政府"缺乏更灵活的方法,相关部门更注重惩治犯罪者违反监狱纪律,而不是探讨如何解决这样一个严重的僵局"。撒切尔在声明发表后,无论在新闻发布会,还是采访中都一再强调其重要性,表明:"以人道精神为依据的,并且罪犯们要求的普通事情,已经全部提供给所有在普通监狱制度下的犯人了。"②

当时在监狱内,麦肯南已经处于休克状态,这被称为"最后的对峙"。③ 为了进一步向当局施压,也是对当局的冷酷无情感到愤怒,12月15和16日,又有30名共和军犯人宣布绝食。红衣主教再度与阿特金斯会面。阿特金斯终于有些松动,在一份34页的文件中大致说明了一旦绝食停止就提供给共和军的权利,并且火速送达休斯手中。该文件不仅重申了在狱中享有穿着一般民众型衣服的权利,而且也给予了他们接收家人寄来衣物和在各翼之间自由往来的可能性。但爱尔兰办公室表示34页的文件只包括了一定的妥协和让步,而且比较笼统,只是"为每一个囚犯提供一些我们认为最适合他的活动而已"。④ 然而,这一切的最终目的在于尽快使第一次绝食抗议结束。

进入1981年,撒切尔的态度与1980年相比更加强硬,不仅坚持不给予共和军政治地位,而且还特别强调民主的观念,尤其针对爱尔兰共和军的恐怖主义。她在1980年5月告诉下议院,北爱尔兰的宪法地位不会改变,除非北爱尔兰的大多数人不希望留在联合王国内。⑤ 当第二次绝食由桑兹1981年3月1日拒绝进食而开始后,撒切尔在3月3日进行了她作为英国首相第三次对北爱尔兰的访问。在她看来,北爱

---

① B. White, *John Hume: Statesmen of the Troubles*, Belfast: Blackstaff Press, 1984, p.218.

② Press Conference after Anglo-Irish Summit, 8 December 1980, http://www.margaretthatcher.org/speeches/displaydocument.asp? docid=104456.

③ K. J. Kelley, *The Longest War*, p.327.

④ P. O'Malley, *Biting at the Grave: The Irish Hunger Strikes and the Politics of Despair*, p.30.

⑤ House of Commons PQs, 22 May 1980, http://www.margaretthatcher.org/speeches/displaydocument.asp? docid=104369.

尔兰同其余的联合王国成员一样,一直是"一个最重要的组成部分"。撒切尔表明,北爱尔兰的人民和其他地区的人民都有和平与和解的利益,要"创造一个让暴力凶杀没有立足之地的社会……一个不能有杀害和残害无辜人民的社会"。① 对于英政府来说,其主要责任就是"保护北爱尔兰的人民远离子弹和炸弹",并打击那些不仅"破坏尊严,剥夺人的生命,破坏人类自由,也破坏民主的恐怖分子"。② 可以看出,英国将自己看成"和平缔造者和诚实的中间人"。③

据诗人兼评论家谢·迪恩(Seamus Deane)在1983年所说的:"爱尔兰和英格兰的政治语言,尤其是当主题是北爱尔兰时,占主导地位的仍然是野蛮和文明的界定。"④爱尔兰共和军被英国政府视为只有"亲情的忠诚和感情"的野蛮主义者,而英国自己才是有法律的文明者。一旦爱尔兰共和军要求政治地位,这无非就是挑战了北爱尔兰的宪法地位,破坏了"文明与野蛮"之间的平衡,因此,英政府坚决拒绝给予政治地位。正如撒切尔所说:"保护守法打败恐怖主义始终是政府的工作职责所在,给予政治地位将无疑是给杀戮颁发许可证。"⑤

1981年3月15日,英国议会的北爱尔兰议员弗兰克·马奎尔因心脏病突发死亡,按规定需要补选一名议员。为了引进社会的更广泛的关注,使绝食抗议给英国政府造成更大的压力,新芬党决定推选桑兹为候选人。4月9日,桑兹以30 092票⑥击败了联合党对手哈利·怀斯特(Harry West)⑦,当选为英国议会议员。共和军认为撒切尔必然不会同意一个议员死在世界舆论面前。然而,撒切尔依然寸步不让,她说:"犯罪就是犯罪,并且永远是犯罪,这不是政治。"并且决定修改法律,禁止囚犯参加竞选。但桑兹在狱中向记者表示,他既不放弃席位,

---

① M. Thatcher, Speech in Belfast, 5 March 1981, http://www.margaretthatcher.org/speeches/displaydocument.asp? docid=104589.

② M. Thatcher, Speech at Stormont Castle Lunch, 28 May1981, http://www.margaretthatcher.org/speeches/displaydocument.asp? docid=104657.

③ P. O' Malley, *Biting at the Grave*: *The Irish Hunger Strikes and the Politics of Despair*, p. 204.

④ S. Deane, "Civilians and Barbarians", *A Field Day Pamphlet*, No. 3 (1983), pp. 7-12.

⑤ M. Thatcher, Speech in Belfast, 5 March 1981, http://www.margaretthatcher.org/speeches/displaydocument.asp? docid=104589.

⑥ P. O' Malley, *Biting at the Grave*: *The Irish Hunger Strikes and the Politics of Despair*, p. 60.

⑦ 哈利·怀斯特是当时正式派联合党推举的候选人。

也不放弃绝食抗议,不获得胜利就作为一名议员死去。阿特金斯表示桑兹的补选行为"只是浪费时间而已……这完全否定了整个民主进程"。① 撒切尔也从来不相信共和军会停止暴力行动而用投票箱来寻求权力。在桑兹去世之后,撒切尔就说:"暴力的人用暴力对抗他们自己,用绝食来赢取别人的同情和支持。"②

另一方面,位于都柏林的爱尔兰正义与和平委员会(ICJP)在5月份对绝食抗议进行干预。在雷蒙德·麦卡什和帕齐·奥哈拉死亡后,整个形势陷入困境,共和派和英方都没有任何让步的打算。身为北爱尔兰事务大臣的迈克尔·艾莉森(Michael Alison)开始和正义与和平委员会进行一轮会谈;从这看来,英国似乎想作出让步。然而,问题是,艾莉森不是最终拍板的决定人,另有"一位蒙着面纱的女士"③——撒切尔夫人——她拒绝了委员会提出的让犯人穿自己衣服的提议。《爱尔兰时报》(*Irish Times*)说,艾莉森"善意行事",但"英国政府扣回了一部分"。艾莉森与委员会的谈话是根据一个公式来进行的,即寻求解决办法而不有损绝食者的脸面,使绝食者感觉到"他们已经获得了一些,但也许并非获得他们想要的一切"。④

基于两党合作的原则,英政府对绝食的强硬政策得到了英国劳工党的支持。迈克尔·富特(Michael Foot)领导的劳工党赞同撒切尔的政策,即"不能承认政治地位,政府本身不能成为招募恐怖分子的帮凶"。⑤ 虽然劳工党的主流建议是倾向于撒切尔政策的,但还是存在稍许的分歧。托尼·本(Tony Benn)是劳工党中更为左翼的人物,他曾经认为:在补选之后,桑兹"应该取得他的席位"。⑥ 此外,在桑兹死亡后,他还提出了紧急决议,包括给予犯人们权利,犯人可以穿自己的衣服,阅读书籍和访问不受监视,并且谴责保守党不改善监狱条件的立场。对公众,他表示出忠诚于两党合作,从来没有提及给予政治地位,

---

① 引自 E. O'Kane, *Britain, Ireland and Northern Ireland since 1980: The Totality of Relationships*, p. 21.

② M. Thatcher, Speech at Stormont Castle Lunch, 28 May 1981, http://www.margaretthatcher.org/speeches/displaydocument.asp? docid=104657.

③ P. O'Malley, *Biting at the Grave: The Irish Hunger Strikes and the Politics of Despair*, p. 90.

④ Ibid., p. 198.

⑤ "How the IRA Manufactured a New Martyr", *The Guardian*, 6 May 1981.

⑥ T. Benn, *The End of an Era—Diaries, 1980-1990*, London: Hutchinson, 1992, p. 122.

并指出：劳工党"百分之百同意政府的决定"，而私下里，他表示必须有自由的发言权，并认为支持强硬政策就是一个"死胡同"，这会激起世界舆论对劳工党产生意见。①

长时间里，政府继续仅限于解决改善监狱制度而并非给予共和派犯人政治地位。10位绝食者身亡之后，家属对此事介入干预，迫使绝食在10月28日彻底结束。3天后，作为新任北爱事务大臣的詹姆斯·普瑞尔（Jim Prior）发表声明表示：政府已经作出决定，改变的监狱制度允许所有犯人穿自己的衣服，享受自由结社和最多50％的减刑。很明显，共和军提出的所有要求基本满足，只是并没有称其为政治地位的待遇。②

四、结　语

爱尔兰绝食抗议在本质上是一种民族分裂主义行动。爱尔兰共和军通过绝食寻求政治犯的待遇，企图为其分裂行为找到正规和合法的理由。放眼当前国内国际上不时发生的民族主义分裂活动，他们总是首先运用暴力手段，以暗杀、绑架和劫持人质、爆炸、劫机等暴力活动或暴力威胁活动为斗争方式从事恐怖活动。从当代世界的情况看，它严重危及了人们的生命财产安全，对国家安全甚至世界和平构成严重威胁。这需要引起人们充分的警惕。另一方面，这场20世纪80年代初爱尔兰共和军发动绝食抗议以及英政府与其博弈的过程，或能提供某些值得注意的经验教训，在反对民族分裂主义的斗争中，应在不损害国家利益的前提下确保对具体问题处理的灵活性与选择手段的适当性，而不能像撒切尔的英国政府那样一味强硬而造成被动之局。

---

① T. Benn, *The End of an Era—Diaries*, 1980-1990, pp. 124-131.
② Report on the Administration of the Prison Service 1981, *The House of Commons*, 1982/83 HC 5.

威尔逊、卡兰萨与潘兴的远征

朱 适

摘 要 1914年4月为了"帮助"墨西哥人民重建民主,威尔逊总统出兵墨西哥逼迫墨独裁者韦尔塔下台。1915年美国事实承认墨西哥立宪派领导人卡兰萨领导的新政府。这一举措导致另一墨西哥武装派别头目比利亚频繁袭击美边境城镇以展开报复。1916年3月,美军单方面出兵墨西哥围剿比利亚武装,从而激起了墨西哥民众强烈的民族主义情绪。1917年2月在美军长期驻墨也无望解决美墨矛盾的情况下,威尔逊被迫撤回了美国远征军。威尔逊试图将老师训斥学生的方式运用到外交上的行为,暴露了美国外交在理想与行动上的差距。

关键词 威尔逊 墨西哥革命 卡兰萨 潘兴远征

一、墨西哥革命发生的背景

(一)迪亚兹的独裁统治与马迪罗革命

1821年墨西哥摆脱西班牙统治获得独立,但独立后的墨西哥政局动荡,国内冲突持续不断。1876年迪亚兹的上台使这个国家获得暂时的稳定。迪亚兹鼓励外国人在墨西哥大规模投资。根据美国驻奇华华领事马里昂·莱奇(Marion Letcher)的估算,当时海外在墨西哥的投资约为二十四亿三千四百多万美元,其中美国资本约为十亿五千七百七十七万美元。[①] 截至1910年,大约有75 000名美国人生活在墨西

---

① Peter Calvert, *The Mexican Revolution*, 1910 – 1914: *The Diplomacy of Anglo-American Conflict*, Cambridge: Cambridge Press, 1968, p. 19.

哥,这些人占有墨西哥1 200万英亩农业用地和大约43%的财富。

国外资本对墨西哥的控制激起了墨西哥民众对政府的强烈不满。墨西哥政府的专制腐化进一步激化了这种情绪。1910年10月墨西哥反对派领导人马迪罗在德克萨斯圣安东尼奥发表"圣路易斯彼托西计划",要求迪亚斯辞职、重新分配土地和改革选举制度,并且号召人民举行武装起义。革命迅速席卷全国。比利亚①和萨帕塔②先后领导各自的武装加入斗争。1911年春,义军攻克了墨西哥重要城市胡亚雷斯城。

1911年5月21日,迪亚兹的代表与马迪罗签署了停火协议。这份协议保留了迪亚兹时期的官僚结构,使得保守势力能够继续通过各种方式阻挠激进的社会变革,特别是土地改革。1911年12月6日,马迪罗宣誓就任墨西哥总统。可是对许多墨西哥革命者来说,以马迪罗取代迪亚兹并不能改变墨西哥腐朽的经济和社会制度,彻底摧毁旧的制度成为他们的唯一目标。此时美驻墨大使亨利·威尔逊对墨西哥的前景充满了悲观主义情绪。在他看来,马迪罗无法有效控制全国,因为对外国人的财产破坏和任意拘禁的事件时有发生。③ 作为与迪亚兹达成的停火协议的一部分,马迪罗将他的革命军大部解散,因此他被迫依赖旧政权的军官,而这些人中真正忠于民选政府者实在寥寥。大多数人试图在动荡的局势中为自己谋得最大利益。④

(二) 韦尔塔的政变

1913年在伍德罗·威尔逊即将宣誓成为美国总统之时,一场叛乱在墨西哥城爆发。这场军事叛乱由前独裁者的外甥费利克斯·迪亚兹(Felix Diaz)领导,这场叛乱导致了马迪罗的下台以及被谋杀。

---

① 比利亚1878年生于奇华华,曾经做过土匪也干过合法的屠宰生意,后加入马迪罗的革命军。比利亚是墨西哥内战期间最杰出的军事领导人之一,然而他和他的追随者缺乏明确的政治主张,作战时经常虐待被俘人员。

② 萨帕塔是印第安和西班牙人的混血儿。他的家庭和所处的地区拥护联邦制,反对中央集权的保守主义政府。1911年萨帕塔成为一支反对迪亚兹的地方农民武装的首领,并与马迪罗建立了松散的同盟关系。他的政治目标简单,就是让印第安农民获得自己的土地控制权。萨帕塔反对所有的墨西哥政府,因为他们都缺乏解决印第安人土地问题的决心。

③ Walter V. Scholes and Marie V. Scholes, *The Foreign Policies of the Taft Administration*, Columbia: University of Missouri Press, 1970, p.89.

④ Allan Knight, *The Mexican Revolution* (Vol. 1): *Porfirians, Liberals, and Peasants*, Lincoln: University of Nebraska Press, 1990, p.330.

迪亚兹原先因叛乱罪被关押在墨西哥城。1913年2月9日，反马迪罗的军人将其释放，随后他们开始攻击总统府。最初的攻击被击溃，但叛军占领了城里的军火库。就在马迪罗对平叛充满信心之时，他任命的政府军司令韦尔塔却参加了叛乱。2月18日韦尔塔逮捕了马迪罗总统和副总统苏亚雷斯。12月22日，马迪罗和苏亚雷斯在被转移到其他监狱时被人枪杀。韦尔塔政府声称他们是被自己的支持者杀害的，然而这种观点却遭到了普遍质疑，因为与马迪罗和苏亚雷斯同坐一辆车的司机和监狱卫兵毫发未损。

韦尔塔的暴行在墨西哥引起了极大的愤怒，美国驻墨领事馆纷纷报道墨西哥好几个州的州长拒绝承认韦尔塔，其中一份来自驻诺加莱斯领事馆的信这样写道："由于马迪罗被谋杀，这里和索诺拉州的人们（对政府）极其仇恨，这个州将不会听从于在墨西哥城的临时政府。"[①]

与此同时，美国当选总统伍德罗·威尔逊正在准备他的就职典礼，在公开场合从未对韦尔塔政府发表过任何看法。虽然在上任前，威尔逊对墨西哥问题考虑不多，但他始终认为马迪罗是一位在墨西哥难得一见的试图通过宪法与和平手段实现社会和经济进步的改革者[②]，而威尔逊上任后面对的却是一位操纵国家宪法并杀害民选总统的军人独裁者，于是通过各种方式帮助墨西哥重新建立一个民主政府成为威尔逊总统任期内的一项重要使命。

1914年4月9日墨西哥军队扣留了一艘正在坦皮科港加油的美国小艇上的水手。不过，墨西哥人很快就将他们释放并赔礼道歉，但指挥美国分舰队的海军少将梅奥却向坦皮科的墨西哥将军发出一份最后通牒，要求他在24小时之内"在海岸上一个突出的位置公开升起美国国旗，并用21响礼炮向国旗致意"。[③] 墨西哥将军根据韦尔塔的命令拒绝了这种要求。为了"帮助"墨西哥人民重建民主，威尔逊总统以此次事件为由出兵墨西哥逼迫韦尔塔下台。7月韦尔塔被迫流亡国外。1914年8月立宪派控制墨西哥城，一年后美国政府承认卡兰萨（Carranza）政府为墨西哥事实政府。

---

① U.S. Department of State, *Papers Relating to Foreign Relations of the United States* (FRUS), 1913, Washington, D.C.: U.S. Government Printing Office, 1913, p.735.

② Charles C. Cumberland, *The Mexican Revolution: Genesis under Madero*, Austin: University of Texas Press, 1952, p.116.

③ FRUS, 1914, p.448.

二、比利亚与美国边境安全
（1916 年 1—3 月）

（一）圣塔伊萨贝尔事件（1916 年 1 月）

随着美国对于卡兰萨的承认，两国关系逐渐得以改善，为了打击卡兰萨的政治对手比利亚的势力，卡兰萨要求威尔逊政府允许其通过德克萨斯和亚利桑那的铁路运送墨西哥政府军，这一请求得到美国政府的批准。① 不久，威尔逊向参议院提名亨利·弗莱什为美国驻墨西哥大使，而卡兰萨则提名阿兰纳多（Arredondo）为墨西哥驻美大使。

然而 1916 年年初，形势再次恶化。1916 年 1 月 10 日，一伙墨西哥歹徒杀害了 16 名在墨西哥索诺拉州圣塔伊萨贝尔（Santa Ysabel）工作的美国工程师，这些美国人是在卡兰萨答应保护外国人后前往墨西哥进行开矿工作的。一开始人们并不知晓凶手是谁，随着调查的深入，人们发现比利亚难脱干系。由于威尔逊对卡兰萨的承认，比利亚觉得自己被出卖，因此想方设法报复美国人，他希望通过挑起美墨之间的冲突重新让自己掌握墨西哥内战的主动权，以此成为抗击美国的民族英雄。此外，比利亚的暴行还有其经济动机。1915 年 12 月，比利亚曾要求美国铁路公司支付给他 150 万美元作军饷，但公司以资金不足为由拒绝了他的请求，因此他一直寻找机会报复美国人。②

当圣塔伊萨贝尔谋杀的消息传到美国时，舆论哗然，民众普遍感到愤怒和震惊。美国国会也开始向总统施加压力，在谋杀案发生 3 天后，民主党参议员詹姆斯·刘易斯提出一份议案要求给予总统权力，让其派兵到墨西哥，并且派遣军舰到墨西哥的主要港口。伊利诺伊州参议员劳伦斯·谢尔曼甚至提出由美国和 6 个拉丁美洲国家共同组成军队进行武力干涉。③ 但是要求武力干涉的主张在美国国内遭到激烈反对，其中《休斯顿记事报》（*Houston Chronicle*）指出让整个墨西哥为残

---

① *FURS*, 1915, p. 780.
② James A. Sandos, "Pancho Villa and American Security: Woodrow Wilson's Mexican Diplomacy Reconsidered", *Journal of Latin American Studies*, Vol. 13, November 1981, p. 300.
③ Arthur S. Link, *Wilson: Confusions and Crises, 1915–1916*, Princeton: Princeton University Press, 1964, pp. 201–202.

忍的杀戮行为承担责任是不公平的,这份报纸批评了这些矿工的行为,因为美国政府一再警告本国公民该地区很危险,但这些矿工却匆忙回到这个安全也得不到保障的地方。①

威尔逊总统此时也不敢贸然采取任何行动,他耐心地等待着关于此次谋杀事件的详细调查报告。虽然威尔逊本人不愿意派遣军队深入墨西哥,但他觉得不能够让凶犯逍遥法外,否则将会开启一个糟糕的先例,并将鼓励其他暴徒采取相同的行为,因此威尔逊希望卡兰萨能够采取措施追击那些谋杀犯。于是国务卿兰辛根据威尔逊总统的指示致函美国国务院驻墨西哥特使约翰·西利曼,在电函中兰辛表达出对卡兰萨未能采取有效措施保障边界安全的愤怒,同时强烈要求卡兰萨派遣军队进入事发领域以追踪和惩罚相关肇事者并保护其他矿工。② 当美国官员科布(Cobb)通知国务院卡兰萨手下的地方官员愿意与美方合作将案犯绳之以法后,两国的紧张关系才有所缓和,但科布仍然对墨西哥官员的诚意和能力表示怀疑。③ 很快从领事馆发回的电函证实了科布的担心,美国驻赫瓦拉斯城领事托马斯·爱德华兹报告说立宪派武装几乎没有采取任何措施来捉拿肇事者。虽然爱德华兹承认卡兰萨具有良好动机,但他指出卡兰萨手下的士兵装备和训练太差,无法保护民众的生命和财产安全。④ 美国驻奇华华城的领事莱奇也表达了同样的想法,同时他指责卡兰萨对商业法规的关心甚于对北部日益恶化的形势的关注。⑤ 尽管从各领事馆传出诸多负面报道,但卡兰萨确实在抓捕凶犯和保护外国人的生命财产上尽了力。他无法依靠他的部队在广阔的沙漠和山区里追捕一小批流动性极大的比利亚分子,此外后者对这里的地形极为熟悉,而且当地许多民众也同情比利亚。尽管如此不利,卡兰萨的部队依旧捕获并处决了几名参与圣塔伊萨贝尔事件的比利亚分子。⑥

此后,卡兰萨回应国务卿兰辛的呼吁,派出 300 余名步兵至美墨边

---

① Michael L. Tate,"Pershing's Expedition: Pursuer of Bandits or Presidential Panacea", *The Americas*, Vol. 32, July 1975, p. 48.
② *FRUS*, 1916, p. 653.
③ *Ibid.*, p. 652.
④ *Ibid.*, p. 663.
⑤ *Ibid.*, p. 468.
⑥ Arthur S. Link, *Wilson: Confusion and Crises, 1915–1916*, p. 203.

境的一处矿区保护美国公民的矿业财产。① 随后他又派出一支数量可观的远征军来到索诺拉的雅基河谷地区保护外国定居者免受当地印第安人的骚扰。② 在整个圣塔伊萨贝尔危机期间,卡兰萨一方面采取措施缓和紧张局势,另一方面又试图加强墨西哥政府对国家资源的控制。1915 年 1 月 7 日卡兰萨曾经颁布过一项法令要求废除所有在墨西哥从事经营活动的外国石油公司的合同。由于早期需要获得美国的承认,卡兰萨并不热衷于推动该法令,可是到 1916 年 1 月,卡兰萨决定强化他在这一问题上的立场。很快美国驻墨西哥最大企业海洋石油公司向国务院提交了抗议。J. A. 文森特代表公司向美国政府提出,公司在 1912 年与马迪罗签署的合同受到 1902 年 12 月 18 日墨西哥联邦议会通过的联邦财产法保护,此外该公司为当地民众提供了大量就业机会,也为墨西哥立宪派交纳了大量税款。在抗议信中文森特尤其指出,如果美国政府对墨西哥政府单方面违背合同一事无动于衷,那么其他拉丁美洲国家将纷纷效仿。③ 1 月 15 日,海洋石油公司再次紧急致电美国国务院,希望美国政府采取紧急行动,否则该公司财产有被立即没收的危险。④ 1 月 19 日兰辛对此问题作出强硬反应,他电函西利曼要求他会晤卡兰萨,警告墨西哥领导人如果国有化趋势继续,那将会给两国关系带来极其严重的后果。⑤ 2 月 21 日兰辛又电函西利曼,命令他就墨西哥事实政府官员向美国商人过分征税一事提出抗议。⑥ 5 天后国务卿兰辛又向西利曼发去第三封电函,这封电函的语气比前两封都有所缓和。在电函中,兰辛表示美国愿意考虑墨西哥政府提出的矿业征税新办法,但同时他强调美国合理的商业利益不应当受到侵害。⑦

(二) 哥伦布事件(1916 年 3 月)

就在两国就税收和国有化问题发生争执之时,又一次袭击事件打破了边境的平静。1916 年 3 月 9 日大约 500 名比利亚分子袭击新墨西哥小镇哥伦布并射杀了 17 名美国普通民众,随后武装分子与闻讯赶

---

① FRUS, 1916, p. 469.
② Ibid., p. 665.
③ Ibid., pp. 741–743.
④ FRUS, 1915, p. 752.
⑤ FRUS, 1916, pp. 752–753.
⑥ Ibid., p. 710.
⑦ Ibid., p. 713.

来的美军骑兵发生激烈交火。① 比利亚分子抵抗一阵后，丢下数具同伴尸体逃回墨西哥。为了将袭击者一网打尽，美军少校弗兰克·托普金斯率军追入墨西哥境内，直到当天下午才率部队返回美国。虽然托普金斯的行为确实侵犯了墨西哥主权，但墨西哥一方并无人细究，驻奇华华的墨西哥立宪派武装司令加利亚将军通知驻赫瓦拉斯城的美国领事说他并不憎恨进入墨西哥的美军，但如果他们在墨西哥境内时间过长则会危害两国之间的关系。②

哥伦布事件在美国国内引起轩然大波，美国的报纸无一例外要求政府向墨西哥派兵并将相关凶犯缉拿归案，因为只要比利亚和他手下的暴徒依然逍遥法外，那么边境地区美国公民的生命和财产安全就无法得到保障。威尔逊的重要朋友弗兰克林·莱恩也力主出兵，他认为不对武装袭击作出反应将毁掉美国在拉丁美洲国家中的形象。③ 连在政府内部一贯持温和立场的约瑟夫·图玛尔蒂也开始对美国长期坚持的小心观望政策表示失望，他认为美国应该准备全面战争。④ 当潘兴将军的讨伐部队越过美墨边境后不久，图玛尔蒂指出，假如卡兰萨阻挠美军的行动，那么美军应该采取"一切必要的行动"。如果不这样做，美国"将永远失去有效处理墨西哥问题的机会"。⑤ 他还提醒威尔逊在墨西哥问题上的任何迟疑将使威尔逊失去连任总统所需要的选举人票。⑥ 尽管压力很大，威尔逊仍对是否应该出兵犹豫不决，他很想确认卡兰萨的支持。在袭击发生的当天，兰辛会见了墨西哥驻美大使阿兰纳多，大使保证墨西哥政府支持两方拥有"追逐权"（right of pursuit），即越境追逐武装分子的权力。3月11日，卡兰萨在会晤美国记者詹姆

---

① 以阿瑟·林克为代表的大多数历史学家认为，比利亚袭击哥伦布的目的是为了挑起美国的武装干涉，从而将墨西哥人民团结在其周围，但有新观点认为是德国鼓励比利亚袭击美国以使美国卷入与墨西哥的战争，从而无暇顾及欧洲战场，如 James A. Sandos, "German Involvement in Northern Mexico, 1915 – 1916: A New Look at the Columbus Raid", *Hispanic American Historical Review*, February 1970, pp. 70 – 88.

② *FRUS*, 1916, p. 482.

③ Michael L. Tate, "Pershing's Expedition: Pursuer of Bandits or Presidential Panacea", p. 53.

④ Joseph Tumulty, *Woodrow Wilson as I Know Him*, Garden City: Doubleday, 1921, p. 154.

⑤ *Ibid.*, p. 156.

⑥ Arthur S. Link, *Wilson: Confusion and Crises, 1915 – 1916*, pp. 214 – 215.

斯·卡森时宣称他希望建立在平等基础上的相互越境权。① 虽然卡兰萨愿意与美国就追逐问题展开合作以免得罪美国，但与此同时他也开始为抵抗美国可能的入侵积极做准备。卡兰萨怀疑美军会大规模入侵墨西哥，他的担心并非完全没有根据，因为在此之前兰辛国务卿曾写信抨击过他，毫无根据地指责他的政府应该为袭击事件负责，并警告卡兰萨迅速采取行动，否则将面临严重后果。②

三、潘兴将军的惩罚性远征
（1916年3月—1917年2月）

（一）美国远征军对墨西哥的侵略（1916年3月）

美国政府根据兰辛对相互越境协议的解释积极准备了一支远征军。3月15日清晨，在未与墨西哥政府沟通的情况下，美军在潘兴将军领导下进入墨西哥。这支远征军包括4个步兵团、2个骑兵团和2个炮兵连。威尔逊总统是在自认为派兵不会引起两国冲突的前提下作出出兵决定的。在之前一封给好友约瑟夫·图玛尔蒂的私人信件中，威尔逊总统称他准备命令远征，但是在未得到墨政府的完全合作之前，他是不可能派兵进入墨西哥的。③ 而且美国国务院官员和高级军官一致认为即使遇到抵抗，这些抵抗也只会是孤立和零星的，决不会代表墨西哥政府的立场。当听说墨西哥驻帕勒莫斯指挥官允许潘兴通过他的驻地后，威尔逊总统感觉两个国家在跨界问题上已经达成完全的一致。

当美军进入墨西哥后，卡兰萨发现美军的规模和装备远超出他的想象，美国人似乎准备长期留在墨西哥。卡兰萨对此异常恼火，他认为美国人的行为严重违背当初双方达成的相互间越境协议。3月19日，一份由墨西哥方提出的建议书送抵美国国务院，在这份建议书中，墨方要求越境的范围应在距边境线60公里内，部队数量应控制在1000人以内，而且时间也应该较短。④ 墨西哥的建议看上去是一个解决当时

---

① Michael L. Tate, "Pershing's Expedition: Pursuer of Bandits or Presidential Panacea", p. 53.
② *FRUS*, 1916, p. 481.
③ Arthur S. Link, *Woodrow Wilson and the Progressive Era, 1910-1917*, New York: Harper & Row, 1954, p. 137.
④ *FRUS*, 1916, pp. 495-496.

困境的有用的方法,因为它可以有效地避免美军与墨西哥政府军和普通民众之间的冲突,同时也保证两国政府能够合作打击双方的共同敌人比利亚,但是威尔逊总统拒绝了对美军所增加的各种限制。威尔逊总统认为卡兰萨不具备击溃比利亚武装的能力。威尔逊自信美国军队有能力摧毁比利亚武装并在边境地区恢复秩序,于是他命令潘兴继续其对比利亚的追逐,而不用理会具体的距离和方向的限制。威尔逊完全低估了卡兰萨对此产生的愤怒和墨西哥立宪派内部持强烈民族主义立场的将领们的反应。

(二) 卡兰萨与威尔逊的困境

墨西哥领导人发现自己处于一种尴尬的境地,一方面他根本无力与美国这个北方最强大的邻国进行一场战争,而另一方面对威尔逊的妥协又必然削弱他在国内极其脆弱的民意支持。所以他小心翼翼地在两种极端状态之间寻找一条现实主义的中间道路。在公开场合卡兰萨发表了一系列态度强硬的声明,谴责美国的入侵,同时他又私下与兰辛频繁接触以便双方达成妥协。卡兰萨希望通过这种方式来保证墨西哥人民对他的支持,并且维护与美国的良好关系。他私下答应威尔逊总统派足够的墨西哥政府军到北部阻截比利亚;另一方面他要求美国政府限制进入墨西哥的人数和他们可携带武器的种类,这样就会最终减少美国军队可活动的范围,并加速美军的撤军。① 3 月 27 日卡兰萨提出一个正式的方案,在这一方案中,卡兰萨希望双方士兵越境天数不超过 15 天或者在袭击发生 3 天后不能发动追击。② 威尔逊再一次明确拒绝了这一可能在未来阻碍美军自由行动的计划,到 4 月 1 日,进入墨西哥的美国军队人数超过 6 675 人,并进入墨西哥 350 英里。③

虽然卡兰萨将潘兴将军的远征理解为对墨西哥的进攻,但很明显威尔逊总统并不想发动一场战争。1916 年 3 月美国远征军的准备工作做得并不到位,在远征开始的前几周,军队甚至缺乏必要的交通工具和军事地图。在后勤供应方面,铁路运输被证明无法有效地将大量军队和补给品运到墨西哥边境。美军高级将领福斯特也承认一旦与墨西

---

① Michael L. Tate, "Pershing's Expedition: Pursuer of Bandits or Presidential Panacea", p. 57.

② *FRUS*, 1916, pp. 501 – 502.

③ Arthur S. Link, *Wilson: Confusions and Crises, 1915 – 1916*, p. 217.

哥全面开战,美国无法迅速赢得战争,因为墨西哥人早已储备大量武器弹药和 6 年的战斗经验。① 由于反干涉运动和军队高级将领的看法,很快美国人高涨的干涉热情便冷却下来,对事态发展的冷漠取代了狂热。美军原计划招募 2 万名志愿兵,可在事件发生 10 天后只招募了 1 269 名。②

(三) 全面战争的边缘

1. 帕罗事件(1916 年 4 月)

当局势朝好的方向发展时,4 月 12 日发生的一起偶然事件再次加剧了美墨之间的紧张关系。这一天来自奇华华帕罗镇(Parral)的墨西哥当地民众向美国的一个 140 人的巡逻骑兵开火,美国军队在遭遇一人死亡和多人受伤后撤出这一小镇。③ 虽然很可能是墨西哥平民首先开枪,但卡兰萨仍然指责托普金斯的巡逻队未能避开居民集中地,因此卡兰萨要求驻美大使阿兰纳多去说服威尔逊,如果美国军队留在墨西哥,那么类似的冲突以后很可能再次发生。④ 但是潘兴将军发给美军总参谋长的电函却将发生的一系列问题归咎于卡兰萨政府,潘兴将军谴责墨西哥不但阻碍追捕,而且还威胁美军的通讯线路,并拒绝美军使用铁路,潘兴将军甚至提议占领奇华华州关键的城镇和铁路枢纽。⑤ 从 4 月中旬到 6 月,随着越来越多的步兵和炮兵加入潘兴将军的部队,远征军已从一支高度灵活的以骑兵为主的部队转变为一支在外人看来很有可能长期驻守墨西哥的部队。到 1916 年 6 月 19 日,潘兴将军领导的部队已达 11 635 人。⑥ 此时威尔逊总统也许已经将潘兴将军的远征看作是解决美墨之间一系列问题的一种手段。他希望利用美军直接保护美国公民的安全,并迫使卡兰萨政府也采取必要措施来保护他们。此外他还希望通过美军对比利亚势力的打击来巩固卡兰萨政权,从而稳定美墨间关系。威尔逊显而易见不愿让美国卷入与墨西哥的战争,

---

① "General Funston's Prudent Estimates", *Review of Reviews*, April 1916, p. 389, quoted in Michael L. Tate, "Pershing's Expedition: Pursuer of Bandits or Presidential Panacea", p. 58.

② Michael L. Tate, "Pershing's Expedition: Pursuer of Bandits or Presidential Panacea", p. 58.

③ *FRUS*, 1916, pp. 515, 518.

④ *Ibid*., pp. 515 – 517.

⑤ *Ibid*., pp. 521 – 522.

⑥ Arthur S. Link, *Woodrow Wilson and the Progressive Era, 1910 – 1917*, p. 137.

因为此时他必须全身心地应对欧洲大陆的危机。威尔逊总统还深信墨西哥领导人卡兰萨对美国惩罚性远征的口头攻击只是为了迎合国内的民族主义情绪,而并非官方政策的阐述,然而他错误地估计了形势。首先,墨西哥事实政府的成员包括卡兰萨本人是强烈的民族主义者,在使用武力抵抗任何外国入侵者这一点上,他们并非虚张声势。民族主义是维持卡兰萨政权生存的一个重要支柱。对于美国入侵墨西哥问题上的任何妥协都会使立宪派政府失去墨西哥中产阶级和底层平民的支持;其次,美国在墨西哥的公民对于美军是否应长驻墨西哥的问题也分歧严重。有人希望推翻卡兰萨政权,扶植一个亲美的政府,而另一些利益集团则担心替代卡兰萨的政府可能更加激进。

与此同时,美墨之间为减少彼此的敌对情绪展开了一系列外交谈判。5月在美国德克萨斯州的厄尔帕索(El Paso),美国的斯格特将军和墨西哥陆军部长奥布雷根将军举行了会谈,但成果寥寥,美墨双方在关键问题上都坚持自己的立场。卡兰萨政府要求美国立即无条件从奇华华撤军,而美国则支持美军不设立具体的撤军时间表,只承诺在方便的时间撤军。①

2. 郎赫恩-西伯利(Langhore-Sibley)的远征(1916年5月)

就在双方紧张谈判之时,又一次对美国边境的袭击事件发生,使得两国离战争更进一步。1916年5月6日,75名墨西哥武装分子袭击了德克萨斯州边境小镇格兰泉(Glen Springs)和博奎拉斯(Boquillas)。他们杀害了3名美国第十四步兵团的士兵和一名9岁大的儿童,并抓住数名当地居民作为人质。② 美军第八和第十四骑兵团的部分士兵在西伯利上校和乔治·郎赫恩少校的带领下进入墨西哥境内追剿袭击者并救回被抓人员。他们深入墨西哥境内达160英里后,就地安营扎寨。③ 卡兰萨对新的入侵事件极为恼火。他认为美国对他应对袭击事件负责的指控是不公正的,因为即使美国军队也无法对付这些人;此外,卡兰萨认为是在美国国内的墨西哥人挑起了事端。不久忠于卡兰萨的大约一千人的部队开始在墨西哥的阿兰德(Allende)集结。他们的使命就是防止美国军队的进一步南下。④ 5月20日卡兰萨发出警

---

① *FRUS*, 1916, pp. 534–535.
② *Ibid.*, p. 540.
③ *Ibid.*, pp. 540–546.
④ *Ibid.*, p. 551.

告,如果郎赫恩-西伯利的部队不立即撤离,那么他的部队将消灭他们。① 5月22日威尔逊政府召回这支部队,危机才得到缓和,但是问题并未得到根本解决,因为潘兴的部队还依然驻留在墨西哥境内。同一天,卡兰萨的外交部长向威尔逊总统发出一份措辞极其严厉的电函,他在电函中指责美国在未与墨西哥政府就相互越境问题达成正式协议并在未事先通知墨西哥政府的情况下向墨西哥派兵破坏了墨美之间一系列已经达成的协议,侵害了墨西哥的主权,并且宣称美国向墨西哥增派步兵和炮兵的行为无疑是对全体墨西哥人民的挑衅。墨西哥外长阿奎拉强调墨西哥的奥布雷根将军已经被要求不再允许任何美国军人再次由美国进入墨西哥境内,而且这一命令已经被传达到驻守在边境的墨西哥战地指挥官那里。他还指责美国一方面要求墨西哥保证边境安全,一方面又纵容墨西哥反政府分子在美国的活动。阿奎拉部长在电函结尾处写道,任何进一步的流血冲突责任都在美国。② 尽管卡兰萨态度异常强硬,但他在诸多问题上仍然显示出灵活的姿态,他命令推迟征收有争议的矿产税,将自己手下一位年轻冲动的军官没收的七千头美国人所有的山羊和绵羊悉数退还。③

3. 局势的进一步恶化(1916年6月)

在6月连接发生的针对美国边境地区的袭击减弱了这些合作努力所带来的正面效果。在一群武装分子攻击德克萨斯州小镇圣伊格纳西奥(San Ygnacio)打死3名美国士兵并打伤7人后,美国的第三支小规模的远征军迅速进入墨西哥境内。④ 虽然在第二天该部队就返回美国境内,但是这次越境事件给墨西哥普通民众的心理造成的负面影响却是巨大的。卡兰萨意识到美国不但拒绝撤回潘兴将军的远征军,而且还会在他们认为必要的时刻随时派其他部队进入墨西哥。卡兰萨明白如果墨西哥政府对美国态度不够强硬,那么他的政府很可能会失去墨西哥普通民众脆弱的支持,于是他开始纵容其手下的一些过激行为。⑤

---

① *FRUS*, 1916, pp. 551-552.
② *Ibid.*, pp. 552-563.
③ *Ibid.*, pp. 725,781.
④ *Ibid.*, pp. 575,577-578.
⑤ 1916年6月到7月,美国在墨西哥的公民的财产一再遭到卡兰萨政府军人的威胁甚至抢夺,如7月14日卡兰萨的士兵威胁掠夺美国人在韦腊克鲁斯的庄园,并且威胁处决当地的管理者。见 *FRUS*, 1916, pp. 776-795。卡兰萨的士兵还掠夺中国人、英国人和土耳其人的财产。1916年2月25日,卡兰萨士兵洗劫了一家中国人开的宾馆,他们监禁了在宾馆的客人并于第二天杀害了宾馆的主人李先生。见 *FRUS*, 1916, pp. 795-796。

随着两国关系的日益恶化,6月中旬,美墨两国几乎陷入战争之中。6月12日卡兰萨手下的部分士兵装扮成比利亚分子袭击了美国边境。美军从被击毙的袭击者头目身上搜到了他的身份证明,证实此人为卡兰萨军队的比利亚雷尔(Villareal)上校。① 6月15日,美国驻拉雷多的领事宣称墨方试图有人绑架他。此时根据美国国务院的建议和海军部长约瑟夫·丹尼尔斯的命令,美国太平洋舰队的海军舰艇被部署到墨西哥沿岸各港口附近以备在必要时采取行动保护美国人的安全。②16日,斯格特将军命令手下高级将领为沿铁路线由北向南全面入侵墨西哥制定详细的军事计划。③ 而第二天就有消息称墨西哥的锡那罗亚(Sinaloa)州单独向美国宣战;驻墨西哥港口城市马扎兰(Mazatlan)的墨西哥军人向从美国军舰安纳波利斯号下来的小艇上的美国水手开火。④ 在其他地方,如赫瓦拉斯,当局开始临时征兵以备抵御外国入侵者,而在新拉里多(Nuevo Laredo),当地官员向平民发放枪支以保卫城市安全。⑤ 6月18日在托雷翁(Torreon),当地市长带领三千平民和士兵高呼"打倒美国佬",袭击并烧毁了美国领事馆。⑥

6月21日美军上尉查理斯·鲍义德(Charles T. Boyd)带领一支规模较小的巡逻队进入奇华华的卡利萨尔(Carrizal)小镇,遭到数量占优势的卡兰萨部队士兵和当地平民的伏击,美军有12人阵亡,另有23人被俘。⑦ 威尔逊总统要求墨方立即释放所有被俘人员,尽管威尔逊对卡兰萨释放战俘的意愿深表怀疑。⑧ 此时美国各州开始征召国民警卫队,并将其并入美国正规部队,但威尔逊总统拒绝向墨西哥宣战。1916年6月30日,卡兰萨出人意料地释放了被俘美军士兵。与此同时,新的证词到达威尔逊总统那里,美军巡逻队副队长路易斯·莫瑞(Lewis Morey)上尉承认美军指挥官鲍义德上尉对美墨军队的冲突也需要承担责任,因为尽管潘兴将军一再要求属下避开卡兰萨的部队和亲卡兰萨的居民点,但鲍义德上尉还是坚持率骑兵直接穿过墨西哥

---

① *FRUS*, 1916, p. 575.
② *Ibid.*, pp. 669 – 670.
③ Arthur S. Link, *Woodrow Wilson and the Progressive Era*, 1910 –1917, p. 140.
④ *FRUS*, 1916, pp. 578 – 580.
⑤ Arthur S. Link, *Wilson:Confusions and Crises*, 1915 –1916, p. 300.
⑥ *FRUS*, 1916, pp. 670 – 671.
⑦ *Ibid.*, p. 595.
⑧ *Ibid.*

小镇。①

四、美墨联合委员会
（1916 年 7 月—1917 年 1 月）

  由于美国方面并非完全有理而卡兰萨也表现出友好姿态,于是威尔逊总统的态度也开始变得缓和。此时的威尔逊总统需要找到一个既可以撤回潘兴将军的军队,又能够保证边界安全的方案。7 月 4 日,机会终于来临,这一天卡兰萨给威尔逊总统一封超乎寻常礼貌的信件,在信中卡兰萨询问威尔逊总统是否愿意通过直接对话或拉丁美洲国家的调停来解决冲突。② 威尔逊总统和兰辛国务卿拒绝由拉丁美洲国家参与调停,因为根据以往的经验,此类调停结果往往是不了了之,于是他们提议建立美墨联合委员会来解决边界问题。为了提高委员会成功解决问题的可能性,兰辛国务卿请卡兰萨为会议提出具体建议。③ 兰辛很快发现卡兰萨的立场从斯格特-奥布雷根会谈以来未曾改变,卡兰萨愿意讨论的问题只有两个,即潘兴将军领导的美国远征军撤离墨西哥和制定相互越界权的具体规则,而兰辛认为在不解决促使美国出兵的根源问题前讨论潘兴将军撤军的方式是徒劳无益的。④ 这一观点似乎很有道理,但是卡兰萨决心捍卫墨西哥主权的坚定立场似乎更加无懈可击。美墨联合委员会第一次会议于 1916 年 9 月 6 日在康涅迪格州的新伦敦举行。美国代表团主要成员是美国内政部长富兰克林·雷恩(Franklin K. Lane),而墨方主要代表是财政部长路易斯·卡布雷拉,谈判一开始就陷入僵局,卡布雷拉坚持双方应首先讨论美军从墨西哥撤军的问题,而且在撤军完成前其他问题一概不予讨论,雷恩认为卡布雷拉的态度部分是真实,而部分是为了拖延时间以等待 11 月美国总统大选的结果。在获得大选胜利后,威尔逊总统指示雷恩起草一个美墨双方都能接受的计划撤军计划。⑤ 卡布雷拉于 11 月 24 日在草案上签了字,随后草案被呈送给双方政府等待批准,在此之前,雷恩要求卡兰萨以书面形式保证他将允许在随后的谈判中讨论结束墨西哥的无政府

---

① Arthur S. Link, *Wilson: Confusions and Crises, 1915–1916*, p. 315.
② *FRUS*, 1916, p. 599.
③ *Ibid.*, p. 601.
④ *Ibid.*, pp. 603–604, 606.
⑤ *FRUS*, 1917, p. 924.

状态和恢复稳定的问题。① 卡兰萨不但拒绝任何承诺,同时还拒绝接受卡布雷拉已经签字的草案。② 1917年1月15日,在互不信任的气氛中,该联合委员会被迫中止工作。③

卡兰萨桀骜不驯的态度来源于他与美国政府长期的接触和美国的国内政治形势,他知道威尔逊不会轻易对墨西哥使用武力,因此墨西哥完全没有必要担心阻碍或推迟委员会的工作所带来的任何负面后果。而联合委员会失败的最重要的原因是由于威尔逊完全错估了墨西哥的国内形势,他认为卡兰萨绝望的金融困境将会迫使他同意美国的提议从而获得必要的货款。④ 此外在新伦敦会议开始后不久,比利亚就在未遭遇大规模抵抗的情况下占领了墨西哥城北部重镇奇华华城和托雷翁,所有的一切似乎都表明卡兰萨的政权极其脆弱。然而这位墨西哥领导人巧妙地利用了美国对墨西哥的入侵计划来抬高自己的威望,他坚决拒绝任何形式的妥协以突出自己的爱国主义,从而获得了其手下将领对他的绝对忠诚,他还从日本进口武器并强行从银行获得巨额贷款。与此同时,他呼吁召开国民大会制定出一部新的墨西哥宪法。⑤ 因此在美墨联合委员会工作期间,卡兰萨的权力非但没有被削弱,还得到极大增强。

当联合委员会停止工作后,美方成员建议威尔逊无条件撤出墨西哥,同时美国驻墨西哥候任大使弗莱什应立即前往墨西哥城,他们认为美国这支庞大军队在墨西哥的驻扎不可能不引起邻国的担心。⑥ 威尔逊接受了该建议,1917年2月5日,最后一批美国士兵离开墨西哥,一个月后,美国大使弗莱什到达墨西哥城。

美军对墨西哥的远征最终没有演变成两国之间的大规模冲突是由多个因素决定的。首先威尔逊参加美国总统选举时,民主党打出的口号"他使我们远离战争"为威尔逊赢得不少选票,因此威尔逊根本不可能在利用这一口号赢得大选后不久就对邻国使用武力。正如他的一位朋友所指出的:"我们如果与墨西哥进行一场常规、肮脏和血腥的战争,

---

① FRUS, pp. 926 – 927.
② Ibid., pp. 932 – 933.
③ Ibid., p. 937.
④ 在一次与威尔逊总统会面后,雷恩告诉联合委员会中的墨方成员,如果拒绝美国向墨方提供帮助,那么卡兰萨肯定倒台,见 FRUS, 1917, p. 925.
⑤ FRUS, 1916, pp. 636 – 641.
⑥ FRUS, 1917, pp. 937 – 938.

将导致人们的朋友理想主义者伍德罗·威尔逊的毁灭。"[1]此外,从国际大环境看,美国与墨西哥开战一直是德国所希望的,为了避免鹬蚌相争、渔翁得利的局面出现,威尔逊也必须向卡兰萨作出重要让步。

五、结　语

威尔逊总统的墨西哥政策基本是失败的。他没有达到他所希望达到的任何目标:保证美国的边境安全和在墨西哥建立一个美国式的民主政府。威尔逊政策的最大问题是,尽管他想指导墨西哥革命,希望墨西哥领导人建立一个稳定的宪政制度,但是墨西哥的革命者们的想法则完全不同,他们的目标不是所谓的有秩序的投票制度,而是彻底摧毁旧政权赖以生存的社会和经济基础。此外墨西哥革命者讨厌美国的"帮助",因为他们认为美国的帮助是为了结束墨西哥的革命以及维护自己在墨西哥的特殊利益。美国的投票制度、尊重私有财产和个人自由原则对于逐步摆脱半封建社会和经济制度约束的广大墨西哥人民来说是相当遥远的事物。威尔逊总统忽视了美国革命和美国理想产生的特殊历史背景,同样也忽视了墨西哥人民的历史经验及其革命爆发的特殊历史条件,因此他也没有充分理解墨西哥革命者和普通民众心中的强烈的民族主义情绪。此外,威尔逊总统等人往往将卡兰萨等人的桀骜不驯归咎于他个人的无知、个人野心和对自由主义价值观的憎恶,而觉得有必要对他进行"教导",这种将老师训斥学生的方式运用到外交上的行为暴露了美国外交在理想与行动上的差距。"他(威尔逊)在使(拉美)人民得到其自由的努力中,否决了他们选择自己命运的权利。"[2]一方面,美国领导人试图扩大个人自由,强调民主与人权的普适性,另一方面,他们又试图影响他人对自己国家道路的选择。这不但是威尔逊总统,也是今天美国外交所遭遇的尴尬。

---

[1] *PWW*, Vol. 37, p. 327.

[2] Frederick S. Calhoun, *Power and Principles*, *Armed Intervention in Wilsonian Foreign Policy*, Ohio: The Kent State University Press, 1986, p. 23.

美国约翰逊政府对印度发展核武器的反应和政策

潘陆伟

摘　要　美国一直关注印度核武器的发展。在20世纪60年代，尤其是中国进行核试验之后，美国就更加担心印度会选择发展核武器。通过美国的情报部门，约翰逊政府相信印度已经有能力，并极有可能会发展核武器。约翰逊政府决定阻止印度发展核武器，在政策选择上，约翰逊政府采取了诱使印度参加核不扩散条约（NPT）谈判的政策。本文就约翰逊政府对印度发展核武器的反应和政策选择，根据美国有关外交档案，进行较详尽的揭示。

关键词　约翰逊政府　印度　核武器　核不扩散条约　政策

一、印度核政策的变化

在尼赫鲁时期印度一直坚持和平核政策，反对进行核试验，在国际上积极倡导核裁军，和平使用核能。而随着中印关系的恶化，尤其是1962年中印边界冲突之后，尼赫鲁在核政策上的态度发生了轻微而又意义重大的变化，开始同意"为防务目的而制造核武器"。①

1964年10月16日，中国第一颗原子弹试验成功，中国政府郑重宣布：在任何时候、任何情况下，中国都不会首先使用核武器，中国发展

---

①　戴超武，"冷战、印度的外交政策与大国关系"，http：//www.daichaowu.net/ztlw/000016_11.htm。

核武器,是被迫而为的。① 印度对中国的核试验的反应非常强烈。印度新任总理夏斯特里认为,"中国的核试验是对维持世界和平的打击和威胁"。② 印度国内也开始重新审视其核政策。在对待核政策问题上,印度国内出现了两种不同的态度。印度执政党国大党中的大多数强烈批评印度现有的核政策,要求夏斯特里全力以赴地发展核武器,并认为,"中国在扩张,印度就要采取必要的措施来对抗中国;经济费用并不是阻碍印度发展核武器的真正因素"。③ 议员瓦杰帕伊则更为强硬,明确表示,"对于原子弹的回答就是原子弹,别无他法"。④ 印度国防部长Y.B.查万不赞成印度发展核武器,"核武器对中国的军事力量的增强并没有起太大的作用,而在短期内印度面临的威胁仍然是中国常规的军事力量的威胁,因此,印度目前最重要的就是积极发展常规军事力量。"⑤ 对此,印度军方认为中国进行核爆炸在政治上和心理上对亚非国家有着重要影响,由于印度缺少能够打到中国重要军事目标的运载工具,因此,即使印度拥有核武器,在军事上也是没有用处的。印度军方建议"印度应该专注于运载系统能力的研究和知道如何使用并对核武器进行军事部署"。最后,在印度军方看来,获得核武器的最好办法就是购买有核国家的核武器,而非自己独立发展核武器。⑥ 印度国内开始对是否发展核武器展开激烈的辩论。

在印度是否发展核武器的辩论中,最有影响力和说服力的就是印度核事业的开拓者、印度原子能委员会主席霍米·巴巴的立场。在中国进行核试验当天,巴巴在伦敦召开记者发布会,并告诉记者:"要是印度科学家想要的话,他们能在 18 个月内制造出核武器。"⑦1964 年 10 月 24 日巴巴在全印度广播上发表了讲话。巴巴表示,核武器是用来对

---

① 中共中央文献研究室编,《周恩来年谱 1949—1976》(中卷),北京:中央文献出版社 1997 年版,第 676 页。

② Bhumitra Chakma, *Strategic Dynamics and Nuclear Weapons Proliferation in South Asia: A Historical Analysis*, Peter Lang, 2004, p.60.

③ Ibid., pp.60-63.

④ L. P. Singh, *India's Foreign Policy: The Shastri Period*, New Delhi: Uppal, 1980, p.30.

⑤ George Perkovich, *India's Nuclear Bomb: The Impact on Global Proliferation*, Berkeley: University of California Press, 1999, p.77.

⑥ Cable, Department of Defense, December 7, 1964, *Declassified Documents Reference System* (hereafter, *DDRS*), Document No.: CK3100537217.

⑦ Shyam Bhatia, *India's Nuclear Bomb*, Ghaziabad: Vikas, 1979, p.113.

抗比自己强大国家的进攻的最有效的遏制力量。巴巴说:"制造核武器还是相当便宜的,一次1万吨级的核爆炸,费用仅仅是35万美元。"①巴巴的这番言论使大多数印度人民相信印度不仅有能力制造核武器,而且制造核武器所需的费用不大。这对印度国内那些支持发展核武器者无疑是一个巨大的推动力,而对那些认为印度因经济问题而不能发展核武器的人来说,是一个巨大打击。

是发展核武器还是继续坚持和平核政策,最终决定这一政策走向的是印度新任总理夏斯特里。尼赫鲁逝世后,1964年6月9日由国大党议会党领袖夏斯特里出任印度的第二任总理,并宣布:"印度政府在外交上将继续奉行尼赫鲁的政策。"②这就表明夏斯特里政府将会继续坚持尼赫鲁时期的和平核政策。而夏斯特里上台后,面临着严峻的国内经济形势:印度第三个五年计划中遇到的资金短缺和缺粮困难还没有克服,1964年又出现了严重的通货膨胀和粮食短缺。粮价、物价上涨,粮食和日用消费品短缺。如果不解决这些问题,国大党就有负广大人民群众的厚望,印度的经济发展也有中断的危险。在这样严峻的经济形势下,中国核试验的成功,印度国内对是否发展核武器的激烈辩论,让夏斯特里总理感到了很大的压力。1964年10月7日,夏斯特里出席在开罗召开的不结盟会议,表明印度的核设施处于严格的控制之下,是不会进行单一的试验的。③ 同时夏斯特里强调,"印度不会跟随着中国去发展和试验核武器,不会改变现在的核政策。"④

在国大党内部很多国大党成员都反对夏斯特里仍然坚持和平的核政策,并要求"印度应该获得核遏制力量来保护印度,对抗来自中国的进攻"。大多数国大党成员都相信,"拥有核武器后,不仅可以提升印度对抗中国的能力,而且还可以提高印度的国家威望以及恢复印度在南亚和东南亚尤其是在亚洲的领导地位。"⑤由于夏斯特里没有尼赫鲁的威望和权威,又刚刚担任总理,对权力的掌握还不牢固,因此他的统治

---

① George Perkovich, *India's Nuclear Bomb: The Impact on Global Proliferation*, pp. 67–68.
② 林承节,《印度独立后的政治经济社会发展史》,北京:昆仑出版社2003年版,第268页。
③ G. G. Mirchandani, *India's Nuclear Dilemma*, New Delhi: Popular Book Services, 1968, p. 25.
④ Shyam Bhatia, *India's Nuclear Bomb*, p. 109.
⑤ Bhumitra Chakma, *Strategic Dynamics and Nuclear Weapons Proliferation in South Asia: A Historical Analysis*, p. 68.

主要是依靠妥协和多数人的意见。① 这一点在夏斯特里继续坚持和平核政策方面，表现更为突出。因此，在严峻的经济形势、国内政治压力下，夏斯特里不得不在核政策方面有所改变。夏斯特里表示，印度的政策不是僵硬或静止的，会根据形势的发展而变化。② 同时，夏斯特里政府很清楚其核能的发展主要是靠国外支持，在与国外的协议中，就明显限制其核能只能用于和平发展，并对其核设施装有安全保障，因此夏斯特里政府不可能公开宣称发展核武器。为了既不违背国际协议和印度要求世界性核裁军的公开形象，又能满足国内要求改变核政策的要求，夏斯特里决定在和平利用核能方面作出决定。1964年11月27日，夏斯特里在议会上说："我们也应该收获和平使用核能的果实了。我们可以使用核能来发展我们的国家，我们可以使用核能来开凿隧道和清除大片地域，铲除大山，在这个情况下，使用核装置不仅对国家有好处，而且对整个世界都有好处，因此原子能机构要从事这样的目的。"③ 在这个讲话中，夏斯特里第一次提出了可以使用和平核爆炸来开山挖隧。1965年1月在国大党的年度会议上，夏斯特里和其他政府高层领导认为，印度应该坚持"无弹"的核政策，开发用于建设目的的核能源。这也就表明印度正式批准了为和平目的进行的核爆炸。从和平使用核能到可以为和平目的进行核爆炸，印度核政策已经发生了巨大的变化。尼赫鲁的女儿英迪拉·甘地在夏斯特里总理突然逝世后成为印度新任总理。随着《核不扩散条约》(Nuclear Non-Proliferation Treaty/NPT)谈判的开始，英迪拉·甘地政府认为，NPT具有很强的歧视性，印度将不会签署NPT，并保持发展核武器的公开选择。

从尼赫鲁逝世之后的夏斯特里政府时期开始正式批准进行和平核爆炸的研究，到英迪拉·甘地政府初期坚持保留发展核武器公开选择的权利，印度和平核政策已经发生了根本性的变化。这一变化既是中印边界冲突后印度对中国进行核试验的一种反应，同时也是对印度国内各种政治力量与严峻的经济形势的一个妥协。而这一政策的实质就是一种边缘政策，即通过民用核能计划来存储核武器材料和研究、开发核武器技术，但是又不制造核武器，以最大限度地保持核能力。

---

① Document 78, National Intelligence Estimate, *FRUS*, 1964 – 1968(Vol. XXV): *South Asia*.

② L. P. Singh, *India's Foreign Policy*: *The Shastri Period*, p. 31.

③ George Perkovich, *India's Nuclear Bomb*: *The Impact on Global Proliferation*, p. 83.

二、约翰逊政府的评估

美国对印度的核能力一直比较关注。在20世纪50年代末美国情报部门认为印度还不具备发展核武器的能力,也没有把核能运用到军事上的打算。① 随着印度核能的发展,在60年代初美国认为印度已经有三个研究型反应堆,一个在运作之中的重水加工厂,一个燃料加工厂和一个辅助设施。② 1964年在印度的钚分离工厂建成之前,美国国务院情报司认为,"印度已经建立了相当先进的核能项目,它的反应堆可以生产出没有任何安全装置的武器级别的钚(Weapons-grade plutonium)。"③在美国情报部门看来,只要能从反应堆中提取武器级别的钚,并有设计和制造武器的科学和技术能力,就已经具备了发展核武器的最低要求。④ 很明显,通过美国情报部门对印度核能力进行评估,印度已经在60年代中期具备了这些条件,具备了发展核武器的能力。⑤ "印度作出决定发展核武器后的一到三年内,就能制造和试验第一枚核装置。"⑥到60年代中期约翰逊政府认为,印度已经具备了发展核武器的能力。对于印度核运载能力,美国情报部门认为,印度空军目前拥有米格21,MK56等战略性的飞机,但这些飞机核运载能力是非常有限

---

① "Indian Nuclear Energy Program", Office of Scientific Intelligence, Central Intelligence Agency, February 18,1958, Jeffrey Richelson (ed.), *U. S. Intelligence and the Indian Bomb*, National Security Archive Electronic Briefing Book No. 187.

② "Indian Nuclear Energy Program", Office of Scientific Intelligence, Central Intelligence Agency, November 6, 1964, Jeffrey Richelson (ed.), *U. S. Intelligence and the Indian Bomb*, National Security Archive Electronic Briefing Book No. 187.

③ Document 19, Memorandum from the Deputy Director of the Bureau of Intelligence and Research (Denney) to Secretary of State Rusk, *FRUS*, 1964 - 1968(Vol. XXV): *South Asia*.

④ "Nuclear Weapons and Delivery Capabilities of Free World Countries other than the US and UK", National Intelligence Estimate, NIE 4-3-61, September 21, 1961, William Burr (ed.), *Estimates of the Nuclear Proliferation Problem: The First Ten Years, 1957 - 1967*, National Security Archive Electronic Briefing Book No. 155, June 1, 2005.

⑤ "Prospects for a Proliferation of Nuclear Weapons over the Next Decade", NIE 4-2-64, October 21, 1964, William Burr (ed.), *Estimates of the Nuclear Proliferation Problem: The First Ten Years, 1957 -1967*.

⑥ "Background Paper on Factors: Which Could Influence National Decisions Concerning Acquisition of Nuclear Weapons Secret", Background Paper, December 12, 1964, Digital National Security Archive (hereafter DNSA), Nuclear Non-Proliferation: NP01079.

的,印度在未来的十几年内不可能发展一种现代化的战略运载飞机。另外,印度的弹道导弹系统的发展和试验设备也是极其有限的。印度要想发展自己的弹道导弹系统就必须依靠外国的援助,尤其是苏联的援助。①

1964年9月,美国驻印度大使鲍尔斯就认为印度很可能会发展自己的核威慑能力,印度将会把核能用于政治目的,"印度的核武器问题是美国正面临着的一个重要的战略性的问题"。② 中国进行核试验之后,美国对印度国内有关核政策的辩论以及印度新闻媒体关于印度核政策的评论非常关注。③ 而中情局局长约翰·麦考恩对印度自己会发展核武器表示怀疑。④ 美国国防部官员罗文(H. S. Rowen)认为印度可能接近决定开始实施发展核武器的边缘。⑤ 针对印度是否会发展核武器,国务院从政治、经济和军事的角度分析,认为虽然印度甘地的非暴力主义和印度长久以来把核能用于和平目的的影响制约着印度发展核武器,然而,中国的核试验将会极大地影响印度目前的核政策。经济因素虽然是制约印度发展核武器的原因,但是却不能阻止印度改变现在的核政策;由于印度担心中国对其的安全威胁,因此,印度将会出于安全考虑,选择发展核武器来增强对抗中国的遏制能力。⑥ 对此,美国国家情报评估认为,"在未来几年内印度决定发展核武器的机会要比

---

① "The Indian Nuclear Weapons Program and Delivery Capabilities", Office of Scientific Intelligence, Central Intelligence Agency, Scientific Intelligence Digest, December 1965, Secret, Jeffrey Richelson (ed.), *U. S. Intelligence and the Indian Bomb*, National Security Archive Electronic Briefing Book No. 187.

② Document 71, Letter from the Ambassador to India (Bowles) to the President's Special Assistant for National Security Affairs (Bundy), *FRUS*, 1964 - 1968 (Vol. XXV): *South Asia*.

③ "Debate Among the Indians as to What Should Be Done in the Wake of the Chinese Nuclear Detonation", Cable, 1323, October 29, 1964, DNSA, Nuclear Non-Proliferatio: NP01031; "Delhi Press Coverage of Chinese Nuclear Explosion", Unclassified, Air gram, A - 431, October 30, 1964, *DNSA*, Nuclear Non-Proliferation: NP01032.

④ Document 71, Letter from the Ambassador to India (Bowles) to the President's Special Assistant for National Security Affairs (Bundy), *FRUS*, 1964 - 1968 (Vol. XXV): *South Asia*.

⑤ "H. S. Rowen Evaluates India's Nuclear Weapons Program Memo", Department of State, December 24, 1964, *DDRS*, Document No.: CK3100154493.

⑥ "Background Paper on Factors: Which Could Influence National Decisions Concerning Acquisition of Nuclear Weapons Secret", Background Paper, December 12, 1964, *DNSA*, Nuclear Non-Proliferation: NP01079.

以前大些。"①1965 年印巴战争结束后,美国情报部门对印度核政策进行了新的评估。中情局表示,印度国内的大多数国民都认为:与巴基斯坦的战争,尤其是共产党中国在战争中威胁进行干涉,给予了印度支持发展核武器的这些人相当大的动力。发展核武器的支持者认为,除非印度拥有核武器,否则将会有损印度的威望,没有核武器,印度就不会被认为是一个大国;印度没有核武器将不能与拥有核武器的中国相对抗。因此中情局认为,"印度核武器支持者由于印巴战争而得到加强,在未来的几年内印度很可能会爆炸一个核装置和开发核武器。"②

到 1966 年中期,美国政府更加认定印度要发展核武器。1966 年 3 月国务卿腊斯克给约翰逊总统的备忘录中"强调印度很可能在某个时候决定发展核武器"。③ 虽然印度的核运载能力比较落后,美国国家情报评估认为,"印度不会因为目前没有能够打到中国大多数城市的运载系统而放弃发展核武器。"④因此美国国务院给驻印大使鲍尔斯发出指令,监视印度进行核试验的可能性。

对于印度发展核武器,是鼓励还是阻止,约翰逊政府必须作出一个决定。国务院一部分官员认为,接受或援助印度发展核武器,可以对抗中国,并能够对中国进行有效的遏制,避免美国在南亚地区陷入与中国的核冲突中。⑤ 同时对印度拥有核武器带来的后果,美国有着清醒的认识。约翰逊政府认为核武器的持续扩散会对美国的安全构成严重的威胁,美国的外交和军事影响也将会逐渐消失,核战争的压力也将上升。约翰逊政府认为印度若是发展核武器,就会引发多米诺骨牌的效应。在南亚地区,巴基斯坦很可能通过外国的援助来发展核武器,印度尼西亚将会步中国和印度的后尘,澳大利亚、以色列、瑞典和德国等其

---

① "Prospects for a Proliferation of Nuclear Weapons over the Next Decade", NIE 4-2-64, October 21, 1964, FOIA, William Burr (ed.), *Estimates of the Nuclear Proliferation Problem: The First Ten Years, 1957-1967*.

② "India's Nuclear Weapons Policy", SNIE 31-1-65, Director of Central Intelligence, October 21, 1965, Jeffrey Richelson (ed.), *U.S. Intelligence and the Indian Bomb*.

③ Document 299, Memorandum from Secretary of State Rusk to President Johnson, FRUS, 1964-1968(Vol. XXV): *South Asia*.

④ "The Likelihood of Further Nuclear Proliferation", January 20, 1966, NIE 4-66, William Burr (ed.), *Estimates of the Nuclear Proliferation Problem: The First Ten Years, 1957-1967*.

⑤ "Proposed Courses of Action the U. S. Could Take Regarding the Indian Nuclear Problem Relating to Political, Economic, and Technological Factors", Report of Department of State, October 13, 1964, *DDRS*, Document No.: CK3100503322.

他潜在的核国家将会受到南亚核扩散的影响,从而引起全世界范围内的核扩散。① 同时印度将会向苏联寻求先进的运载系统,印苏关系将会更加亲密。② 面对印度发展核武器的影响,约翰逊政府认为,"相信能够最好服务美国利益的,就是印度坚持其目前不去发展核武器的政策。"③

三、约翰逊政府对印度发展核武器的反应

约翰逊政府认为中国的核试验有损印度的国际威望,因此印度将会为了维护其在国际上的声望而选择发展核武器。在中国进行核试验之后,印度驻美大使 B. K. 尼赫鲁就向美国军控和裁军署署长威廉·福斯特表示,"中国的核试验严重有损印度在远东地区的颜面,因此印度国内强烈要求发展核武器来弥补中国因为核试验在南亚取得的心理上的优势,并希望美国能够考虑这些问题。"④ 美国情报评估也认为,中国作为一个核国家而存在将会对印度的国家声望造成难以预料的打击,"印度将担心第三世界国家把印度没有发展核武器视为其在科学上和经济上的软弱而非是道德上的考虑"。⑤ 对此,美国国务院认为,"国际声望在决定印度以后的政策上起着非常重要的作用。"⑥

因此,约翰逊政府认为要阻止印度发展核武器,首先就是要提高印度的国家声望,避免印度因为中国核试验对其国家声望和在第三世界国家中的地位造成的影响而选择发展核武器。美国驻印大使鲍尔斯认

---

① "H. S. Rowen Evaluates India's Nuclear Weapons Program. Memo", Department of State, December 24, 1964, *DDRS*, Document No.: CK3100154493.

② "Proposed Courses of Action the U. S. Could Take Regarding the Indian Nuclear Problem Relating to Political, Economic, and Technological Factors", Report of Department of State, October 13, 1964, *DDRS*, Document No.: CK3100503322.

③ *Ibid.*

④ Document 74, Memorandum of Conversation, *FRUS*, 1964 – 1968 (Vol. XXV): *South Asia*.

⑤ "Nuclear Weapons Programs Around the World", Central Intelligence Agency, 3 December 1964, William Burr (ed.), *National Intelligence Estimates of the Nuclear Proliferation Problem: The First Ten Years, 1957 – 1967*, National Security Archive Electronic Briefing Book No. 155.

⑥ Background Paper on National Attitudes Towards Adherence to a Comprehensive Test Ban Treaty and to a Non-Proliferation Agreement, Secret, Background Paper, December 12, 1964, *DNSA*, Nuclear Non-Proliferation: NP01078.

为,劝说印度不要发展核武器最好的方式之一就是增强印度的自豪感。① 在约翰逊政府看来,提高印度的国际声望,创造印度的自豪感,首先就是在国际上能够证明印度的核能力是比较先进的,要远远地超过中国。美国国务院认为,"与印度在科技方面的合作可以证明印度已经取得的科技成就,增加印度的国际声望。"② 国务院还指示鲍尔斯大使向印度传达"美国愿意与印度在科技方面合作的意向,共同探讨原子能的和平利用"。③ 美国原子能委员会也认为,与印度在和平使用核能的合作可以有助印度抵消中国进行核爆炸在宣传上的影响,增强印度的科技声望,提高印度在欠发达国家中的地位,阻止印度发展核武器。④ 1964年11月底,美国原子能委员会委员约翰·帕勒弗瑞(John Palfrey)向汤普森大使提交了一份"关于加强与印度进行和平使用原子能前景的讨论文件"的报告。在这份"讨论文件"的报告中,美国原子能委员会详细讨论了与印度进行核合作的具体细节和领域。⑤ 这也说明美国原子能委员会与印度在核合作方面的积极态度。

1965年初,约翰逊政府开始考虑调整核不扩散政策。1965年1月21日,研究美国应该如何应对核扩散挑战的吉尔帕特里克委员会向约翰逊提交了他们的研究报告。报告明确说明:防止核武器进一步扩散是美国明确的国家利益所在。核武器的扩散将对美国的国家安全造成越来越严重的威胁。⑥ 在这种情况下,美国拒绝了巴巴向美国寻求对

---

① Document 83, Telegram from the Ambassador to India (Bowles) to Robert Komer of the National Security Council Staff, *FRUS*, 1964–1968(Vol. XXV): *South Asia*.

② Document 79, Telegram from the Department of State to the Embassy in India, *FRUS*, 1964–1968(Vol. XXV): *South Asia*.

③ Ibid.

④ "Letter from John G. Palfrey, Atomic Energy Commission, to Ambassador Llewellyn E. Thompson", November 23, 1964, with Attached Report: "Discussion Paper on Prospects for Intensifying Peaceful Atomic Cooperation with India", Confidential, Joyce Battle (ed.) *India and Pakistan—On the Nuclear Threshold*, National Security Archive Electronic Briefing Book, No. 6.

⑤ "Letter from John G. Palfrey, Atomic Energy Commission, to Ambassador Llewellyn E. Thompson", November 23, 1964, with attached report, "Discussion Paper on Prospects for Intensifying Peaceful Atomic Cooperation with India", Confidential, Joyce Battle (ed.), *India and Pakistan—On the Nuclear Threshold*.

⑥ "Nuclear Weapons Programs Around the World", Central Intelligence Agency, 3 December 1964, Top Secret, William Burr (ed.), *National Intelligence Estimates of the Nuclear Proliferation Problem: The First Ten Years, 1957–1967*, National Security Archive Electronic Briefing Book No. 155.

印度核技术的直接援助①,与印度进行和平核爆炸的合作也逐渐搁浅。1965年4月底,格林·西博格在给美国国会联席会议主席的信中表示,与印度在和平核爆炸方面的合作存在着很大的危险。美国与印度在和平核爆炸方面的合作已经是不可能了。这也说明约翰逊政府采取与印度进行核合作来增强印度的民族自豪感和国家威望的考虑已经行不通了。

约翰逊政府也试图让印度明白,发展核武器费用昂贵,也是难以负担的。1964年10月,巴巴宣称印度只需花费1000万美元就可以研制成功并试验一枚原子弹。肯尼迪政府时期的总统科学顾问,时任麻省理工学院院长的著名科学家威斯纳认为,巴巴低估了核试验所需的费用,并认为这是巴巴在煽风点火,试图为研制原子弹造势。威斯纳要求原子能委员会给印度提供可靠的关于核试验的费用评估。② 美国国务院收集了有关核武器发展所需的费用和数据,通过鲍尔斯大使传达给印度政府主要官员:主要的大国现在已经感觉到了保持先进武器系统的经济制约,印度若是迈向核武器之路,就不得不考虑弹道导弹、发射井、导弹系统和其他技术的费用和开支,而一个中程导弹系统将花费一个工业国家大约8亿美元,加上每个导弹将要需要100万美元的保修来维持其遏制力量,而对于印度来说,直接的费用将会更高。③

与此同时,美国决策者也在考虑是否利用美国对印度的经济援助作为阻止印度发展核武器的手段。从冷战开始到约翰逊政府时期,为了支持印度的经济发展,使之成为美国在南亚地区的战略依托,美国一直对印度进行经济援助。为了通过促进印度的经济发展来实现美国的南亚战略,美国向印度提供了大量的赠款和贷款。美国军控和裁军署认为,如果美国单独采用停止对印度的经济援助来威胁不要发展核武器,效果将会是极其有限的,也会使美国在经济上、政治上和军事上付出代价,苏联将会趁机扩大在印度的影响,印度也将最终决定发展核武

---

① Document 88, Memorandum of Conversation, *FRUS*, 1964 – 1968(Vol. XXV): *South Asia*.

② Document 85, Telegram from the Embassy in India to the Department of State, *FRUS*, 1964 – 1968(Vol. XXV): *South Asia*.

③ "State Department Telegram Regarding Estimated Cost of Indian Nuclear Weapon Program", May 24, 1966, Joyce Battle (ed.), *India and Pakistan—On the Nuclear Threshold*.

器。① 中情局认为,"夏斯特里很可能在很长一段时间内决定不发展核武器,是为了换回美国对其持续的高额经济援助。"②因此,罗伯特·克默认为核不扩散和对印度的经济援助政策至少是结合在一起的。③ 因为在约翰逊政府看来,美国不想看到对印度的经济援助是浪费在发展核武器上。1966年6月10日,国家安全行动备忘录第351号文件要求,"在美国的利益范围内可以使用经济手段来阻止印度发展核武器"。④

约翰逊政府也考虑到了采用经济手段阻止印度发展核武器所带来的后果。国务卿腊斯克建议"不应采取刺激性措施"。⑤ 1966年8月1日,国家安全行动备忘录第355号文件指出,在阻止印度发展核武器给予其经济压力考虑的同时,美国对印度经济援助就是让其坚持国内的经济改革,用于经济发展,在这种情况下,如果直接对印度表示要削减或停止对其经济援助,将会增加印度对美国的不信任,会使印度更加地依附苏联。因此文件建议,"应该避免直接地对印度削减或停止对其的经济援助"。⑥ 由此,可以看出,约翰逊政府还是比较赞成这一观点,即采用经济手段对阻止印度发展核武器有很大的作用,只是在策略上要间接、缓和,不要直接刺激印度。在对印度的粮食援助上,约翰逊政府采用了"拉紧绳索"的办法,目的之一就是利用粮食援助来限制印度发

---

① "Proposed Courses of Action the U. S. Could Take Regarding the Indian Nuclear Problem Relating to Political, Economic, and Technological Factors", Report of Department of State, October 13, 1964, *DDRS*, Document No.：CK3100503322.

② "India's Nuclear Weapons Policy", Director of Central Intelligence, SNIE 31-1-65, October 21, 1965, Jeffrey Richelson (ed.), *U. S. Intelligence and the Indian Bomb*, National Security Archive Electronic Briefing Book No. 187, April 13, 2006.

③ "Memorandum for President Lyndon B. Johnson from R. W. Komer Regarding Ways the U. S. Could Convince Indian Prime Minister Indira Gandhi to Limit India's Nuclear Energy Development for Peaceful Uses Only", Memo, White House, March 18, 1966, *DDRS*, Document No.：CK3100156140.

④ Document 347, National Security Action Memorandum No. 351, *FRUS*, 1964 - 1968(Vol. XXV)：*South Asia*.

⑤ Document 363, Memorandum from the President's Special Assistant (Rostow) to President Johnson, *FRUS*, 1964 - 1968(Vol. XXV)：*South Asia*.

⑥ The Indian Nuclear Weapons Problem, Further to NSAM 351, Secret, National Security Action Memorandum, NSAM 355, August 1, 1966, *DNSA*, Presidential Directives. PD01151.

展核武器。①

在约翰逊政府看来,影响印度发展核武器最重要的因素无疑就是国家安全问题,尤其是中国成功进行核试验之后,印度就更加担心中国对其进行核威胁。约翰逊政府认为,"除非印度认为有国际保障能足够保证其国家安全,否则印度在未来的几年内将极有可能发展核武器。"②虽然美国能够清醒地认识到保障印度的国家安全对影响印度发展核武器有着至关重要的作用,但是否给印度以安全保障,如何给印度安全保障,约翰逊政府有着不同的看法和考虑。在中国核试验之后,约翰逊总统就发表声明表示,美国愿意保护亚洲人民来抵抗中国的"侵略",美国会给那些不去寻求发展核武器的国家以保护。③约翰逊总统很明确地表示,对所有无核国家在遭到核攻击后给予安全保障,而非是给某一个国家提供特殊的安全保障。军控和裁军署强调,"由于印度不结盟的外交政策,美国要是给印度提供安全保障,就必须是私下的和秘密的,美国也不反对印度向苏联寻求同样的安全保障。"④参谋长联席会议支持约翰逊总统的声明,反对给印度任何特殊保障。在参谋长联席会议看来,那样"会疏远美国的盟友巴基斯坦",同时也反对苏联参与对印度的安全保障,"让苏联参与进来,会扩大苏联在印度军方的影响力"。最后,参谋长联席会议提醒,"对印度的核武器问题关注越多,就会越进一步地介入到印度。美国不应该在印度问题上承担过多的责任。"⑤鲍尔斯大使则明确表示,如果印度不去发展核武器,美国就像在

---

① Rex W. Douglass, "U. S. Crisis Aid and Strategic Interests—Lyndon B. Johnson's Short Leash Food Aid to India", in A Dialogue on the Presidency with a New Generation of Leaders, *Papers of the 2005 -2006 Center Fellows*, Washington, D. C. ,Center for the Study of the Presidency, 2006.

② Document 90, Memorandum to Holders of NIE 4-2-64 and NIE 31-64, *FRUS*, 1964 -1968(Vol. XXV): South Asia.

③ *Public Papers of the Presidents of the United States*, Lyndon B. Johnson, 1963 -1964, Book II, p.1357.

④ "Proposed Courses of Action the U. S. Could Take Regarding the Indian Nuclear Problem Relating to Political, Economic, and Technological Factors", Report of Department of State, October 13, 1964, *DDRS*, Document No.: CK3100503322.

⑤ "The Indian Nuclear Problem: Proposed Course of Action", Memorandum for the Secretary of Defense, October 23, 1964, Attached *to Letter from Robert McNamara to Dean Rusk*, October 28, 1964, Joyce Battle (ed.), *India and Pakistan—On the Nuclear Threshold*.

北欧、日本那样给印度提供同样的核保护伞。① 罗伯特·克默支持鲍尔斯的意见,认为"美国应该单方面地给印度以核保护,与西方结盟应该包括印度"。② 邦迪对此持有异议,并警告说:"任何同等或联合地给予印度的保障(涉及到美苏)将会使日本朝向不结盟的方向大大推进。"邦迪继续说道:"这样强烈的安全保障要是延伸到印度这样的国家,要是美国对任何无核国家都作出承诺,其可信度就要受到质疑。"③美国国务院认识到,印度不结盟的外交政策决定了美国不可能向印度提供正式的安全保障。国务院认为,给印度提供一般性的安全保障,也可以保障印度的国家安全,也就可以使印度放弃发展核武器。同时国务院也赞成印度向苏联寻求同样的安全保障。④ 国务卿腊斯克表示,"我们不会对某个国家给予特殊的承诺,也不会承担全部的责任。"⑤

可以看出,在对印度安全保障问题上,虽然约翰逊政府内看法不同,但是无论支持还是反对,都是着眼于美国的国家利益。赞成者是担心印度因为安全问题发展核武器,对美国核不扩散政策是一个很大的打击,给印度安全保障,不仅能够解决印度发展核武器的问题,而且还可以趁机把印度拉入美国一边,能够更好地实现美国在南亚的战略利益;反对者恰恰认为给印度过多的安全保障容易使美国陷入到南亚的纷争,这是与美国采取"中立"的南亚政策相违背的,同时还会使美国担负更多的责任,因此美国国务院强调"应该避免为了阻止印度发展核武器,而对印度的安全保障承诺过多"。⑥

从约翰逊政府的种种反应可以看出,美国对印度发展核武器是非常重视的,并想阻止其发展核武器。但是在具体的政策上,美国陷入了

---

① Document 71, Letter from the Ambassador to India (Bowles) to the President's Special Assistant for National Security Affairs (Bundy), *FRUS*, 1964 – 1968 (Vol. XXV): *South Asia*.

② Motivations for Political Offers to India Secret, Memorandum, January 14, 1965, *DNSA*, Nuclear Non-Proliferation: NP01097.

③ Francis Gavin, "Blasts from the Past: Proliferation Lessons from the 1960s", *International Security*, Issue 3, Vol. 29.

④ Background Paper on Factors Which Could Influence National Decisions Concerning Acquisition of Nuclear Weapons Secret, Background Paper, December 12, 1964, *DNSA*, Nuclear Non-Proliferation: NP01079.

⑤ "State Department Telegram for Governor Harriman from the Secretary", February 27, 1965, Joyce Battle (ed.), *India and Pakistan—On the Nuclear Threshold*.

⑥ *Ibid*.

阻止印度发展核武器与美国南亚战略利益和核不扩散政策之间的"两难"。因此,寻找一种能够解决这种"两难"的政策,能够使美国在解决印度发展核武器问题上有所作为,是约翰逊政府必须作出的选择。

四、约翰逊政府的政策选择和结果

在核不扩散问题上,随着美国放弃多边核力量计划,约翰逊政府转而寻求 NPT 的积极谈判。印度在国际社会上一贯支持核裁军的立场,并加入了 1963 年的部分核禁试条约。约翰逊政府认为建立合理有效的国际协议,即控制核武器的不扩散协议,不仅能够让印度明白核扩散将会比核威胁更加危险,而且还能够限制印度和其他国家发展核武器。[①] 在《核不扩散条约》的框架下,印度可以获得正式的承诺,这样可以成功地劝说印度放弃发展核武器。[②] 因此,达成 NPT 协议,也就成为约翰逊政府阻止印度发展核武器的主要手段。

美国首先考虑到利用《核不扩散条约》可以将无核国家的和平核活动置于国际原子能机构的安全控制之下,反对无核国家进行和平核爆炸。如果印度加入了《核不扩散条约》,那么印度的核材料和核设施都将会在国际原子能机构的保障之下,不仅可以随时监控印度的核能发展情况,还可以阻止印度把核能用于军事目的。同时美国军控和裁军署表示,如果《核不扩散条约》允许进行和平核爆炸,就会给发展核武器提供合法的机会。[③] 1965 年 8 月美国向 18 国裁军委员会提出了条约草案。条约草案的第三款就是每个国家都要承诺为国际原子能机构对和平核活动的保障监督方面提供合作。美国原子能委员会主席格林·西博格表示,美国向国际原子能机构承诺对原子能的和平使用采用安全保障,以作为阻止核武器扩散的主要工具。[④] 1966 年 3 月,在日内瓦《核不扩散条约》的谈判中,美苏双方都不希望让其他国家有权使用和

---

① Background Paper on National Attitudes Towards Adherence to a Comprehensive Test Ban Treaty and to a Non-Proliferation Agreement, Background Paper, December 12, 1964, *DNSA*, Nuclear Non-Proliferation: NP01078.

② Value and Feasibility of a Nuclear Non-Proliferation Treaty, Internal Paper, December 10, *DNSA*, Nuclear Non-Proliferation:NP01070.

③ Document 141, Memorandum from Secretary of State Rusk to President Johnson, *FRUS*, 1964-1968 (Vol. XI): *Arms Control and Disarmament*.

④ Document 150, Editorial Note, *FRUS*, 1964-1968(Vol. XI): *Arms Control and Disarmament*.

平核爆炸装置。

针对美国提出对和平核活动的限制以及反对在无核国家实施和平核爆炸,印度驻日内瓦18国裁军委员会的代表特里维蒂表示反对,"对原子能和平使用的控制应该应用到所有国家,而不能仅仅是针对无核国家和发展中国家的核设施"。① 美国认为如果无核国家进行和平核爆炸,就有可能把这种能力转化为军事目的而成为实际意义上的核国家。1966年3月美国副国务卿鲍尔指出,印度已经开始准备进行地下核爆炸。鲍尔建议,"美国应该考虑与苏联一起为所有的国家——有核国家和无核国家——提供用于国家公共工程的和平核爆炸,通过建立一个国际性的机构并授权给美国或苏联来支持实施和平核爆炸。"②国务卿腊斯克也认识到,印度要求保留实施和平核爆炸的权利给《核不扩散条约》的谈判造成了很大的障碍。印度强烈反对美国对和平利用核能的主导、控制、反对和平核爆炸。特里维蒂表示这是美国的殖民主义,无核国家要保留实施和平核爆炸的权利。③ 对于印度强烈的态度,美国认为如果公开声明反对和平核爆炸,印度就有可能不签署《核不扩散条约》,这也将会极大地影响其他无核国家签署《核不扩散条约》。④ 对此,腊斯克向约翰逊总统建议,"美国和苏联应该加快研究向无核国家提供和平核爆炸服务的可能性。"⑤美国是想通过与苏联的合作来对印度和其他无核国家提供和平核爆炸的服务,既可满足这些国家对和平核爆炸的需要,又能阻止这些国家通过发展和平核爆炸而发展核武器,而且还能赚取经济利益。1967年初,美苏就和平核爆炸的问题在技术上进行讨论。⑥ 1967年2月,在18国裁军委员会上,美国总统约翰逊表示,《核不扩散条约》应该包括用于和平目的和用于军事目的的

---

① Gopal Singh and S. K. Sharma (ed.), *India's Nuclear Disarmament Policy: Iindira Gandhiea*, Vol. II, pp. 645 – 646.

② Document 144, Memorandum from the Under Secretary of State (Ball) to President Johnson, *FRUS*, 1964 – 1968(Vol. XI): *Arms Control and Disarmament*.

③ Gopal Singh and S. K. Sharma (ed.), *India's Nuclear Disarmament Policy: Iindira Gandhiea*, Vol. II, pp. 667 – 668.

④ Document 165, Memorandum from the Acting Director of the Arms Control and Disarmament Agency (Fisher) to Secretary of State Rusk, *FRUS*, 1964 – 1968(Vol. XI): *Arms Control and Disarmament*.

⑤ Document 166, Memorandum from Secretary of State Rusk to President Johnson, *FRUS*, 1964 – 1968(Vol. XI): *Arms Control and Disarmament*.

⑥ Document 175, Memorandum of Conversation, *FRUS*, 1964 – 1968(Vol. XI): *Arms Control and Disarmament*.

核爆炸。约翰逊总统强调说:"这两者在技术上是没有任何区别的,是一样的,和平核爆炸实际上也就是非常先进的武器,美国会在国际原子能机构的安全装置下,给需要和平核爆炸的国家提供服务。"① 对于约翰逊总统的讲话,印度表示这将会阻止其在技术上的选择,印度只能从美国"买进"和平核爆炸技术,而不能自己独立研究和发展和平核爆炸,对此,印度下院表示印度是不会签署这样的《核不扩散条约》的,因为条约阻止了印度进一步地和平发展核能。②

随着《核不扩散条约》谈判的继续发展,印度要求有效的《核不扩散条约》必须保障受到核国家或接近拥有核武器国家威胁的国家安全。③ 印度的国家安全问题就再一次摆在约翰逊政府的面前。约翰逊政府也明白,在对待印度发展核武器的问题上,印度的国家安全问题是不可能被忽视的。为了能够劝说印度签署《核不扩散条约》,美国开始考虑在某种程度上满足印度的安全需要。1966年3月,印度新任总理英迪拉·甘地访问美国。美国国务卿腊斯克与甘地总理进行会谈。在谈及无核国家的安全问题时,腊斯克说:"安全保障对于美国来说是一个很复杂的问题,如果美国承担责任的话,就意味着需要某种形式的联盟,而印度是否需要这种联盟呢?"印度外交秘书 C. S. 杰哈(Jha)表示印度不需要这样的联盟,对印度和无核国家的安全保障也只有苏联加入,才会有效。④ 可以看出,印度需要的安全保障是美国和苏联一起作出的,印度不会因为其国家安全问题而放弃不结盟政策。1966年6月,美国国家安全委员会就印度的核问题召开了会议。针对这次会议,国务院给约翰逊总统提交了一份备忘录,表示:"印度在寻求安全保障还是建立自己的核遏制力量来保证国家安全的选择上,将会寻求一个与其传统的不结盟相一致的政策,因此印度将会非常欢迎美国和苏联一起给所有的无核国家以安全保障。"备忘录还表示,苏联不希望(至少是现在)与美国一起承担任何保障。最后,备忘录认为,要是能够改变苏联的态度,与美国一起在联合国框架之内,或者是之外,一起承担联合保障,将

---

① Message to the Delegates to the Eighteen-Nation Disarmament Committee, February 21, 1967, http://www.presidency.ucsb.edu/ws/index.php?pid=28654&st=&st1=.

② George Perkovich, *India's Nuclear Bomb*: *The Impact on Global Proliferation*, Berkeley: University of California Press, 1999, pp. 135 – 136.

③ *Ibid.*, p. 103.

④ Document 308, Memorandum of Conversation, FRUS, 1964 – 1968(Vol. XXV): *South Asia*.

会有效地遏制印度发展核武器。① 在会议上,约翰逊总统首先表达了对印度核问题的关注。在对印度要求的安全保障问题上,鲍尔支持采用某些多边的形式。副总统汉弗莱表示倾向于利用美国和联合国来给印度以安全保障。高德柏格(Goldberg)大使表示可以在9月份联合国大会之前试探苏联的态度。福斯特也赞成在联合国的框架下考虑印度安全保障问题,并引用印度一位部长的话,"在某个时候,联合国大会的决议将是合适的"。② 会议结束后,对在美国利益范围之内,如何满足印度的安全需要,在什么程度上满足,以及在什么时候适合提出,约翰逊要求进行进一步的研究。③ 依照约翰逊总统的要求,国务卿腊斯克向约翰逊总统提交了关于印度核问题的报告。在报告中腊斯克建议美国应该寻求在联合国框架内对无核国家安全保障的合作,并努力达成不扩散核武器条约,这样可以延迟印度作出发展核武器的决定。报告建议,"在合适的时候,由美国和苏联一起给印度提供私下的安全保障。"④但是苏联对此建议反应并不积极。而在给印度安全保障的问题上,约翰逊政府内部仍然有分歧。

1967年4月,印度原子能委员会主席萨拉巴海和印度驻美大使B. K. 尼赫鲁与美国原子能委员会主席格林·西博格会谈时,萨拉巴海表明:"美苏的联合安全保障是所有无核国家所需要的,这就可以替代《核不扩散条约》。"⑤这也就说明了印度对安全的需要甚于《核不扩散条约》。同时英迪拉·甘地也明确表示:"我们的人民是不会对不结盟政策进行妥协而寻求某个国家或者一些国家的保护。"⑥印度所需要的安全保障不是一个国家或者几个国家的保护,而是在联合国的框架之下来保证印度安全需要。这也对美国最终确定采取何种形式来满足印

---

① "State Department Memorandum for the President: NSC Meeting, June 9, 1966", June 7, 1966, Joyce Battle (ed.), *India and Pakistan—On the Nuclear Threshold*.

② Document 346, Summary Notes of the 558th Meeting of the National Security Council, *FRUS*, 1964–1968(Vol. XXV): *South Asia*.

③ Document 347, National Security Action Memorandum No. 351, *FRUS*, 1964–1968(Vol. XXV): *South Asia*.

④ Document 363, Memorandum From the President's Special Assistant (Rostow) to President Johnson, *FRUS*, 1964–1968(Vol. XXV): *South Asia*.

⑤ Glenn Seaborg with Benjamin S. Loeb, *Stemming the Tide: Arms Control in the Johnson Years Lexington*, Mass.: D. C. Heath, 1987, pp. 372–373.

⑥ Letter to President Lyndon B. Johnson from Indian Prime Minister Indira Ghandi Regarding Indian Plans to Develop Nuclear Weapons Following China's Emergence as a Nuclear Power, Letter, White House, April 10, 1967, *DDRS*, Document No.: CK3100500008.

度的安全需要有着很大的影响。

经过对印度要求安全保障的态度、美国的南亚战略利益和核不扩散政策的仔细考虑之后,约翰逊政府决定将印度和无核国家的安全保障置于联合国的框架之下,由美国、苏联和英国一起通过安理会来实现对印度和无核国家的安全保障。同时苏联也开始对无核国家的安全保障感兴趣。1967年4月,苏联把在联合国的框架下给无核国家的安全保障声明草案交给了来访的印度总理秘书 L. K. 杰哈。在这个声明中苏联表示,"如果一个国家采用核武器对无核国家进行侵略或威胁,安理会和所有拥有核武器的常任理事国将会根据联合国的宪章立即行动,来阻止和消除对和平的威胁和破坏。"① 杰哈把这个文本带到了美国。罗斯托认为,由于苏联准备发表这个声明,而且这个声明是在签署《核不扩散条约》之后才具有效力的,因此,罗斯托向约翰逊总统建议美国应该也表示有核国家可以通过安理会迅速对签署《核不扩散条约》的国家无故遭到核威胁或核攻击之后作出反应。② 国防部长麦克纳马拉也表示,"对苏联的声明文本很感兴趣,并会对这个声明进行认真考虑。"③ 1967年6月,美苏就《核不扩散条约》和对无核国家的安全保障达成了一致。

1967年8月24日,美苏联合向18国裁军委员会提交了不扩散核武器条约的草案。在条约草案中,既限制了印度和其他无核国家生产或进行和平核爆炸,又没有提及对印度和无核国家的安全保障。条约草案还规定核武器国家是1967年1月1日之前爆炸核武器或核装置的国家,这也就包括了中国。印度认为条约草案并没有限制中国核武器库的继续扩大和先进化。④ 对此,特里维蒂表示"此条约草案是无效的"。⑤ 印度国防部长辛格在1967年10月向联合国大会表示,"由于

---

① "Memorandum of Conversation from the Office of the Assistant Secretary of Defense: Meeting Between the Secretary of Defense and Mr. L. K. Jha, Joyce Battle (ed.), *India and Pakistan—On the Nuclear Threshold*.

② Document 438, Telegram from the President's Special Assistant (Rostow) to President Johnson in Texas, *FRUS*, 1964–1968(Vol. XXV): *South Asia*.

③ Document 440, Memorandum of Conversation, *FRUS*, 1964–1968 (Vol. XXV): *South Asia*.

④ Shelton L. Williams, *The US, India and the Bomb*, Baltimore, Maryland: The John Hopkins, 1969, pp. 48–49.

⑤ Gopal Singh and S. K. Sharma (ed.), *India's Nuclear Disarmament Policy: Iindira Gandhiea*, Vol. II, p. 706.

众所周知的原因,印度是不会签署不扩散核武器条约的。"[1]尽管印度表示会拒绝签署不扩散核武器的条约,1968 年 6 月 12 日在美苏的共同支持下,联合国大会仍然通过了该条约。在联合国大会通过《核不扩散条约》的决议之后,安理会对印度和无核国家的安全问题,通过了 255 号决议:针对一个无核国家核侵略或核威胁,安理会尤其是有核国家将不得不"依据联合国宪章,立即采取行动,以履行他们的义务"。条约达成后,约翰逊总统认为《核不扩散条约》是核裁军领域最重要的国际协定。印度很清楚,如果签署了《核不扩散条约》就意味着印度要被剥夺核选择的自由,同时还要把采取有效措施尽早中止核军备竞赛、实现核裁军托付给有核国家,印度在国际核裁军上的地位就要受制于主要的核大国。印度还认为,《核不扩散条约》对于印度作为一个无核国家要求过多,而且并不是所有的有核国家都签署了《核不扩散条约》。[2]由于中国没有签署《核不扩散条约》,印度认为《核不扩散条约》既没有阻止中国发展核武器,也没有满足印度面临中国的核威胁或核攻击时的安全问题。而安理会关于对无核国家的安全保障决议是非常模糊的。就在联合国大会通过《核不扩散条约》的当天,印度政府一致反对签署《核不扩散条约》,印度议会通过了拒绝签署《核不扩散条约》的决议,坚持核政策的公开选择性。

印度拒绝签署《核不扩散条约》,也就意味着约翰逊政府利用《核不扩散条约》的各种条款来限制、阻止印度发展核武器政策的失败。由于美国和印度在对待《核不扩散条约》上的角度是不同的,约翰逊政府的战略考虑和核不扩散政策与印度要求保持核政策的公开选择之间存在着重大的利益分歧,这就决定了约翰逊政府劝说印度签署《核不扩散条约》来阻止印度发展核武器是注定要失败的。

五、结 语

美国约翰逊政府对印度发展核武器的反应和政策,追根溯源是美国对南亚的战略利益所决定的。印度是南亚的重要国家,尤其在地缘战略上既可以阻止苏联的进一步扩张,又可以遏制中国在亚洲的影响,因此,拉拢印度加入遏制共产主义威胁的"自由世界",成为美国南亚政

---

[1] G. G. Mirchandani, *India's Nuclear Dilemma*, p. 149.
[2] Shelton L. Williams, *The US, India and the Bomb*, p. 62.

策的目标之一。这也决定了在阻止印度发展核武器的政策选择上,美国是不可能选择比较激进和直接的政策的。约翰逊政府最终采取通过《核不扩散条约》这种国际性的条约来限制印度,其实是美国对印度发展核武器的一种无奈之举,也是约翰逊政府在阻止印度发展核武器问题上"心有余而力不足"的一种反应。

从伊朗核危机看美国强制性外交

魏光启

摘 要 众多学者认为,强制性外交是对纯军事对抗或者赤裸裸战争的一种有效补充,原因在于它本质上是一种节省成本的治国方略。由于伊朗核危机牵涉错综复杂的利益分割,美伊双方利用各种有利于自己的方式,针锋相对,明争暗斗,相互博弈,双方都不愿意把自己推到风口浪尖。因此,伊朗核危机为检视美国强制性外交的实效提供了新的平台。本文以美国强制性外交方略为切入点,梳理它在应对伊朗核危机中的基本历程,探讨它在该问题下的效用和局限。

关键词 美国 伊朗核危机 强制性外交 单边主义

一、伊朗核危机与美国的基本战略取向

伊朗核问题是美伊关系中最紧要、最核心的问题之一。在长达 30 多年的对峙中,美国对伊朗在宏观上一直以采取战略遏制为主导取向。随着伊朗核危机的持续升级,美国国内充斥着一股黩武主义思潮,不少人叫嚣使用武力解决伊朗核问题,并且草拟了版本繁多的攻打计划。同时,小布什政府自组阁以来,先后发动了阿富汗战争和伊拉克战争,其单边主义和军事行动倾向严重,许多人开始担心伊朗可能成为美国诉诸武力的目标。不过,事态发展至今,美国就伊核问题所采取的基本战略仍旧没偏离长期坚持的坐标方向,也即是说,美国没有选择纯粹的军事行动战略,而是审慎地偏向那种基本上由"胡萝卜"加"大棒"构成的强制性外交战略。

如此思考,一个关键问题便凸现出来:既然美国在阿富汗和伊拉克发动了战争,根除了"敌对势力",那么为什么不以同样的方式解决伊朗核问题呢?实际上,伊朗核问题远比之前的阿富汗问题与伊拉克问题

复杂得多。美国发动阿富汗战争的基本理由明确,主要因为阿富汗塔利班武装支持了恐怖分子的活动;美国发动伊拉克战争的借口虽然不具有可信性,但萨达姆政权早已成为美国人眼中的"肉中钉",而且美国与伊拉克已经有武力交锋的记录。布什政府借助阿富汗战争而"乘胜追击",推翻了伊拉克萨达姆政权。可是,美国要发动针对伊朗的战争,就远非轻易之举,因为这涉及到多重制约因素。

首先,美国自身的因素。第一,传统的大战略框架没有被美国现政府抛弃或超越。自霍梅尼主政伊朗以来,美国对伊朗的大战略基本是强硬遏制和多重遏制。尽管两国关系一度呈现缓和迹象,但整体而言,历任美国政府没有实质性变更对伊朗的大战略。第二,小布什政府对伊朗的具体战略目标模糊,严重制约了伊朗核问题的解决。严格意义上说,伊朗核危机肇始于小布什的第一个任期内,然而,他在解决伊核问题上缺乏连贯的政策策略和清晰的实施路线,只是对此作出了较为"肤浅"的反应。在第二个任期内,他推行以具体问题为导向的双轨政策,即一种既以制裁和先发制人的军事打击来实施强大压力,又通过有限接触以争取合作的政策。这种政策凸现强硬的立场,但在具体合作方面却模糊不清,难以获得显著的成效。第三,小布什政府"反恐"和反大规模杀伤性武器扩散的实践遇到难题。推翻阿富汗和伊拉克政权并没有给布什政府增加继续武力行动的筹码,美军在两地的战后重建中的损失甚至比发动两场战争的代价更大。第四,美国国内主张对伊朗动武的支持率不高,以及由"次贷"危机引起的经济衰退转移了政府对外政策的注意力。第五,核扩散问题上的双重标准导致威信丧失殆尽。偏袒和支持以色列成为有核国家,默认印度和巴基斯坦的核试射,与此同时,却强制朝鲜、伊朗等放弃发展核项目,在道义上失去了支持。第六,美国没有真正找到伊朗发展核武器的证据。到目前为止,美国尚未掌握伊朗发展核设施的详细进程,只是从宏观层面获取了相对有限的资料和图片,对于伊朗掌握核武器生产的进展情况,也多半处于外围猜测之中。

其次,伊朗自身的因素。第一,内贾德总统的强硬路线获得伊朗上下的广泛支持。尽管美国的高压政策和部分国际制裁影响到了伊朗国内民众的生活质量,而使内贾德的支持者在 2006 年 12 月的地方议会和专家会议选举中落败,但支持总统的民意基础仍在。第二,作为海湾地区的大国,伊朗拥有一支比较强大的军队。此外,伊朗还可以动员伊拉克和阿富汗的什叶派、哈马斯、真主党、中东地区的支持者,参与对美国的反击。第三,伊朗拥有储量丰富的油气资源,可以借此与美国周旋。第四,伊朗在具体的核政策上避重就轻,灵活多变,避免走极端,与美国展开了较为成功的博弈。

再次,其他大国和国际组织的因素。对于伊朗核问题,俄罗斯的态度一直比较暧昧,俄罗斯既不希望伊朗真正拥有核武器,又不能容忍伊朗被美国控制,让美国力量在中亚长驱直入,威胁俄罗斯的国家安全。欧盟从自身利益出发一直主张通过外交努力解决伊朗核问题,反对诉诸武力。另外,伊朗是中国进口油气资源的重要来源之一,从保护最基本的国家战略利益出发,中国也不同意美国轻易对伊朗动武。

最后,强制性外交的基本优势。解决核问题,靠常规外交是不现实的,因为美伊两国各自为营,难以接触。虽然新总统奥巴马上台之后,曾多次表示愿与伊朗政府展开直接对话,但是即使启动了直接对话机制,双方也不可能轻易地步入常规外交的轨道。靠武力行动是代价惨重的,因为双方谁也经不起大规模牺牲。

从历史演变的进程来看,美国既没有对伊朗发动大规模军事行动,也没有主动采取常规外交,它以一种正常国家身份看待伊朗,并与其展开和平谈判,以化解包括核问题在内的双边分歧。美国长期倚重的是强制性外交,因为强制性外交是常规外交和武力行动两者间的"折中",尽管它带有某种程度的大国强权主义,但只要操作合理,应用得当,不失为一种经济实惠、"少流血"的理想策略。

二、强制性外交的一般理论

(一) 强制性外交的提出

最早阐述强制性外交思想的是美国人托马斯·谢林,他提出了威逼(compellence)概念,认为威逼是逼迫对方停止某项行动的措施,目的是使对方做某事,以满足自己的要求。[①]

后来,亚历山大·乔治在谢林研究的基础上,正式提出了"强制性外交"的概念。强制性外交是指使用威胁和(或)有限武力,来说服其他行为体停止和(或)消除已进行的某个行动。他认为,强制性威胁包含

---

① Thomas Schelling, *Arms and Influence*, New Haven, Conn.: Yale University Press, 1966, pp. 69–86.

进攻和防御两方面,区分二者意义重大——强制性外交应该是强制性威胁战略的防御性应用,而讹诈是强制性威胁战略的进攻性应用。[1] 乔治的区分进一步拓展了人们研究的视野。不过,强制性外交是否包括使用武力等进攻性手段仍然引起众多学者的争议。

罗伯特·阿特对此进行了深入分析。他说,"强制性外交将威胁或者有限使用武力看作它的基本特征之一,而且常常是唯一的特征"[2],这表明强制性外交可以涵盖乔治的那种积极刺激,但可以不一定这样做。阿特声称乔治界定强制性外交行动的范围太过宽泛,除了上述的谈判和积极刺激方式外,经济制裁和撤回对外援助等非军事手段也在其中,而有限或象征性使用武力只是诸多选择之一。对于强制性外交的定义是否可以使用武力这一议题,学术界有两种观点:一种定义认为强制性外交是威胁使用武力,而不是实际使用武力;另一种定义认为在强制性外交中可以使用武力威胁,也可以使用有限武力。

这里笔者借助国内学者的观点,即强制性外交可被概括为:一国通过威胁使用武力和/或实际使用有限武力,影响另一国的决策,促使其做某事——停止正在进行的行动,或消除已经采取的行动,或从事强制国所期望的其他行动。[3] 乔治从影响决策者制定强制性外交战略的因素出发,列出了强制性外交的四个变体(variants),或曰四个基本类型,即:最后通牒(an ultimatum)(完整意义上的,下同)、默许的最后通牒(a "tacit" ultimatum)、"走一步看一步"方略(the "try-and-see" approach)、逐渐"拧紧螺丝"方略(a "gradual turning of the screw")。[4] 强制性外交提供了经济地实现己方目标的可能性:同传统军事战略相比,它"流血"极少,政治和心理代价较低,而且升级的风险往往小得多。

(二)强制性外交的成功要素

托马斯·谢林总结出在理性假设的情形下威逼成功的 5 个必要条件:威胁必须非常有力;威胁具有可信性;必须规定一个最后期限;强

---

[1] Alexander George and William Simons (eds.), *The Limits of Coercive Diplomacy*, 2nd ed., Boulder, Colo.: Westview Press, 1994, pp. 7 - 10.
[2] Robert J. Art and Patrick M. Cronin, *The United States and Coercive Diplomacy*, Washington, D. C.: United States Institute of Peace Press, 2003, p. 7.
[3] 钱春泰,"美国与强制性外交理论",《美国研究》2006 年第 3 期,第 53 页。
[4] Alexander George and William Simons (eds.), *The Limits of Coercive Diplomacy*, pp. 18 - 19.

制方必须向敌手保证,服从将不会导致未来提出更多的要求;冲突不能为零和博弈,双方必须在避免全面战争方面保有某些共同利益。① 以谢林的理性威逼理论作为发展其强制外交概念的起点,通过结构性比较,乔治等人对多个案例进行了研究,归纳出影响强制外交效用的情景变量(contextual variables)和成功要素以及决策者面临的主要问题。情景变量影响强制性外交的运用,共有八个,分别为:对方挑衅的性质以及阻止或解除对方挑衅的难度;双方动机的不对称程度;双方对战争结果的预测;(主动权在强制方)在某一具体日期之前解决问题的紧迫度;努力的单边或集体特征;双方是否有强有力的领导者;对方被孤立的程度;强制方在危机解决之后与对方发展关系的倾向。② 重要的是,乔治同时列出了八个促成强制性外交成功的要素:目标的明确性、强有力的动机、动机的不对称、紧迫感、足够的国内与国际支持、对手因不能承受危机升级而感到的恐惧、解决危机的清晰条款及强制方的强有力领导者。③

乔治提出的情景变量和成功要素,获得了不少学者的赞同。他的"胡萝卜"加"大棒"策略,为决策者实行强制性外交战略提供了选择。但是,皮特·杰克伯森总结认为,乔治的理论框架几乎没有深入触及到为多边或联盟推行强制性外交战略提供解决问题的层面。这一理论框架的效用主要用于解释该战略实施后成功或失败的原因。如果出现三个或者三个以上的重要行为体,由于变量众多,加之操作困难,它的效用会十分有限。杰克伯森构筑了一个理想政策(the ideal policy),旨在采用最少的衡定变量而最大化地获得强制性成功。该理想政策由四部分构成,分别为:凭借足量的实力和武力威胁,以最少的代价和快速的方式击败对方或者断然拒绝对方的要求;设定最后期限;确保将来不给对手提供任何需求;提供"胡萝卜"。④ 杰克伯森吸收了乔治的优点,考虑了在多个行为体之间实施强制性外交的情形,简化了评估强制性外交成败的要素,为冷战后人们进一步研究强制性外交的效用拓展了空间。

此后,其他学者也对影响强制性外交的可行策略进行了深入的探

---

① Thomas Schelling, *Arms and Influence*, pp. 1, 3 – 4, 69 – 76, 89.
② Alexander George, *Forceful Persuasion: Coercive Diplomacy as an Alternative to War*, Washington, D. C.: United States Institute of Peace Press, 1991, pp. 69 – 71.
③ *Ibid.*, pp. 76 – 81.
④ *Ibid.*, pp. 25 – 31.

讨,尽管侧重点不同,但主旨趋同。这里笔者综合各家之言,提出五个决定强制外交是否可被视为可行策略的条件:强制方向对手提出强制要求的变化幅度;强制成功的标准;评估是否使用武力以及使用武力的限度;强制方要求的灵活性及其与向对手积极提供"胡萝卜"之间的关联;强制者的特征。第一个条件表明,强制方对对手实施强制时,如果提出的要求太过离谱,或者前后要求变化幅度过大,都会影响强制性局面的形成或破裂。关于强制成功的标准,虽然学术界尚未就此达成一致意见,但必须予以充分思考。第三个条件较为复杂。强制性外交以武力作为后盾,但大规模动武显然凸现强制性外交的失败。在推行强制性外交时,必须审慎地对待武力,威胁使用武力不可少,但要精细评估,掌握好分寸。第四个条件强调,强制者一定要避免要求过度、固执僵化。积极地向对手提供"胡萝卜",以构建对手理性"配合"的中间地带,这有利于强制性外交的推行。另外,强制者的特征对强制性外交的成功与否也有深刻的影响。单边的强制还是联盟(集体)的强制、国家类型和价值取向的差异等会不同程度地左右强制性外交的运行。以上五个条件跟乔治等人提出的要素有着深刻的联系,而乔治的情景变量和成功要素是本分析的基础。

三、美国强制性外交应对伊朗核危机的概况

在强制性外交理论系统产生以前,国际舞台上的大国就已经采用它处理与其他国家的关系。两次世界大战中,敌对集团之间向对方发出战争动员的最后通牒就是一种强制,只不过多数失败而已。实际上,这种思想不是孤立存在的,作为国家对外战略的一枚重要棋子,它通常与其他战略手段相关联,比如第二次世界大战爆发前的绥靖政策和冷战期间的威慑战略。第二次世界大战结束至今,美国借助强制性外交处理各类危机的案例不胜枚举,而伊朗核危机则是这一思想在实践上的延续与最新体现。整体上讲,美国运用这一思想应对伊朗核危机可大致分为三个阶段性:第一阶段从2002年9月到2005年8月,核危机的爆发及伊朗的两次"合作";第二阶段从内贾德上台到小布什卸任,核危机的高潮及多次强制制裁的推行;第三阶段从奥巴马上任以来,强制性外交的延续与变化。

（一）核危机爆发及伊朗两次"合作"的时期

2002年9月16日,美情报机构依据两幅侦察卫星照片,证实伊朗正在纳坦兹和阿拉克建造两个秘密的核设施。伊朗这些核设施的曝光,使美国意识到伊朗核技术已经取得重大进展,并有制造核武器的可能。伊朗核技术对美国国家利益构成较大威胁,伊朗核危机由此爆发。2003年2月,伊朗总统哈塔米承认,伊朗已经在中部城市亚兹德附近的萨甘德地区发现铀矿,并进行了开采。伊朗官方首次对外宣布其拥有铀矿及生产、提炼铀的能力,这意味着伊朗已初步具备生产核武器的能力。面对伊朗的此番举动,全世界一片哗然。

对于伊朗的行动,美国反应强烈。为防止伊朗发展核武器,布什政府向伊朗施加强大政治压力和武力威胁,以期迫使伊朗放弃核发展计划。2003年5月2日伊拉克战争胜利之后,美国对伊朗动武的呼声日益提高。2003年6月18日布什发表声明,称美国及其盟国"不允许伊朗发展核武器"。①

在美国政府对伊朗进行武力威胁的同时,美国也利用国际社会的力量对伊朗进行施压。布什政府不断敦促国际原子能机构对伊朗采取强硬立场,对伊朗进行严格核查,并威胁将伊朗问题提交给联合国安全理事会处理。2003年9月12日,在美国的要求下,国际原子能机构通过一项决议,向伊朗发出最后通牒,要求伊朗在2003年10月31日之前向国际原子能机构提交核活动的所有细节。与此同时,美国还利用英、法、德等欧盟国家与伊朗进行谈判,进而施压。

在国际原子能机构和美国的强大压力及欧盟三国的积极斡旋下,伊朗于最后通牒到来之前的10月24日将伊朗开展核研究项目的全部文件移交给国际原子能机构。11月10日,伊朗最高国家安全委员会秘书兼首席核谈代表哈桑·鲁哈尼（Hassan Rohani）在莫斯科宣布,伊朗从即日起将暂停铀浓缩活动,从而"消除国际社会的所有关注与担忧"。② 同日,伊朗向国际原子能机构提交了声明,表示愿意签署《不扩散核武器条约》附加议定书。12月21日,伊朗作出妥协,与英、法、德

---

① 谭卫兵,"布什会见美国会议员,称不允许伊朗发展核武器",新华网,2003年6月19日。

② "Iran Hands Report on Stopping Uranium Enrichment Activity to IAEA", *IRNA*, November 10, 2003.

三国外长达成协议。① 美国政府支持这个协议的签署,并表示了谨慎的欢迎,同时美国的目的也初步实现,即将伊朗置于核不扩散机制之下,对可能进行的伊朗核武器开发进行监控。此后,伊朗停止了核活动,并接受了国际原子能机构的深入核查,伊朗核危机暂时告一段落。

美国在应对伊朗核危机的初发阶段,较为有效地运用了强制性外交思想。长期以来,苦于证据不足,美国难以找到强制伊朗的充分理由。伊朗主动表露其核活动为美国实行强制性外交奠定了基础。在这一基础下,美国伙同其中东盟友以色列持续地向伊朗施加军事压力,特别是以色列渲染密谋军事打击伊朗布什尔核反应堆的方案和国际原子能机构发出的最后通牒,给伊朗国内上下造成一种紧迫感和恐惧感。但是美国并没有使用武力推翻阿富汗塔利班政权的那种单一方式,而是以较为审慎的方式与伊朗博弈。它借助国际原子能机构和欧盟三国的力量不断向伊朗施压,迫使其接受核查。英、法、德与伊朗达成的"德黑兰联合声明"实际上应了强制性外交得以实施的那种要求(demands)与奖励(incentives)相对合理平衡的条件,即伊朗停止铀浓缩活动,接受核查与发展民用核能进而保证其国家安全并举。这个条件是伊朗可以接受的,也是欧盟三国、美国及国际原子能机构认可的。

但是,伊朗核危机远没有结束,美伊博弈又因国际原子能机构的报告再掀波澜。2004年2月24日,国际原子能机构公布一项报告,称该机构核查人员去年9月在伊朗发现了放射性元素钋的痕迹。这种元素可以"用于军事目的",伊朗在过去的核计划声明中从未提及与钋有关的核活动。② 面对来自国际原子能机构的质疑,美以两国无休止的指责和武力打击的威胁以及伊朗民众的强硬倾向,伊朗政府承受着巨大压力,其态度也开始转向强硬。2004年3月,伊朗宣布位于伊斯法罕的核燃料处理设施已恢复运行,将在今后20天内开始核燃料的试生产。③

面对伊朗的举动,美国的回应措施相对克制。在对伊朗动武的问

---

① Iran's Nuclear Programme: A Collection of Documents, Presented to Parliament by the Secretary of State for Foreign and Commonwealth Affairs, January 2005, http://www.fco. gov. ukPfilesPkfilePcm6443. Pdf.

② Karl Vick, "Another Nuclear Program Found in Iran", The Washington Post, February 24, 2004.

③ Richard Bernstein, "Europeans Criticize Iran's Plan to Start up Enrichment Plant", The New York Times, April 1, 2003.

题上持保留态度,并更加重视国际社会的力量。2004年10月15日,美国在华盛顿召开八国集团伊朗核问题会议,支持英、法、德三国同伊朗进行积极的斡旋,并同意给予伊朗某些好处以促使其放弃研制核武器计划,但同时保留将伊朗核问题提交安理会的可能。一度剑拔弩张的危机终于出现了缓和的迹象。2004年11月15日,英、法、德三国与伊朗在巴黎达成《巴黎协议》,重申了2003年10月的"德黑兰联合声明",并决定在此基础上进一步加强合作。① 随后,伊朗向国际原子能机构递交了中止与浓缩铀有关的一切活动的书面报告,宣布将从11月22日起中止浓缩铀活动。29日,国际原子能机构理事会以未经表决的方式通过决议。这份决议得到了美国和伊朗的肯定,美国对伊朗作出了较大的让步,如放宽对伊朗的经济制裁,允许外国与伊朗进行经济交流。而且特别值得注意的是,美国允许伊朗发展民用核能,但前提是需使用西方提供的轻水反应堆和核燃料。这是美国对伊朗坚持发展民用核能作出的回应。同时通过这一让步,美国可以控制伊朗核工业的技术来源,加上国际原子能机构的监督,从而对伊朗发展核技术实现双重监控。

《巴黎协定》签署后,在美国的支持下,欧盟与伊朗双方就核问题的最终解决继续展开谈判。欧盟于2005年8月5日出台了对伊和谈一揽子文件,即《长期协议框架》。主要内容是:加强欧盟和伊朗在政治、安全、经济技术等方面的合作;欧盟对伊朗民用核能计划提供长期支持;为加强联系,建立谈判评估机制。此时的伊朗核问题在朝着有利于解决的方向发展。②

就美国强制性外交思想实践来说,伊朗核问题取得了部分进展。首要的条件在于美国作出了审慎的让步,在持续强硬的基础上使用"怀柔"策略,逼迫伊朗合作的同时给予它必要的刺激物,形成了相对可行的要求与满足要求的基本对称条件。其次,欧盟三国在美国的默许下发挥了至关重要的作用。欧盟三国虽与美国在具体的战略利益上有分歧,但是在防止伊朗核问题恶化方面,有着共同的切身利益。实际上,美国在无形中将欧盟视作同伊朗博弈的"代言人",这就弱化了美伊两国直接交锋遇到的诸如恢复两国外交关系正常化等所谓的棘手问题。

---

① Iran's Nuclear Programme: A Collection of Documents, Presented to Parliament by the Secretary of State for Foreign and Commonwealth Affairs, January 2005.
② "Text of European Union's Proposal to Iran", *Mehr*, August 8, 2005.

美国可以暂时"置身事外",从一个较为理性的角度缓和与伊朗之间的关系。从现实层面来看,小布什在第二个任期开始之际,由于深陷阿富汗战争和伊拉克战争的泥潭,其中东和海湾政策的核心在伊拉克,因此伊朗核问题相对处于"温和"应对阶段,暂时采取必要的让步缓解无暇顾及的困扰,不失为一种理想的权宜之计。对于伊朗而言,阿富汗和伊拉克是前车之鉴,过分追求强硬对峙必然会招致更大的麻烦,甚至引发战争。由欧盟牵头、获得美国肯定的新方案为伊朗提供了某些可控空间,而且美国也作出了历史性的让步,这一弥足珍贵的机会不容错过,冷静加入"协商谈判"不失为一种明智之举。然而,正如第一次"合作"的惨淡短命那样,这次"合作"仍旧具有潜在的脆弱性和短暂性,而伊朗政府的重新构筑则成为引发新矛盾的直接导火索。

(二) 从内贾德上台到小布什卸任:强制性外交的成效

2005年8月,保守派内贾德就任伊朗新总统,伊朗核谈判立场发生重大变化。内贾德强调进行浓缩铀活动是伊朗不可剥夺的合法权利,并声称将要正式重启核转化活动。2006年1月3日,伊朗宣布已恢复中止两年多的核燃料研究工作,并于1月10日在国际原子能机构的监督下揭掉了核燃料研究设施上的封条,正式恢复核燃料研究活动。在调解无效的情况下,国际原子能机构理事会于2月4日通过决议,决定把伊朗核问题提交联合国安理会。3月29日,安理会通过主席声明,要求伊朗在30天内中止一切核活动。在巨大的国际压力下,内贾德政府不为所动,仍下令伊朗恢复铀浓缩活动。

伊朗的步步进逼使美国陷入尴尬的境地。美国从战略大局出发,一方面,加紧在海湾地区进行军事部署。对伊朗施加压力的同时,也为可能的冲突做准备,美伊军事冲突的可能性大大提高。另一方面,积极促成国际社会解决伊朗核危机的外交努力。自核危机重新爆发以来,美国多次召集各相关国家外长举行会议,并于2006年6月1日维也纳会议上,提出了六国方案。[①] 这一新方案在囊括之前各项解决协议的内容上,进一步放宽了对伊朗的经济制裁,并承诺帮助伊朗融入国际经济体系。伊朗认为,六国方案虽包含"积极措施",但也有"模糊不清之处",有待进一步探讨。对于伊朗的消极反应,六国外长7月12日在巴

---

① Louis Charbonneau, "Iran Has until July to Consider Atomic Offer: Austria", *Reuters*, June 9, 2006.

黎发表声明,决定将伊朗核问题重新提交联合国安理会。7月31日,安理会通过第1696号决议,要求伊朗在8月31日之前暂停所有与铀浓缩相关的活动,否则将可能面临国际制裁。① 在伊朗拒绝执行安理会第1696号决议后,美国极力推动安理会通过对伊制裁的新决议。紧接着,联合国安理会又分别通过第1737号决议和1747号决议,要求伊朗立即停止所有与铀浓缩、重水反应堆有关的活动,并加大了对伊朗核计划与导弹计划相关领域的制裁。

面对美国的强硬姿态和联合国的制裁,伊朗暂时软化了自己的态度,同意与国际原子能机构进行谈判。但是,此后国际原子能机构理事会提交的一份内部报告认为,伊朗在与该机构合作澄清其核计划中悬而未决问题方面取得进展,但伊朗依然没有暂停铀浓缩活动。2007年10月25日,美政府宣布对包括伊朗国防部在内的20多个政府机构、银行和个人实施制裁,以惩罚伊朗"支持恐怖主义"和"进行扩散大规模杀伤性武器活动"。②

2008年3月3日,联合国安理会通过第1803号决议③,决定进一步加大对伊朗核计划及其相关领域的制裁。6月12日,美国总统布什在接受法国电视三台采访时重申,在伊朗核问题上,不排除对伊动武的可能。④ 此后,美国财政部以参与伊朗研制核武器的活动为理由,单独对伊朗国有公司及其附属企业实施经济制裁。10月8日,伊朗总统内贾德说,制裁对伊朗产生不了任何作用。⑤ 面对伊朗持续的不合作,欧盟和美国的部分人士也开始质疑布什的现行政策:欧盟核谈判高级代表索拉纳对现行政策能否成功持悲观主义立场,而美国前驻联合国大使博尔顿则怀疑倚重制裁强制伊朗弃核的可行性。但是,美国的官员坚持认为不会改变现有政策,他们将继续致力于双轨战略处理伊朗核

---

① "Security Council Demands Iran Suspend Uranium Enrichment by 31 August, or Face Possible Economic, Diplomatic Sanctions", Department of Public Information, United Nations, July 31, 2006.

② 新华网华盛顿2007年10月25日电,http://news.xinhuanet.com/world/2007-10/26/content_6948679.htm.

③ 新华社,"安理会新决议加重制裁伊朗",《京华时报》2008年3月5日。

④ 新华网巴黎2008年6月12日电,http://news.xinhuanet.com/newscenter/2008-06/13/content_8357520.htm.

⑤ 新华网德黑兰2008年10月8日电,http://news.xinhuanet.com/world/2008-10/08/content_10167403.htm.

问题——国际制裁与提供"胡萝卜"。①

内贾德入主伊朗之后,美国强制性外交思想在发展至今的实践中取得了有限进展。伊朗新总统极端的保守性和强硬性,为美国及其中东代言人以色列加大军事威胁、军事部署和潜在打击的力度提供了条件。美国借助欧洲三国(英、法、德)、联合国及国际原子能机构,逐步升级对伊朗的强压,逼迫伊朗完全放弃核计划。与此同时,美国还在经济制裁、外交孤立、舆论宣传方面大肆打击伊朗的势头,特别是促使联合国安理会先后通过5次对伊决议,极大地压制了伊朗的气焰。美国的"大棒"压得伊朗国民人心惶惶,一种阴暗悲观的气氛笼罩在德黑兰街头。在升级强势威胁的同时,美国没有忘记利用外交手段缓和双方的敌对态势。无论是欧盟三国的新方案,此后的六国方案,还是国际原子能机构的不懈调查与协调,都能够表明美国不放弃并且依赖外交努力的一贯性和持续性。两种手段的结合促成了美国对伊政策取向的基本点。本质上说,美国的目的仍旧是敦促伊朗回到完全放弃核计划、核项目的老路上来。

强制性外交实施成功的五要素有助于我们更好地认识美国的"战功"。首先,美国在使用武力方面较为审慎。表面上美国加强了军事打击的准备,缩小了外交努力的空间;实际上,美国至少不愿意或者暂时不敢鲁莽动武,它的策略主要围绕在军事威胁和升级军事威胁上,这种威胁使用武力上的小心谨慎为强制性外交的开展奠定了基调。其次,美国的强制受制于它自身的约束。作为民主国家的典范,美国对外推行任何政策都会受到本国民众支持率的左右。在对伊政策上,美国国民虽然关注但并没有表现出极大的热情和支持,因此在现实政策制定和执行的统一性上,华盛顿不能或不敢擅自突破现有瓶颈的束缚而突变政策,只能在现有政策框架下修补、完善。伊朗核危机爆发以来,美国就一直同它的欧洲伙伴英、法、德三国保持亲密接触。可以说,美国的强制不是完全的单边强制,而是以它为主导的集体强制,甚至可以说,在伊朗拒不接受任何协议的紧要关头,包括中、俄在内的联合国安理会成员国也成了集体强制的一员,这种特性助长了强制者的权势和能力,为获得实效创造了条件。

---

① Greg Bruno, "Iran's Nuclear Program", Concil on Foreign Relations, September 4, 2008, http://www.cfr.org/publication/16811/irans_nuclear_program.html? breadcrumb=%2F.

但是,美国对于有关强制成功的另外三个核心条件履行得不充分。如果说美国向伊朗提供"胡萝卜"方面作出了努力,而且促成了伊朗在核危机初始阶段的两次"合作",那么随着实质性问题的升级,美国要求伊朗完全放弃核项目时所抛出的诱惑物显然不足以让伊朗理性地满意。在强制成功的标准上,美国人的眼睛总是盯在伊朗完全无核化上,缺乏分阶段、分目标获取成功的可行性强制方案。这就引出了强制成功的核心条件——要求适中,恰到好处。美国在执行要求伊朗满足自己期望的政策时,背离了适中原则,它的要求太过离谱,前后之间的要求变化幅度太大,导致伊朗看不到获取自身利益的希望,也就不能达成合理、互信的基本前提。内贾德是推动核危机升级的导火线,但这不等于说责任主要在于他,不等于说是他瓦解了美伊关系先前的那种积极态势。假使内贾德有责任,也只能说他是一种非核心因素,充其量是伊朗政府的代言人而已。

反过来看,伊朗的反强制性政策也起了重要作用。首先,由于政教合一观念根深蒂固,伊朗伊斯兰政权得到了国内绝大多数人的支持。其次,伊朗现政权采取了迂回战术,将获取国家的根本安全与放弃发展核设施结合起来,在危机爆发的不同阶段,避重就轻,与美国周旋。第三,伊朗利用丰富的石油资源,发展同俄罗斯、中国及部分欧盟国的关系,借助它们来牵制美国。与此同时,伊朗还寻求伊斯兰世界的支持,发展同阿拉伯世界的友好关系,积极营造有利于己方的舆论氛围。第四,美国在核问题上的双重标准或多重标准成为伊朗丧失合作信心、与其展开博弈的关键点。最后,从现有的资料分析,伊朗一直通过各种渠道,千方百计获取核原料和核技术,秘密发展核设施。

基于此,强制性外交思想在化解伊朗核危机上只能说取得了部分进展,不能说取得了完全胜利。布什政府对伊政策摇摆不定,缺乏连续性;双方相互猜忌,缺乏理性互信的合作基础;要求对方合作与给予对方奖赏之间凸现严重的不对称;目标僵化,不灵活,没有分阶段逐步达到目的的"缓冲";伊朗的反强制措施基本得当等。鉴于上述因素的综合影响,美国在伊朗核问题上无法获取全面的胜利。

(三)奥巴马上台后强制性外交的延续

种种迹象表明,美国当选总统巴拉克·奥巴马在后布什时代继续借助强制性外交来解决伊朗核问题。早在 2008 年 5 月 19 日的美国蒙大拿州的演讲集会上,奥巴马就指出,"伊朗的威胁是严重的,而我们不仅要跟朋友谈判,还要跟我们的敌人接触","这就是外交的用途所在"。①当选下届总统后,奥巴马在自己的博客里阐述了对伊政策的主要取向。他认为伊朗确实是个现实威胁,但是美国在遭遇伊朗威胁时并没有丧失非军事化选择方式,而且在许多方面有待尝试。他反对武力解决伊朗核问题,支持无条件地与伊朗总统直接进行外交谈判,并且指出当前是强压伊朗改变其糟糕行为的好时机。他还提出了具体的施行方案:"奥巴马和拜登将为伊朗当局提供一个选择。如果伊朗放弃核计划和对恐怖主义的支持,我们将向其提供诸如世界贸易组织会员国、经济投资和恢复外交关系正常化等激励措施。如果伊朗继续其糟糕的行为,我们将采取经济制裁和政治孤立。依靠这种综合方式解决伊朗问题,是取得进展的最佳方法。"②2008 年 12 月初,奥巴马在接受采访时明确提出"经济援助加更严厉经济制裁"政策,采取"胡萝卜加大棒"政策,以使伊朗放弃核发展计划。③

奥巴马在总统就职演说中力倡变革。这种倾向反映在伊朗核问题上就是谋求与伊朗展开直接对话和外交谈判。2009 年 1 月 26 日,奥巴马在接受阿联酋迪拜电视台采访时公开声称:"在处理同伊朗关系上,美国有权使用包括外交在内的各种工具。"④在此后的表态中,奥巴马多次表示,美国将通过面对面的外交谈判途径克服美伊在核问题上的紧张关系。但是,奥巴马的"亲善"表态没有获得伊朗的充分信任。虽然伊朗总统也建议伊美总统直接对话,但伊朗在私下里继续发展核项目,并于 2009 年 9 月 22 日宣布伊朗已研制出新一代离心机。与此同时,伊朗分别于 2009 年 5 月 20 日和 9 月 28 日成功发射"泥石-2"地对地导弹和"流星-3"中程导弹。在接下来的任期内,奥巴马有可能偏向常规外交方式解决伊核问题,但这需要巨大的勇气和实质性行动,因为利益角逐与分割决定了迈出此项步伐的极其困难性。

从目前的形势判断,针对伊朗的一贯立场,奥巴马政府本质上没有变更其前任留下的战略:一方面继续借助联合国、国际原子能机构以及六方会谈等机制,试图营造新的缓和环境;另一方面针对伊朗的"出格"行为,美国继续其一贯的制裁与施压,虽然没有明确表示武力施压,但

---

① http://www.24en.com/voa/StandardEnglish/200805/2008-07-07/92512.html.
② 奥巴马博客:http://origin.barackobama.com/issues/foreign_policy/#iran.
③ 人民网 2008 年 12 月 9 日电。http://world.people.com.cn/GB/8485755.html.
④ Michael D. Shear and Glenn Kessler, "Obama Voices Hope for Mideast Peace in Talk With Al-Arabiya TV", *The Washington Post*, 27 January 2009.

军事手段作为后盾的策略从来没有改变过。实际上,奥巴马政府一直践行的还是强制性外交基本路线,只不过以一种相对"温和"的手段推行而已。美国杜克大学公共政策与政治科学教授布鲁斯·詹特森为此提供了可供奥巴马选择的战略框架:强制与外交并用;强制目的在于政策的变化,而不是政权更迭;"恰到好处"地使用制裁——制裁必须以真实有效的可能性为前提;使用多边、多重战略;深入了解伊朗,不仅包括它的普遍价值观,伊斯兰政体特定的运行模式以及特殊的政策,还要总结强制性外交在该国所产生的基本效用、局限以及对手的反应。①

四、几点评论

在应对伊朗核危机的宏观进程中,强制性外交一直作为最基本的策略为美国人所用,可见它的理论意义与实践优势之所在。但是,这一思想不是放之四海而皆准的"至宝",无论在理论层面还是在现实层面,都存在不少的质疑之处。我们应该用辩证的思维方式看待它。具体评论如下。

第一,强制性外交的理论贡献在于:它开辟了解决国际问题尤其是双边问题的"第三条"道路。它是常规外交与军事行动的"折中",就解决国际争端与冲突而言是一个新的理论视角。

第二,它也存在理论的局限。首先,它没有形成完整的理论体系,仍旧处于发展阶段,需要完善的内容较多。其次,它所要求的成功条件与变量太多,尚未形成可供政策采用的统一的标准。再次,在价值判断上,它采取传统现实主义的基本立场,主要依靠武力或者说实力为后盾,这有利于强国、大国推行自己的意志或决心;对弱国小国来说,很难借助于此来争取自身的利益。进一步说,研究强制性外交的主体在美国,其学术成果处处体现美国人的价值取向和利益要求。自提出强制性外交理论以来,美国成为实践该理论的"中流砥柱"。美国学者分析、研究、论证、检验该理论的目的是为了服务于美国的国家利益。最后,从合法性角度来看,它也存在争议与质疑。强制性外交是否符合正义与公允的原则,取决于使用它的国家的出发点,它并不具有天然的合法性。

---

① B. W. Jentleson, "Coercive Diplomacy: Scope and Limits in the Contemporary World", *Policy Analysis Briefs*, December 2006, p. 3.

第三，美国借用强制性外交所取得的现实成效。自实施强制性外交以来，美伊关系相对处于一种"冷静"态势，大抵化解了伊朗核危机进程中的不同波澜。总体上讲，美国没有像对阿富汗与伊拉克那样，对伊朗动武；恰恰相反，它更多地借助他国或国际组织的力量来牵制伊朗，并在危机的各个进程中默认了伊朗的某些要求。当然，决定美伊关系这种状态的因素是多方面的，但这种相对"柔性"的"胡萝卜加大棒"政策舒缓了核危机对峙时的紧张感。

第四，特别需要强调的是，强制性外交实质上是一个不对称的博弈关系。相对于对手的实力而言，强制方的实力优势明显，这就决定了被强制方大致处于一种不利的地位。如果被强制方能够左右逢源，找到一个有效的反强制出路，那么本国的利益可能得到维护。但是如若被强制方在受压而屈服时，可以肯定地说，这种屈服的前提就是以出让或牺牲本国的某些利益为代价。因此，强制性外交的实质不是在平等公正、合理有序、相互尊重的氛围中协调双边或多边利益，而是一种以大欺小、以强凌弱的理论概括和现实写照。美国在战后的历史进程中这种例子不胜枚举，它不断借用强制性外交来实现它的所谓普世利益和主张，夹杂着本国的私利。美国对伊朗的强制性外交，也可作如是观。

最后，解决双边或多边矛盾冲突的方式是多样性的综合，因而强制性外交只是诸多选择中的一种。它的作用与具体的国际情势有关，在某些条件下，可能只发挥一种辅助功能。就伊朗核问题来说，美国一直延续它30多年的强硬遏制与避免接触的总体战略，而强制性外交是在这个大框架下的一种中观选择。它的功能依赖于美国在充分考量利益得失的前提下是否愿意真正化解美伊矛盾。其实，伊朗核问题只是美国核不扩散全球战略的一个方面。作为核不扩散体系的缔造国之一，美国频繁抵制核不扩散体制，对他国施行双重核标准。诸如此类的行为表明，它是根据具体的现实需要来变换自己的应对策略的，根本不会拘囿于单一的选择。由此可见，在解析伊朗核危机时，研究者必须站在一个宏观的立场上分析强制性外交的功用，避免陷入狭隘的怪圈。

伯驾的侵台政策述论

谭树林

摘 要 19世纪中美早期外交关系中,美国来华传教士曾扮演了重要角色。这类传教士中,伯驾无疑是其中最重要的一个。在华期间,他多次担任美国驻华临时代办,负责使馆的实际工作,直至亲任驻华专使,于美国对华外交影响深远。本文无意对伯驾在华外交活动进行全面评述,仅就其侵台政策及其影响略陈管见。并从19世纪美国东亚外交政策的宏观视角,分析伯驾侵台政策及19世纪美国觊觎占领台湾的种种计划无果而终的原因。

关键词 传教士 伯驾 侵台政策 中美关系

伯驾(Peter Parker,1804—1888年)为美国传教士,1834年10月奉美国海外传教会(American Board of Commissioners for Foreign Missions,又称"美部会")派遣抵达中国,成为第一位来华的医药传教士。[①] 毋庸讳言,传教士来华的主要目的是传播基督福音。保罗·柯文(Paul A. Cohen)在谈到19世纪来华西人动机时说:"19世纪时,商人们来中国谋求利益。外交官和军人来到中国则谋求特权和让步。外国人中间唯有基督教传教士到中国来不是为了获得利益,而是给予利益;不是为了追求自己的利益,而至少在表面上是为中国人的利益效劳。"[②] 此言虽有美化来华传教士的目的之嫌,但指出传教士与其他来华西人在动机上有所不同确是有一定道理的。然而,19世纪初中西特殊的社会政治、历史背景,"使得来华传教士的活动没有限于单纯的宗

---

① Charles Henry Robinson, *A History of Christian Missions*, New York, 1915, p. 35.
② 费正清编,《剑桥中国晚清史(1800—1911年)》(上卷),中国社会科学院历史研究所编译室译,北京:中国社会科学出版社1985年版,第584页。

教领域,而是以各种方式卷入了西方强国的对华政治经济关系,甚至参与这些国家对中国的政治凌迫和军事征服行动"①。的确,由于当时清政府厉行禁教政策,"传教士要完成吸收信徒的这一主要任务仍然存在着种种障碍"②,"一些传教士由于中国人对直接的福音传教或宗教礼拜活动没有作出反应而感到急躁,便开始把注意力转向外交方面,将它作为促进基督教事业的一个手段"③。所以,"从某种意义上说,从事外交仅仅是 19 世纪 30 年代在广州开始的为寻求更好地进入中国并改变其宗教信仰的方法所作的探索的一种延伸"④。他们希望藉外交官身份为传教提供便利和保护,推进美国基督教在华传教事业。而就中美外交关系而言,由于早期美国驻华使领馆人员对中国颟顸无知,对华外交事务几乎全部倚重他们。他们虽名义上是翻译或秘书,实际上无异公使或领事。因此,在 19 世纪中美早期外交关系中,美国来华传教士曾扮演了重要角色。这类传教士中,伯驾无疑是其中最重要的一个,他甚至因长期从事对华外交事务,1847 年被美国海外传教会除名。⑤ 在华期间,他不仅曾担任顾盛使团的中文翻译及顾问,而且多次担任临时代办⑥,负责使馆的实际工作,直至亲任驻华专使,于美国对华外交影响深远。本文无意对伯驾在华外交活动进行全面探讨,仅就伯驾的侵台政策及其影响略陈管见,请方家赐教。

一、伯驾之前美国掠取台湾的言论与主张

台湾作为我国位于东南部海域中的一个重要海岛,因其位置之重要和资源之丰富,自 16 世纪西方殖民国家相继东来后,即成为他们争相觊觎之对象。美国因立国原因,自 18 世纪末(1784 年"中国皇后号"

---

① 吴义雄,《在宗教与世俗之间——基督新教传教士在华南沿海的早期活动研究》,广州:广东教育出版社 2000 年版,第 210 页。
② 费正清编,《剑桥中国晚清史(1800—1911 年)》(上卷),第 590—591 页。
③ 韩德,《一种特殊关系的形成——1914 年前的美国与中国》,项立玲、林勇军译,上海:复旦大学出版社 1993 年版,第 32 页。
④ 同上,第 33 页。
⑤ Edward V. Gulick, *Peter Parker and the Opening of China*, Cambridge, Mass.: Harvard University Press, 1973, p.141.
⑥ 伯驾担任临时代办的时间为:1846 年 4 月 15 日至 10 月 5 日;1847 年 6 月 28 日至 1848 年 8 月 21 日;1850 年 5 月 25 日至 1853 年 1 月 22 日;1854 年 1 月 27 日至 1854 年 4 月 14 日;1854 年 12 月 12 日至 1855 年 5 月 10 日。其中第 3 次的任职时间长达 2 年半以上。

首航广州)开始开拓对华贸易关系,但随着对台湾重要性认识的加深,其图谋占领台湾之野心丝毫不逊于其他列强,甚至有过之而无不及。在伯驾于1856年12月提出侵台政策之前,美国已出现了几种掠取台湾的言论及主张。

早期来华的美国人,主要为商人、传教士和外交官,最早提出掠取台湾的设想亦出自他们。1832年3月,在美国商人武德(William W. Wood)1831年7月创刊于广州的英文周刊《中国信使报》(Chinese Courier and Canton Gazette)①上,刊出一篇题名"台湾"(Formosa)②的文章。该文认为台湾地理位置优越,距海岸较近,且与传统重要商埠厦门隔海相对;台湾资源丰富,土壤和气候适于大量栽种茶树。如果台湾变成美国对华贸易的一个商站,美国人就可以从该地获取大量茶叶,这将会大大降低美国一向依赖中国供应的茶叶数额。同时,占领台湾也具有重要的战略价值。美国从此可以控制台湾海峡,对来往台湾海峡的所有中国船只随时都可加以遏制,遂成为对抗中国人的一种手段。至于占领台湾的可能性,该文认为,由于中国政府对台湾民众实行残酷压制,台湾民众存有离心倾向,愿意参加任何企图推翻其残酷统治的行动,以求解除他们所遭受的痛苦。该文表达了美国应攫取台湾的强烈意图。③ 但这种言论只是代表美商的意见,并未引起美国政府方面的充分注意。

1834年1月,美国传教士史提文森(Edwin Stevens)在由美国来华传教士裨治文(Elijah Coleman Bridgman)主编的《中国丛报》(The Chinese Repository)上,发表题为"台湾"的专文,并附有大幅地图。该文在详细介绍了台湾的地理位置、地形分布、澎湖群岛的港湾优良以及台湾的政治隶属及航行条件后,特别强调台湾对贸易的价值。首先,地理位置优越。距离中国本土不足30里格,距离日本不出150里格,与菲律宾的距离更近。其次,资源极为充裕。再次,拥有基隆这样的优良

---

① 该刊中文名称又译为《华差报与东钞报》,见"Chinese Courier and Canton Gazette", in Frank H. King and Prescott Clarke, *A Research Guide to China-Coast Newspapers, 1822-1911*, Cambridge, Mass.: Harvard University Press, 1965.

② 西方人称台湾为"Formosa"(音译为"福摩萨"),始于葡萄牙殖民者。见Edward Band, *Working His Purpose out: The History of the English Presbyterian Mission, 1847-1947*, Taipei, 1972, p.73.

③ *Chinese Courier and Canton Gazette*, XXXIV, March 22, 1832.

港口。在中国已开放及未开放的口岸中,台湾算是一个最可取的口岸。①

在商人和传教士鼓噪美国应攫取台湾的同时,外交官亦提出了自己的对台主张。其中最典型的是"购取台湾论",提出者为美国驻宁波领事哈里斯(Townsend Harris)。他在详细研究了英、法、荷兰等有关台湾的权威著作后,于1854年向国务卿马西(William L. Marcy)提交了一份长达120页的报告。该报告从台湾历史、地理、经济、军事等对美国的价值方面,论述了美国购取台湾的重要性。但哈里斯的这份报告先是被国务院官员作为不宜公开的"密件"(confidential)存案,直至次年,即1855年7月31日,才被呈送美国总统核阅,但"美国政府当时因实力所限,似无意在东亚扩张领土,对于购取台湾的主张,未予采纳"②。

几乎与哈里斯同时,奉命率领美国东印度舰队远征中国海及日本的海军司令佩里(Matthew C. Perry)提出在台湾建立美国基地,以作为美国侵略亚洲,特别是侵略中国大陆的军事基地。佩里也被称为"是美国官方第一个不仅从商务,而且从政治的观点将太平洋与亚洲问题联合在一起加以考虑的人士"③。他认为随着美国领土扩张到太平洋沿岸,美国今后在远东的商务定会日趋发达。为了保护日益重要的美国利益,美国必须在太平洋以及在东南亚地区,占有若干据点,以作为海军及贸易的基地,一如英国之占有香港。他在一封公函中谈到将美国的领土管辖权扩张到西大陆以外的必要性。他说:"我敢负责力陈,在世界的这带地方建立一个立脚点,以作为支持我国在东方的海权的肯定必要措施,实为得计。"④

佩里最初设想的地点有三处,即小笠原群岛(Bonin Islands)、琉球群岛和台湾。然而,由于与日本顺利订约,占领小笠原群岛和琉球群岛的计划不得不放弃。这样,佩里遂将目标转向台湾。实际上,早在1853年7月,佩里已派阿巴特(J. Abbot)到基隆探查台湾煤炭的品质,以调查台湾是否适于作为美国对华贸易的轮船航线提供煤储的基

---

① *The Chinese Repository*, Vol. II, pp. 409 – 420.
② 黄嘉谟,《美国与台湾(1784—1895)》,台北:中研院近史所1966年版,第128—133页。
③ 李定一,《中美早期外交史》,北京:北京大学出版社1997年版,第220页。
④ 泰勒·丹涅特,《美国人在东亚:19世纪美国对中国、日本和朝鲜政策的批判的研究》,姚曾廙译,北京:商务印书馆1959年版,第235页。

地。因为佩里在启程前,美国政府交给其三项使命,其中之一就是在日本或其附近的岛屿,为美国海军及商船建立煤栈。阿巴特经过勘察,向佩里报告台湾的煤产:"关于台湾的煤矿,我们所已知的矿区是很广大而且有价值的,在这些矿区附近可能还有其他蕴藏,连本地的人们都不知道。我们还有充分理由相信,该岛其他地区的煤藏也很多⋯⋯单就我们所已见到的煤矿来说,如果归一个美国的矿产公司掌握,其价值将不可限量。"① 与日本签约后,佩里又命炮舰"马其顿号"和运输补给舰"供应号"前往台湾。1854 年 7 月 17 日,"马其顿号"和"供应号"到达基隆港。由于担负科学调查任务的随军牧师琼斯(George Jones)"无懈地对煤矿的搜寻,他已经发现了八个或十个极其广大和富有价值的煤区,各该区的煤都显得很纯净优良"②。

佩里研究了阿巴特和琼斯的报告后,力主美国应先在台湾建立一个殖民地或居留地,作为美国在东方商务的中心,因为台湾具备的条件足以使它担当这一角色。第一,台湾虽名义上属于中国领土,实则大半独立,因为大部分地方为独立的土人占据,处于未被征服的和原始社会的状态。满清政府从台湾获取的税收无几,每年最多不过 100 万元。第二,台湾岛气候宜人、土壤肥沃,现今的人口包括中国人和土著不过 300 万人,应能够供养为数更多的人口。第三,基隆等港口处及其附近地区,经常受到海盗的骚扰与劫掠。如果美国在基隆建立一个殖民地或居留地,由于美国人卓越的防卫武力,既可抵抗或吓退海盗的侵扰,其附近地区也能得到保护,相信定会得到中国人的欢迎。第四,美国只要在名义上支付购买价款,就可取得土地及重要特权的让与,包括开采煤矿的特权在内。只需不时派遣一二只美国兵舰到台湾巡弋,无需仰仗华盛顿政府的其他保护,即可迅速地建立一个兴旺的美国人社区,进而增进美国在东方海上的商务利益。第五,基隆一经成为美国殖民地或居留地,同时也就成为各国船只停泊的港口。美国居民不但可以经营煤矿开采,也将输入美国先进的农业技术及必要的机械,改良台湾土地的生产条件,使产量大增。而当地的中国居民一向勤劳,所要的报酬不高,绝不会有劳工缺乏的现象发生。第六,美国在台湾建立殖民地的基础一经巩固,便会扩大所占地区的范围。欧洲各国政府决无反对这

---

① 卿如楫,"甲午战争以前美国侵略台湾的资料辑要",转引自庄建平主编,《近代史资料文库》(第 3 卷),上海:上海书店出版社 2009 年版,第 65 页。
② 同上。

项进展的理由。因为各国船只可以到台湾各港停泊,取得补给或从事其他活动,同样可以沾润相当的利益。鉴于台湾海盗骚扰频仍,不能缺少防卫力量,尤其不能没有美国海军的保护,因此他主张在台湾建立一个美国的海军基地,负担各种不同的任务。而台湾的地理位置,也非常适于作为美国在东方的商务集散地。以此地为起点,可以建立诸多的交通线,通往中国、日本、琉球、交趾支那、柬埔寨、暹罗、菲律宾以及附近海上的其他岛屿。如能同时在台湾建立美国的海军基地,正好相互配合行动。尤其台湾煤炭丰富,可以为海军轮船供应充足的煤炭;而且台湾位于中国沿海主要商港的前面,在海陆军事上处于有利的地位。只要配置一支实力充足的海军,不但足可掩护并控制那些商港,而且可以控制中国东北海面的入口。在美国海军的掩护下,建立于台湾的美国商业集散地不受关税的限制与束缚,势必吸引各国船只驶入该地区的港口贸易。这样不用多久,这个商业集散地就可与香港及新加坡的广大市场相匹敌。[①]

但是,美国政府对佩里的全套计划并不支持。皮尔斯(Franklin Pierce)总统以"非经国会授权,美国行政当局不能远到东方去占据或领有像台湾那样的岛屿"为由加以拒绝。美国国会除通过议案"请海军部把贝理(即佩里——引者注)率领舰队远征中国海及日本的报告及图表等件移送国会",并命令将该项文件付印公布外,也并无进一步的行动。因此,佩里提出在台湾建立美国殖民地与海军基地的主张最终无法实现。[②]

上述掠取台湾的种种主张最终未能实现,但无疑促使了美国政府对台湾的重视。特别是哈里斯和佩里的侵台主张,对伯驾侵台政策的影响更为直接。对此,李定一先生曾有精辟分析:"值得我们注意的是潘利(即佩里——引者注)及郝利士(即哈里斯——引者注)在中国这一段期间,伯驾正是美国驻华使馆的秘书兼译员——使团中实际上最重要的负责人。我们很难相信他没有受到潘利等人的美国在太平洋上建立'商务帝国',并欲与英国争雄于太平洋上的思想之影响。"尤其是"伯驾返国活动使华外交委员的职位时,潘利司令也返美国了,潘利的言

---

① *Narrative of the Perry Expedition*, Vol. II, pp. 178 - 181. 另参黄嘉谟,《美国与台湾(1784—1895)》,第 138—140 页。
② 黄嘉谟,《美国与台湾(1784—1895)》,第 140—141 页。

论,自然曾给伯驾以深刻的印象。"①

二、伯驾对台湾的关注及其侵台政策的出笼

伯驾虽然是来华医学传教士,但其对台湾的关注,可以说由来已久。伯驾所以关注台湾,大致出于以下三方面原因。

首先,源于美国船只遇难而失踪的美国人员可能流落台湾的谣传。自1784年美国"中国皇后号"首航广州,开拓了中美间直接通商后,来华的美商船只逐年增多。1844年中美《望厦条约》签订后,美国取得了在五口通商的权利,但美商在上海的商务发展最为迅速,因而美商船只来往广州至上海的较多,而且多数就近取道台湾海峡,遇风或触礁失事的美商船只并不罕见。1844年10月27日,由马尼拉驶往厦门的美国商船"金刚石号",途经台湾西南方时不幸覆沉,船上人员幸被附近渔船救起,才幸免于难。1848年10月,美国商船"水鬼号"在驶离香港后,不久即告行踪不明,各方均认为该船在台湾海峡遇难。该船乘客之一的美商利托马(Thomas S. H. Nye)的弟弟利极登(Gideon Nye Jr.)时在广州经商,亟盼美国海军舰只能赴台湾调查其兄之遭遇。1849年7月,美船"海豚号"前往基隆勘查,然并未发现美方失踪人员。1851年5月,在台湾海域遇难的英船"拉奔特号"上的三名船员被英船"羚羊号"救起带至香港。据他们报告,还有许多流落台湾岛各地的欧美人员被土著拘禁为奴。当时已担任美国驻华代办的伯驾得到这些消息后,即函请美国驻香港领事浦士(F. T. Bush),依据这些传闻,就近搜集一些更为详确的资料,以便送请停泊在中国海面的美国舰队考虑采取行动。伯驾还准备于适当的时候,请求中国政府转饬台湾地方官员,善为处理此项事件。②

此时,伯驾又得到美国兵舰"马里翁号"从台湾附近平安归来的消息。"马里翁号"曾在广东海面至厦门及上海等口巡航,从上海回航途中,在台湾西北搁浅。幸而船上人员将过重的炮弹抛弃后,该船才安然脱险,1851年6月17日回到黄埔停泊。这一事件影响到伯驾对台湾的看法:他认为台湾位于中国沿海航线的中心,它的居民,尤其东部沿海的居民生性野蛮,对于受难的欧美人员施以虐待,西方各国政府应担

---

① 李定一,《中美早期外交史》,第223页。
② 黄嘉谟,《美国与台湾(1784—1895)》,第44页。

当起保护的责任。伯驾也特别吁请美国国务院予以注意。

"马里翁号"化险为夷,尤其是英船"拉奔特号"三名生还船员带来的消息,重新燃起了利极登寻找3年前失踪的其兄利托马的希望。利极登于是向伯驾请求,应派人到台湾调查其兄踪迹。伯驾与利极登私交既密,再加上他本人亦非常关注台湾,乃允其所求,于6月27日函请美国东印度舰队指挥官沃克(W. S. Walker),请求速派兵舰前赴台湾环岛勘察,查明究竟有无美国人在台湾沿岸遇难。伯驾指出,探寻的结果即使不尽理想,但因此而获得台湾沿岸航路及台湾居民性格的情报,今后必大有用处。7月7日,伯驾再致函沃克,强调此次派兵船前赴台湾,除执行探寻美国人员的任务外,对于可能附带获得的任何情报,都不应忽视。如所到地方的人口、性格、体貌,各处港口的略图、物产与贸易,以至港口附近的煤炭资源等。①

就在伯驾函商沃克派兵舰赴台湾勘察的计划时,英国早已派兵船"火蛇号"前去台湾,调查在台湾沿岸失事的欧美船只,以及有无失事船员被害或被拘留奴役的情形。伯驾因"火蛇号"调查的区域仅到台湾西南部,盼望对东部海域进行勘察,以明真相。伯驾乃派中国人吴锡安到台湾调查,仍无所获。②尽管勘察活动并未能使"所谓美国人员羁留台湾岛上的传疑"得到确证,但伯驾对台湾的兴趣与日俱增。

其次,台湾对美国在东方商务发展上的作用,也引起伯驾的重视。在这点上,他受到老友——美商利极登的影响。由前揭可知,利极登屡次要求伯驾协助搜寻在台湾失踪的兄长利托马,实际上利极登此举不仅仅出于手足情深,他对台湾的财富也很关切。1855年,利极登因在华商务失败,乃与另一美商拉毕雷(W. M. Robinet)组织了一个商业公司,在一个叫猴山的地方开辟贸易。经过一番勘察后,他们用贿赂的手段,取得了樟脑贸易的垄断权和在打狗设立机构的特权。同时,他们同意每只载运樟脑出口的商船纳税100美元,并承诺保护打狗不受海盗侵袭;他们还耗资45 000美元用于疏浚河道及建造港口,并在那里升起了美国国旗。后来,美商的行径愈来愈引起当地居民的不满,他们便以武力胁迫进行贸易。由于利极登和拉毕雷深知难以企求由美国海军占领该岛,故建议说:"如果他们准知能获有美国政府的核准和保护,

---

① Peter Parker to W. S. Walker, June 27 & July 7, 1851, U. S. Archives: Despatches from U. S. Ministers to China. 另参黄嘉谟,《美国与台湾(1784—1895)》,第47—48页。

② 李定一,《中美早期外交史》,第25页。

他们非常愿意在台湾成立一个独立政府。"① 这种观点对伯驾侵台政策的提出,无疑会产生一定影响。

第三,伯驾作为一位传教士,基督教在台湾的传布也是引起他关注台湾的因素之一。早在 1830 年,美国传教士雅裨理(David Abeel)航经台湾附近时,就呼吁应注意台湾的基督教传教事业。他指出,荷兰人占据台湾期间,台湾的基督教传教事业一度相当成功,接受洗礼的教徒为数很多。但随着荷兰人被逐出台湾,原有的教堂被毁,教士遇害,传教事业亦随之停顿。他认为如果不是叛乱频仍,台湾不实为一个宣扬基督教教义的理想之地。② 1832 年,普鲁士传教士郭实猎(Charles Gutzlaff)随英船"阿美士德号"到达台湾,看到台湾当地的宗教情况后大为叹息,渴望基督教能再度传入台湾,以消除那些蚀害人类的流毒。郭实猎以英文写下的航海纪录 1833 年在纽约出版并风靡一时。伯驾来华途中,即随身携带郭实猎的这些航海日记并加以阅读。③ 郭实猎主张将基督教再度输入台湾的观点,必然会受到正欲在中国开展传教事业的美国教士们的重视。其后,美国传教士史提文森谈到台湾时,对于荷兰人在台湾传布教义的功绩极为赞赏,字里行间流露出希望基督教重新输入的心情。④ 这些观点无疑会影响到伯驾,导致他对台湾传教事业的关注。

伯驾对台湾的关注一如上述。促使伯驾在 1856 年 12 月抛出侵台政策的直接原因,则是希望藉此作为胁迫清政府答应修约的"最后手段"。修约问题曾是 19 世纪清政府与列强外交关系中的重要议题之一。第一次修约由英国在 1854 年发起,法、美响应。当时伯驾以麦莲(Robert Milligan Mclane)副使身份参与了那次修约,但最后以失败告终。之所以如此,一个重要原因是修约要求不具合法性。《南京条约》、《望厦条约》和《黄埔条约》三者中,首次明确规定修约年限的是中美《望厦条约》。该约第 34 款规定:"和约一经议定,两国各宜遵守,不得轻有更改;至各口情形不一,所有贸易及海面各款恐不无稍有变通之处,应

---

① 泰勒·丹涅特,《美国人在东亚:19 世纪美国对中国、日本和朝鲜政策的批判的研究》,第 246 页。

② David Abeel, *Journal of a Residence in China, and the Neighboring Countries from 1839 to 1833*, New York: J. Abeel Williamson, 1834, pp. 59–60.

③ G. B. Stevens and W. F. Markwick, *The Life, Letters and Journals of the Rev. and Hon. Peter Parker, M. D.*, Boston and Chicago, 1972, p.98.

④ *The Chinese Repository*, Vol.2, pp. 409–420.

俟十二年后,两国派员公平酌办。"①随后的中法《黄埔条约》第 35 款也有相同规定。中英《南京条约》因属政治性条约,原本没有修约规定,英法联合先于美国而提出修约,乃是不恰当地援引 1843 年《虎门条约》第 8 条规定的最惠国待遇,因而其修约要求是非法的。对此,蒋廷黻曾作精辟分析:

按中英《南京条约》是政治条约,并非通商条约,且是无限期的,当然没有修改的例定办法。中英《虎门条约》是通商条约,但是没有修改的年限,不过第八条许了英国最惠国待遇。中美《望厦条约》大部分是通商条约,并且第三十四款规定十二年后双方得派代表和平交涉条约的修改。这约是道光二十四年,西历 1844 年,签字的;修改的时期当在咸丰六年,西历 1856 年。英国根据最惠国待遇一款要求于咸丰四年修约,因为咸丰四年离《南京条约》的缔结正十二年,这个要求是不合法的,第一因为《南京条约》的性质及其无年期的限制;第二因为英国的要求既然根据最惠国一款,那么不应在咸丰六年以前——在美国修约以前;第三条约本身不应包括在最惠条款之内,倘中美修约以后,中国又给美国新的权利,英国自然可以要求同样的权利,但英国自己不能要求修约。事实上英、美、法各有最惠待遇一款,各有其修约目的,故在咸丰四年,三国就联合要求修约。②

概因如此,清政府对英、法、美三国提出的修约要求予以断然拒绝。然而,三国并未就此放弃修约企图。1856 年 1 月,伯驾接替麦莲为驻华专使。伯驾上任后的主要任务即为修约,美国政府赋予伯驾进行交涉的全权,训令他要达到三个目的:(1) 准许外交官员驻扎北京;(2) 无限制扩大满意的范围;(3) 取消一切对于人身的限制。③ 鉴于清廷以往对修约的态度,美国政府认为大有和其他有约各国合作的必要,乃授权伯驾在修约过程中可与英、法采取合作政策。

此次修约,虽然伯驾踌躇满志,但因中外多种因素掣肘,仍以失败告终。眼看修约无望,已抵上海准备联合英、法使臣北上进京,与清政

---

① 王铁崖编,《中外旧约章汇编》(第 1 册),北京:三联出版社 1959 年版,第 56 页。
② 蒋廷黻,《近代中国外交史资料辑要》(上卷),台北:台湾商务印书馆,民国五十五年,第 174 页。
③ 泰勒・丹涅特,《美国人在东亚:十九世纪美国对中国、日本和朝鲜政策的批判的研究》,第 242 页。

府交涉修约事宜的伯驾,被迫于 1856 年 11 月乘"圣查辛托号"离沪返港。然而,此际发生的两个事件,使本已绝望的伯驾似乎又看到联合英、法重启修约的希望。英国借口"亚罗号事件"(Arrow Affair)、法国借口"马神甫事件"(Père Auguste Chapedèlaine Affair),一齐向两广总督叶名琛提起交涉。伯驾认为此机难逢,便在 1856 年 12 月 12 日致函国务卿马西(William Marcy),建议三国再度联合行动,迫使清廷答应修约。他为此建议:

如果英、法、美三国代表亲临白河,而不被迎接到北京去,那么法国即可占领朝鲜,英国再行占领舟山,美国占领台湾,直占领到对过去的种种获得满意解决,对将来有了正确谅解时为止;但是一旦如愿以偿,上述各地应立即归还,交涉当不致再生波折,各关系国最有利及最理想的结果也必可获得。①

此即伯驾的侵台政策。伯驾此时敢于提出侵台政策,美国驻华海军司令詹姆斯·阿姆斯壮(James Armstrong,又译作"奄师大郎")的支持是一个不可忽视的因素。詹姆斯·阿姆斯壮与他的前任佩里见解完全一致,非常重视台湾的煤矿资源以及台湾在由美国西岸通往日本及中国大陆间的交通地位。他极力赞成美国在台湾拓展势力,认为"如果得到美政府的许可,我将可承认利极登等人的殖民并保护之"。②

三、伯驾的侵台政策及其结果

伯驾提出美国"暂时占领台湾",意在胁迫清政府修约。伯驾本人亦承认"这样的新方案只能作为'最后手段'使用"。③ 但是,美国总统皮尔斯和国务卿马西对此甚感不安。马西仓促批阅了伯驾寄呈的公文,致函伯驾说:

我想总统对于我国海军方面开始既缺少谨慎,在随后的步骤上又

---

① 泰勒·丹涅特,《美国人在东亚:十九世纪美国对中国、日本和朝鲜政策的批判的研究》,第 243—244 页。
② 转引自李定一,《中美早期外交史》,第 227 页。
③ 泰勒·丹涅特,《美国人在东亚:十九世纪美国对中国、日本和朝鲜政策的批判的研究》,第 244 页。

缺乏忍耐，必引以为憾。英国政府所抱的目的显然已超出美国所筹议的范围以外，不论英国如何渴望我们的合作，我们决不应该舍己从人。总统竭诚希望台端以及我国海军司令官能为保护美国侨民的生命财产做到一切所必须做的事而不卷入中、英纠纷，或对美、中友善邦交造成任何严重的障碍。①

但是，伯驾等不及美国政府对其"暂时"占领台湾主张的回复，1857年2月12日，再度报告国务院，建议美国政府基于人道、文明、航务及商务上的立场，应立即对台湾采取行动。伯驾之所以如此急促，是因为在他向国务院提出由美国暂时占领台湾的建议后不久，1857年2月7日的《中国之友报》(Friend of China)刊布了在台湾南部发现一艘美国船只的消息，并推测该船可能是来自加利福尼亚的快船"飞鸟号"。这一消息又燃起了已任美国驻澳门美副领事利极登寻找其兄利托马的希望，他于2月10日致函伯驾：无论出于商务还是人道的利益，美国都应占领这一地区，并声称假如美国政府保证一定予以承认并加以保护，他愿意联合一班志同道合的美国人员，从事此地区殖民化的工作。他同时指出，如由美国来开始此项工作，也许不会受到任何国家之反对。②

伯驾与詹姆斯·阿姆斯壮对利极登的建议非常重视。詹姆斯·阿姆斯壮随即派水兵队长西摩斯(John D. Simms)前往台湾调查"飞鸟号"的下落，实际任务是代表美国舰队在台湾建立一个营地，升起美国国旗，并收集各种有关资料，作为日后美国在台湾采取行动的依据。伯驾则在2月12日向国务院提出报告，并附上了利极登的原函。他说：

> 台湾问题已经成为我国许多有事业心的同胞寄以很大兴趣的一个问题，它却也应该受到西方各大商业国比以往更多的重视；甚盼美国政府不致对于事关台湾方面的这种人道、文明、航行和商业关系的行动，畏缩不前，特别是对于目前为野蛮人卜居之所的台湾东南部，我们很有理由相信，许多欧洲人，其中有我们的朋友和我们的同胞，都已经成为他们荼毒残虐之下的牺牲品。③

---

① 泰勒·丹涅特，《美国人在东亚：十九世纪美国对中国、日本和朝鲜政策的批判的研究》，第244页。
② 黄嘉谟，《美国与台湾(1784—1895)》，第145—146页。
③ 泰勒·丹涅特，《美国人在东亚：十九世纪美国对中国、日本和朝鲜政策的批判的研究》，第246页。

伯驾在此函中还敦请国务院注意他迄今尚未奉到复示的12月12日的公文,恳请总统对其加以认真的考虑。如丹涅特所说,伯驾"对于台湾问题考虑得越多,就越想入非非"①。

至此,台湾问题已成为伯驾日夕焦虑的问题。他鉴于台湾的重要地位当时正受到其他强国的注意,唯恐不及时采取行动,会贻误美国在台湾的前途。于是,1857年2月22日,伯驾函请时在香港的美国海军司令詹姆斯·阿姆斯壮速来澳门,共商"这个艰巨的问题,这个问题普遍对于西方各国,特别对于美国会是具有极重大意义的"②。他说:"我现已有确证,证明这个最有价值的岛屿,正被某一强国所垂涎。……(故)我切盼能即与你会商……此一对美国具有特别重要性,对西方各国亦属重要的问题。我有理由相信,如果美国要采取行动,必须赶快。"③

詹姆斯·阿姆斯壮得信后,迅即于2月27日赶往澳门与伯驾会晤。从他们会谈的备忘录中,可以得知詹姆斯·阿姆斯壮同意伯驾的以下建议:(1)为对中国进行报复而占领台湾的措施,必须符合国际法上所承认的原则;(2)中国政府对于各种要求和申斥的延搁不予解决,足可证明采取报复手段的正确性;(3)台湾是一个最值得谋取的岛屿,对于美国具有特殊的价值;(4)目前美国东印度舰队的兵力不足以立即占领台湾,因为中国万一采取敌对行动,所有散布于中国五个通商口岸的美侨,势必难于保护周全。詹姆斯·阿姆斯壮认为伯驾对于台湾问题的处理,已经尽职尽责,如果美国不能取得台湾,并非伯驾的过失,而是美国派驻东方的兵力不足,无法适应紧急事变所造成的结果。④

此后,伯驾继续搜集各方有关台湾问题的文件。1857年3月10日,伯驾将最近有关台湾问题的文件,以"机密"的方式全部录呈国务院,并再次重申美国应立即占领台湾。伯驾在报告中写道:"一旦加利福尼亚、日本和中国间的轮船航线创办成立,这个煤斤的供应来源将会是最为有利的。该岛可能不会归属帝国太久;它一旦在政治上象在地理上一样地和帝国脱离关系,那么美国占领该岛显有必要,特别是就均势的大原则而言。"因为"英国的属地在大西洋中有圣赫勒拿岛,在地中

---

① 泰勒·丹涅特,《美国人在东亚:十九世纪美国对中国、日本和朝鲜政策的批判的研究》,第247页。
② 同上。
③ 李定一,《中美早期外交史》,第230页。
④ 黄嘉谟,《美国与台湾(1784—1895)》,第147页。

海中有直布罗陀和马尔他岛,在红海中有亚丁,在印度洋中有毛利西亚、锡兰、槟榔屿和新加坡,在中国海有香港。设使美国有意这样作,并能为占有台湾作好准备,英国当然不能反对。"①伯驾还引惠顿(Henry Wheaton)《国际法原理》(Elements of International Law)中的条款规定告诉美国国务卿:因为中国不遵守条约,美国便可根据"国际法"规定占领台湾。他说:

如果说有一个国家,其所作所为理应受到报复的话,那就是中国,"它一直拒不充分履行它(和美国)所缔结的义务,又不准许他们享受他们(根据条约的庄严规定)所主张的权利;"假使它坚持这种作法,显然,根据国际法的公认原则,美国如果愿意,就有权占据台湾,以示报复,"直到他们所受的损害得到满意的赔补时为止"。②

从函件看出,此时的伯驾已经迫不及待地主张立即对台湾采取行动,而"他(伯驾——引者)已经完全忘记他原建议在一旦获得满意解决之后,立即将该岛归还中国的那一部分主张了"③。

伯驾本以为由美国占领台湾不会引起英国反对,然事实并非如此。1857年3月21日,驻防香港的英国海军司令西马尔(Admiral Michel Seymour)率部属多人向拉毕雷询问台湾情况。听完拉毕雷的回答后,西马尔表示,这个驻有生番经常戕害遇难船员的岛屿,不应再留在对此无法控制的中国政府手里;西马尔向拉毕雷提出要求,可否允许英国派一名军官到台湾的美商居留地小住几日,从事调查工作。拉毕雷将此事告知伯驾与詹姆斯·阿姆斯壮。伯驾闻讯大为惊慌,立即复请拉毕雷对于英国方面询问或要求的问题应审慎采取保留的态度。④ 同时,伯驾向英国驻华公使包令(John Bowring)对英国企图占领台湾提出严重抗议。他强调声明:"如果台湾岛在政治上和中华帝国脱离关系,我深信美国方面可以实现它对该岛的优先权利主张;第一是根据美国公民和该岛帝国当局已经缔结的契约;第二是根据他们在中国方面的允

---

① 泰勒·丹涅特,《美国人在东亚:十九世纪美国对中国、日本和朝鲜政策的批判的研究》,第247—248页。
② 同上,第248页。
③ 同上,第247页。
④ 黄嘉谟,《美国与台湾(1784—1895)》,第150页。

准下已经在该岛真正安居落户,而且美国国旗已经在岛上悬挂了一年多。"①

包令对伯驾抗议的答复,首先声明所谓英国对台湾有所企图的消息完全不可靠,但对伯驾宣称美国有优先占领台湾的权利的理由,则机巧地加以否认:"本人这还是第一次正式听说美国旗已经在该岛上悬挂了一年多……本人可以向阁下保证,对于美国商务在这些地区的扩充,决无任何嫉忌或不安,并愿竭诚帮助阁下试图予以法律上的效力和保障。"②包令此语的含意,无异暗示美商在台湾进行贸易及其建立居留地的行为并非合法。但伯驾竟未领会,反而对于包令的保证完全满意,并将包令的照会函知詹姆斯·阿姆斯壮。

实际上,詹姆斯·阿姆斯壮在接到拉毕雷的报告,得知英国对台湾有所企图后,经过两天的考虑,拟订了一项军事行动计划。鉴于美国驻华海军力量不足,美商又已在台湾建有居留地,美国军队可派官员前往调查,以美商居留地为活动基地,并在基地上悬挂美国国旗。这样就造成了美国在台湾建立军事基地的事实。一旦美国政府决定占领台湾,作为报复中国拒绝修约的手段,这将为美国占领台湾提供合法条件。伯驾十分赞成詹姆斯·阿姆斯壮的建议,认为美国舰队在台湾美商的居留地建立基地并悬挂美国国旗,对日后的行动当有重大意义。③ 于是也就有了前述詹姆斯·阿姆斯壮派水兵队长西摩斯赴台之举。

伯驾自建议以占据台湾作为胁迫清政府修约的"最后手段",到筹备永久占领台湾,他向国务院提交的报告有三次。但直至最后,他仍不明白美国政府的意向。限于当时的通讯条件,直到1857年2月27日,国务院才收到伯驾1856年12月12日寄出的第一次报告。尽管国务卿马西迅即回复伯驾,但直到三个多月后,马西的训令才到达伯驾任所。由前述可知,马西在训令中直接否定了伯驾的主张,说总统并不认为"我国和中国的关系有采取台端所说的'最后手段'的必要,即使有此必要,则美国的陆海军,也非有国会的授权不得使用。所谓'最后手段'实无异战争,本国政府的行政部门并无宣战之权。……为保护旅华美侨的生命财产,增加我国驻华海军的实力可能是得计的,但是总统并不

---

① 泰勒·丹涅特,《美国人在东亚:十九世纪美国对中国、日本和朝鲜政策的批判的研究》,第249页。
② 同上。
③ 黄嘉谟,《美国与台湾(1784—1895)》,第152页。

要为侵略的目的而这样作。"①马西还告诉伯驾,即使要采取行动,也只有待新任执政者上台后才能决定。

伯驾自然对此颇为沮丧,只有寄望于新任总统会有不同的观点。布坎南(James Buchanan)总统甫一当选,伯驾即致函总统,重申英、法、美三国应联合采取强硬政策,并表达其个人愿意继续努力效忠美国的赤忱。然而,布坎南总统上任不久,即另选列卫廉(William B. Reed)为新任美国驻华全权专使以代替伯驾。1857年8月7日,伯驾收到新任国务卿让其移交的训令,凄然回国。伯驾的侵台梦幻终告破灭。

伯驾的侵台政策最终以失败告终,其原因是多方面的。首先,伯驾的侵台政策是他个人或极少数美国在华官员与商人的主张,不代表美国政府或美国极大多数人的意见。19世纪美国在东方的政策,"其目的始终在于为美国人民及美国商务取得最惠国的待遇"②,而不是获得领土要求。为此,美国政府需要保持中国人对美国的好感,以不断拓展对华贸易关系。倘若美国以与英、法联合行动或单独占领台湾为手段而达到修改条约之目的,则势必会被中国人认为美国是英、法的同类,从而丧失中国朝野对美国的好感,失去美国在对华贸易中与英国竞争的优势条件,这是美国政府所不愿的。而美国通过"利益均沾"的原则,同样可以得到英、法以武力获取的权益。其次,美国驻华海军力量不敷其诉诸武力。佩里司令主张美国占领琉球时,美国政府即明白表示占领后的防守太困难,而否决了佩里的计划。同时,美国的政治体制决定了即使它在远东的海军力量充足,美国总统除非国会授权,亦无权采取军事行动;而美国当时的国力,实难发动一场对中国的战争。伯驾所持的中国拒绝修约及解救美船遇难人员免为土人所杀等理由,不足以促使美国朝野同意采取一种足以引起战争可能的挑衅行动。再次,伯驾的侵台建议提出之时,正直皮尔斯总统卸任之际,他不愿贸然采取足以限制继任者措施的行动,而且皮尔斯总统本人也认为伯驾的侵台是"浮躁的建议"。继任的布坎南总统另行遴选列卫廉为新任驻华专使,将伯驾撤换,实质上是对伯驾侵台政策的否定。

伯驾本来因"修约的光荣一定轮不到他的身上",乃把建议由美国

---

① 泰勒·丹涅特,《美国人在东亚:十九世纪美国对中国、日本和朝鲜政策的批判的研究》,第250页。

② 莱丹,《美国外交政策史》,温浩斯增订,王造时译,上海:商务印书馆1937年版,第339页。

占领台湾看作是"一个成大功,立大业的机会"①,希望藉此为他尚显平淡无奇的外交生涯增添一份辉煌的成果,却不料仍与修约一样毫无所获。这该是伯驾始料未及的。

综上所论,虽然19世纪美国觊觎占领台湾的种种计划均无果而终,但其影响却不容小觑。特别是伯驾,在建议美国政府派兵占领台湾时,甚至否认台湾与祖国大陆存在的密切关系。正如有论者指出的,伯驾"可以说是美国人鼓吹'台湾地位未定'的始作俑者"②。这种论调对后来美台关系乃至中美关系的影响是深远的。时至今日,这种论调仍不时沉渣泛起。

---

① 泰勒·丹涅特,《美国人在东亚:十九世纪美国对中国、日本和朝鲜政策的批判的研究》,第248页。
② 吴义雄,《在宗教与世俗之间——基督新教传教士在华南沿海的早期活动研究》,第261页。

论恒河水资源争议对印孟两国关系的影响

刘立涛

摘 要 印度在恒河法拉卡建设水坝大量截取恒河水的做法导致印孟两国在恒河水资源分享上的长期争议。特别是在增加恒河旱季径流量问题上,由于孟加拉拒绝接受印度提出的修建恒河-布拉马普特拉河连接运河方案,印度便公然违背有关跨境水资源的相关国际习惯法准则,对孟加拉恣意行使水缘霸权,极大地损害了孟加拉对恒河水资源的合法权益。尽管双方最终达成了恒河条约,但是印度片面追求国家利益的行为对两国关系产生了严重的负面影响。

关键词 印度 孟加拉 水资源 水缘政治 国家利益

印度与孟加拉是南亚次大陆两个领土密切相连的国家。地理上,孟加拉国的东西北三面几乎都为印度领土所包围。由于印度在恒河建设法拉卡水坝大量截取恒河水用于冲刷巴吉拉蒂-胡格利河,导致流入孟加拉的恒河(帕德马河)水量剧减,对孟加拉的西部地区社会经济、交通及生态环境造成了严重影响。其间,印度为了让孟加拉接受自己提出的恒河-布拉马普特拉河的连接运河方案,不断对孟加拉行使水缘霸权。尽管两国经过长达20多年谈判,最终搁置增加旱季恒河径流量的问题,并于1996年12月就现有的恒河水资源分享达成了一个长期条约,即《恒河水分享条约》,但是印度的行为已严重损坏了两国间的政治信任,对两国关系构成了持久的伤害。

一、印孟两国恒河争议的缘起:
印巴争议的遗产

作为一条流经中国、尼泊尔、印度与孟加拉四国的国际河流,恒河发源于喜马拉雅山脉南麓的甘戈特里(Gangotri)冰川,全长约2510公里,流域面积近百万平方公里。恒河流域是印度次大陆人口最密集的地区,是古代印度文明的摇篮和政治经济中心,许多历史名城与宗教圣地都坐落在恒河及其支流的岸边。印度教认为恒河是天上女神的化身,恒河之水是圣水。恒河沐浴可洗去一生罪过,在恒河边终老并将骨灰洒入恒河即可随恒河女神直入天堂,免受轮回之苦。印度人尊称恒河为"圣河"和"恒河母亲"(Ganga Ma)。印度前总理尼赫鲁(Jawaharlal Nehru)也曾说过:"恒河的故事从它的发源到海口,从古代到今天,就是印度文明及文化的故事。"[1]恒河在进入孟加拉前分为两支,一支为巴吉拉蒂河,从印度的西孟加拉邦入海,另一支为博多河,是主河流,进入孟加拉境内,后与贾木纳河及梅甘纳河汇流,最后流入孟加拉湾。尽管由于宗教信仰的改变,孟加拉人不再视恒河为圣河,但是恒河对孟加拉人的影响依然如故。从水文学上看,恒河是一个季节性变化极为明显的河流,旱季河水径流量极低,往往导致干旱,而雨季流量极高,又常常导致洪水泛滥,这种水资源时空分布差异极为明显的特点经常让地处恒河下游的孟加拉地区陷入旱季严重缺水而雨季又常遭洪灾的境地。

在英国殖民统治时期,恒河中下游本是一个极为完整的水系,只是在1947年印巴分治后,原英印帝国的东孟加拉及阿萨姆的锡尔赫特县划归巴基斯坦,此处的恒河水系才因此被硬生生地撕裂开来。由于分治后的印度与巴基斯坦各自制定自己的水资源开发计划,水资源开发中的国家利益矛盾很快就在恒河河水的开发上体现出来。1950年,印度总理尼赫鲁代表印度政府首先提出一议案,即要在距离东巴(即今天的孟加拉)仅17公里的法拉卡修建恒河水坝,大量截取恒河水,并通过修建一条长达38公里、径流量为每秒4万立方英尺的运河将其引入日渐淤积变浅的巴吉拉蒂-胡格利河,以保持印度东北最重要的经济中心,同时也是内陆国家尼泊尔和不丹传统出海口的加尔各答港的畅行。加尔各答对印度经济极为重要,迟至1970年代中期,其海外贸易的一半还都是通过该港口进行的。[2]

1951年印度正式开始法拉卡大坝工程的前期工作。巴基斯坦政

---

[1] J. 尼赫鲁,《印度的发现》,齐文译,北京:世界知识出版社1956年版,第50页。
[2] Avtar Singh Bhasin (ed.), *India-Bangladesh Relations: Documents 1971 - 2002*, Vol.1, New Delhi: Geetika Publishers, 2003, p. xxxvii.

府从印度媒体上得知这一消息后立即给予强烈关注。1951年10月29日,巴政府正式致函印度政府,提醒印度该工程的危险性,并表示严重关切,要求两国就此进行政治磋商。然而印度政府在拖延了几个月后才回复巴政府,表示该工程仅在调研状态,巴基斯坦的担忧毫无根据。由于财力有限以及巴基斯坦的反对,印度在表面上宣称在建坝问题上实行"慢慢来"的政策①,但其对于法拉卡工程本身的准备工作却一直在紧锣密鼓地进行着。在此后印巴两国长达10年的书信交往中,巴方曾提出共同开发恒河流域、请联合国机构提供咨询和技术服务、请联合国秘书长委派专业工程师参加两国专家委员会会议,以及任何一国兴修水利工程应事先经过两国专家的联合审查等建议,但都遭到印度的拒绝。② 印度只同意两国水利专家就双方感兴趣的工程交换数据。巴基斯坦方面对印度在法拉卡问题上的单方举措极为不满,巴总统阿尤布汗(Ayub Khan)1960年公开表示,如果印度建设法拉卡水坝,巴政府将不惜将其炸毁。③ 对此印度方面不得不有所表示,1960年5月在伦敦的英联邦首脑会议期间,尼赫鲁向阿尤布汗保证大坝的建造将不会损害东巴的利益,并同意由两国代表就此进一步进行双边磋商。由此,双方在1960年6月到1962年1月间举行过四次专家会议交换数据。然而就在第二次专家会议开始时,1961年1月30日,印度代表就通过信函方式通知巴方法拉卡大坝工程在上年已得到政府批准,并已于当月开工建设。巴方对此进行严正交涉,但没有任何结果。1961年3月27日,阿尤布汗向尼赫鲁提出举行部长级会晤时,尼赫鲁却以数据不足以进行双边政治磋商达成协定为由而加以拒绝。1965年印巴战争爆发后,两国水利专家会议因此一度中断,1967年才又恢复对话,并于1968年6月两国举行了第五次专家会议。同时巴基斯坦一直努力阻止印度的建坝行为,1967年7月15日,巴外长还批评印度的做法是违反国际惯例和实践的。此外,巴方积极争取国际社会的介入,但是并不成功。由于成功地调解过1965年的印巴战争,1968年苏联部长会议主席柯西金在访问巴基斯坦后,亲自通知印度总理英迪拉·甘地,希

---

① Mohammad Zainal Abedin, "RAW and Bangladesh", http://usa.mediamonitors.net/Headlines/RAW-and-Bangladesh-Two.

② P. Sukumaran Nair: *Indo-Bangladesh Relations*, New Delhi: APH Publishing Corporation, 2008, p. 36.

③ M. Shahidul Islam, "Govt. Inactive: Tipaimukh Dam will Endanger Bangladesh's Existence", http://www.weeklyholiday.net/2009/190609/front.html#08.

望她依印度河条约方式解决与巴基斯坦之间存在的法拉卡大坝争议，但遭到英迪拉·甘地的坚决拒绝[1]，她公开表示印度将不容许任何第三方介入法拉卡问题。同年7月26日，印度灌溉与能源部长 K.L. 拉奥博士在人民院也公开表示："我们非常明确地表示没有第三方介入的必要，我们也不允许任何形式的干预或者诱导第三方介入这一问题。"[2] 由于印度一直坚持双边磋商的原则以及水资源争议本身的复杂性，巴方将法拉卡问题国际化的努力没能达到它所期望的效果。

1968年6月，印度方面邀请巴方专家参观大坝工地，让巴方知道大坝工程已完成三分之二，迫使巴方接受现实。[3] 由于法拉卡大坝的建设已不可逆转，法拉卡问题已不是两国专家所能处理的。所以，从1968年12月到1970年7月起，印巴双方又举行了五次秘书级磋商。作为下游国的巴基斯坦更为焦急，希望就两国间平等地分享恒河水资源达成一个框架协议，印度方面则以有关数据还不够，巴基斯坦所提东巴水资源需求量前后不一，相差太大为由，拒绝了巴方的要求。[4] 在河水争议中，印度官员还引用尼赫鲁在《印度的发现》一书中的言论，即"恒河更是印度的一条首要河流"，作为印度有权任意利用恒河水资源的依据。[5] 然而恒河是一条国际河流，就必须尊重国际河流的开发利用规则。更何况尼赫鲁写这部书时，该地区都统属于英属印度，并未被人为撕裂。印度对于巴基斯坦方面提出的分享恒河水的态度可以从以下事实中看出来，即直到1970年印度才承认恒河水的利用是一个国际

---

[1] India Rejects Kosygin's Suggestion on Farakka, Dawn, July 16, 1978. 转引自 Kazi Asadul Mamun: *The Farakka Barrage Dispute: Conflict and Cooperation in Bangladesh-India Relations*, https://circle.ubc.ca/bitstream/handle/2429/25178/UBC_1984_A8%20M34_8.pdf?sequence=1.

[2] Avtar Singh Bhasin (ed.), *India-Bangladesh Relations: Documents 1971 - 2002*, Vol. 5, Document No. 1140, New Delhi: Geetika Publishers, 2003, p. 2813.

[3] Ibid.

[4] 巴基斯坦代表就东巴所需恒河水量的数量，1960年6、7月间第一次会议上提出4月份要求的水量数据为每秒3 500立方英尺，1960年10月第二次专家会议上是每秒18 090立方英尺，1961年4月第三次专家会议上上升为每秒29 352立方英尺，在1961年12月到1962年1月第四次专家会议上则为每秒32 010立方英尺，而在1968年5月提出数字又上升为每秒49 000立方英尺，而印度方面认为恒河水流最低时仅为每秒55 000立方英尺。见 Avtar Singh Bhasin (ed.), *India-Bangladesh Relations: Documents 1971 -2002*, Vol. 5, Document No. 1141, p. 2815.

[5] J. 尼赫鲁，《印度的发现》，第50页。

问题。① 对巴方而言,这也是它与印度长达 20 年的交涉中所获得的唯一的成果。随着 1971 年东巴即孟加拉宣布独立以及第三次印巴战争的结束,印巴之间恒河争议自然由新生的孟加拉继承下来。

二、印孟恒河争议的解决过程

1971 年东西巴之间的长期矛盾最终演变为孟加拉独立战争。出于肢解巴基斯坦的战略考虑,印度政府积极介入这场内战并通过第三次印巴战争促成了孟加拉的独立。此时恒河法拉卡大坝主体工程已经建成,只有 1965 年开建的引水运河因自然因素及劳工骚乱而未能按时完工。② 新生的孟加拉是一个贫困的农业国。1970 年孟加拉 6 670 万人口中,农业人口就高达 5 720 万。③ 1972—1973 年,孟加拉农业生产总值占国内国民生产总值的 59.4%。④ 如果说在巴基斯坦时期恒河水资源争议仅仅是影响其东部一省发展的一个局部问题,那么孟加拉独立后,这个问题已上升成为了一个事关全局的国家政治问题,因为恒河流域面积占孟加拉国土面积的 37%,全国 1/3 以上总人口生活在这一区域。早在孟加拉独立前,在印巴之间存在的重大争议中,孟加拉人就对于遥远的克什米尔问题不感兴趣,但却对其边境不远的、将会对其生产及生活产生重大影响的法拉卡大坝的谈判进程一直予以高度关注。为了这一宝贵的生存资源,新生的孟加拉很快与印度就法拉卡恒河水资源分享问题展开了漫长而艰辛的谈判。

印孟两国之间从 1972 年开始谈判到 1996 年两国达成恒河水资源分享的长期条约,期间大致可以分为以下四个阶段。

第一阶段,1972—1975 年,期间双方达成恒河河水分享的临时协议。由于印度是孟加拉的助产士⑤,两国关系起初极为密切,印度向新

---

① I. Hossain, "Bangladesh India Relations: The Ganges Water-sharing Treaty and Beyond", *Asian Affairs*, 25(4), 1998.

② Avtar Singh Bhasin (ed.), *India-Bangladesh Relations: Documents 1971 - 2002*, Vol. 2, Document No. 333, p. 610.

③ *World Rice Statistics 1990*, International Rice Research Institute, Dept. of Agricultural Economics, 1991, p. 224.

④ 谢福苓、林良光主编,《孟加拉国政治与经济》,北京:北京大学出版社 1994 年版,第 105 页。

⑤ Vernon Marston Hewitt, *The International Politics of South Asia*, Manchester: Manchester University Press, 1992, p. 34.

生的孟加拉国提供了包括政治、经济与军事、外交等全方位的援助与支持。1972年3月19日,印度总理英迪拉·甘地访问孟加拉时,还与孟加拉总理谢赫·穆吉布·拉赫曼(Mujibur Rahman)签订了带有军事联盟性质的《友好、合作和和平条约》。无论是印度还是孟加拉都希望能够借助两国间的友好氛围顺利地解决法拉卡问题。在两国《友好、合作和和平条约》第6条,双方就明确表示要在洪水控制、河流流域开发以及水电发展与灌溉方面进行联合研究和共同行动。[1] 同年11月,印孟两国还决定,"为了两国民众的共同利益治理为两国共同享有的河流"而建立印孟联合河流委员会(JRC)。[2] 但是鉴于法拉卡问题政治上的高度敏感性,两国领导人决定该问题由两国总理另行处理。在1972年到1974年间,双方三次部长级会议中磋商的结果是在法拉卡大坝启用前达成一个双方都可以接受的协定。[3] 1974年5月16穆吉布访问新德里期间印孟双方发表了一份共同声明,表示两国总理注意到法拉卡工程将在1974年底前启用,认识到恒河最低径流量期间其水资源不能满足两国所需,因此必须增加正常年景下的恒河旱季河水的径流量。JRC将研究充分利用"本地区"可为两国所用的河水资源、寻求增加恒河径流量的最佳方式,并向两国政府提交满足其需求的切实可行的建议。同时两国总理一致同意在法拉卡大坝启用前,就旱季恒河水量的分配达成一个相互能够接受的河水分配协定。[4] 然而JRC在进行如何增加恒河旱季流量的研究中,孟印双方提出了两个截然不同的意见。前者主张"5·16声明"中的"本地区"指恒河流域地区,主张在恒河上流的主要支流上建设数个大坝,而后者则主张声明中的"本地区"指恒河-布拉马普特拉河-梅甘纳河大流域区,主张修建连接恒河-布拉马普特拉河的运河,将后者的水资源调入恒河。双方立场无法调和,谈判陷入僵局。随着1974年法拉卡工程引水运河的完工,印度便不断向孟加拉施加压力,寻求立即将其投入使用。在无法达成长期的可接受的恒河水分享协定的情况下,穆吉布被迫在1975年4月与印度达成一个有效期仅41天临时协定。据此,在这41天中,孟加拉获得大约77%的总水量,印度获得剩下的23%,但获得了以试运行的名义正式启用法

---

[1] Avatar Singh Bhasin (ed.), *India-Bangladesh Relations*: Documents 1971-2002, Vol. 1, Document No. 14, p. 31.

[2] *Ibid.*, Vol. 2, Document No. 334, p. 630.

[3] *Ibid.*, Vol. 2, Document No. 341, p. 640.

[4] *Ibid.*, Vol. 1, Document No. 43, p. 95.

拉卡大坝工程的机会。在 5 月 31 日临时协定结束后,印度开始大规模地从恒河引水,让运河以每秒 40 000 立方英尺的径流量满负荷运行。尽管此时雨季来临,恒河径流量大增,但是印度的做法还是引起了孟加拉社会各界的普遍担忧。

第二阶段,1975 年到 1980 年,双方达成为期五年的短期协定。由于穆吉布·拉赫曼政府政策失败,孟加拉独立后几年内经济不仅未能得到发展,连恢复到独立前的水平也没有做到,加之政府内部腐败盛行,国内矛盾迅速上升。1974 年 4 月以孟加拉著名政治家毛拉纳·巴沙尼(Maulana Abdul Hamid Khan Bhashani)为首的六党统一阵线要求废除穆吉布·拉赫曼与印度签订的边界协定,停止镇压反对党。在面临严重的政治经济危机的情况下,穆吉布于 1974 年 12 月宣布国内实施紧急状态,次年又改行总统制并实行严厉的一党专制制度。由于人们普遍认为穆吉布是亲印的政治家,一些反对穆吉布的孟加拉政治家也对印度表示不满。印孟两国关系因此不断出现不和谐的音符。1975 年 8 月 15 日印度独立日这天,亲印的穆吉布·拉赫曼在国内政变中被杀,孟加拉政局一时陷入动荡之中。印度政府对此极为震惊,它虽然表示这纯粹是孟加拉内部事务,但是又宣称印度不能不受到一个邻国政治发展的影响。① 同年 11 月,印度政府再次表示,"印度对那里正在发生的事情不能无动于衷和漠不关心"。② 印度的这种姿态让孟加拉方面担忧印度会像 1971 年干涉巴基斯坦内政一样也干涉它的内政,加之两国除法拉卡问题外,还存在着领土、领海、边境贸易等方面的矛盾,两国关系迅速转冷。尽管掌握实权的孟加拉齐亚·拉赫曼(Ziaur Rahman)将军曾专门派特使前往印度与印方沟通,以缓和两国关系,但实际效果有限。值得注意的是,1975 年 6 月在国内同样面临严重的政治经济危机的英迪拉·甘地也宣布在印度实施紧急状态。这种政治氛围显然不利于两国就复杂的恒河水资源分配达成妥协。

由于印度在 1975 年 10 月旱季来临后继续大量截取恒河水,孟加拉方面批评印度违反了临时协定的条款,印度则坚持临时协定仅限于旱季而且早已失效。1976 年 2 月孟加拉向印度发出抗议照会。事后,印度邀请孟加拉就当年旱季河水的平均分配进行无条件磋商,但两国

---

① Avatar Singh Bhasin (ed.), *India-Bangladesh Relations: Documents 1971 - 2002*, Vol. 1, Document No. 52, p. 113.

② *Ibid.*, Document No. 58, p. 116.

间双边部长级会商均无果而终。此时,正值孟加拉旱季中最缺水的时候,印度大规模截流导致流入孟加拉的恒河水量骤减,恒河下游帕德马河水位大降,孟加拉民众的生活因此大受影响,孟加拉国内民怨沸腾。1976年5月16日孟加拉著名社会活动家、政治家毛拉纳·巴沙尼率领数万孟加拉民众举行了声势浩大的"法拉卡长征"(Farakka Long March),发誓要摧毁法拉卡大坝,这是孟加拉独立后首次出现的大规模地要求公平获得恒河水的民众运动,此举也得到了孟加拉官方的默许和支持。

为引起国际社会对法拉卡问题的注意,孟加拉政府也从当年5月起先后在伊斯兰外长会议、不结盟国家首脑会议以及联合国经社理事会等一系列国际会议上提出这一议题。当年8月孟加拉更成功地将这一议题提交给第31次联合国大会进行审议。为捍卫各自的立场,印孟双方都发表了有关法拉卡问题的白皮书。孟加拉方面宣称印度大量取水对其构成严重伤害,要求印度在旱季完全停止从法拉卡取水,而印度则宣称恒河取水并没有对孟加拉造成负面影响。而出席联合国大会的印度外交秘书贾格特·辛格·梅塔(Jagat Singh Mehta)更警告孟加拉:达卡可能会获得一个联合国决议,但它将不会给他带来一滴水。① 最后在有关国家的调解下,印孟双方接受了联合国大会通过的一致声明:"双方同意形势要求迫切的解决方案并决定立即在达卡进行谈判就法拉卡问题尽快达成一个公平的解决方案。印孟任何一方都可向第32届联大报告本议题的进展情况。"② 该声明的重要性在于孟加拉对恒河水资源的合法权利得到国际社会的一致认可,但是孟加拉对下游国家水权的绝对坚持没有得到国际社会的支持。

孟加拉使恒河争议国际化的做法让一直坚持只能通过双边方式解决的英迪拉·甘地极为不满。联合国声明通过后,尽管印孟双方先后举行了三轮部长级会议,但均无果而终。为了争取公正合理的恒河水权,孟加拉除及时向联合国秘书长通报情况外,还举行了名为"法拉卡与边界日"的大规模群众集会,表达自己的权利诉求。1977年3月印度大选后,印度政局发生了戏剧性变化,人民党上台执政并对印度的外

---

① Avtar Singh Bhasin (ed.), *India-Bangladesh Relations: Documents 1971 - 2002*, Vol. 1, p. xlii.
② B. M. Abbas A. T.: *The Ganges Waters Dispute*, New Delhi: Vikas Publishing House PVT Ltd., 1982, p. 66.

交政策作了一定的调整。1977年6月,齐亚·拉赫曼与印度总理莫拉尔吉·德赛(Morarji Desai)在参加伦敦英联邦首脑会议期间举行会谈,德赛对孟加拉在法拉卡问题上的态度表示理解。经过数次专家与部长级会谈后,双方于1977年11月5日达成了一个为期五年的短期协议:以1948年到1973年法拉卡恒河旱季径流量记录为基础,在每年1月1日到5月31日期间,按每10天一周期在双方间划分恒河用水量。据此,印度获得总水量的大约41%,孟加拉为59%。印度还保证在出现异常情形时,孟加拉将至少获得规定水量的80%。此外,双方同样承诺在增加恒河旱季径流量方案达成一致之后再签长期协定。① 此后,JRC进行了密集的磋商,但印孟各自提出的较为完善的方案都没有放弃他们各自原先的立场,因此毫无进展。

第三阶段,1980年到1988年,双方就恒河水分享问题先后达成两个备忘录。1980年印度大选后英迪拉·甘地再度执政。英迪拉对1977年协定始终持反对态度。1980年9月在加尔各答港视察时她明确表示,政府将保证加尔各答港的利益,绝不允许对它有丝毫伤害。② 次年4月,印度外长纳拉辛哈·拉奥(P. V. Narasimha Rao)在人民院强调1977年协定有两个缺点,即未能确保建设法拉卡大坝是为了向加尔各答港口提供足够水源意图的实现以及未能为该流域水资源的全面利用提供一个有时限的方案。他提出1977年协定包括两个不可分割的方面,即短期协定和长期协定,孟加拉方面只注重短期协定故意拖延甚或不愿处理长期协定的做法是印度无法接受的,也是违背协定的精神与宗旨的。③ 1982年6月JRC因未能就增加恒河旱季径流量问题达成一致,于是决定就此向各自政府提交报告,并由两国政府作出决断。④ 于是,印度政府决定在1982年11月4日协定到期后,不再延长。

1981年5月齐亚·拉赫曼总统被刺身亡后,艾尔沙德(Hussain Muhammad Ershad)将军很快控制孟加拉局势。他对印孟关系持积极态度,并采取措施有效地抑制了国内的反印声浪,使两国关系有所缓和,但仍未能使印度同意延长1977年条约。1982年10月7日艾尔沙德访问印度,在他接受印度提出的让JRC在1977年协定期满后的18

---

① Avtar Singh Bhasin (ed.), *India-Bangladesh Relations: Documents 1971–2002*, Vol. 2, Document No. 379, pp. 765–768.
② *Ibid.*, Vol. 1, Document No. 85, p. 168, note 1.
③ *Ibid.*, Vol. 1, Document No. 88, p. 178.
④ *Ibid.*, Vol. 1, Document No. 85, p. 168, note 1.

个月内对两国提出的增加恒河旱季径流量的方案进行经济上与技术上的可行性研究并提出一个全面的最终方案后,印方才于1982年10月就1983和1984年旱季恒河水分享与孟加拉签署一份谅解备忘录。与1977年的协定相比,此次双方河水分享的基本方式没有大的变化,但是去掉了恒河径流量低于预期时给予孟加拉的保证条款,变成缺少的部分由双方按比例平均分担。① JRC再度投入工作并试图打破僵局,但由于涉及各自国家的重大利益,需要国家领导人作政治决断,级别较低的JRC的工作只能以失败告终。这也导致1984年5月备忘录到期后,两国在恒河水的分配上一度缺乏任何制度性安排。

1984年10月英迪拉·甘地遇刺身亡后,拉吉夫·甘地(Rajiv Gandhi)继任总理一职。他在执政之初便力图改善与邻国的关系,甚至宣布改善同邻国的关系在政府外交政策中处于"最优先"的地位。② 1985年10月他与艾尔沙德总统在拿骚英联邦首脑会议时就恒河水短期分享达成初步共识,11月22日双方正式签署有效期为3年的备忘录。该备忘录基本沿袭1982年的备忘录内容,不同之处在于当分配给孟加拉的河水少于两国事先确定量时,那么实际分给孟加拉的流量与理论上确定的量之间的差被双方称为负担,该负担由印度与孟加拉双方各承担50%。同时备忘录还决定建立联合专家委员会(JCE)研究增加法拉卡的恒河旱季径流量的长期方案,并且限定在12个月内完成。在印孟双方基本立场未变的情况下,JCE未能如期完成任务,虽经两度延长但也只能以失败告终。

作为对孟加拉要求的让步,拉吉夫·甘地还曾一度表示考虑孟加拉的提议,愿意与尼泊尔、孟加拉一起研究增加旱季恒河水流量问题。③ 然而,随着他在国内政治中陷入困境,他对孟加拉的态度也转趋强硬。1988年8月4日他在印度联邦院宣称孟加拉方面似乎对达成永久协定不感兴趣,并指责后者似乎认为临时协定可能更合理可行,"因此印度将采取更强硬的立场,在延长现行短期安排前将更加密切地关注整个事态的发展"。④

---

① Avtar Singh Bhasin (ed.), *India-Bangladesh Relations: Documents 1971 - 2002*, Vol. 2, Document No. 430, p. 931 - 933.
② 林承节,《独立后的印度史》,北京:北京大学出版社2005年版,第598页。
③ Avtar Singh Bhasin (ed.), *India-Bangladesh Relations: Documents 1971 - 2002*, Vol. 2, Document No. 456, p. 971.
④ *Ibid.*, Vol. 2, Document No. 478, p. 1001.

第四个阶段,1988年备忘录结束到1996年恒河水分享长期条约的达成。1988年5月31日第二个备忘录到期后,由于印孟双方在增加旱季恒河水方面没有达成一致,印孟双方在恒河水分享安排上进入了一个长达8年的空白期和交涉期。1988年8、9月间,孟加拉遭遇前所未有的洪灾,殃及全国四分之三的领土。孟加拉总统艾尔沙德指责印度在洪水季节开闸放水是主要的罪魁祸首,并坚决拒绝印度的援助。洪水过后,艾尔沙德主动前往印度,寻求和解并延长河水备忘录,遭到印度的拒绝。但双方同意成立一个专家组共同研究恒河布拉马普特拉河的洪水的控制与流量问题。在这个专家组中,印度坚持孟加拉接受其1978年提出的连接运河方案,遭到孟加拉方面的拒绝,孟加拉只同意双方进行洪水预报与警报等方面的非结构性安排。1988年12月孟加拉方面再次提出以1985年备忘录中的河水分配方案以及负担共担内容作为双方分享恒河水的永久条约的内容①,而印度则坚持孟加拉必须接受其增加旱季恒河水径流量方案,否则就不签署新的协定。1989—1990年间人民党在印度再度执政后,担任人民党政府外长的古杰拉尔(I. K. Gujral)曾希望与孟加拉方面达成一个比1977年、1982年及1985年备忘录更加公正、平等的永久性的河水分享方案②,但由于人民党政府是在印共(马)和印度人民党这两个政治取向截然不同的政党支持下才得以执政的,连保持政局稳定都十分困难,更别提在这个敏感的问题上有所作为了。

由于缺乏条约或协定的约束,1989年旱季来临后印度方面便肆意截取法拉卡恒河水资源,加之印度境内恒河中上游地区随着经济社会的发展导致的取水量的迅猛增长,致使流入孟加拉的恒河水量进一步减少。不得已孟加拉再次试图在联合国大会、南亚地区合作联盟等国际场合提出这一问题,然而其结果只是两国关系的进一步恶化。

1991年3月卡莉达·齐亚(Khaleda Zia)领导孟加拉民族主义党执政,紧接着纳拉辛哈·拉奥领导的印度国大党也在印度执政。两国政局逐步稳定下来后,恒河河水问题被再度提出。1992年5月卡莉达·齐亚在新德里与印度总理拉奥举行会晤,就恒河水分享问题双方一致同意"为达成一个长期的全面的协定而重新努力",与此同时要为

---

① Avtar Singh Bhsian (ed.), *India-Bangladesh Relations: Documents 1971 - 2002*, Vol. 2, Document No. 484, p. 1011.

② *Ibid.*, Vol. 1, Document No. 291, p. 292.

法拉卡恒河的旱季径流量分享达成一个过渡安排。① 然而,双方的部长级与秘书级磋商都没能达成任何协定。1993 年 3 月孟加拉所得法拉卡恒河水仅有每秒 9 671 立方英尺,是 1975 年法拉卡大坝启用以来获得量最低的。1993 年 9 月,在参加雅加达举行的不结盟运动峰会期间,卡莉达·齐亚与拉奥总理会晤,希望印度方面在增加恒河旱季径流量的长期措施达成一致前作出一个河水分享的过渡安排。但印度坚持孟加拉必须接受其所提出的恒河-布拉马普特拉河连接运河方案,否则对达成协定没有兴趣。为求得恒河争议的解决,孟加拉不得不再次将恒河争议国际化。当年 10 月卡莉达·齐亚在联合国大会发言中批评印度单方面截流取水对孟加拉经济与环境造成难以想象的恶果,指出法拉卡问题对于孟加拉人而言已成了一个"生死攸关的问题"。② 印度政府对此反应颇为激烈,指责卡莉达·齐亚在重要的河水问题上玩弄政治。③ 为此,印度总理拉奥还取消了原定对孟加拉的国事访问,双方在河水分享上的谈判也因此中止。1994 年前人民党政府外长古杰拉尔在访问孟加拉时甚至还将孟加拉对恒河水的合法权利与孟加拉给予印度贸易让步、转口便利以及使用吉大港的基础设施的权利捆绑在一起。④ 这自然招致孟加拉人更大的不满。1995 年两国总理在新德里会晤后,双边磋商才再度恢复,然而在印度不改变其立场的情况下,谈判根本不可能获得成功。

1996 年 6 月德维·高达(Deve Gowda)领导的多党联合政府在印度大选后执政。同月穆吉布·拉赫曼之女谢赫·哈西娜(Sheikh Hasina)领导的人民联盟在时隔 21 年后重掌孟加拉权柄。为舒缓印度与南亚各国的紧张关系,实现印度成为世界一流国家的目标,高达政府在对南亚小国外交上作出重大调整,以"古杰拉尔主义"取代"英迪拉主义",其核心内容就是印度在与南亚小国关系上不求对等回报。哈西娜本人曾在印度长期生活,深得印度政治家的信任。她与人民联盟都力主与印度发展更密切的关系,并努力为恒河议题的解决创造一个良好

---

① Avtar Singh Bhsian (ed.), *India-Bangladesh Relations: Documents 1971 - 2002*, Vol. 1, Document No. 169, pp. 314 - 315.
② Ibid., Vol. 2, Document No. 504, p. 1037.
③ *The Bangladesh Observer* (Dhaka), 18 October 1993.
④ *Daily Star*(Dhaka), February 14, 1994, 转引自 MM Mia, "Hydro-politics of the Farakka Barrage", http://www.sdnpbd.org/river_basin/bangladesh/documents/hydropolitics.pdf.

的政治氛围。哈西娜政府的外长在 1996 年 7 月第一次记者招待会上即明确表示,"水是一个攸关国家生存的议题。因此,最好不要让它成为一个政治议题"①,并提出"公正平等地"分享恒河水问题的解决是新一届孟加拉政府首要议题。② 印度政府对哈西娜的执政也很是满意,同年 8 月德维·高达接见孟加拉代表团时更表示,如果需要,可以进行两国首脑会晤以永久解决恒河河水问题。③ 1996 年 9 月哈西娜在会晤印度外长古吉拉尔时向印方保证,孟加拉不允许第三国在其领土上进行任何反印活动。④ 同月孟加拉政府外交部长前往西孟加拉与该邦首席部长乔蒂·巴苏(Jyoti Basu)举行会晤,并成功地说服印度方面同意将印度东北各邦的转口问题与恒河水分享问题脱钩,放弃捆绑恒河-布拉马普特拉河连接运河的方案。⑤ 10 月 8 日孟加拉外长在第 51 届联合国大会发言中在水资源问题上也对印度采取较为友好的姿态。而德维·高达政府则让其政治盟友印共(马)领导人,同时也是与恒河水资源有直接利害关系的西孟加拉邦的首席部长乔蒂·巴苏代表印度政府与孟加拉谈判。乔蒂·巴苏在回访其在孟加拉的故里时,与孟加拉方面就恒河水分享达成协议草案,最终于 1996 年 12 月 12 日印孟两国正式签订了一个长达 30 年的《恒河水分享条约》,简称《恒河条约》。

《恒河条约》的最特出特点是印度放弃了长期困扰两国关系的增加恒河旱季径流量的考虑,仅对现有恒河河水进行分配。其分配方式以 1949 年到 1988 年间的恒河法拉卡的旱季流量数据为基础,在每年 1 月 1 日至 5 月 31 日的旱季期间以 10 天为一周期,将法拉卡恒河水按近乎 50∶50 的比例在印孟间划分。条约存续期间,如双方未能就条约的调整达成一致,则印度保证孟加拉能获得不少于本条约规定的 90% 的河水。尽管《恒河条约》本身还存在一定的瑕疵,但它毕竟使两国间长达 20 多年的恒河争议终于得到了突破性解决,两国的关系也因此有了一定的改善。

---

① Avtar Singh Bhsian (ed.), *India-Bangladesh Relations: Documents 1971 - 2002*, Vol. 1, Document No. 216, p. 386.
② *Ibid.*, Vol. 1, Document No. 214, p. 381, note 1.
③ *Ibid.*, Vol. 1, Document No. 219, p. 388, note 1.
④ *Ibid.*, Vol. 1, Document No. 221, p. 392.
⑤ *Ibid.*, Vol. 1, Document No. 222, p. 395, note 1.

三、印孟恒河争议背后的国家利益分析

国家利益是国家间关系的核心内容,也是一个国家对外政策的根本出发点。印孟恒河争议的背后存在着双方国家利益追求上的矛盾与冲突。

首先,就恒河水分享而言,印度和孟加拉(包括巴基斯坦)无法达成协定的一个很重要原因,是双方在有关国际河流水资源分配上都坚持国家主权的极端原则,即"绝对领土主权论"、"绝对领土完整论"及"先占优先"的历史权利论。这些理论的共同特点就是片面强调一国的绝对主权,而忽视了他国应享有的平等权利和各国本身就应承担的国际义务和道德责任。印度很长时期一直坚持恒河水本质上是一条印度的河流,而非国际河流,印度有权按自己的意愿开发利用恒河水资源,因此,建设法拉卡大坝将恒河截流并通过运河引入巴吉拉蒂-胡格利河的做法是行使自己的正当权益,他人无权干涉。在与巴基斯坦的争议中,印度官员摆出数据表明,恒河在印度境内的长度、恒河在印度的流域面积、恒河流域与印度古代文明,及印度大量的人口和生产等数据,说明恒河是印度的河流。如1968年印度灌溉与能源部长拉奥博士在印度人民院就说过:"无论如何,我们在这个问题上的立场没有任何疑问。毕竟,恒河是一条印度的河流。它完全是一条印度的河流。它服务于印度大约40%的人口,整个恒河水资源中,有99.5%以上来自印度。在这个问题上没有任何讨论的余地。但是任何一个邻国如果想就此进行讨论,在技术层面上我们不想拒绝。这是迄今为止我们全部承诺。"[1]然而,跨境河流对一个国家的重要性主要看该河流流域占该国国土的比例以及在该流域生活的人民占该国人口的相对比例,不是看该河在该国流域的绝对量在该河总的流域量中的比重。因此,尽管恒河在孟加拉的流域和人口数量远少于印度的恒河流域的面积及人口量,经济发达程度也无法相比,但是相对于孟加拉的国土总面积和孟加拉全国人口而言,孟加拉境内的恒河流域对于孟加拉人而言具有重大的意义。因此,印度提出的在河流利用上的绝对主权理论在现实面前必然遭遇挫折。在恒河水资源上行使绝对主权的结果,必然是以邻为

---

[1] Avtar Singh Bhasin (ed.), *India-Bangladesh Relations: Documents 1971–2002*, Vol. 5, Document No. 1140, p. 2814.

罄,得不偿失。事实上,"绝对领土主权论只是一种外交宣言,在具体实践中很少有国家照此行动"。① 在与巴基斯坦的恒河争议中,印度最终还是承认了恒河作为一条国际河流的性质。因此,在处理与孟加拉的恒河争议中也只是利用绝对主权理论作为在谈判桌上向孟加拉方面施加压力的手段。1976 年 11 月 16 日印度外交秘书贾格特·辛格·梅塔在联合国大会特别政治委员会第 21 次会议上,就国际河流或流域的水利用问题表明印度立场时,就明确表示,"印度的观点与世界上大多数国家立场相似。当一条流入海洋的河流穿越一个以上国家时,每一个国家在其领土内都有权公平合理地获得该条河流的河水份额。"②

与印度在恒河争议中坚持绝对领土主权论相对立的,则是孟加拉的绝对领土完整论的主张以及与此属于同一属系的"先占优先原则"或"历史权利说"。前者强调下游国家有权得到从上游沿岸自然流下的水源,强调上游国家对于国际河流进行任何改变时都要经过下游国的预先同意。而后者强调过去的用水奠定了将来使用同样水量的权利。绝对领土完整论限制了上游国家为满足本国经济发展需要而公平合理地开发境内国际河流的合法权利,遭到河流上游国家的一致反对。早在 1957 年"拉努湖仲裁案"中,国际仲裁法庭就明确地否定了这一主张,仲裁庭认为这种事先同意是对一国主权的重要限制,在国际法中找不到这种限制的根据。因此,只有在得到相关国家预先同意才能开发国际水道的规定,不能被确立为惯例或普通法原则。至于"先占优先原则"或"历史权利说",在国家间水缘关系的实践中也并非总得到支持。

孟加拉方面在独立后长期坚持流入孟加拉境内的恒河水量特别是旱季水量不能减少,它要求印度在旱季极大地减少乃至完全停止截流恒河河水冲刷巴吉拉蒂-胡格利河,而将全部河水给予孟加拉,这一要求没有国际法的依据。事实上,孟加拉也意识到了这一点,1976 年孟加拉国首次将恒河争议作为议案提出,被联合国特别政治委员会接受。孟加拉最初提出的决议草案给人印象是:孟加拉要求印度在河水分配协定达成前完全停止法拉卡大坝的运行。经过其他国家建议,孟加拉转而将其改为并不要求法拉卡大坝完全停止运行,也并不要求将法拉

---

① 胡文俊、张捷斌,"国际河流利用权益的几种学说及其影响述评",《水利经济》第 25 卷第 6 期,2007 年 11 月,第 1 页。

② Avtar Singh Bhasin (ed.), *India-Bangladesh Relations: Documents 1971 - 2002*, Vol. 2, Document No. 369, p. 714.

卡段恒河旱季全部流量给予孟加拉。①

其次，由于印度与孟加拉都承认旱季恒河水无法满足两国所需，因此双方都同意采取相关措施增加旱季恒河的径流量。然而，在如何增加恒河旱季径流量的方案上，双方的国家利益差异使得两国根本无法达成妥协。而印度一味强求孟加拉接受其所主张的方案必然导致孟加拉的坚决拒绝，这是两国长期无法达成恒河水分享协议的关键。

就两国增加旱季恒河径流量的方案而言，孟加拉认为自己的方案是一个涉及印度、孟加拉和尼泊尔三国的恒河全流域治理方案，并认为印度的方案是一个涉及恒河与布拉马普特拉河的跨流域调水方案。孟加拉认为，恒河并非一条缺水的河流，特别是恒河上游尼泊尔境内有大量水资源处于未开发状态，其境内的注入恒河的三条主要河流的水量更占恒河旱季水量的70%，如果印孟两国能够与尼泊尔达成一致，在这三条主要支流上建设12个大型蓄水库，那么是可以对恒河径流量实施有效的季节调控的。尼泊尔将可以通过参与这一方案而获得大量水电，通过卖给印度与孟加拉而获得宝贵的外汇资源。另外，孟加拉还向尼泊尔提出，可以乘尼泊尔因修建水库抬高其河流水位之机建设一条连接尼泊尔与孟加拉的运河，这样可以让尼泊尔获得又一个出海通道，这一点对于内陆国家的尼泊尔也很有吸引力。为此，孟加拉竭力主张印度和孟加拉一起与尼泊尔进行接触，希望通过三方参与的方式实现恒河水的合理有效利用。

从1978年起孟加拉政府还不断与尼泊尔方面就此进行接触，并以与尼泊尔达成协定的方式向印度施加影响。1978年1月尼泊尔国王访问孟加拉时，尼孟两国一致同意为了本地区所有国家的利益而共同开发喜马拉雅地区的水资源。对尼泊尔而言，自身力量弱小又深处内陆，各方面都受到印度的严重掣肘。在20世纪50年代以来的尼印双边水缘关系中，尼泊尔与印度的水缘合作并不愉快，因此它希望通过将孟加拉拉进来的方式扩大自身的水缘利益。但尼泊尔也深知它与孟加拉在领土上并不毗连，即使建立尼孟运河，也仍需经过印度领土，没有印度的首肯，尼孟之间根本无法进行直接的水缘合作。故而1978年4月尼泊尔首相访问印度时提出只有在印度和孟加拉一起与尼泊尔接触时，尼泊尔才会介入恒河问题的磋商。

印度则一直坚持恒河河水问题是印度与孟加拉两国之间的双边问

---

① B. M. Abbas, *The Ganges Water Dispute*, p.63.

题,根本不愿让尼泊尔参与,并多次表达这一立场。如1984年3月印度外长纳拉辛哈·拉奥在印度人民院讲话中就表示,法拉卡恒河水分享问题是印度与孟加拉之间的双边问题,当孟加拉提出将这个问题三边化时,印度自然不能同意,印度与尼泊尔有自己的双边安排,印度不喜欢将印孟之间的议题国际化。① 本质上,印度希望独享源自尼泊尔的恒河上游河水资源,让其满足印度的北方邦东部及比哈尔地区的需要。印度认为孟加拉方案无疑剥夺了印度境内恒河上游地区数百万印度人享用这些河水的权利。换句话说,印度希望更多地占有恒河上游的水资源,而不是让它流到印孟边界的法拉卡,由印度和孟加拉两国共享。这正是1976年世界银行行长麦克纳马拉主动提出由世界银行帮助在尼泊尔境内建设水库以调解印度与孟加拉的恒河法拉卡河水争议遭到印度拒绝的主要原因。因此,尽管莫拉尔吉·德赛领导的人民党政府曾一度同意孟加拉的建议,但很快又退回到原来立场上。② 拉吉夫·甘地虽然也曾同意印孟双方代表团一起访问尼泊尔,与尼方进行接触,但仍坚持尼泊尔只能提供数据和信息而无权影响印孟联合专家委员会的决定。随着1987年12月后印度阿萨姆的尼泊尔族群问题导致印尼关系恶化、1988年后拉吉夫·甘地政府又在转口贸易上对尼泊尔施加压力,尼泊尔不得不在恒河问题上向后退缩。印度坚持双边解决的另一个重要原因则是担忧自己会陷入与尼泊尔、孟加拉签订的三边协定中而无法使自己在本地区的水缘利益最大化。在尼印及孟印双边水缘关系上,由于相对于尼泊尔,印度具有强势的政治经济军事地位并控制了尼泊尔这个内陆国家的出海通道,而相对于孟加拉,印度则因为身处恒河上游而天然地获得了上游霸权地位,印度自然不会放弃这一战略优势。

　　针对孟加拉方面提出的印度的恒河-布拉马普特拉河连接运河是跨流域调水的说法,印度坚持认为恒河仅是恒河-布拉马普特拉河-梅甘纳河流域的一部分,因此其运河方案不能说是跨流域调水。印度持这一立场的根本原因是:就印度东北地区的地形条件以及气候状况而言,印度只能利用布拉马普特拉河水中的极少部分③,其余全部流入孟

---

① Avtar Singh Bhsian (ed.), *India-Bangladesh Relations: Documents 1971 – 2002*, Vol. 1, Document No. 115, p. 232.
② B. M. Abbas, *The Ganges Waters Dispute*, pp. 86, 105.
③ Avtar Singh Bhsian (ed.), *India-Bangladesh Relations: Documents 1971 – 2002*, Vol. 1, p. xli.

加拉。而对孟加拉而言,从布拉马普特拉河调水进入恒河法拉卡河段并不会增加其获得的水资源总量,反而会增强印度的水缘霸权地位。

　　从经济与社会角度看,首先,印度方案所建运河长达 320 公里,宽达半英里,最大深度为 9 英尺,取土量相当于 7 个苏伊士运河,加上运河上所建桥梁,工程量和工程周期及所需投资均世所罕见,尽管恒河-布拉马普特拉连接运河只有约三分之一在孟加拉境内,它也根本无力承担。其次,经过孟加拉境内的运河将使孟加拉西北部地区失去约240 000 公顷最肥沃的土地,并且运河通过的地区是孟加拉人口极稠密的区域,运河的建设必然会导致数万居民的安置问题,而这对失业率一向很高的孟加拉来说也是一个噩梦。再次,孟加拉认为方案将使其依靠布拉马普特拉河灌溉的地区每年减产粮食 300 万吨,这对作为农业国的孟加拉而言也是极为严重的损失。最后,运河的建设将会使孟加拉许多河港因此被毁,内河运输动脉被阻,由此产生的运输和商业上的严重混乱与重组对孟加拉政府也是严重的挑战。[1] 从政治上看,孟加拉西北部领土将被一条巨型运河隔开。尽管有桥梁连接,但它对孟加拉所产生的安全风险极大。在孟加拉人看来,印度能肢解巴基斯坦,当然更能肢解孟加拉。印巴分治导致印度东北各邦仅仅依靠尼泊尔与孟加拉之间狭窄的西里古里通道与印度其他地区相通,这在战略上而言存在严重的危险。现实地看,如果印度将运河以北地区肢解过去,那将会极大地改善其与东北各邦之间的交通条件。从水缘权力看,由于运河的两端都处在印度境内,运河的建成事实上将让印度获得布拉马普特拉河的水资源霸权,而这是孟加拉所绝对不愿看到的。布拉马普特拉河对孟加拉而言,同样是一条生死攸关的河流,正是它与恒河、梅甘纳河一起形塑了孟加拉三角洲。此外,从环境效应看,印度的方案势必使布拉马普特拉河下游来水严重降低,由此必然会造成海水倒灌、土地盐碱化等等一系列环境与生态问题。因此,如果印度以孟加拉接受其恒河-布拉马普特拉的连接运河方案作为达成恒河河水分享协定的前提,无论如何孟加拉都无法接受。

　　印度很清楚自己处于布拉马普特拉河的上游,拥有天然的水缘权力优势,同时又拥有孟加拉无法比拟的国力作后盾,一旦时机成熟,将

---

[1] Hari Man Shrestha, "River-linking Concept of India Viewed from the Nepalese Perspective", in Dwarika N. Dhungel and Santa B. Pun, *The Nepal-India Water Relationship: Challenges*, Berlin: Springer Netherland, 2008, p. 232.

来仍可从布拉马普特拉河上大量引水。从某种程度上说,1996年印孟恒河水条约之所以能够达成并非"古吉拉尔主义"的结果,而是印度与孟加拉在恒河水资源权力博弈中暂时搁置了这一利益考量的结果。2003年印度提出的将包括布拉马普特拉河在内的印度北方河流中的水资源大量调到南方的国家河网联结计划(NRLP)就是明证。

此外,一些印度政治家将孟加拉获得恒河河水资源与孟加拉给予印度东北各邦陆路过境便利等联系在一起的做法更是毫无道理可言。孟加拉方面认为基于历史以及国际法,它对于恒河水资源"享有内在的和合法的权利"①,而这确实是为联合国决议与相关国际水法惯例所承认的,也是印度方面无法否定的。对此,印度方面也很清楚:"如果新德里将为印度东北诸邦提供转运设施的要求与孟印河水分享协定联系在一起,那么早日订立协定就是不可能的……将法拉卡问题与过境问题联系起来只会给(孟加拉)反印力量提供更多的'炮弹'。"②面对孟加拉方面的坚决反对,为了印度更长远的国家利益,德维·高达政府最终放弃了这一愚蠢的做法,而是期待两国关系改善之后,孟加拉方面会出于自身利益和地区一体化考虑而自愿与印度进行合作。这种做法才是真正有助于印孟关系发展的举措。

四、恒河争议对印孟两国关系的影响

印度通过在恒河建设法拉卡水坝截取恒河水冲刷巴吉拉蒂河-胡格利河的做法并未能阻止作为内河港口的加尔各答港的衰败。客观上,由于国际海运事业的发展,加尔各答港的地位早已为胡格利河下游的另一港口哈尔迪亚港所超越。相反,由于在建坝问题上没有能进行充分的研究,导致博卡拉大坝的负面效应越来越明显。就印孟关系而言,恒河水资源争议的长期存在,严重地影响了印孟两国的正常关系,并导致两国间严重的信任缺失,进而对两国间的政治、经济、安全乃至地区合作都产生了很大影响。政治上,印度行使水缘霸权的做法极大地伤害了孟加拉民众对这个近邻大国曾一度抱有的友好情感。由于印

---

① Avtar Singh Bhsian (ed.), *India-Bangladesh Relations: Documents 1971-2002*, Vol.1, Document No.193, p.350.

② Attar Chand, *Prime Minister H. D. Deve Gowda, the Gain and the Pain*, New Delhi: Gyan Publishing House, 1997, p.207.

孟两国共享的河流多达 54 条,恒河仅是其中之一,在经历了恒河争议之后,印度对其中任何一条河流的开发都将勾起孟加拉人不愉快的回忆,并对印度的行为表示忧虑。恒河争议的长期存在使得因水资源而进行的政治鼓动成为孟加拉政治生活中的一个显著特征。而由于印度大量截取恒河水导致孟加拉国西部地区出现大量的环境难民,其中许多人通过各种途径涌入印度,这又成了两国间政治纷争的新根源。经济上,印度东北各邦最便捷的出海通道是通过孟加拉国,但因信任缺失,孟加拉宁可放弃因此而可能获得的大量收入,坚决拒绝向印度提供陆路转口便利与吉大港的港口设施,印度东北各邦与印度其他地区的联系只能通过狭窄的西里古里走廊进行。反过来,由于经济上得不到应有的发展,印度东北各邦成了印度的"动荡之源"和分离主义倾向最严重的地区。孟加拉则因为无法从恒河获得稳定的水源供应,导致其恒河大坝计划一直无法落实,严重影响了本国西部经济的发展与雨季的洪水控制,进而增加了孟加拉人对印度的不满。在国家安全上,两国关系的不和导致各自对对方境内的地方分裂主义势力的长期默许与支持。如印度长期支持孟加拉吉大港山区查克马部落民对抗孟加拉政府,而孟加拉则对在其边境地区设立训练营地的印度东北各邦分离主义力量持淡然态度,这种国家间安全上的不合作是这些地区分离主义势力得以长期存在的一个重要原因。在区域与次区域经济合作上,孟加拉是南亚地区经济合作以及南亚增长四角(SAGQ)的积极倡导者与推动者,印度也希望通过地区合作推动区域一体化的步伐,增强自身在南亚大陆的主导地位。但由于水缘争议关系的长期存在,孟加拉对与印度合作持有强烈的戒备心理,这也是除印巴长期冲突外南亚地区区域与次区域合作长期无法获得进展的一个重要因素。

英国为何无缘澳新美同盟
——从澳大利亚角度来考察

汪诗明　王艳芬[*]

摘　要　英国无缘于澳新美同盟,是二战后国际关系中的一个重要事件。作为澳新美同盟的发起者以及与英美两国均有着重要关系的国家,澳大利亚对其宗主国被排除在三方同盟之外负有难以推卸的责任。首先,从战后寻求强者来保卫自身安全利益的角度考虑,澳大利亚宁愿选择美国而非英国;其次,澳大利亚担心英国的参与会导致其与美国缔结防务合作关系的破产;第三,英国被排除出这一重要同盟,有利于澳大利亚在有涉英联邦利益的区域性事务中发挥主导作用;第四,澳大利亚认为澳新美防务同盟不会削弱其与英国的关系,相反会成为加强其合作的另一种纽带。正是基于上述立场和判断,澳大利亚在根本上是不欢迎英国参与澳新美同盟的。

关键词　英国　澳大利亚　澳新美同盟　原因

第二次世界大战后,美国在亚太地区建构了由它主导的冷战同盟体系,1951年9月1日缔结的澳新美同盟就是其中的重要一环。从地缘战略来看,澳新美同盟虽然不像美日同盟、美韩同盟那么敏感,但它包括了英联邦世界的两个重要成员国并将传统的强国英国排除在外,这是战后国际关系变迁中的一个重要事件。

澳新美同盟是澳新两国首次与英国以外的国家缔结的防御同盟,英国在远东及太平洋地区英联邦国家防务安排中充当看客,这也是第一次。英国对此似乎心有不甘。1951年10月上台的保守党政府,一

---

[*]　汪诗明,苏州科技学院历史系教授;王艳芬,苏州科技学院历史系副教授。本文系江苏省高校人文指导性项目(08SJD7700004)的成果。

方面对前任工党政府在澳新美同盟问题上的"不作为"政策表示不满,另一方面在澳新美之间进行外交斡旋,希望以一个适当的身份参与三方同盟。1952年8月,"澳新美同盟理事会"(The ANZUS Council)第一次会议在夏威夷火奴鲁鲁(Honolulu)召开。英国希望这次会议能将它提出的作为同盟观察员资格的问题列入会议议程,但美国不愿看到英国"以任何形式"参与澳新美同盟组织,便以英国已参与北大西洋公约组织而了解盟国战略规划为由拒绝将之列入会议讨论的内容。① 对于这一结果,英国驻美大使奥利弗·弗兰克爵士(Sir Oliver Frank)感到失望,并且认为,英国被排除出澳新美同盟甚至失去作为一名观察员资格,这种感觉就像挨了"一记耳光"。② 但英国方面并没有就此止步。温斯顿·丘吉尔、安东尼·艾登等人在呼吁澳新两国给予支持的同时,也对美国展开了外交攻势。1953年1月5—7日,丘吉尔与艾森豪威尔总统进行了首次会晤。双方讨论的话题自然离不开英国参与澳新美同盟问题,但丘吉尔的苦口婆心未能动摇艾森豪威尔的执意坚持。③ 此后,英国方面遂逐步放弃这方面的外交努力,但是有关这一主题的讨论却在如火如荼地进行。英国无缘亚太地区这一有着重要影响的战略防御同盟,在当时英国国内掀起了轩然大波,很多人对这一结果表示难以接受。④ 丘吉尔本人毫不掩饰他个人对澳新美三方条约的极度不满,他在议会发言时指出,《澳新美同盟条约》是对英国的冒犯,"我一点也不喜欢《澳新美同盟条约》。……我抱着很大的希望:也许可以达成更大、更广泛的协定,这将比那些目前已经生效的协定更加令人满意。但是,正如我所说的那样,这不是某个人能够给出指示的事情……"⑤

英国方面在剖析自身原因的同时自然把矛头指向澳新两国,尤其是前者。一些媒体认为,《澳新美同盟条约》损害了英联邦,可能让澳大利亚变成美国的卫星国;澳大利亚与美国的结盟是"对家庭的一次背

---

① FRUS, 1952–1954 (Vol. XII), *East Asia and the Pacific*, Part I, United States Government Publishing Office (USGPO), 1984, pp. 172–179.

② W. David McIntyre, *Background to the Anzus Pact-Policy-Making, Strategy and Diplomacy, 1945–1955*, Christchurch, N.Z.: Canterbury University Press, 1995, p. 361.

③ FRUS, 1952–1954 (Vol. XII), pp. 256–257.

④ Parliamentary Debates (Hansard), House of Commons, Session 1952–1953, Vol. 518, pp. 1803–1804.

⑤ *Ibid.*, 17 June 1953, Vol. 516, p. 973.

叛"和"对母国的轻视"。伦敦《每日快报》(The Daily Express)指责澳大利亚外长是导致英国无缘澳新美同盟的"主谋",《曼彻斯特卫报》(The Manchester Guardian)抱怨说,这是澳大利亚一小撮人的行为,"他们以为澳大利亚可以承担先前由英国在东南亚承担的责任"。① 甚至有人认为,正是由于澳大利亚的坚持,英国最终与澳新美同盟擦肩而过②,如此等等。

面对英国政界和媒体的一片指责,这一事件的两位当事人——澳大利亚前后两任外长珀茨·斯彭达(Percy Spender)和 R. G. 凯西(R. G. Casey),不得不站出来替本国辩护。他们在肯定《澳新美同盟条约》不会削弱英联邦国家关系尤其是与英国传统关系的同时,认为英美两国应对此承担责任。因为英国对战后太平洋地区的防御安排不够重视,又无力承担这一地区的防务重担,导致它在该地区的防务安排中渐渐被边缘化。当然,最根本的原因还是美国的执意反对。③ 但是,斯彭达、凯西等人的辩解,似乎很难平息人们对这一时期澳方为缔结太平洋防御条约而采取的"跟着美国走"的外交和防务政策的种种议论。

英国无缘澳新美同盟的原因是多方面的,本文拟从澳大利亚角度对这一课题进行深入探讨。选择这一角度来论述,对于认识二战后英美澳等国外交和防务战略的调整以及英联邦国家关系的变迁都是有意义的;同时又为亚太地区的冷战史研究提供一个新的视角。

一、自保意识的增强:澳大利亚倚美疏英

第二次世界大战结束后,澳大利亚在安全方面的危机意识非减反增。这点与它在太平洋战争期间的痛苦经历存有渊源。澳大利亚自保意识的日益觉醒与不断增强,决定了它不得不在联合王国与美国之间作出现实而又明智的选择。

---

① John Hammond Moore (ed.), *The American Alliance—Australia, New Zealand and the United States, 1940-1970*, North Melbourne: Cassell Australia Ltd., 1970, p. 95.
② John W. Young (ed.), *The Foreign Policy of Churchill's Peacetime Administration, 1951-1955*, London: Leicester University Press, 1988, p. 5.
③ Stuart Ward, *Australia and the British Embrace—The Demise of the Imperial Ideal*, Melbourne: Melbourne University Press, 2001, p. 23; Norman Harper, *A Great and Powerful Friends—A Study of Australian American Relations Between 1900 and 1975*, Queensland: University of Queensland Press, 1987, pp. 247-248.

众所周知,澳英在防务方面是传统的保护与被保护的关系,但太平洋战争爆发后,新加坡的失陷以及澳大利亚北部港口遭到日军的狂轰滥炸似乎印证了这种关系并不值得信赖。① 1941年11月27日,澳大利亚战时总理约翰·柯尔廷(John Curtin)在充满争议的新年贺词中阐述了澳英关系虽然重要但并非不可改变的观点。② 太平洋战争后期,在对英帝国防御能力不再抱任何幻想的同时,澳新两国自觉地寻求自保,如1944年1月21日,澳新双方就签订了旨在主导战后西南太平洋地区的政治安排以及促进该地区经济和社会发展的《堪培拉协定》(*The Canberra Pact*)。③

太平洋战争结束后,澳大利亚处在本·奇夫利(Ben Chifley)的工党政府领导之下。本·奇夫利本人对国家利益的阐释对于理解工党的外交政策具有本质意义。他说:"我希望清楚无误地表明这一点,即当政府相信某种行动是正确的时候,那么它就不会受到任何人的影响而偏离其轨迹。我们真诚地希望与联合王国进行合作,如果有可能的话,甚至也与美国开展合作。但是在很久以前,我就下定决心,在我出席的任何会议上,我将清晰而坚定地阐明澳大利亚民族的观点。"④

与此同时,战后英国受自身实力的影响也在有意识地进行防务战略的调整。英国开始把有限的防务力量集中到中东地区,以确保帝国生命线的安全。英国的外交家和战略家几乎一致地认为,英国在中东的出现对保持自身大国地位至关重要。如果英国离开地中海,那么苏联将乘虚而入,英国的政治影响、贸易和通信联系也将随之失去。⑤ 而欧内斯特·贝文(Ernest Bevin)外长甚至认为,丰富的石油资源以及独特的战略位置决定了中东地区在英国外交政策中的优先考虑仅次于英

---

① S. Woodburn Kirby, *Singapore: The Chain of Disaster*, New York: The Macmillan Company, 1971, p. 25; Peter Elphick, *Singapore: The Pregnable Fortress: A Study in Deception, Discord and Desertion*, London: Hodder & Stoughton, 1995, pp. 40 – 41.

② David Day, *John Curtin, a Life*, New York: Harper Collins Publishers Pty Ltd., 1999, pp. 438 – 440.

③ W. J. Hudson (ed.), *Documents of Australian Foreign Policy, 1937 – 1949*, Vol. Ⅶ, Australian Government Publishing Service, 1988, pp. 68 – 76.

④ L. F. Crisp, *Ben Chifley: A Biography*, London: Longmans Green and Co. Ltd., 1960, p. 275.

⑤ W. David McIntyre, *Background to the Anzus Pact-Policy-Making, Strategy and Diplomacy, 1945 – 1955*, pp. 122 – 123.

国本土。① 正因为中东地区既事关英帝国的根本利益,又是对抗苏联扩张的前沿地带,所以,英国将战后有限的防务力量屯集于此并开始关注欧洲防务。②

英国为了自身的利益适时作出了外交和防务战略的调整,而"澳大利亚的安全在根本上并且最终属于澳大利亚人的责任"③。英国外交和防务战略的重点位移实属不得已而为之,但在客观上给澳大利亚制订新的防务战略提供了历史性机遇。

1949 年 12 月,素有亲英情结的澳大利亚保守党利用国际上的冷战政治以及国内对共产党的敌视,赢得了大选胜利。有意思的是,正是在保守党政府时期,前任工党政府在英美之间奉行的较为平衡的战略似乎发生了有利于澳美关系的倾斜。1950 年 3 月 9 日,上任不久的珀茨·斯彭达外长在众议院全面阐述了澳大利亚的外交和防务政策。在谈到澳美关系重要性时,斯彭达强调说,"出于安全原因,澳大利亚与美国保持最密切的联系非常重要。但是,我们与美国的关系远不止于此。我们有着共同的遗产、传统和生活方式。战争期间,我们与美国朋友建立了牢固的友情……在影响维护本地区和平与安全的重大问题上,我确信澳大利亚与美国能够利用各自优势和其他有关国家的优势,采取共同行动。"④由于将国家安全利益与保持澳美之间的密切关系视为一个不可分割的整体,所以,缔结澳美同盟关系就成了斯彭达任职期间最重要的使命。⑤ 而时任澳大利亚国家发展部部长的 R. G. 凯西则直截了当地指出了美国在战后世界的领导地位,从而为澳大利亚追随美国的外交和防务战略提供了合理的解释。1951 年 5 月 24 日,凯西说:"在最后一次战争以及接下来的岁月里,人们越来越一致地认为,领导世界的重担在整体上已降临到英语民族的肩上,具体而言则落到唯一

---

① C. J. Bartlett, *British Foreign Policy in the Twentieth Century*, Oxford: Macmillan Education Ltd. , 1989, p. 75.

② Ronald Hyam (ed.), *British Documents on the End of Empire*, *The Labour Government and the End of Empire*, *1945 - 1951*, Part Ⅲ, London: HMSO, 1992, pp. 333 - 419.

③ John Milkes (ed.), *Australia's Defence and Foreign Policy*, Sydney Angus and Robertson, 1964, p. 69.

④ *Current Notes on International Affairs*, Vol. 21, 1950, p. 172.

⑤ Percy Spender, *Exercise in Diplomacy—The ANZUS Treaty and the Colombo Plan*, Sydney: Sydney University Press, 1969, pp. 13 - 93.

强大的美国肩上。"①

美国的强大以及在战后国际关系格局中的重要地位已是不争的事实,但要取得美国的保护,澳大利亚不仅要在外交和防务战略方面向美国靠拢,而且还必须让美国感到有必要与澳方进行合作。众所周知,美国已通过《北大西洋公约》稳定了它在欧洲的战略地位,而在远东及太平洋地区,美国面临的战略形势远比欧洲要复杂得多。朝鲜问题自不必说,而日本问题的政治解决也让美国决策者感觉并不轻松。因为在战后实施对日占领、管制以及政治解决日本问题方面,美国与其盟国的立场和战略利益并不一致。作为对日作战的重要国家,澳大利亚在政治解决日本问题方面所拥有的特殊地位决定了美国不得不考虑其立场和利益。此时,澳方已抱定这样的想法:将自己牵挂的太平洋防御条约与美国关注的对日和约联系起来。② 因为只有将两者联系起来,美国才有可能被迫作出一定让步。③ 1951 年 2 月 3 日,斯彭达在致本国总理 R. G. 孟席斯(R. G. Menzies)的电报中称:"在我们对日本重新武装方面的政策很可能得不到普遍接受时,那么最重要的就是尽力从美国那里取得对自身安全的某种保障。"④

二、寻求与美结盟:澳外交和防务政策之根本目标

与美国建立防务合作关系,借助美国的力量保护本国安全,这是澳大利亚保守党政府上台后所制定的防务战略之一。但在朝鲜战争前,美国对澳方提出的一系列建议要么不感兴趣,要么有所考虑,但从未认真对待过。后来因为美国的朝鲜和日本战略都需要盟国尤其是澳新的支持,美国这才开始对澳方的建议有所重视。随着澳美双方有关太平

---

① Current Notes on Internatonal Affairs, Vol. 22, No. 5, 1951, p. 289.
② Trevor R. Reese, Australia, New Zealand, and the United States: A Survey of International Relations, 1941 - 1968, Melbourne: Oxford University Press, 1969, p. 107; Cablegram from Spender to Makin, 4 April 1951, NAA:A6768, EATS77, p. iv.
③ 关于对日和约与太平洋条约的关系,美国与澳新都有各自不同的看法。美方认为,只有澳新接受它主导的对日软和平条约,它才会去考虑太平洋条约的可能性。但在澳新看来,只有美国在太平洋条约方面作出让步,它们才会考虑在对日和约上签字。事实上,这两个条约之间存在互为前提的关系。Cablegram from Spender to Menzies, 3 February 1951. NAA:A6768, EATS77, p. i.
④ Cablegram from Spender to Menzies, 3 February 1951, NAA:A6768, EATS77, p. i.

洋条约问题磋商的深入,美国的态度与立场日渐明朗:太平洋安全条约不应该像《北大西洋公约》那样具有约束性,以及反对英国成为缔约一方。① 在这种情况下,排除一切干扰尤其是来自英国的影响,确保美国参与太平洋条约并使该条约具有某种类似于《北大西洋公约》一样的品质,就成为澳大利亚外交追求的重要目标。

1945年,澳大利亚外长伊瓦特(H. V. Evatt)非正式地提出与美国缔结一个旨在防止日本东山再起的防御条约的建议,但美方对此毫无兴趣。1947年,在有关对日和约的早期磋商中,伊瓦特又向美方建议,成立一个监督和平条约执行以及处理有关太平洋安全事务的"太平洋区域安全委员会"(the Pacific Regional Security Commission)。该建议同样遭到冷遇。② 1949年2月9日,伊瓦特在议会发言时首次正式表达了缔结太平洋安全条约的愿望。3月25日,国务卿迪恩·艾奇逊(Dean Acheson)声明美国不准备参与太平洋防御条约。5月18日,他又进一步解释说,由于绝大多数太平洋盟国无法对地区安全作出贡献,所以,此时不适宜缔结太平洋防御条约。③ 次年2月20日,斯彭达提出了首先在澳大利亚、新西兰和联合王国之间缔结反共产主义的防御条约,然后再邀请美国参与的主张。④

尽管澳大利亚为缔结太平洋地区的防御条约做了多方努力,但美国的立场并无明显变化。这似乎更加坚定了澳方与美方缔结防务同盟的决心。斯彭达甚至声称:"如果没有美国的参与,太平洋条约就不能成功。"澳大利亚甚至做好了与美国单独签订防御条约的准备。⑤

然而有趣的是,有关太平洋地区防御条约的任何进展似乎都不在澳美有关人士的掌控之中,事情的发展却因朝鲜战局的变化而戏剧性地峰回路转。⑥ 随着朝鲜地面战争的推进,美国需要盟国提供更多支持。7月26日,澳大利亚和新西兰政府宣布向朝鲜派出地面部队。澳新双方迅速而有效的反应在美国决策层产生了积极影响,也为澳美就

---

① Cablegram from Spender to the New Zealand Government, 21 March 1951. NAA: A6768, EATS77, p. iv.

② Alan Renouf, *The Frightened Country*, Melbourne: Macmillan Company, 1979, p. 93.

③ Roger Holdich, et al. (eds.), *Documents on Australian Foreign Policy: The ANZUS Treaty 1951*, Department of Foreign Affairs and Trade, 2001, p. xvii.

④ Alan Renouf, *The Frightened Country*, p. 94.

⑤ Sir Frederic Eggleston, MS 423/11/1268, National Library of Australia.

⑥ A. W. Martin, *Robert Menzies: A Life* (Vol. 2), *1944 - 1978*, Melbourne: Melbourne University Press, 1999, p. 156.

防务问题展开磋商埋下伏笔。① 不出所料,8月3日,美方派时任远东事务助理国务卿迪恩·罗斯克(Dean Rusk)与澳方商谈太平洋条约问题。10月8日,迪恩·罗斯克建议与澳新签订三方安全协定。可以说,"朝鲜战争的爆发为澳大利亚外交政策中所遇到的现实问题提供了一个近乎理想的解决方案"。②

美国之所以以一种较为积极的姿态与澳方商讨太平洋防务问题,其中一个重要原因是它的朝鲜和日本战略都需要得到盟国的支持。此时美国正准备通过缔结对日和约来解决战后日本问题,从而为朝鲜战争提供战略支持。对澳方来说,不管美国抱着何种动机或出于什么样的战略考虑,缔结太平洋防御协定才是它心仪的目标。这时候,澳大利亚考虑的已经不是英国是否应该成为太平洋防御条约一方的问题,而是围绕美方的建议作出自己的外交努力,以适应美国的战略需要。这样一来,澳大利亚希望英国在缔约问题上给予支持或至少不要介入,不要给美国找到任何它不想卷入这一地区防务的借口。

首先,为了取得英国对这一条约的理解与支持,澳大利亚尽可能将同盟条约磋商过程的有关信息及时地通报伦敦,以体现澳英之间传统的亲密关系。1950年9月,斯彭达在伦敦拜会了英国首相克莱门特·艾德礼(Clement Attlee)和外交大臣欧内斯特·贝文,并向对方通报了澳方有关太平洋条约的一些想法。翌年2月16日,美国总统特别代表约翰·杜勒斯访澳与斯彭达会晤时,英国新任驻日本政治代表厄斯勒·丹宁(Esler Dening)也在场。17日,澳新美三方在堪培拉就防御条约草案达成一致。斯彭达本人便把条约草案文本的一份复印件交与厄斯勒·丹宁。斯彭达证实说:"英国方面被告知了我们在堪培拉与杜勒斯进行会谈以及拟订的太平洋条约草案的情况。"③ 随后不久,澳大利亚又将条约草案文本送呈伦敦,希望对方给予一个满意的答复。正因为如此,当有人指责澳大利亚对英国隐瞒太平洋条约磋商的相关信息时,澳方对此予以坚决否认。

其次,为防止英国对澳美之间磋商的干预,澳大利亚尽量不让英国代表参与或者不让英国知道它不该知道的信息。在条约草案形成后的

---

① *FRUS*, 1951 (Vol. Ⅵ), *Asia and the Pacific*, Part Ⅰ, USGPO, 1977, p.138.
② Glen St. J. Barclay and Joseph M. Siracusa, *Australian American Relations since 1945—A Documentary History*, Holt-Saunders Pty Ltd., 1976, p.25.
③ Percy Spender *Exercise in Diplomacy—The ANZUS Treaty and the Colombo Plan*, p.97.

继续磋商中,以前有英国代表列席的局面就不复存在了。斯彭达对此并不否认,他说:"这是一个无可争议的事实。"①英国驻澳大利亚高级专员威廉姆斯(E. J. Williams)对他没有受邀参与澳美之间有关太平洋条约的继续磋商不仅抱怨,甚至动怒。斯彭达亦不示弱,反问道:"他为什么期望受到邀请?联合王国无权参加。"斯彭达甚至也抱怨说,澳大利亚不是同样也无权参加杜勒斯与英国代表在东京举行的磋商吗?② 由于意识到英国在太平洋安全协定方面的总体态度,斯彭达担心英国代表与会可能会对他们的预期目的产生危害性影响。

第三,在太平洋防御条约磋商期间,澳大利亚不希望英美之间有任何密切的接触,担心英美之间因全球战略合作的需要而牺牲其他局部利益。澳新美三方虽然就条约草案达成一致,但距离一个正式的条约还有很长的路要走。因为在美国那边,国务院与国防部在缔约问题上的立场并不一致,美国军方态度一直消极;美国总统至今尚未就太平洋防御条约问题发表任何正式声明;美国国会在批约问题上向来苛责较多。除此之外,斯彭达还担心英国的反对很可能会导致本来就心不甘情不愿的美国回心转意,因为在美国的全球战略中,英国是它最重要的战略盟友。为此,斯彭达建议在他任外长期间,尽快对伦敦或华盛顿,或者上述两地做一次闪电访问,来亲自阐明澳方的立场以及面对任何可能的反对。③ 澳方一方面希望伦敦尽快给予答复,另一方面敦促美国加快谈判进程,以免夜长梦多。

第四,为取得有美国参与的太平洋防御条约,澳大利亚准备接受对方提出的四方条约(美国、澳大利亚、新西兰和菲律宾)的建议,而置英国的反对立场于不顾。1951年2月澳新美三方代表在堪培拉进行磋商时,美方就提出了缔结一个包括菲律宾在内的四方条约的建议。但这一建议立马遭到斯彭达和多伊奇的拒绝。他们认为,菲律宾并不存在与澳新同等的条件。可在杜勒斯的一再坚持下,斯彭达并没有否认

---

① Percy Spender *Exercise in Diplomacy—The ANZUS Treaty and the Colombo Plan*, p. 97.

② 1951年1月底至2月初,杜勒斯访问了日本。访日期间,英国驻东京的政治代表阿尔瓦里·加斯科因(Alvary Gascoigne)与杜勒斯进行了会晤。加斯科因表达了英国在太平洋条约上的原则立场。英国外交部和参谋长联席会议一致强烈反对任何只包括菲律宾、澳大利亚和美国而将英国排除在外的海洋国家或岛屿链国家的防御条约。

③ Letter from Spender to Dulles, 8 March 1951, NAA:A6768, EATS77, p. ii.

菲律宾可以成为太平洋地区反对侵略的防御屏障的一部分。① 然而，我们在下文即将看到，在不到一个月的时间内，斯彭达就在菲律宾是否应该成为太平洋条约一方的立场方面来了个180度的大转弯。这实在耐人寻味。

3月13日，堪培拉方面终于等来了伦敦方面的答复。英国在对澳新两国政府与美国就安全问题进行磋商并达成初步协议表示理解的同时，也对美国提出的在"岛屿链"国家间缔结防御条约以及将菲律宾包括进来的建议表示明确反对。② 斯彭达对英方在"岛屿链"国家间签订防御条约上的反对立场表示理解，但对英方坚决反对将菲律宾包括进来的态度感到困惑。斯彭达说："菲律宾已经被整个亚洲认为是在美国的阵营之内。很显然，对菲律宾的任何进攻将自动导致侵略国与美国之间的战争，因为美国的军队已驻扎在那里。"斯彭达还对这样的观点表示不解，即有人认为一个包括菲律宾的四方条约会招致公开的反对，因为这可能被认为联合王国将放弃在这一地区的责任。斯彭达说："整个世界都非常清楚，在过去的几年里，联合王国已经限制其在太平洋和印度洋地区的利益和活动。并且我认为，如果这样的观点正确的话，那么它不仅对于四方条约，而且对三方条约也是有效的。"因此，此时斯彭达的立场非常明确：尽力缔结三方条约，如果无法实现这样的目标，那么四方条约也是可以接受的。③

这样，为了实现与美国缔结防御条约的愿望，澳大利亚要做的就是对美国的政策作出合适或者说让对方感到满意的反应。排斥英国或者劝说英国表示理解就成为此时澳大利亚对英政策的主要内容。当然，这种排斥并非对抗，而是一种策略，是赢得美国对保障西南太平洋地区的安全作出承诺的一种手段。但无论如何，结果都一样，那就是英国的参与不仅在美国那里不受欢迎，在澳大利亚那里也没有多少喝彩。坦率地说，澳大利亚保守党政府作出这样的战略选择实属无奈，因为"对绝大多数有思想的澳大利亚人来说，在构筑有限的区域安全协定方面，

---

① Norman Harper (ed.), *Documents and Readings in Australian History: Australia and the United States*, Thomas Nelson (Australia) Ltd., 1971, pp. 167-168.

② Cablegram from External Affairs Office, London to Department of External Affairs, 13 March 1951, NAA: A6768, EATS 77, p. ii.

③ Letter from Spender to Menzies, 15 March 1951, NAA: A6768, EATS 77, p. iii.

联合王国被排除在外是一个令人遗憾但又必需的步骤"①。此言可谓一语中的。

三、区域性大国战略:澳欲摆脱英国之羁绊

作为太平洋战争的一个胜利国,澳大利亚战后国际地位大为提升。面对太平洋地区一个松散的甚至是毫无头绪的国际关系格局,澳大利亚希望在营造对己有益的区域安全环境方面,树立一个有影响的地区大国形象,而适度地摆脱英国之羁绊,是实现这一战略的重要步骤之一。

战后远东及太平洋地区的形势发展表明,澳大利亚已成为这一地区英联邦国家的代表。伊瓦特在旧金山会议上的出色表现②以及他担任联大会议主席的经历使得美国国务院认识到,澳大利亚越来越少地依赖于英国的建议并逐步形成自己的外交政策。国务院的上述判断很快得到了验证。在如何处置战后太平洋岛屿基地问题上,澳大利亚不仅以独立国家主体的身份与美国进行交涉,而且在有关国家利益这一根本问题上,澳大利亚更是抱着宁为玉碎、不为瓦全的态度。③ 结果在马努斯(Manus)基地使用问题上,澳美之间的磋商不得不面对一个不欢而散的结局。

1949年5月14日,本·奇夫利总理发表了有关防务安全的广播讲话。奇夫利认为,对澳大利亚人民来说,防务和区域安全是重要的。"1946年在伦敦召开的英联邦总理会议上,我就指出,每一个英联邦成员国在防务以及它所在的特殊区域方面要承担首要责任,这就需要不仅与有关的英联邦成员国而且要与在这一地区有着区域和战略利益的其他国家合作来加以解决。"奇夫利还说,太平洋地区的防御计划应与北大西洋地区的防御计划相适应。在北大西洋防御计划中,英国是一

---

① John Hammond Moore (ed.), *The American Alliance—Australia, New Zealand and the United States, 1940-1970*, p. 95.

② 1945年4月25日,联合国成立大会在旧金山召开。H. V. 伊瓦特外长成为澳大利亚代表团的副团长。律师出身的伊瓦特对《联合国宪章》草案提出了38条修正案,有不少于26条全部或部分被大会采纳。其中削减大国否决权、维护联合国大会的权力等方面的修正案在中小国家间引起了强烈共鸣。伊瓦特因此成了"小国的代言人",并赢得了"斗士"称号。伊瓦特在联合国成立大会上的出色表现成为联合国史上的一段佳话。

③ Allan Dalziel, *Evatt—The Enigma*, Melbourne: Lansdowne Press, 1967, pp. 41-42.

个主要参与者;而在英联邦防务中,澳大利亚应与英国紧密联系,并在防务中发挥主导作用。① 很显然,在奇夫利的心目中,英澳两国在英联邦事务中似乎有了明确的自然分工:在英国日益关注欧洲防务的情况下,澳大利亚就应在太平洋地区英联邦国家防务中担当主要角色。

众所周知,英国虽在二战中实力大损,但大国心理并未随之失去。英国希望维护英帝国的团结,希望英联邦国家继续战争期间良好的合作关系,而自己仍被视为领袖而受到遵从。但是显而易见,英国已没有充足的人力和雄厚的财力来维护英帝国作为一个整体的存在。如果它试图这样做,那么就有可能处在被孤立以及被苏联和美国挫败的危险之中。② 伊瓦特相信,英国的这种处境对太平洋地区的安全有着非同寻常的意义。他预测说,一旦发生危机,英国将首先关注欧洲或非洲的事态,那么,澳大利亚和新西兰就应该开始接管英国在太平洋地区的责任,甚至对这一地区的英国殖民地实行管理。新西兰史学家弗兰克·科耐尔(Frank Corner)对此评论说:"在新西兰,我们的担心可能是,这种发展将给予澳大利亚以领导权——一种并不像我们相信英国那样的领导权——在让时针倒走方面,我们面临困难。但是,一个严酷的事实是,英国放弃在太平洋地区的领导权并非因为澳大利亚人所逼——它是由于自身虚弱而放弃。这种倾向的逻辑发展可能促使澳大利亚和新西兰稳步地向美国靠拢。"③

不难看出,新西兰对英国放弃在这一地区的领导权表示了一个自治领或英联邦国家对其宗主国应有的惋惜与同情,而对于澳大利亚取代英国这一事实,新西兰也给予了有所保留的理解与认可。但对于澳大利亚来说,取代英国成为这一地区英联邦国家的代表,不仅有利于它在该区域性事务中发挥建设性作用,而且对推动区域安全机制的建立亦大有裨益。

澳大利亚的上述立场在太平洋条约磋商期间体现得非常明显。前有交代,1951年2月中旬杜勒斯访问了澳大利亚,他此行的首要任务就是劝说澳新两国政府接受美国策划的对日和平条约。所以,当澳大利亚外长斯彭达提议先讨论太平洋防御条约时,杜勒斯顾左右而言他,

---

① Roger Holdich, et al. (eds.), *Documents on Australian Foreign Policy: The ANZUS Treaty 1951*, pp. 3–4.

② W. David McIntyre, *Background to the Anzus Pact-Policy-Making, Strategy and Diplomacy, 1945–1955*, p. 126.

③ *Ibid.*

以英国反对为由避而不谈。斯彭达对杜勒斯的这一伎俩似乎早有所料,便不假思索地说:"澳大利亚是这一地区的主要一方,而联合王国则不是,联合王国的反对几乎不适用于三方条约。"①斯彭达的立场非常明确:太平洋地区的防御协定实则是澳方与美方之间的事情,英国的反对不能成为一个限制性因素。但不容否认的是,英国的这一立场还是给澳美之间的继续磋商蒙上了阴影,特别是给了美国以讨价还价的借口。为此,澳大利亚必须一方面向英国表明自己在太平洋地区拥有独特地位的立场,以求对方对自己在防务方面所做的任何努力或决定给予谅解与支持;另一方面,还必须让美国相信,在太平洋地区的防务安排中,它不再受制于英国。

澳大利亚独立个性的逐步显现使得它对依附于英帝国的外交和防务政策日益感到不满,因为从某种意义上说,依附于江河日下的英帝国不仅与它为树立地区大国形象而付出的外交努力不相吻合,而且更主要的是,这种传统的顺从或依附模式无法反映澳大利亚人的心声或代表澳大利亚的利益。正如澳大利亚一位评论家在《每日镜报》(*The Daily Mirror*)上发表的一篇文章中所说的那样:"我们发现,大不列颠在有关外交事务方面很少向我们提供信息;而它所提供的信息不但滞后而且并不总是可靠。我们得到的只不过是他确信让我们知道后会有好处的情报。"②由此可见,英国还是以过去的眼光来看待英澳关系的,但澳大利亚已不再像过去那样被动地接受来自英国方面的信息或其他政策安排,甚至还用怀疑的目光去看待英国方面传递过来的情报或信息。

战后澳大利亚在英联邦国家中地位的提升以及在西南太平洋地区所承担的防御和其他责任,使得它欲取代英国在这一地区的地位与作用的愿望更加迫切,而实现这一意图的一个重要体现或条件就是确保本地区的安全。与美国缔结防御条约则有利于澳方上述抱负的实现,而英国的参与不仅有可能影响美国对这一地区的军事卷入,而且对澳大利亚的既定抱负也将产生消极影响。对澳英关系变迁颇有研究的斯图尔特·华德(Stuart Ward)则一语道破《澳新美同盟条约》对澳大利亚的现实意义。他说:"1951年《澳新美同盟条约》的签订被视为澳大

---

① Roger Holdich, et al. (eds.), *Documents on Australian Foreign Policy: The ANZUS Treaty 1951*, p. 77.

② "Our Foreign Service Now Costs Millions", *The Daily Mirror*, May 14, 1951.

利亚摆脱帝国阴影的主要象征而广受欢迎。"①毫无疑问,英国被排除出澳新美同盟,对澳大利亚树立一个独立的和负责任的地区大国形象是有利的,或者至少说是提供了一个条件。

四、抚慰英国的解释:"同盟"机制与英联邦体制相辅相成

在维护国家安全利益方面,澳大利亚和新西兰都不认为澳新美同盟与英联邦体制之间存在冲突;在维护与英国的传统关系方面,澳新也不认为《澳新美同盟条约》的签订会损害它们与英国的传统关系,相反是一种促进或加强。这就部分解释了澳新两国尤其是澳大利亚在太平洋防御条约磋商进程中有意无意怠慢英国甚至对英国在三方同盟条约方面所持的反对立场感到不解的缘故。

在澳大利亚战后就太平洋地区的安全进行战略规划时,这一地区已经存在的英联邦防御机制是一个重要基础。1950年3月9日,斯彭达在谈到太平洋防御条约时说:"我所展望的是一个军事防御协定,而在亚洲和太平洋地区稳定中有着重要利益并且同时能够履行军事义务的国家间达成的坚定一致应成为该协定的基础。我倾向地认为,澳大利亚、联合王国以及我强烈地希望其他英联邦国家能够形成一个核心,其他希望这样做的国家,如果像我所说的那样,它们能够作出军事贡献的话,那么就应该给予它们参与其中的机会……"②

在《澳新美同盟条约》磋商初期,澳大利亚和新西兰就曾以英国在这一地区存在重要利益为由,提请美国考量在一个广泛的太平洋防御条约框架下将英国包括进来的可能性。在《澳新美同盟条约》草案文本达成后,为了消除英国对这一条约的误解以及争取英国对该条约的支持,澳大利亚不仅希望美方尽早就太平洋条约磋商等相关问题发表总统声明,而且多次重申三方条约既不会削弱英联邦国家间的防务合作,也不会对澳大利亚与英国的传统关系带来任何损害。

首先,澳方希望美方出面澄清拟议中的太平洋防御条约不会损害

---

① Stuart Ward, *Australia and the British Embrace—The Demise of the Imperial Ideal*, p. 13.

② Roger Holdich, et al. (eds.), *Documents on Australian Foreign Policy: The ANZUS Treaty 1951*, p. 10.

澳英之间传统的密切关系。《澳新美同盟条约》草案文本达成后,澳大利亚不仅希望与美国尽快就具体细节问题进行深入磋商,而且期待美方就太平洋条约问题发表一个总统声明。前文已经提及,虽然澳美之间的防务磋商在持续进行,但如果没有总统就此发表的郑重声明,那么澳美之间的任何磋商能否产生预期效果,能否在两国公众中引起普遍支持以及在国际上产生广泛影响,这些都不得而知。当然,澳方还希望美国总统的声明能达到这样的目的,即为澳大利亚"正名",减轻澳大利亚"负于"英国的压力,并且重申《澳新美同盟条约》不会削弱英联邦国家间的关系。① 1951 年 4 月 20 日,澳方终于盼来了美国总统的声明。该声明的发表对于推进太平洋安全条约的继续磋商,其意义是不言而喻的。当然对减轻来自英国方面的批评,也起到了一定的作用,因为伦敦方面曾经向澳方询问过美国是否以及何时就太平洋防御条约的磋商发表权威声明的问题。②

其次,凯西等人坚称,澳美关系的加强并不意味着澳英关系的削弱,相反,它有利于英美关系的发展和英语世界的团结。在澳大利亚国内,有关太平洋条约问题的争论从来就没有停止过。那些对英帝国情有独钟的人不时地发表言论,对以凯西为首的所谓"亲美派"进行指责。凯西对此似乎感到有点委屈。他说:"在澳大利亚,一些人似乎相信,由于主张澳大利亚-美国之间更加密切的可能关系,所以就存在对英国的某些不忠。肯定地说,人们必须认识到,战后民主世界的基石必须依赖于英美民族像一把剪刀的两叶一样密切地合作。"③从凯西的讲话中可以看出,他不认为加强与美国的关系是对澳大利亚与联合王国传统关系的背叛。1952 年 4 月 28 日,澳大利亚外交部在致澳驻美使馆的电报中称:"该条约无论如何不会削弱将澳大利亚与其他英联邦成员结合在一起的密切的亲缘关系和合作。我们更加希望密切与英联邦的关系,这样,我们就能够同样加强与太平洋盟国美国的关系。"④

至于澳新美同盟是否有孤立或忽视英国的意图,凯西也不予首肯。他说:"把《澳新美同盟条约》设想成孤立和忽视联合王国的企图是一个十足的错误。它更应该被视为在特定的地理区域内,澳大利亚和新西

---

① Cablegram from Spender to Dulles,16 April 1951,NAA:A1838,TS686/1, p. i.
② *Ibid.*
③ "My Casey Stresses U. S. Link", *The Melbourne Herald*, 24 May 1951.
④ Cablegram from Department of External Affairs to Embassy in Washington, 28 April 1952, NAA:A1838, TS532/11.

兰在'英国人'一词最广泛的意义上改善英美关系的一个进一步的明证。《澳新美同盟条约》加强了澳大利亚和新西兰的安全,在此方面,它也加强了英联邦一个重要组成部分的安全。"①凯西的此番辩护不无道理。如果说以澳新美同盟这一渠道或机制来改善战后英美关系尚不免有冠冕堂皇之嫌,那么确确实实,在保卫国家安全这一根本目的方面,无论是已有的英联邦防御体制还是正在构建的澳新美防务同盟,可谓殊途同归。由此得出的结论是:澳新两国在密切与美国防务关系的同时,没有必要也并不必然地抛弃英联邦防御体制。凯西还认为,由于英美之间存在一定的分歧,而澳大利亚恰好处在这样一个位置——既可以加强英联邦国家与美国之间的关系,又能够帮助消除它们之间的误会。②

由此可见,在将国家安全利益置于头等重要的位置时,澳大利亚便对英美之间特殊而又微妙的关系十分在意。在澳大利亚看来,英国在北美的殖民统治经历以及由此而产生的"英语"民族关系,使得英美之间广泛意义上的合作不仅存在可能,而且非常有必要。在英语民族的语义环境中,澳美之间的防务合作是这种广泛意义上的合作的自然延伸,不会令英国感到不可接受。澳大利亚甚至还抱这样的希望:一旦与美国形成防务合作关系,那么这种关系必将对英美之间的战略协作起到一个桥梁或推动作用。因此,无论如何,澳大利亚不认为与美国缔结防御同盟是对英国或英联邦利益的损害,或是对澳英传统关系的背叛,相反是一种促进或维护。

从文中分析可以看出,在英国被排除出澳新美三方同盟的问题上,澳大利亚是难逃干系的。因为我们看到,在倡导太平洋安全条约方面,澳大利亚的态度是积极的,其立场是坚定不移的;在太平洋安全条约磋商进程中,澳大利亚更在乎美国而非英国的反应与立场;在太平洋安全条约签订之后,澳大利亚所做的外交努力就是确保澳新美同盟理事会第一次会议如期召开;在澳新美同盟理事会第一次会议之后,澳大利亚就是希望澳新美同盟成为一个名副其实的区域性安全保障机制。为了实现上述设想与目标,澳大利亚投美国之所好,置英国的立场与利益于不顾,甚至还对英国可能的干预采取了一些防范措施,所以,撇开美国的反对立场不谈,仅从澳大利亚方面来考察,英国被排除出澳新美同盟之外,也并不令人感到奇怪。

---

① W. J. Hudson, *Casey*, Melbourne: Oxford University Press, 1986, pp. 248-249.
② "My Casey Stresses U. S. Link", *The Melbourne Herald*, 24 May 1951.

新中国多边外交发展阶段研究述评

毛德松[*]

摘　要　新中国成立以来,多边外交经历了曲折发展的过程。本文概述了国内学术界关于中国多边外交发展阶段的不同观点,就如何评价联合国恢复中国合法席位、改革开放、冷战结束和世纪交替等影响中国多边外交发展的焦点问题进行了综述和分析,并讨论和概括了中国多边外交发展的阶段特征。作者认为,虽然当前关于新中国多边外交发展阶段的研究取得了一定的成果,但还需要加强系统性研究,以利于人们对中国多边外交发展趋势和发展规律的准确把握。

关键词　中国外交　多边外交　发展阶段　分歧焦点　阶段特征

当今世界,随着经济全球化的发展和全球性问题的日益增多,多边外交频率越来越高,影响越来越大。与此相联系,在中国的总体外交中,多边外交的地位也日益上升。新中国成立以来,多边外交经历了从小到大、从消极被动到积极主动的曲折发展过程。如何把握这一历史过程,笔者力求通过对不同观点的概述和评析,为理解和把握中国多边外交的发展阶段和发展趋势提供一些参考。

一、阶段划分

"历史分期是人们从总体上认识把握历史发展的阶段性及其特点

---

[*]　毛德松,南京人口管理干部学院思想政治理论教研室副教授,南京大学国际关系研究院进修教师。

的重要手段。"①研究中国多边外交的发展阶段,目的就是为了更准确地把握其发展轨迹和发展态势。关于新中国多边外交发展阶段的划分,概括起来,大体有以下几种观点。

两阶段论:有的学者以改革开放作为分水岭,将中国多边外交分为两个阶段。"从新中国成立到1978年底党的十一届三中全会作出改革开放的重大战略决策之前这一时期,多边外交没有引起我们的足够重视……党的十一届三中全会确定了改革开放的总战略,明确了外交的根本任务是为我国的社会主义建设争取有利的国际环境,确立了独立自主的外交路线,对多边外交的态度发生了转变。"②也有学者站在中国近代以来的历史的角度,以冷战终结作为分界线,将建国以来的中国多边外交发展划分为两个阶段。③

三阶段论。在具体划分上又有三种不同的观点。一是将中国多边外交划分为建国后中国多边外交的起步、恢复联合国席位后中国多边外交不断发展、新世纪后的中国多边外交三个发展阶段④;二是将20世纪70年代和80年代中国多边外交发展作为一个阶段,将多边外交发展划分为20世纪50年代至60年代多边外交初步展开、70年代至80年代多边外交日趋活跃和90年代以后多边外交全面展开三个阶段。⑤ 与该观点相近的划分是,从参与国际组织的角度,将中国参与历程分为三个时期,即1949年至1970年的竭力抵制时期、1971年至1991年的部分参与时期,和1991年至今的全面参与时期。⑥

四阶段论。具体包括两种不同的划分,一是将新中国多边外交的发展划分为:恢复联合国席位前零星参与多边外交活动、恢复联合国合法席位至改革开放前局部参与多边外交、20世纪80年代至90年代多

---

① 陈其泰,《中国马克思主义史学的理论成就》,北京:国家图书馆出版社2008年版,第79页。
② 王明进,"中国对多边外交的认识及参与",《教学与研究》2004年第5期,第42—43页。
③ 仪名海,"中国多边外交史研究的意义及其体系的建构",《吉林师范大学学报社会科学版》2006年第3期,第89—90页。
④ 魏明,"不断发展日益深化的中国多边外交",《当代世界》2007年第5期,第51—54页。
⑤ 王文平,"论新中国多边外交的历史演进与现实选择",《沈阳农业大学学报社会科学版》2006年第4期,第644页。
⑥ 王明生、李长春,"多边主义对中国外交政策的影响与意义分析",《理论界》2006年第1期,第205—206页。

边外交的大幅度发展、21世纪后中国从多边外交的积极参与者变成了积极倡导者①;二是将新中国多边外交发展阶段概括为:1949年至1971年中国多边外交的起步时期、1971年至1978年中国多边外交的转折时期、1978年至1989年积极参与各种国际组织时期、1989年至今多边外交在广度和深度上明显加强的时期。②

此外,还有的学者就特定时期的中国多边外交发展进行分段研究。如吴建民大使将1971年联大恢复中国合法席位以来的多边外交分为三个阶段:局部参与联合国的活动;多边外交政策大调整,全面参与联合国的活动;积极开展多边外交,为构建和谐世界而努力。③ 还有的学者把1949年至1989年的中国多边外交分为两个时期,即1949年至1971年"联合国体系"外时期和1971年至1989年以联合国外交为主的逐步扩大参与时期。④ 还有学者认为,从20世纪中期开始,中国在多边外交政策认识方面有了转变,并开始积极参与多边国际活动。⑤

上述对中国多边外交发展阶段的划分,虽然观点很多,但依据的标准主要有三类,即国际形势剧变、国内政策变革和中国多边外交自身发展的重大突破。有的学者采用单一标准,如根据中国改革开放或冷战结束分别将中国多边外交分为两个发展阶段,多数学者将上述三个变量进行了组合,不同组合就形成了不同的划分。在这些不同标准的背后,则是对中国多边外交发展史上一些重大历史事件的不同认识,这些历史事件包括中国恢复联合国席位、中国改革开放、冷战结束、世纪交替等,分歧的焦点是如何评估这些历史事件对中国多边外交的影响,是具有质的突破的标志性事件,还是仅具量变意义的历史事件?事物发展都是量变和质变的统一,而事物发展过程中出现的部分质变则形成了事物发展的阶段性。在历史长河中,体现部分质变的重大历史事件则是历史发展阶段性的重要标志。因此,要科学划分中国多边外交的发展阶段,必须科学考量上述历史事件对中国多边外交政策和实践的

---

① 卢晨阳,"中国参与多边外交的进程和特征",《新视野》2007年第6期,第94页。
② 尤洪波,"中国的多边外交",《经济与社会发展》2009年第2期,第41—42页。
③ 吴建民,"多边外交是构建和谐世界的平台——重新认识多边外交",《外交评论》2006年第4期第10页。
④ 汤炜,"1949—1989年中国多边外交的实践及其特点",《国际政治研究》1998年第1期,第15—19页。
⑤ 阎学通在"多边主义与中国外交"论坛上的发言,《教学与研究》2005年第8期,第14页。

影响。

二、分歧焦点

在中国多边外交发展过程中,恢复在联合国的合法席位、改革开放、冷战结束、世纪交替等都是非常重大的历史事件,它们对中国多边外交发展具有影响是没有争议的,但谈到影响程度,学者们则提出了各自不同的观点。

就中国恢复联合国合法席位而言,研究者均认为,这一重大外交胜利拓宽了中国多边外交的空间,它不仅为中国带来了广泛的国际承认,扩大了中国的国际影响,促进了与友好国家的团结合作,提高了国际地位,同时给中国多边外交带来了新的发展机遇。

但就其对中国多边外交的具体影响而言,有的学者认为,在恢复联合国的合法席位之后,中国很快恢复了在联合国系统内其他一些专门机构的多边外交活动,由此中国多边外交进入一个新的时期。有的学者评价更高,认为中国恢复联合国合法席位,标志着中国多边外交跨入了一个具有长远历史意义的突破性大发展时期。[1] 但也有学者认为,它只是带来了中国以联合国为舞台的多边外交的局部的发展,而且中国参与联合国的活动也是不全面的,参与过程也是消极被动的,在多数情况下,中国对多边外交是抽象谈论原则和旁观多于实际参与,有学者明确指出,毛泽东晚年国际组织战略所能发生的只是有限的调整,而不是根本的转变。[2] 基于这个判断,很多学者都将改革开放前的中国多边外交作为一个发展阶段,也就是说,恢复联合国合法席位虽然拓展了中国多边外交的发展空间,但从新中国多边外交发展史的长焦距看,它未能实现中国多边外交发展的历史性转折。

笔者以为,恢复联合国合法席位只是为中国多边外交的飞跃式发展提供了广阔的空间和更高、更大的舞台,从这个意义上讲,这一外交胜利的意义是其他任何历史事件无法比肩的,无疑是中国多边外交的

---

[1] 参见汤炜,"1949—1989年中国多边外交的实践及其特点",第17页;王文平,"论新中国多边外交的历史演进与现实选择",第644页。

[2] 参见王逸舟,《磨合中的建构——中国与国际组织关系的多视角透视》,北京:中国发展出版社2003年版,第25页;吴建民,"多边外交是构建和谐世界的平台——重新认识多边外交",第11—12页;郑启荣、孙洁琬,"论世纪之交的中国多边外交",《当代中国史研究》2001年第6期,第54页。

重大突破。但能否利用好这个机会,推动中国多边外交实现历史性跨越,则取决于国内外环境和我们的政策水平和外交艺术。非常遗憾的是,当时中国的多边外交政策并未突破"左"的思潮和意识形态的束缚,中国对多数国际体制和国际制度仍持怀疑和否定态度,甚至把多边外交看作是政治斗争的舞台。凌青大使在回忆录中写到:"我们在进入联合国初期,着重把它看成是一种国际政治斗争的工具,是和意识形态的斗争交织在一起的,这种考量在决策中占有较大的比重。"[1]就多边外交实践而言,这时中国多边外交主要集中在联合国体系内,联合国外的其他多边外交活动基本没有参加;而在联合国体系内,中国也只是局部参加,诸如裁军、人权、维和等领域的活动,由于与中国的价值观根本不同,中国一般不参与,即使在中国有限参与的领域,中国也不是积极的活跃的成员。造成这种状况,既有冷战对峙的国际背景,也有国内"左"的思潮的影响。

谈到改革开放,没有人怀疑它对中国多边外交发展的重大影响,但由于研究视角的不同,在具体分析中也有分歧。多数研究者认为改革开放是中国多边外交发展历史性转折的标志,是中国多边外交发展新阶段的开始。主要理由:改革开放带来了中国对联合国等多边机制的新认识,导致了中国多边外交政策的全面调整,在新政策和新观念的指导下,中国多边外交出现了跨越式的发展,表现为中国参加的国际组织和多边条约的数量急剧增加。正因为如此,有学者认为,直到 80 年代,中国多边外交才真正进入了活跃时期。[2] 但是,如前所述,将中国多边外交发展划分为三阶段的学者将 70 年代和 80 年代的多边外交或者将 70 年代以来至 20 世纪末的多边外交作为中国多边外交发展的一个阶段,按照他们的思路,改革开放后的中国多边外交仍是 70 年代中国恢复联合国合法席位以来多边外交发展的继续和进一步发展。笔者以为,这种认识上的差别主要源于观察视角的不同,如果从中国参与多边外交的策略看,70 年代和 80 年代的中国多边外交确实有一个共同点,即对多边主义采取了"选择性参与"的策略,70 年代主要依据价值观和意识形态进行选择,80 年代主要根据现代化建设的需要进行选择。但

---

[1] 凌青,《从延安到联合国》,杭州:福建人民出版社 2008 版,第 175 页。
[2] 参见吴建民,"多边外交是构建和谐世界的平台——重新认识多边外交",第 12—13 页;王明进,"中国对多边外交的认识及参与",第 43—44 页;郑启荣、孙洁琬,"论世纪之交的中国多边外交",第 54 页。

如果从中国多边外交政策和实践的角度出发,改革开放对中国多边外交的影响则是转折性的。多边外交观念和政策的根本转变、多边外交活动的务实思维以及中国参加多边条约和国际组织数量的爆发式增长都印证了这一观点。

冷战结束为多边外交的迅速发展创造了条件。冷战时期由于互不信任和相互对峙,多边主义难以发挥应有的作用,而冷战的结束则为多边主义提供了实现其功能的国际环境。① 而冷战后全球化浪潮的加速发展和全球性问题的增多则为多边主义治理提供了广阔的空间。但冷战结束是否带来了中国多边外交的跨越式发展,学界也存在着不同的认识。有学者认为冷战结束后,中国多边外交在广度和深度上均有所加强;也有学者强调冷战后中国参与国际组织的速度明显加快,多边合作的质量迅速提升;还有学者明确指出,从20世纪90年代起,中国才逐步扭转了过去被动参与多边活动的模式,成为多边外交机制和行动的主动参与者和积极倡导者。② 总之,他们都认为冷战结束标志着中国多边外交进入了新的发展阶段。但是,也有部分学者将80年代和冷战后90年代的中国多边外交作为一个发展阶段,认为中国多边外交政策的调整从80年代初一直持续到2001年加入世贸组织③,从这个意义上讲,冷战结束并未带来中国多边外交发展的根本转折,改革开放以来中国多边外交的转折发生在新旧世纪交替之际。笔者认为,如果从冷战后中国融入国际体系的战略性和全面性来说,80年代当然是无法与之相比的,因为改革开放初中国的参与或融入还带有明显的选择的色彩。但如果从中国多边外交的任务和外交政策及风格来看,冷战后的90年代与20世纪80年代,似乎又未发生实质性变化。首先,在"韬光养晦"外交方针的指导下,冷战后的中国多边外交依然表现得较为低调。除了在有关中国经济发展、涉台问题等事关中国核心国家利益等议题上积极开展活动外,对其他事项均比较原则、含蓄和低调,这一外交风格与80年代并无区别。哈佛教授江忆恩认为,尽管在80年代和

---

① 楚树龙,"多边外交:范畴、背景及中国的应对",《世界经济与政治》2001年第10期,第42—43页。

② 参见王明生、李长春,"多边主义对中国外交政策的影响与意义分析",第205—206页;尤洪波,"中国的多边外交",第42页;熊伟,"中国外交进入多边时代",《当代世界》2009年第5期,第58页。

③ 参见吴建民,"多边外交是构建和谐世界的平台——重新认识多边外交",第12页;卢晨阳,"中国参与多边外交的进程和特征",第94页。

90年代中国国际组织的参与率迅速增长,但加入体制后的中国并不是议程的制定者,中国在联合国大会或联合国安理会上很少提出建设性的解决办法。① 其次,融入国际社会仍然是中国多边外交的重要任务。而且冷战后的融入更艰难,也更为复杂。因为部分西方国家出于遏制中国的需要,为中国的融入设置了重重障碍。对中国迫切希望加入的多边机制,提高要价,增加中国加入成本;而对事关西方切身利益的多边机制,则要求中国承担更大责任。总之,在冷战后复杂的国际环境下,特别是在西方国家纷纷制裁的背景下,中国坚持融入国际社会的战略方针,摒弃冷战思维,推动了中国多边外交的进一步发展。

新世纪新气象,中国多边外交在世纪之初就给人以振奋。特别是中国加入世贸组织和上海合作组织的成立,使中国外交信心倍增。加入世贸组织,标志着中国对外开放进入了一个新阶段,体现了中国以融入国际社会为目标的多边外交战略。更有学者认为,加入世贸组织是使中国彻底融入国际社会的决定性的历史转折点。② 而上海合作组织的成立,标志着中国多边外交从过去被动地加入现存的国际体系,开始转为主动地参与构建新的地区合作框架;由被动地应对国际和地区局势,开始转为有意识地谋划主导周边局势的发展。甚至有学者认为,上海合作组织的成立与中国在其中发挥的中心作用表明,中国开始主动意识到在地区多边机制的建设中"带头"的重要性。③ 事实上,2001年还有一些对中国而言意义深远的多边外交活动,2月在海南省博鳌举行博鳌论坛成立大会,5月在北京成功举办第三次亚欧外长会议,10月亚太经济合作组织(APEC)第九次领导人非正式会议在上海举行。这些立足于中国周边的多边机制的成立和在中国召开会议,体现了中国多边外交的新阶段和新特点。但也有学者认为,冷战结束后,中国更加全面地融入国际社会,多边外交更加活跃。特别引人注目的是,中国不仅积极参与多边外交,还成为了多边外交的积极倡议国和主持国。④ 也就是说,中国多边外交的建设性和创造性从冷战结束就表现出来了,

---

① 江忆恩,"美国学者关于中国与国际组织关系研究概述",《世界经济与政治》2001年第8期,第49页。
② 李慎明,《中国特色社会主义年鉴》(2002),北京:中国法制出版社2004年版,第534。
③ 参见姜毅,"中国的多边外交与上海合作组织",《俄罗斯中亚东欧研究》2003年第5期,第46页;庞中英,"中国的亚洲战略:灵活的多边主义",《世界经济与政治》2001年第10期,第33页。
④ 王明进,"中国对多边外交的认识及参与",第44页。

新世纪中国多边外交的发展是冷战后多边外交发展的继续。笔者认为,新世纪中国多边外交的转型,除了国际环境因素外,主要源于中国经济实力增强而产生的大国意识。实际上,在20世纪末,随着经济实力的增长,为了应对"成长中的烦恼",中国开始塑造大国形象。1997年,为防止亚洲经济危机的扩展,中国宣布人民币不贬值,首次展现了负责任的大国形象,在此后的多边外交活动中,中国领导人都会就会议主题发表自己的观点和建设性意见。2005年胡锦涛参加联合国首脑峰会,提出和谐世界理念,向世界表达了中国关于全球治理的目标。在当前的历次金融峰会上,中国领导人大胆建言,备受瞩目,这些活动都彰显了中国的大国外交,体现了中国多边外交的转型。

三、阶段特征分析

对中国多边外交发展阶段的不同划分,源于人们对联合国恢复中国合法席位、改革开放、冷战结束和世纪交替等历史事件的不同判断,而形成这些判断的基础则是对中国多边外交不同发展阶段特征的分析和把握。笔者拟从参与多边外交的规模、模式以及角色定位等方面对阶段特征进行简要评述。

关于改革开放前的多边外交,多数学者认为,参与数量少、参与过程消极被动是这一时期中国多边外交的基本特点。有学者认为,改革开放前,"中国参加多边外交活动范围小,态度比较消极,意识形态考虑占据突出地位,总体上处于'形式主义的多边主义'的初级阶段"。[①] 甚至有人认为,从国际规制的角度来看,中国多边外交在20世纪80年代以前几乎是空白。[②] 其主要原因是被排除在国际制度之外的中国,在意识形态的影响下,不仅不承认大多数多边机制的合法性,而且还作为现存国际制度的挑战者、"革命者"出现在世人面前。[③]

中国恢复联合国合法席位后,开始了以联合国为中心的局部参与

[①] 俞新天等,《国际体系中的中国角色》,北京:中国大百科全书出版社2008年版,第249页。

[②] 李正男,"中国多边外交在东北亚和平构想中的地位及其局限性",《当代亚太》2005年第6期,第12页。

[③] 参见王逸舟,《磨合中的建构——中国与国际组织关系的多视角透视》,第24页;门洪华,"压力、认知与国际形象——关于中国参与国际制度战略的历史解释",《世界经济与政治》2005年第4期,第18—19页;王明进,"中国对多边外交的认识及参与",第43页。

活动,多边外交有所发展,综合学者们的研究,大体呈现三个方面的特点:(1) 反对霸权,坚决维护第三世界国家利益;(2) 参与的选择性和超脱性;(3) 参与的不均衡,经济领域参与有限。[①] 由此可见,这一时期中国多边外交的参与数量有所上升,但消极被动的行为特征并未发生根本性变化。从1971年11月24日到1976年12月22日的安理会表决中,中国弃权或不参与表决的次数高达39%。[②] 造成这种现象的原因,既有复杂的冷战国际环境的制约,也有国内"左"的思想的干扰。事实上,中国一开始对双边和多边外交也是积极的,如建国初期,中国政府多次致电联合国,要求恢复中国在联合国的合法席位,并组建了以张闻天为团长的代表团随时待命,而且积极参加了社会主义阵营的多边外交,特别是在毛泽东"走出去"战略的指导下,中国高调参加了日内瓦会议和万隆会议,并产生了重大影响。但由于冷战的国际环境和美国的封锁,中国登上世界舞台的计划未能如愿,特别是在美国的操纵下,中国在联合国的合法席位不仅得不到恢复,而且还被联合国指责为侵略者,中国在失落中带着愤懑,加上"左"的思潮的泛滥,中国对联合国等多边机制采取了否定和抵制的态度,甚至提出了组建"革命的联合国"的主张。由此可见,不打破"左"的思想的禁锢,中国多边外交的大发展就不可能实现。

关于改革开放以来的中国多边外交,学者们首先肯定的是参与规模和影响的扩大。"20世纪80年代,中国多边外交迈上了一个新的台阶……与以前相比,这一时期中国更广泛地参与了国际组织的活动,其范围进一步扩大,参与程度也进一步加深,国际影响逐渐扩大。"[③]随着多边外交的进一步发展,多边外交的地位和影响进一步提升,它不再只是双边外交的补充,而已成为中国总体外交中的重要组成部分。很多研究者都注意到中国政府1986年政府工作报告,首次明确了多边外交的地位和作用。[④] 其次,在参与的领域上,与改革开放前相比,经济外交占据突出的地位。中国希望通过加入多边经济机制与国际经济接

---

① 参见汤炜,"1949—1989年中国多边外交的实践及其特点",第17页;吴建民,"多边外交是构建和谐世界的平台——重新认识多边外交",第12页。
② Samuel S. Kim, *China, the United Nations and World Order*, Princeton, N. J.: Princeton University Press, 1979, p. 209.
③ 王平平,"论新中国多边外交的历史演进与现实选择",第644页。
④ 彭庆,"从政府工作报告的文字表述看我国多边外交政策:1986—2005",《外交评论》2005年第8期,第51—55页。

轨,并获得这些机构和其他国家对中国改革开放的认同、支持和援助,以经济为重点的中国多边外交,充分体现了中国理性务实的外交哲学。再次,在参与方式上,比之前更加积极主动,力求通过对多边机制的参与加速中国的现代化建设步伐。

关于改革开放后中国多边外交大发展的原因,大体上有以下几个观点:一是对时代主题的全新认识;二是政策和观念的改变,特别是改变了对现有国际秩序的革命性态度,对多边机制的认识越来越实事求是;三是经济现代化的需求,发展是硬道理,现实的经济利益推动中国全方位地融入国际社会,改革开放发展的需要推动着中国尽快加入国际经济组织和条约,与国际接轨;四是国力增强的因素,国力增强一方面使得对多边外交的需求增强,国家利益的扩大需要参与多边外交来保障;另一方面,国力增强也为中国有效开展多边外交提供了物质基础。①

关于冷战后中国多边外交的特点,概括起来有以下几点。一是中国多边外交的全方位和多层次性,从参与的领域看,中国参加的国际组织和国际条约涉及政治、安全、经济、文化、社会等各个领域,尤其是中国加入了过去一直有所顾虑的《核不扩散条约》和《国际人权公约》。当然,加强与世界各国的经济合作,仍然是中国多边外交的重点。据统计,1992—1998年中国参与的多边首脑外交活动约有18次,其中有10次是专门或主要讨论经济合作事务的。从参与的层次看,中国多边外交既包括以联合国为代表的全球性多边外交,还涉及跨区域性和地区性多边外交活动。二是多边外交的活跃性,有的学者在肯定中国多边外交全面展开的同时,强调中国多边外交呈现了最为活跃的局面。从参加的国际组织来看,改革开放前的1977年,中国加入的政府间国际组织有21个,到冷战结束前的1989年增加到37个,中国参加的非政府国际组织同期则由71个增加到677个,到1997年,两者分别增加到52个和1163个。从参加的国际条约和国际协定的角度看,从新中国成立到1979年实行对外开放,中国签署或宣布承认的有45项,改革开放至冷战结束时有112项,冷战结束以后到2003年有116项。三是参与的主动性、积极性和创造性。中国不仅积极参与原有的多边机制,而且还积极倡导和参与构建新的多边机制,特别是在国际组织和多边场合,中国领导人日益活跃,提

---

① 参见凌青,"改革开放初期的中国与联合国",《党史博览》2005年第4期,第18—19页。

出了许多事关全球问题和世界发展前景的有益的和建设性的主张。① 总之,冷战后中国的多边外交在广度和深度上均有所加强。

冷战后中国多边外交发展的原因,学者们主要强调认知、国际形象、压力等社会性和观念性因素。② 笔者认为,这些因素都是最直接的原因,而深层次的原因则是中国现代化建设发展的需要。冷战结束后,由于西方发达国家的制裁,中国面临着巨大的发展压力,不发展或发展较慢就难以说明社会主义制度的科学性和优越性。为了突出发展的地位,中国共产党在"发展是硬道理"的基础上,进一步提出了"发展是党执政兴国的第一要务"的理念。在全球化加速发展的背景下,加快融入国际社会,有助于扫清中国与国际社会交流的体制和机制限制,加大与西方发达国家的交流,推动中国的现代化进程。同时,通过融入的方式赢得国际社会对中国改革开放的理解和支持,减轻敌对势力的干扰,从而为现代化建设创造更有利的国际环境。

就新世纪的中国多边外交而言,学者们的分析更加丰富。多数学者首先指出了中国在新世纪多边外交舞台上地位的提高。进入新世纪,中国的多边外交更加活跃,参加国际组织的范围更加广泛,能力进一步提高。突出地表现在:更加积极地参与各类国际组织的活动,大力推进区域经济一体化的发展,一系列国际会议在中国召开,中国成为一些国际组织的主导创始国。这些多边外交活动提高了中国的声望和国际影响力,使中国的国际地位显著提高。中国的多边外交进入了全面参与、积极筹建的重要时期。有的学者明确提出,进入 21 世纪后,中国从多边外交的积极参与者变成了积极倡导者。③ 有的学者就新世纪中国多边外交的特点进行了具体的概括。金鑫认为,当前中国的多边外交日趋活跃,呈现出参与的主体多元化、活动的领域多样化、多边外交活动日益机制化等三个方面的特征。郑启荣、孙洁琬认为,世纪之交的中国多边外交活动具有以下特征:坚持发展中国家一员的立场,维护发展中国家的主

---

① 参见张清敏,"冷战后中国参与多边外交的特点分析",《国际论坛》2006 年第 2 期,第 56—57 页;雷兴长,"论 90 年代中国多边首脑外交",《甘肃社会科学》1999 年第 3 期,第 86 页;王平文,"论新中国多边外交的历史演进与现实选择",第 644 页。

② 参见门洪华,"压力、认知与国际形象——关于中国参与国际制度战略的历史解释",第 17—22 页;江忆恩,"美国学者关于中国与国际组织关系研究概述",第 51 页;尤洪波,"中国的多边外交",第 42 页。

③ 参见王平文,"论新中国多边外交的历史演进与现实选择",第 644 页;卢晨阳,"中国参与多边外交的进程和特征",第 94 页。

权和利益；经济外交在中国多边外交中占有越来越重要的地位，方式多样、涉及领域愈来愈广泛等。还有的学者从中国参与多边外交的形式、内容、领域、作用等方面归纳了 7 个特点。① 笔者以为，新世纪中国的多边外交，除了参与更加全面、积极性更高等特点外，还表现在：一方面，积极构建、主动谋划的意识不断增强，政策主张更加明确具体，实践过程更为大胆、更加担当；另一方面，鉴于中国的国力和国际关系的现状，中国把多边外交的重点放在亚洲地区，期望通过构建亚洲区域合作机制，促进亚洲国家间的合作与发展，并为中国现代化建设营造和平稳定的周边环境。

还有部分学者就改革开放以来中国多边外交的特点进行了概括。如李学勤认为，中国多边外交具有维护国家主权、重视经济外交、涉及领域多样化、维护发展中国家权益等基本特点。② 而王明进则认为中国多边外交的基本特点是：具有强烈的主权意识，参与现存的国际制度与建立国际政治经济新秩序的远大目标相结合，以合作与不结盟为基本理念、坚持原则性和灵活性相统一的原则。③

上述研究从不同的角度概括了中国多边外交的历史发展，从一定程度上揭示了中国多边外交的发展轨迹，为我们正确把握中国多边外交的发展规律和发展趋势提供了重要的理论参考。但另一方面，纵观中国多边外交发展阶段研究的成果，应该说这一研究还是很不成熟的。一是系统性研究成果很少，只有极少数论文专门探讨了中国多边外交的发展过程，多数研究者都是在讨论其他问题时，根据论文结构的需要而对中国多边外交的历史发展进行了简要概括；二是缺乏必要的对话和讨论，大多数研究者只是站在各自的角度就中国多边外交的发展阶段进行了划分，没有涉及其他观点，更没有就此展开讨论；三是缺乏扎实的论证，大多数论文只用很小的篇幅概述了中国多边外交的发展阶段，至于划分的理论依据和历史事实均未展开具体的阐述和论证。这些情况均说明对中国多边外交发展阶段的研究还处在初始阶段。历史阶段划分的目的在于科学揭示事物发展的轨迹，把握历史发展的规律，这种研究状况显然还达不到这个要求。

---

① 参见金鑫，"关于开拓新世纪我国多边外交工作的几点思考"，《世界经济与政治》2001 年第 10 期，第 38—39 页；郑启荣、孙洁琬，"论世纪之交的中国多边外交"，第 57—58 页；魏明，"不断发展日益深化的中国多边外交"，第 53—54 页。
② 李学勤，"当代中国多边外交的发展"，《理论观察》2007 年第 2 期，第 45 页。
③ 参见王明进，"中国对多边外交的认识及参与"，第 45 页；郑启荣，《改革开放以来的中国外交》，北京：世界知识出版社 2008 年版，第 238—240 页。

浅析西方人道主义干涉的"正义战争"伦理取向

姚自强

摘 要 冷战结束后,人道主义干涉一直是国际学术界和国际社会中的热点议题之一。本文从伦理角度对西方学者就解决人道主义干涉所存在的理论和实践中的困境而提出来的"正义的人道主义干涉"进行分析,并在此基础上揭示所谓人道主义"正义战争"观的脆弱性以及实践中西方人道主义干涉的"霸道"色彩。

关键词 西方 人道主义干涉 正义战争 思想传统 伦理

在冷战后的世界里,人道主义干涉一直"活跃"在国际舞台上,成为国际政治学界的热点议题之一。国内许多学者都曾从政治、历史以及国际法的角度对人道主义干涉现象给予分析,其立足点都是以法理、政治理论为主,这种分析角度在一定程度上回答了是非问题,但却或多或少忽视了伦理方面的考量,缺乏在这方面对西方人道主义干涉相关理论的回应。鉴于此,本文试图从伦理视角对西方人道主义干涉行为进行分析,阐述西方进行人道主义干涉的伦理内涵,并借用西方学者提出的"正义的"人道主义干涉标准分析西方的人道主义干涉行为,以子之矛,攻子之盾,以有助于揭示西方人道主义干涉的虚假面具。

一、西方人道主义干涉的三种伦理传统

就西方人道主义干涉的伦理取向而言,西方学术界的立场大致可以分为三类:非道德(amoral)观(也称为道德相对主义)、秉承自由主义

传统的普遍主义(universalism)观和正义战争观。① 所谓非道德就是强调政治领域与道德无涉,无所谓道德与不道德(immoral)。② 非道德伦理观的信奉者往往是被称为现实主义者的人。这种人道主义干涉的伦理观认为,国际社会处于无政府状态,权势和安全是国家的首要目标,任何可以增长国家权力、巩固国家安全的干涉都是合乎伦理的,是最大的"善"。可以说,在非道德伦理观的左右下,现实主义者认为不可能有任何真正的人道主义干涉,人道主义干涉绝对不是为了神圣的"人道主义"目的而干涉的,干涉国真正追求的一定是其他目标。它们也许是担心自己的威望或势力受损,也许是有战略利益牵涉其中。现实主义者并不反对人道主义干涉,他们只是对人道主义干涉表示怀疑,认为所谓人道主义干涉都是虚伪的干涉,真正的人道主义干涉行为应该由国际组织或者红十字会此类人道主义的组织去实施。但这并是不说现实主义者不赞同"人道主义干涉"这种行为。需要看到的是,现实主义的非道德观反对的只是以抽象的道德原则指导国家行为,而非反对干涉本身,倘若国家利益与人道主义目标相符合,现实主义者会以道德的目标来掩饰自己的私利而进行干涉。

继承自由主义传统的普遍主义伦理观最显著的代表是诸如康德等国际主义者(或称世界主义者)。在他们眼里,国家不是自诞生之初就具有道德上的合法性的,就自动地在道德上就是善的。主权也不是绝对的,它根本就不属于道德范畴。因此,在"正义"与"秩序"孰为优先的问题上,在他们看来,人权是国际社会最核心的价值,优先于国际秩序的维护,主权概念和不干涉原则已经过时,应让位于人权。为了实现个人正义,国际社会应不断地征讨那些被视为不民主、不人道的国家。国际主义者承认审慎限制的重要性,但同时指出过于审慎或过于遵守不干涉原则,而对别国发生的非人道的、不尊重人权的现象不作为是不道德的,同时也是不审慎的。正如现实主义者所警告的,普世主义的道德必然性经常使秉持普遍主义伦理观的决策者无视政治现实,对信念的

---

① 此分类参照了《武力与治国方略》一书的分类方法,详见:Gordon A. Craig and Alexander L. George, *Force and Statecraft: Diplomatic Problems of Our Time*, New York: Oxford University Press, 1995, pp. 277 – 282.

② 石斌,"'非道德'政治论的道德诉求——现实主义国际关系伦理思想浅析",《欧洲》2002 年第 1 期,第 1 页。

执着和狂热常常损害对"这应该去做吗?"的问题明辨是非的思考。[1]对后果的判断模糊不清,丧失了理性的思考,结果常常是惨痛的教训和虚伪的双重标准。

正义战争思想传统是一种试图解决何时使用武力、如何使用武力以及在战争中如何避免伤及无辜等诸多由战争引发的道德困境的西方政治思想。[2] 这种理论是对战争以及应有的道德限制和约束的思考,因而它将战争正义分为三种类型:开战正义(*ius ad bellum*)、交战正义(*ius in bello*)以及战后正义(*jus post bellum*)。开战正义关注何时动用武力是正义的,交战正义讨论战争怎样合法地进行,战后正义主要讨论的是关于战后遗留问题的处理。正义战争的思想通常可以追溯到5世纪的奥古斯丁(Saint Augustine)。[3] 奥古斯丁将整个世界划分"上帝之城"和"人类之城"两个部分。他认为,正义只存在于上帝那里,永久的和平也只存在于上帝之城。而人类之城却是罪恶的世俗场所,即便是被人们所称赞的神圣罗马之城也是如此。为了维护人类之城的和平与秩序,人们只能求助于法和战争。也就是说,正义的战争是允许的,但前提是战争是必须的,并且只能以和平为追求的目标。奥古斯丁的解释并不矛盾,他试图用道德的原则来规范战争,从而将绝对赞成战争与绝对反对战争的两种态度进行调和。在调和对战争的两种极端的立场中,奥古斯丁阐述了一些今天我们所言的"正义战争的原则"。基督教神学家阿奎那(Thomas Aquinas)继承并发展了奥古斯丁的观点,奠定了后来正义战争理论传统的主题内容。在《神学大全》(*Summa Theologica*)中,他明确提出了正义战争的三大前提条件:战争的发动者必须享有合法的权威,战争必须拥有正当理由,战争必须具有正当目的。[4]

以奥古斯丁和阿奎那为代表的早期正义战争理论者着重探索的是"开战正义",而随着战争技术和战争形态所发生的重大变化,以维多利亚(Francisco de Vitoria)、苏亚雷斯(Francisco Suarez)和格劳秀斯

---

[1] Michael Joseph Smith,"Ethics and Intervention", *Ethics & Interventional Affairs*, Vol. 3,1989,pp.18-19.

[2] Nicholas Rengger, "On the Just War Tradition in the Twenty-first Century", *International Affairs*,Vol.78,No.2(April 2002),p.363.

[3] Michael J. Butler, "U.S. Military Intervention in Crisis,1945-1994",*The Journal of Conflict Resolution*, Vol. 47,No.2(April 2003),p.231.

[4] Ibid.

(Hugo Grotius)为代表的政治思想家以及国际法家进而完善了有关战争过程的正义的问题。从18世纪到一战结束之前,正义战争思想传统几乎被殖民主义思潮掩埋了,被国际社会暂时遗忘了。在二战期间,正义战争理论又随之复兴,但冷战的爆发又致使其跌入低谷。随着大规模杀伤性武器的出现和扩散以及美国在越南战争的失败,正义战争理论又得到复兴的动力。20世纪末,伴随着国际社会的巨变而产生的种种问题和危机又引发了许多国际干涉现象,这就将正义战争理论又置于国际社会的焦点中。①

值得指出的是,上述三种伦理取向并不像三条平行线一样,永不相交。三种人道主义干涉立场的划分相当程度上只是一种抽象概括性质的理论范式划分,在具体的现实中并不存在绝对和纯粹的非道德、普遍主义与正义战争论的人道主义干涉观。只不过,同正义战争伦理观相比,非道德和普遍主义的干涉伦理观实际上并不热衷于追求"人道主义"这一干涉目标。它们将人道主义干涉与西方大国的政治和战略利益捆绑在一起,从而使得人道主义干涉现象及其解决途径超越了问题本身。人道主义干涉问题基本上属于道德问题。实际上,无论是现实主义信奉的非道德观还是自由主义者所推崇的普遍主义的干涉观,它们都涉及到国际政治中的东西方价值观、秩序与安全、大国和小国这类政治和战略问题,因而更具有浓重的政治和战略考虑。

二、"正义的"人道主义干涉:西方的修正之道

正义战争思想传统提出的一套精细、平衡的道德思维和道德辩论方式较之其他两种人道主义干涉伦理取向而言,在伦理基础和根本原则上更加首尾一致,在具体规范上对战争的限制更为谨慎和严格,对干涉风险带来之责任的界定更加清晰、具体。鉴于此,正义战争思想传统也成为了西方学者在处理人道主义干涉所面临的伦理困境时的不二法门。当然,在应用"正义战争"标准时,需要注意到此学说强调发动战争的前提与人道主义干涉使用的前提是截然不同的。"正义战争"思想传统主要是一种防御性武力的理论,适用于受到侵略的国家,而人道主义干涉不是战争,它是一种为了保护别国人民的利益和福祉,动用包括武

---

① 张书元、石斌,"沃尔泽的正义战争论述评——兼论美国学术理论界有关海外军事干涉的思想分野",《美国研究》2007年第3期,第117页。

力在内的强制性行动。换言之,人道主义干涉是一种"主动"干涉,它一般都得不到被干涉国的同意。战争与干涉也是两种不同的外交工具,人们在研究中应该注意到正义战争学说也并不是分析人道主义干涉绝对恰当的范式,但是鉴于两者决策环境的相似性,"正义战争"标准能够成为西方学者研究人道主义干涉的一种道德标尺。

按照西方正义战争思想传统,人道主义干涉涉及的问题可以分为四个部分:第一,何时进行干涉(正当理由、正当目的、最后手段以及成功的可能性);第二,谁具有合法权威;第三,应当怎样干涉(区别原则和比例原则);第四,何时结束干涉(战后正义问题)。

根据阿奎那提出的正义战争规则,战争必须有"正当理由",统治者发动战争必须还要有"正当目的"。正义战争理论通常认可的正当理由有:自卫、保护受害者和惩罚不道德行为(punishment for wrongdoing)。① 从伦理的角度来看,援助被侵害的弱者要比自卫更具有道德优势,但并非发生任何侵害人权的行为都应进行干涉。国际社会应该奉行"最低纲领"的人权观(minimalist version of human rights),即早就在全球各种语言中出现的生命权。也就是说,国际社会对大屠杀、种族清洗等践踏人权的行为应主动干预,拯救受害者。

正义战争思想传统要求,为了达到正义而寻求武力的一个原则是,任何战争必须具有正当目的。这一原则主要关注行为者的动机,否认了诸如私利、权力以及荣耀等动机驱使下进行干涉的正义性。正义战争的这条原则恰好可以借用到对人道主义干涉的争论中。如果缺乏正当动机将会损害干涉的正义性。未经联合国授权的单边干涉在一般情况下应予禁止,就是因为干涉国决定干涉的动机更多是受私利的驱使,而非人道的目的。完全出于利他主义的干涉在道德上是高尚的,也应该值得赞扬。事实上,仅出于纯粹的人道主义目的进行的干涉在政治生活中并不存在。国际社会发生的人道主义干涉多为出于国家利益考虑进行的干涉。但是,正义战争论者认为多元的干涉目的只要最后服务于人道目的,那么这种单边干涉在道德上不应该受到指责,一旦由于其他动机而促使干涉跨出了其应有的边界,这种干涉则应该遭到

---

① Brian Orend,"Michael Walzer on Resorting to Force",*Canadian Journal of Political Science*,Vol. 33,No. 3 (September 2000),p. 6.

谴责。①

"最后的手段"原则要求只有当除武力之外的其他手段全部穷尽之后,武力方能使用。这条原则既是道德的,也是审慎的。正义战争思想传统对战争设定道德界限,是因为武力将会产生破坏性的后果,即便它也可能产生好的后果。有时,国家使用武力也是必须的,在道德上也是合理的,但如果正义目的可以通过非暴力的方式取得,干涉方则负有道德义务去优先选择这些手段。从这一伦理立场出发,人道主义干涉同样也应该审慎地使用武力。干涉国可以通过经济制裁、外交压力、谈判等手段威胁被干涉国,迫使它妥协、改善国内的人权状况。"最后手段"恰当的含义是强调不情愿寻求武力的重要价值,这种选择不应该轻易地做出,其他替代手段应该尝试完或最起码考虑过。②

"成功的可能性"原则要求在开战之前对战争成功的可能以及代价进行权衡。决策者必须在估量派遣军队到另一个国家可能产生的后果之后,方可以决定是否干涉。这一理性的原则迫使决策者在干涉之前审问自己,是不是有足够的理由相信正当的目的可以取得。类似于最后的手段,这一原则也具有道德和审慎的因素。从结果伦理角度考虑,如果一次人道主义干涉取得的"善"大于造成的"恶",那么它就是正义的。此外,出于审慎的考虑,倘若为了完成一个正当的理由却以重大的国家利益为代价,并将会使决策者丧失政治威信,那么这种干涉就不可为之。鉴于国际环境异常复杂,无法得到一切相关的情报,决策者在判断成功的可能性有多大时相当困难。③ 决策者只有审慎地思考问题,积极地收集相关情报,充分地准备干涉以及尽可能多地获得国内和国际的支持,才能产生合理而又成功的可能。

人道主义干涉的代理者通常是国家,但在冷战结束后此观点显示出过时的趋向:联合国在摆脱了美苏争霸的桎梏后,成为最具合法性的干涉权威。同时,越来越多的非国家行为体如非政府组织(NGOs)、跨国公司等也加入了干涉行列,大大减少了大国滥用人道主义干涉的可能性。得到联合国授权的单边干涉国,在决策和行动过程中必须拥有

---

① Michael Walzer," The Argument about Humanitarian Intervention", *Dissent*, Vol. 49, No. 1 (Winter 2002), pp. 29-37.

② Mona Fixdal and Dan Smith, "Humanitarian Intervention and Just War", *Mershon International Studies Review*, Vol. 42, No. 2 (November 1998), p. 303.

③ Peter Viggo Jakobsen, "National Interest, Humanitarianism or CNN", *Journal of Peace Research*, Vol. 33, No. 2 (May 1996), p. 210.

一个有限的、完全的自主权。合法的干涉国也不能是其他某一个大国的代理国,它的干涉必须是公正的、自发的。与单边干涉相比,得到联合国授权的多边干涉往往具有更大的合法性。

何时进行干涉以及谁具有合法权威,这两个部分存在的价值对于"正义干涉"的重要性在于它们正是维持干涉合法、正义可能性的关键。倘若决策者因狂热的价值观驱使或者因在情报信息不对称的情况下贸然作出了干涉的决定,那么,无论干涉的结果是否达到了决策者的目的,他们所进行的干涉都是非正义的。因此,作为"正义干涉"的前提条件的这两个组成部分,是任何力求干涉行为得到民众支持以及世界舆论赞同的干涉国所不得不正视的因素。

诚然,当"邻人"身处危险之中时,出于人道的关爱,"我们"不应该袖手旁观,但是保护邻人的手段选择范围太广。人道主义干涉国选择的手段在许多时候都造成甚至加深了人道主义灾难,这个问题在伊拉克制裁中十分明显。正义战争理论要求武力的使用必须遵从区别原则,以避免无辜人员的伤亡,民众既不应受到直接攻击,也不该成为达到目的的手段。① 为此,沃尔泽就指出,从正义的角度来看,干涉国不能在干涉过程中,一边坚持声称不能将自己的士兵置于危险之中,而另一边却把所有的干涉后果都留给当地民众。在人道主义干涉中,士兵应该承担伤亡的风险,避免将风险转嫁到民众身上。② 他还主张,战争手段与目标必须相称(proportionality),即在战争中不应滥用武力或使用本质上非人道的武器。在干涉过程中,干涉国选择的方式也不能仅仅局限在军事手段上,战争只是一种极端的矫正手段。"人道主义"的标签有时也适用于那些跨国界的善行,不仅包括强制性地保护人权,还包括缓解人类痛苦的援助。

关于人道主义部队何时"回家"的问题,沃尔泽指出作为人道主义干涉的军队目标仅仅是阻止屠杀,它们应该通过"快进快出"的方式击败屠杀者、拯救受难者,然后尽可能快地离开,至于灾后重建的问题应该留给当地人完成。他们刚刚度过一次危机,不应该再被外国占领。但这一原则也存在着三种例外:一,例如像柬埔寨那样的"屠戮之地",因杀戮之严重,导致国家缺乏相应制度甚至人丁进行重建;二,像乌干

---

① Michael Walzer, *Just and Unjust Wars: A Moral Argument with Historical Illustrations*, New York: Basic Books, 1977, pp. 151–159.

② Michael Walzer, "The Argument about Humanitarian Intervention", pp. 29–37.

达、卢旺达这种族群严重对立,屠杀可能随时重演的国家;三,在干涉之前早就处于"失能"状态的国家。除这三种情况之外,政治主权原则和领土完整原则需要干涉国"尽快进入尽快撤出"。①

三、脆弱的人道主义"正义战争观"

信仰"正义战争观"的人道主义干涉者们极力调和"正义"与"秩序"两者之间的关系,在他们的努力下诞生了"正义干涉"的理论。这种力图彰显"正义"的人道主义干涉观在理论上既满足了自由主义者所捍卫的普世价值观需求,同时,也力图维护非道德论者所期望的国际秩序的稳定的希望。然而,正义战争伦理观却很难在现实中完全实现。因为,从正义战争思想传统角度来说,倘若干涉要能被贴上"正义"的标签,那么它必须在各个方面都满足正义战争思想传统的所有条件。在实践中,正义战争伦理观蕴涵的规制往往会与国家的政治和战略利益之间发生冲突,其结局都是人道主义干涉的规制让位于政治和战略利益,规范作用几乎丧失殆尽。因此能被称为正义的人道主义干涉的案例很少。

即便如此,这种"脆弱"的正义战争伦理观也还是正在逐步得到当今世界多数国家的认同。他们认为,正义战争伦理观一方面并不完全排斥干涉,另一方面它通过极其严格的特殊情形来限制干涉行为的发生,以保护国家主权的完整。因此,这种伦理观为人们探讨人道主义干涉相关的伦理问题提供了一种思维框架,同时其在实践中被期待起到一种规范作用,从而为批评伪人道主义干涉行为提供尺度,使之在相比对照之中原形毕露。

首先,就"何时干涉"问题而言,"正义战争观"的人道主义干涉认为,干涉者要满足正当的理由、目的、最后的手段以及成功的可能性这几个方面的先决条件。什么是正当的理由?"正义战争观"认为,答案就是支持合法的民族独立运动或为了平衡上一次干涉所进行的干涉,或者出现大规模践踏基本人权的行为。西方深受正义战争思想传统影响的学者认为只有这三种才是正义的理由。沃尔泽等倡导"正义"干涉

---

① Robert C. Johansen, "Limits and Opportuninties in Humanitarian Intervention", in Stanley Hoffmann (eds.), *The Ethics and Politics of Humanitarian Intervention*, Indiana: University of Notre Dame Press, 1996, pp. 82 – 83.

学说的学者在理论上提出的原则是价值中立的,但是在实践中西方的政治家却无法按照学者们的原则做到价值中立。比如,在波黑事件中,当克罗地亚和波黑的塞族人提出按照民族自决原则要求独立建国时,却遭到了欧共体的否决。而当克罗地亚和斯洛文尼亚以及波黑等前南斯拉夫加盟共和国提出独立时,欧共体和美国却爽快地同意,并迅速地给以承认以及各种形式的支持。这种"拉偏架"的案例数不胜数。在此,还有一个至关重要的问题值得探讨。对正当的目的、正当的理由,谁有资格决定或最终确认?西方国家在这个问题上往往自我委任,自己充当"权威"的决策者。寻根溯源,这种单方面的、自以为是的行为其实是因为西方的价值观、道德优越主义以及对现实政治利益的考虑在作祟。

无论用多么富有道德色彩的言辞替人道主义干涉辩护,西方国家的人道主义干涉都不可能掩饰其现实的政治利益考虑。历史的事实表明,任何干涉政策都不可能出于某种纯粹的人道主义的目的,它们或多或少都会追求狭隘的本国利益以及战略目标。比如,美国以"人道主义"为名对伊拉克的干涉,其实质就是借人道主义之名,行私利之实——谋求中东的石油利益以及中东的霸权。由开始的部分经济制裁到全面的经济制裁再到军事干涉,暴力程度一步步升级,所谓的人道主义干涉给伊拉克留下的只是满目疮痍的残局,这一事实明显证明了美国对伊拉克的"人道主义干涉"制造的只是更为严重的人道主义灾难,完全与人道的性质相悖。

究竟谁有"合法的权威"?对于这个问题的回答,通常认为,只有联合国才是决定或最终确认是否存在这样的人道主义灾难的唯一合法权威。联合国是由世界上各国组建的,它是现阶段的"全球政府",它作出的决议一般都代表了世界上广大国家的共识,其行为自然也具有合法、合理的色彩。不仅如此,《联合国宪章》对随意干涉别国内政的行为也有着严格的限制。宪章规定除了"对于和平之威胁,和平之破坏及侵略行为",安理会可以采取各种措施外,不得干涉任何国家的内政事务。这一限制条件断绝了联合国安理会授权抵御反侵略之外的国际干涉的合法性之可能。除了联合国外,一般而言,任何国家或国家集团若得到联合国的授权,那么它(们)也可以看作合法的行为体。当然,这还要求行为体纯粹本着人道主义精神,不夹带私利地进行干涉,否则,其行为也丧失了合法性。以此来看,以美国为首的多国军事集团对南联盟的干涉完全撇开了联合国,其行径无疑是非法的。即便是区域性的政府间组织实施的人道主义干涉,也必须得到联合国的首肯,受联合国的监督。试图绕过联合国的干涉国,且不谈其动机是否完全本着救人于水火之中的人道主义精神,仅凭其单边主义的行径可能会损害联合国的权威这一点,这样的自我委任的"救世主"就应该遭到国际舆论的谴责。

武力的使用只能作为不得已的最后手段,这一要求也是"正义战争"观的人道主义干涉者所追求的。《联合国宪章》早就禁止了在国家之间动用武力的行为,可以说这一条准则出自于根本伦理,符合国际法,同时也最能体现干涉者"仁慈"、"审慎"的一面。联合国主导的人道主义干涉一般都能遵守这一准则。与之形成鲜明对比的是西方国家依仗着其与目标国之间巨大的军事优势,在仍有和平解决危机的希望之时,就迫不及待地发起了武装干涉。北约大规模轰炸南联盟就最能反映这一心态。可以说西方国家对这一准则几乎没有认真采用,更谈不上不折不扣地履行了。越是使用武力,干涉的成功就越是有限(笔者认为这种成功基本是军事上的成功),目标国的人道主义状况越是恶化,陷入以恶报恶的恶性循环之中的可能性也就越大。况且,不伤及无辜是人类战争以及干涉过程中的一个基本准则,任何国际干涉如果在干涉过程中无法有效区别平民和武装人员,导致大量无辜民众伤亡,无论其动机是否正义、干涉主体是否合法,都不会被视为正当合理的人道主义干涉。

同样基于"审慎"的要求,"正义"的干涉所遵循的干涉所带来的利要大于弊这一准则在实践中很难真正实现。事先就要准确权衡利弊,这不仅要求干涉国情报机关充分地收集目标国的相关信息,而且要求干涉国的决策者在认真考虑过这些信息之后,能够慎重、准确地作出相应的评估。这两个方面缺一不可。复杂的国际社会,其各种动因变化莫测,干涉国力图完全、准确地把握以及审慎地权衡干涉带来的利弊并不是一件容易的事情。即使决策者能够事先准确权衡利弊,然而在干涉过程中由于目标国各种势力的力量分化、重组,也可能会使干涉国干涉的成本上升。美英联军当年以绝对的军事优势打败了萨达姆的军队,却没料到伊拉克国内宗教矛盾斗争如此复杂,使其不仅得不到伊拉克国内穆斯林的绝对拥护,而且卷入了库尔德人与土耳其之间的矛盾。

西方学者提出,在人道主义干涉中应该注意武力的使用问题,即武力的使用必须适当,它们要同人道主义干涉使命的性质、目标等因素相称。这种源自于正义战争法则的原则包含着丰富的道德内涵和政治意义。然而,西方国家在干涉时,对此准则是故意"忽视",或以"武器失灵",或以"情报不准",或以"伤亡的都是武装人员"为由进行搪塞。在冷战后,西方国家曾经一度热衷于经济制裁这种干涉手段,就是因为将它作为替代武力的一种手段。然而,事与愿违,经济制裁的效率不高、耗时颇多,造成的人道主义灾难不比武力干涉来得轻。因此,最后西方国家仍是拿起"刀与剑",以完成它们干涉的目标。冷战后北约对南联盟的狂轰滥炸,美英联军对伊拉克的军事入侵,都是经过了先期的经济制裁,在效果不佳的情况下又重走"旧路"——进行军事干涉。至于"区别原则"更是无法实现。自美国经历了"索马里惨案"之后,对海外派兵就一直缩手缩脚。就是派出了美国大兵,也唯恐索马里的悲剧再演。为此,五角大楼进行了相应的战略变革,动用高科技作为降低美军海外维和、作战死亡率和伤亡率的"灵丹妙药",将干涉的伤亡成本转嫁到目标国平民身上。武力的使用与干涉带来的人道主义利益之间的"比例原则",在西方国家的实践中最后千篇一律地演变成武力的使用与干涉国的利益、干涉国军人的生命之间的"平衡"。

至于何时结束干涉,从近些年的例子来看,干涉国基本无法彻底消除危害该国出现人道主义危机的诱因,无法有效地建立长久机制,致使目标国处于敌对力量的武装抵抗与民众的怨声载道的夹缝之中,前者的存在使得新成立的政府无暇于民生,后者的怨声可能会酝酿成民变。美国的伊拉克战争就是如此。它们或许能达到沃尔泽提出的"快进"的要求,却无法完成"快出"的原则。有时,西方大国在无法处理这种烂摊子时,就会扶植一个亲西方的当地政权,当一个甩手掌柜,脱身就走。这种行为可能满足了形式上的"快进快出",但它满足了这一原则所要求建立的长效机制吗?它满足了正义目的——干涉结果是有效的,要有利于促进整个世界的民主与正义吗?让目标国处于"无政府"的状态中,这对干涉国而言达到了干涉所力求的人道主义的目标吗?西方大国或许能够满意干涉带来的短期效益,但目标国所需要的国内社会稳定、政治民主、经济发展、人民的安居乐业这种长久效益,干涉国能满足吗?各国传统文化的差异、宗教信仰方面的差别、政治力量的分化组合远远不是西方国家领导人所能把握的,更别提包办了。

总之,"正义战争"立场的干涉观对干涉国所要求的是,当出现人道主义灾难之时,它们应该认真考虑正义战争思想传统的各种规制,不可偏废其一。不夹杂着私利进行干涉,本着公正的态度,将干涉的对象完全锁定在腐败的统治者身上,在干涉过程中有效区分武装人员与平民,将武力作为最后的手段,在干涉完成后真正做到"快进快出",并支持目标国本国的精英们重建家园,建立民主、文明的国家。这或许可称作正义的干涉。但是,按照这样的约束而形成的各种"规制链条"在实践过程中若缺失一根"规制链"——无论是缺少正当理由,或是正当目的,或是合法权威,或是没有履行区别原则,或是将干涉变成赤裸裸的侵略——那么,这样的干涉行为都应该评定为非正义的干涉。正如上文所分析的,这种"规制链条"在实践中是极其脆弱的,现实中成功的案例很少见到。实际上,西方学者从伦理角度提出的对人道主义干涉进行"正义的规范"并不真正可行。

因此,将避免人道主义灾难重演的期望完全寄托于西方的正义战争思想传统机制是很不现实的。人道主义干涉只是这种机制不完美的替代品,它的存在甚至推延了该机制的出现。为了在一个有限资源的世界里促进更大的公正,更为有效的手段可能是在不同文化与价值观背景下,东西方国家加强彼此之间的交流与沟通,"求同存异",从正义战争思想传统的规则中汲取养分。通过建立一套保护人权的国际机制,以及提高国际和区域性组织的能力等方式来超越现今的人道主义干涉困境,以避免重蹈"西西弗斯"式①的覆辙。

---

① 西西弗斯(Sisyphus),希腊神话中的人物,被判以永远将一块巨石推上海蒂斯的一座小山,而每当接近山顶时,石头又会滚下来,他要永远地,并且没有任何希望地重复着这个毫无意义的动作。

为德意志统一锻造意识形态
——黑格尔民族主义思想研究

崔建树*

摘 要 民族主义的核心要义是追求民族的独立或统一。德国古典哲学的集大成者黑格尔由于受法国大革命的影响和德意志诸邦惨败于拿破仑的震撼,痛感德意志分裂的恶果,遂神化国家,痛斥德意志人无法无天的绝对自由观念,赋予日耳曼民族世界历史使命,意在一方面为民族统一扫除思想障碍,另一方面激励民意追求统一,从而为德意志统一打造一整套意识形态。这套意识形态便是黑格尔民族主义思想的中心内容。

关键词 黑格尔 民族主义 国家

黑格尔是继康德之后德国古典哲学的又一巅峰性人物,其哲学思想旨要宏大,行文绵密,可谓千古绝学。作为一位重视现实的哲学家,黑格尔说过:"就个人来说,每个人都是他那时代的产儿。哲学也是这样,它是被把握在思想中的它的时代。妄想一种哲学可以超出他那个时代,这与妄想个人可以跳出他的时代,跳出罗陀斯岛,是同样愚蠢的。"[①]而盛年黑格尔时代欧洲政治的最大现实是,法国大革命和拿破仑战争在欧洲掀起了波澜壮阔的民族主义浪潮,甚至像希腊那样的小民族在民族主义大潮的冲击下也决然起来反抗奥斯曼帝国近四百年的统治并喜获成功。那么,黑格尔是否受到这股现实的、强大的民族主义思潮的影响呢?如果答案是肯定的,他又是以何种哲学语言来表达的

---

* 崔建树,解放军国际关系学院国际战略研究中心副教授,南京大学国际关系史博士。
① 黑格尔,《法哲学原理》,张企泰等译,北京:商务印书馆1961年版,第12页。

呢？对于上述问题，学术界观点殊于水火。① 笔者通过研究黑格尔的《历史哲学》、《法哲学原理》和其他政治性论文，发现黑格尔深受法国大革命和拿破仑战争的影响，强烈渴望实现德国统一，有效抵御外侮。为了实现自己的理念，他通过神化国家并匡正德意志人的自由观念来扫除实现统一的思想障碍，通过赋予日耳曼民族世界历史使命来激发德国人的民族自豪感和统一热情，从而为德国统一打造一整套意识形态。

一、扎根现实政治：黑格尔民族主义思想形成背景

民族主义是近代化的产物，其概念基础是民族。英语词汇"民族"（Nation）来自于拉丁语 natio 和 nationis，在演变为现代意义之前，意为种类、种族、人群。与 natio 一词相近的另一个拉丁词汇是 genus（生），由此有 indigène（土生）。故古罗马政治家和政论家西塞罗使用 genus romanum 来指罗马民族。genus 一词就如 natio 一词，强调的都是出生，即人必定生于某处，并生自某人，这就和土地与血缘产生了重要联系。② 这也是近代领土国家形成的重要理论根据之一。

不过，在中世纪和近代早期，欧洲的民族意识和民族主义长期处于冬眠之中。之所以出现这种情况，首先是宗教的原因。中世纪的欧洲文明是"拉丁语、古典传统以及基督教组成的"统一体③，在这个统一体中居支配地位的是基督教，基督教会遍布欧洲各地，无时无刻不影响着欧洲居民的生活。在这种政治生态和文化生态下，民众首先认同的是宗教，其次是家庭、庄园、城镇，最后才是国家，如果存在这个国家名称的话。所以在这个意义上，约翰·弗格斯认为中世纪的欧洲是基督教一统天下的时代，欧洲只存在"一个真正普世性的秩序，其恰当的名称

---

① 例如波普尔认为黑格尔应算作德国民族主义和种族主义的奠基者，参见 Karl Popper, *The Open Society and Its Enemies*, Princeton, 1950, pp. 255-273；特赖奇克则批评黑格尔不理解人民（Volk）与国家（State）之间的联系，参见 H. V. Treitshke, *Politics*, trans. B. Dugdale and T. Bille, London, 1916, Vol. 1, pp. 22-23, 53；1848 年法兰克福议会史学家、著名民族主义者鲁道夫·海姆则直接把黑格尔谴责为民族主义的敌人，参见 Shlomo Avineri, "Hegel and Nationalism", *The Review of Politics*, Vol. 24, No. 4 (October 1962).

② 吉尔·德拉诺瓦，《民族与民族主义》，郑文彬、洪晖译，北京：三联书店 2005 年版，第 6 页。

③ Maurice Ashley, *The Golden Century, Europe, 1598-1917*, London: Weidenfeld, 1969, p. 217.

是教会"。① 除了具有普世性的基督教抑制了欧洲民族主义的觉醒外，欧洲社会上层，即王室和贵族之间广泛的联姻也不利于民族主义的发展。经由垂直性的法则，王朝之间的联姻把多种多样的民众聚合到新的屋顶之下。例如，哈布斯堡家族通过巧妙的联姻而非大规模的战争建立了一个横跨 24 个时区的真正的"日不落帝国"。不仅是奥地利的哈布斯堡王朝，法国的波旁王朝和德意志的萨克森王朝等入主别国之类的政治事件也是欧洲政治中最普通的事情。广泛的异族统治自然不敢鼓吹导致自我灭亡的民族主义，而是极力宣扬王朝的神圣性与合法性。所以，在法国大革命之前，欧洲君主们和各个分支的贵族构成了一个统治者的世界性社会。他们不考虑各个民族的起源特性，把各个民族人民当作交给他们看管的羊群，彼此瓜分。一句话，当时有国家而没有民族。

但是，随着印刷技术革命导致的知识普及、欧洲民族语言的发展和启蒙运动的深入人心，18 世纪中期以后，"民族"一词在法国迅速传播开来，其内涵也变得更加丰富。孟德斯鸠在其 1748 年出版的《论法的精神》一书第 19 章提出了这样一个问题：谁塑造了一个民族的一般精神、习俗与风格。同一时期的法国启蒙思想家伏尔泰也撰写了一部相关著作并于 1769 年出版，书名为《论各民族的精神与风俗》(中译名《风俗论》)。二人都将"nation"理解为一种通过确定的精神或道德特征表现出来的民族共同体。孟德斯鸠和伏尔泰的著作出版后不久，欧洲知识界便展开了有关"nation"概念的大讨论，并反过来对政治生活产生了重大影响。在 1789 年 6 月召开的法国三级会议上，代表和学者们花费了很长时间来斟酌会议的名称是叫"国民议会"(Assemblée nationale)，还是叫"法国人民代表大会"(représentants du people française)。②

将法国知识精英中存在的民族意识提升到民族主义高度的动力来自于法国大革命。1792 年 7 月，普鲁士将领布伦瑞克公爵(Brunswick)率领的普军攻入法国境内并直指巴黎。8 月 10 日，巴黎爆发起义，推翻了君主政体，建立了法兰西第一共和国。法国新的执政当局决

---

① John N. Figgs, *From Gerson to Grotius*, 1414 – 1625, Cambridge, 1907, pp. 15 – 16.
② 弗里德里希·梅尼克，《普世主义与民族国家》，孟钟捷译，上海：上海三联书店 2007 年版，第 18 页。

定利用革命激起的爱国热情,将自己标榜为"伟大的民族",以激发民众的自豪感和保卫革命的热情。事实证明这一措施相当奏效。法国各地乡间庄严地"在上天之前发誓"放弃各省间的分歧,"为保卫国家贡献我们的赤诚和武器……和衷共济,迅速去支援和争取自由的事业中可能处于危难之中的巴黎或法国其他城市的我们的兄弟"。① 当国民议会在1792年几乎全体一致地宣布"祖国在危急中"时,"整个法国听到这个消息都非常振奋……各区、市、各民众团体纷纷写了请愿书;有的人招募军队,有的人自愿捐献,有的人制造长矛,全国好像一致站起来,迎接欧洲的进攻或者进攻欧洲。""整个法国只有一个愿望,只有一个呼声:抗战。谁要反对抗战就被看作对祖国不忠、对祖国的神圣事业不忠的罪人。"②法国革命者携爱国热情再加上拿破仑的军事天才,迅速击败了干涉者并一路凯歌向国外推进。

与欧洲其他国家特别是法国相比,德国的历史进程有些特殊。由于神圣罗马帝国数百年的统治,德意志民族思想带有更多的普世色彩。另外,德意志的政治分裂和紧张状况阻止了像在英国和法国发展起来的那种较正常、较健全的民族主义的出现,或者更准确地说,德意志的分裂更促进了德意志的世界主义思想。不用说玩世不恭的腓特烈大帝和约瑟夫二世,就是德国的文学奇才莱辛也说:"关于对国家的爱,我没有任何概念;在我看来,它至多是一个英雄的弱点,我正幸而没有它。"③难怪法国著名史学家勒费弗尔要说:"德意志人甚至从自己弱点中找出优越性和神圣使命。"④

美丽的梦总是容易醒。当法国携民族主义利器举国袭来时,以世界主义者自居的德意志顷刻崩溃。以德意志境内最强大的政治实体之一普鲁士王国为例。在1806年10月的耶拿之战中,普鲁士惨败,弗里德里希·威廉三世及其政府逃到东普鲁士。城下之盟《提尔西特和约》使普鲁士丧失了易北河以西的全部领土;普鲁士在第二、三次瓜分波兰时所获的绝大部分波兰领土被组成华沙大公国,由拿破仑的附庸萨克

---

① 高毅,《法兰西风格:大革命的政治文化》,杭州:浙江人民出版社1991年版,第211页。
② 米涅,《法国革命史》,北京编译社译,北京:商务印书馆1981年版,第121、134页。
③ 詹姆斯·布赖斯,《神圣罗马帝国》,孙秉莹等译,北京:商务印书馆2000年版,第340页。
④ 乔治·勒费弗尔,《拿破仑时代》(上),河北师大外语系翻译组译,北京:商务印书馆1983年版,第26—27页。

森国王兼任大公;但泽成为受法国保护的共和国。普鲁士剩下的领土变得支离破碎,难以防守,并且只允许保留4万军队。另外和约还迫使普鲁士承担反英义务,参加大陆封锁体系。在7月12日于柯尼斯堡签署的补充协议又规定普鲁士向法国支付1.5亿法郎的巨额战争赔款,在赔款未付清前领土由法军驻扎。这样,普鲁士失去了独立和强国地位,沦落为受异族占领的无权小国,陷入全面崩溃境地。如果说战败之辱尚是精神之痛,战后的异族统治则是无法忍受的物质劫掠。

诚然,法国对所有的征服地都进行了大肆盘剥,但对德意志各邦尤甚。以拿破仑之弟热罗姆·波拿巴统治下的德意志威斯特伐利亚王国为例,这个王国南至韦雷河,北至波罗的海,西接莱茵联邦,东部与普鲁士接壤,距荷兰仅一箭之遥,本来是个富庶地区。拿破仑占领该地区后虽然废除了威斯特伐利亚王国的农奴制度以及封建特权,并建立了一个议会,但是,热罗姆有权随意解散议会,然后事无巨细全凭自己的喜好决断。热罗姆这个人生性奢侈,以无休止的宴会、豪华舞会和对情妇一掷千金而著称,所需花费当然出自威斯特伐利亚人民。对威斯特伐利亚人来说,更大的压力来自拿破仑的巧取豪夺。"在任命热罗姆为傀儡国王后,拿破仑立即将其巨额债务压在这200万人头上——而这一债务高达3 300万法郎,同时还增加了前王室所欠下的2 600万法郎的债务。同往常一样,拿破仑在他所辖的所有国家内不停地为自己囤积金钱,到处搜刮财物,他每年还要从热罗姆的王室攫取近700万法郎。法国军队的供给需求使威斯特伐利亚的年财政预算增加了2 000万法郎,这一切还不包括热罗姆自己军队的全年花销。这些为维系法国军队的金额已高达2亿法郎,热罗姆理所当然要支付这笔开销。这一切令官方的巨额债务又增至4 700万法郎——而全境的税收只有3 400万法郎!"[①]为弥补亏空,在威斯特伐利亚王国,凡年满16周岁的男性公民都要缴纳"人头税"。就这样,在重压之下,"原本一度繁荣、犹如童话般的威斯特伐利亚王国……紧步荷兰后尘成为废墟之城"[②]。因此,威斯特伐利亚人由一开始对拿破仑征服时的满怀希望,变为对拿破仑这个吸血鬼的极度憎恶。威斯特伐利亚人的思想转变在德意志诸邦国绝非特例。

---

① 艾伦·肖姆,《拿破仑大传》,贺天同译,上海:上海社会科学出版社2005年版,第375页。

② 同上,第376页。

拿破仑兵灾对德意志世界主义观的幻灭和民族主义兴起的影响是巨大的。关于这一点,我们从费希特思想的演变中可以窥见一斑。在1804年时,费希特的思想还基本上是世界主义的。他在当年出版的《现时代的根本特点》一书中对民族主义表示过轻视之意。他认为,对国家来说民族主义是"近似于阳光的东西",但是一旦太阳落山,它便只能反身去追寻"光亮和正义的地方"。① 1806年法军兵临普境,费希特便主动请战,要求随军当宣讲员以激励军士,但未被允许。1807年8月,费希特回到依然被法军占领的柏林,一心想献身国家,为民族捐躯。于是,他冒死在光天化日之下到柏林科学院宣读他的《对德意志民族的演讲》。在演讲中,费希特指出,土地、经济或政治组织都不是民族形成的必要要素,所谓民族乃是一个神圣的道德组织,它是民族个体精神生活的源泉和安身立命之所。一个人要想实现自我,只有尽忠于他的民族或祖国,使之永远屹立于世界之中。在演讲的结尾,费希特疾呼:"我们现在是失败了,但是我们究竟是否要受人轻视,究竟除了别的损失之外,我们是否还要失掉我们的人格,这就全看我们此后的努力如何了!"②

不仅在知识界,德意志普通民众对于异族的压迫也开始觉醒并反抗了。德意志的一些具有雄才大略的政要注意到了这一点并加以利用。卡尔·冯·施泰因在1808年8月15日写给一名普鲁士军官的信中称:"愤怒在日耳曼人心中日渐高涨,我们必须培养它,并感动人民。"③这封信由于落到了法军手里,并刊登在9月8日的《导报》(*Moniteur*)上而为当时的世人所知。

一言以蔽之,经过法国大革命的洗礼,特别是拿破仑战争的冲击,德意志"闷烧了200多年的民族感情现在升腾为一个有力和光辉的火焰"。④ 时势造伟人,因为所谓伟人就是能把时代意志表达出来的人,他能告诉人们什么是这个时代的意志并实现这个意志。黑格尔以其独到的哲学视角和精确的哲学语言表达了德意志民族的内心呼唤,彻底割断了它与世界主义的联系,成为德意志民族主义的旗手。

---

① 弗里德里希·梅尼克,《普世主义与民族国家》,第70—71页。
② 贺麟,《德国三大哲人歌德、黑格尔、费希特的爱国主义》,北京:商务印书馆1989年版,第43页。
③ 威尔·杜兰,《拿破仑时代》,幼狮文化公司译,北京:东方出版社1999年版,第616—617页。
④ 詹姆斯·布赖斯,《神圣罗马帝国史》,第389页。

二、扫除思想障碍：神化国家并
匡正德意志人自由观念

恰如我们看到的,经过法国大革命的冲击和拿破仑战争的洗礼,德意志民族主义开始升腾。作为思想家,黑格尔承担了为新兴的民族主义寻找理论依据的重任。欲达此目的,首先要扭转莱辛之流的浪漫主义者对"国家"的漠视乃至敌视态度。黑格尔旗帜鲜明地崇尚和神化国家,并从民族国家的角度思考德意志问题。德国著名历史学家梅尼克指出:"在19世纪所有伟大的,具有完整国家意识,思考过国家重要性、意义及其道德尊严的思想家,黑格尔足以位列首位。"①换句话说,黑格尔是从政治的角度而非像哈登堡那样从文化的角度看待德意志问题。有民族主义研究双子星座之称的厄内斯特·盖尔纳认为民族主义的首要内涵是政治单位和民族单位具有一致性。② 从这个角度说,黑格尔对德国问题的观察无疑是从民族主义的角度切入的。

黑格尔将国家看成是"伦理"发展的最高阶段,在它之前是"家庭"和"市民社会"。他从市民社会的个人需要中看到了普遍的社会需要,而社会需要作为"观念的精神需要"对"直接的或自然的需要"的扬弃,含有解放的一面。不过,市民社会中的普遍性还只是抽象的普遍,因为它是以特殊性为指导原则的,还不是有机联系的统一整体。在"市民社会"中,人与人之间的关系靠需求来连接,远不如靠血缘维系的家庭成员之间的关系那样紧密。维护市民社会的稳定需要用社会契约来对市民社会进行规范。当代自由主义者哈耶克认为,市民社会之外并不需要一个更高级的国家,因为市民社会本身必然会自发出现一个调节机制,而这一调节机制就是现代文明的塑造者。③ 但是,黑格尔的分析路径却与此不同。他认为,由于市民社会中的个体往往追求利益最大化,所以市民社会本身无法实施公共契约,而只能依赖一个具体的普遍性原则的体现者——国家——来实施。作为一个伦理社会的个人,他除了是家庭的成员、市民社会的市民外,还是国家的公民。国家法是高于

---

① 弗里德里希·梅尼克,《普世主义与民族国家》,第205页。
② 厄内斯特·盖尔纳,《民族和民族主义》,韩红译,北京:中央编译出版社2002年版,第1页。
③ 参见哈耶克,《法律、立法与自由》,邓正来等译,北京:大百科全书出版社2000年版。

抽象法、市民法的更高形态的法律。更重要的是,黑格尔认为市民社会的法律是从国家法中派生出来的,是国家这样一个拥有主权的政治实体为市民社会确立的法律体系,而不是像哈耶克等自由主义者所认为的那样,国家法是从市民社会法中产生的。

在黑格尔看来,"国家"既是"家庭"与"市民社会"发展的结果,又是两者的"真实基础"。"家庭"把独立的个人结合成为一个整体;"市民社会"将这一整体拆分为原子式的个人,这些原子式个人的联系纽带是个人利益,它以差别性、特殊性为特征;"国家"则回复到把各个个人结合为一个有机的整体。在黑格尔看来,市民社会虽然形成了抽象的普遍制度,形成了一个秩序机制,但这种整合只是外在的,并不具有理性的普遍性。只有国家才能建立普遍的理性自由,国家的本质不在其外在的权力-暴力特征,而在其内在的理性性质,它是保证个人与社会充分发展的结构,即黑格尔所称的"国家的合乎理性的建筑结构"。由此可见,在市民社会中个人是基于利益而联合的,在国家中个人则是基于理性自由而联合的。所以,黑格尔认为,在国家中和通过国家,"个人的单一性及其特殊利益不仅获得它们的完全发展,它们的权利得到明白承认"①。正是基于以上理由,黑格尔曾经在不同场合多次提及国家的至上性,把国家看成是"绝对自在自为的理性的东西","绝对的不受推动的目的"和"神自身在地上的行进",要人们"必须崇敬国家,把它看作地上的神物"。② 所以毫不令人奇怪,黑格尔在他的《历史哲学》里说:"在世界历史上,只有形成了一个国家的那些民族,才能够引起我们的注意。"③

但现实是残酷的。黑格尔国家至上的理念与德意志的政治现实有着天壤之别。在拿破仑战争中,四分五裂的德意志各邦纷纷惨败,普鲁士率先背弃德意志帝国和法国媾和,然后符登堡、巴登等邦也相继和法国媾和,德意志神圣帝国像纸糊的大厦一样一块一块地倒下去。1801年2月,屡战屡败的奥地利终于和拿破仑签署了《吕内维尔和约》,和约使德意志帝国接近瓦解的边缘,亡国基本已成定局。对此,满怀忧国悲愤的黑格尔在其1799年着手写作,直至1802年方才完成的《德国法制》一文中,一开头就宣布"德国已不再是个国家":

---

① 黑格尔,《法哲学原理》,第260页。
② 同上,第259、285页。
③ 黑格尔,《历史哲学》,王造时译,上海:上海书店出版社1999年版,第47页。

德国就是这样在同法兰西共和国战争中切身体验到自己何以不再是个国家,既在战争本身,又在缔和之时,都领教了自己的政治状况。这次缔和结束了同法兰西共和国的战争,其显而易见的结果是:丧失了几个德国最好的邦,失去了几百万居民,承担战争赔偿重负,南半部比北半部更甚。这种负担使战时的不幸深深加倍地延续到平时,而且,除一些国家服从占领者的统治,同时服从异国法律和伦常外,还有很多国家将丧失它们至高利益之所在——成其为自己的国家。①

在黑格尔看来,《威斯特伐利亚和约》的德意志和 1494 年以后的意大利一样,沦为外国势力的竞技场,他们只是外国势力棋局上的一个卒子,没有力量,没有真正的独立,只能受一群外国浪人的摆布、侮辱和敲诈。在路易十四时期《里斯维克和约》的缔和谈判中,虽有德意志代表团参加,但这个代表团并没有被视为外交使节,其被召去谈话的目的只是为了让他们对条款表示赞同!由于势单力薄,德意志诸国在拿破仑战争时遭受的敲诈和所受的侮辱更让人汗颜。这些冰山一角的事例足以说明《威斯特伐利亚和约》后 150 年的历史是德意志民族受尽屈辱的历史。除了精神方面饱受屈辱,它还被列强夺去了大片的国土。用黑格尔的话说,它"丧失的国土可以开成一个长长的可悲清单"②。

黑格尔将德意志帝国的软弱首先归咎于德意志邦国当局对所谓"自由"难以理喻的顽固热爱。在《德国法制》一文中,黑格尔严词抨击了德意志人的自由观。他说:

> 凭着自己的智力和体力,他(指德意志人——引注)把世界改造得适于自己享乐,或者在世界面前碰得头破血流。他隶属于整体,只是由于伦常、宗教,由于一种活的精神和某些为数不多的大的利益。除此以外,在他经营事业里是不受整体限制的,而是毫无疑惧地由自己定自己的范围,而在他自己领域内的东西,也完全只是他本人,以致我们决不能称那为他的所有物,恰恰相反,对于他认为是属于自己领域的东西,我们仅仅会叫做一个局部,因而也只会花我们自己的部分价值去争取的东西,他却拚上生命和肉体、灵魂和幸福冒险去干。分别情节和估量轻重是我们法律处置的基础,以致不值得费力为抢走一头牛拿脑袋当

---

① 黑格尔:《黑格尔政治著作选》,薛华译,北京:商务印书馆 1981 年版,第 20 页。
② 同上,第 47 页。

儿戏,更不会以自己的个性公然去触碰有十倍或无限优势的力量(如国家威力),但他却不懂得分别情节与估量轻重,而是完完全全囿于自己的那一套。①

黑格尔认为,德意志人将这种一意孤行的行为和不受国家威权限制的东西称为唯一的自由,实际上是以无政府主义的爱好来对待"自由",误以为自由就是没有纪律和权威。此一自由观必然导致德意志诸邦缺少凝聚力,在与其他列强的斗争中处于下风。

其次,黑格尔对德意志诸邦当局占山为王的心态进行了辛辣的讽刺。由于作为帝国根本法的"黄金诏书"确认了德意志诸政治实体的独立权力——这种权力又因《威斯特伐利亚和约》而得到国际承认和保证——帝国的各个组成部分成了各种各样排他性的、独立于国家本身的主权实体。首先,各自为政的诸邦国军队不仅规模小,而且根本就没有爱国心。这些邦国拥有的军队不过是用于维持邦国秩序的警察和在受阅时显得威风凛凛的仪仗队,而不是那些除自己的部队和军职荣誉外就不知道还有什么更崇高东西的战士。他们听到"我们的军队"时绝不会热血沸腾,他们对自己的身份和职务也缺少像法国人那样的自豪感,部队制服对他们来说充其量不过是工作服而已。之所以会如此,黑格尔正确地分析了其中的原因:"'我干这行二三十年了'这句话,在帝国小等级代表的一个极诚实的士兵口里,比之在一支大部队一个军官口里,带有完全不同的感情和效果。因为后一人物的自尊感和别人对他的尊敬会因其所属整体的重大地位而增长,他会分享到几个世纪聚集到整体身上的光荣。"②其次,德意志帝国的军队只是各邦小股部队的混合物,加之诸邦军队各自为政,只关心本邦的利益,所以根本没有战斗力。只有当战争爆发时,那些德意志诸小邦才征募士兵和任命军官,从而把这些没有受过什么正规训练的人送上战场。这种军队的战斗力可想而知。另外,战争的军备是由各邦分别提供的,一些邦提供鼓手,另一些邦供给战鼓,如此等等。因战时任务紧迫,而诸邦完成任务的进度不一,场面相当混乱。此外,不同军团把自己看作不同的民族而互相猜忌。所有这些情况都必然使这支在数量和军饷方面可能都很可观的帝国部队完全不能创造相应的战斗成果。对此,黑格尔痛切地讥之为与

---

① 黑格尔,《黑格尔政治著作选》,第23页。
② 同上,第39页。

其说是在战斗,不如说是在做滑稽的表演:

如果要说较小等级代表的军队的不足取之处,在其集结到帝国军队时就因此而消失,那么,由于上述害处以及其他无数害处,这种部队在战争中的用处不仅不及其余欧洲部分的所有军队,甚至还不及土耳其军队。实际上连"帝国军队"这一名称也完全意味着一种特别的不幸。其他军队甚至外国军队的名称使人感到英勇可畏,然而帝国军队这个名称在德国一个社团内被提到时,倒会使大家破颜开心起来,唤起各种各样取乐兴致,为了某点上妙语超群,每人都罄其有关帝国军队的逸闻。要说德意志民族被认为是性情严肃的、不能搞什么喜剧方面的事情,那人们就是忘记了帝国打仗的滑稽剧,这些滑稽剧在演出时外表上竭尽可能地严肃,内里实在令人发笑。①

第三,也是最为重要的一点,即德意志法权将个人无法无天的自由和各邦国事实上的独立以法律的形式固定下来,这是德意志积弱的根本原因。关于这一点,黑格尔痛惜地写道:

政治权力和法权没有依整体组织加以筹划安排的国家机关,个人的本分和义务不是由整体需要决定,反之倒是每一政治特权的成员、每一王族、每一等级、每一城市、行会等,总之在同国家关系方面具有权利和义务,而国家在缩小自己权力时,除确认自己权力已被剥夺,也没有别的职能。②

由于帝国内立法、司法、教会和军事等权力是用最混乱的方式,把性质极为不同的部分堆集在一起的,所以它和私人财产一样五花八门。帝国会议决议、选举协议、家族契约、帝国法院裁决和帝国各邦缔结的和约构成了德意志法权。这个法权纠缠于德国国家机体每个环节的微不足道的政治权利,如头衔称呼法、行进和落座的次序、使用家具的颜色等等,经过经年讨论,都由帝国法权极精心地规定好了。可见,帝国只是一个杂乱的混合物,而非一个有机的整体,这样的国家政权当然等于零。黑格尔将之讥为"在其创造活动上大处没有底,小处无穷尽"。

---

① 黑格尔,《黑格尔政治著作选》,第38页。
② 同上,第24页。

政治的逻辑是,个人的所有权必须依赖国家保障,否则个人的所有权一定是靠不住的,从而引起内争。与内争相伴而生的是外患。德意志国家政权等于零的无政府状态必然导致内战,就如国际政治无政府状态必然导致战争一样。政治上有一条让人无奈的规律,即当一国由于内战陷入分裂时,相互敌对的各种势力之间的仇恨会比其他仇恨都要大得多。这些相争不下的势力为求保住自己的原有势力和取得更大优势,一定会求助外国。

致使德意志四分五裂的法权已经致使其瘫痪,但是那些短视的国家法学家们却对德意志法权的"无限细节感到心满意足,他们对德国国家机体的威严惊异不已,对这种彻底实现了正义的制度赞佩不绝"①。德国尽可以让别人去掠夺和侮辱,国家法专家还是照样会指出一切都合乎法权和实践,比之掌握那种正义,所有不幸事件都是区区小事。对于这些德意志国家公法学者的麻木,黑格尔痛心不已。他认为那些公法学者极力赞美的德意志"自由"是使整体受到损害、陷入极大危险和不幸的权利。所以,黑格尔说:"对德国国家上述法权大厦来说,唯一得体的匾额也许只是:$Fiat\ justitia,\ pereat\ Germania$!(让法权存在,听任德国灭亡!)。"②

以上三个因素合起来导致德意志这个英勇的民族四分五裂,中央政府孱弱无力。在黑格尔看来,德意志民族是英勇善战的民族,"几个世纪以来,没有一次欧洲势力间的重要战争德国人的勇敢不在其中总是赢得荣誉,如果不说赢得桂冠的话。在这些战争中,德国人没有一次不血流成河。"③但是,德国在近代的战场上屡战屡败,受尽屈辱,这绝非怯懦的结果,也不是军事上无能,而是因为中央权力的全面瓦解。由于德意志帝国中央政府根本没有权威,隶属于各邦的军团犹如乌合之众,无论是大型会战还是小规模格斗,在实行时与其说要求有命令,还不如说要求作磋商。以德意志诸邦在迎击拿破仑入侵的表现为例,"进行这次战争的不幸方式,是由于个别一些等级代表的行为,其中有的人根本没有派来分遣队,许多现在才派来些刚招募的新兵而不是士兵,有的则不支摊'罗马月例费',而有的却在最吃紧时抽走了自己的派遣队……许多等级代表和人家媾和,订立了中立协定,绝大多数各以自己

---

① 黑格尔,《黑格尔政治著作选》,第25页。
② 同上,第28页。
③ 同上,第39—40页。

的方式使德国防务化为乌有。"①所以黑格尔指出:"尽管德国居民众多,居民中有能征善战之士,他们的主上也乐于流尽自己的鲜血,尽管德国拥有战争的有生和无生方面所需要的财富,但没有一个国家比德国更无防御,没有任何攻占能力,就连自卫的能力也没有。更不用说试着防御,单纯想防御就了不起,也是非常可敬的了。"②

通过对德意志帝国过往历史和可悲现实的分析,黑格尔为国家下了一个定义:"一国之强盛既不在于它居民和战士众多,也不在于它物产丰饶和幅员辽阔,而仅仅在于有办法通过把各部分合乎理性地结合成同一的国家权力,使所有这一切能够运用于进行共同防御这个伟大目标。"③即在黑格尔看来,所谓的国家,其最核心的要点是要形成真正的防务。"一群人为共同保卫自己整个所有权而联合起来,这才能把自己叫做一个国家。这种联合不是单有自卫的意图,反之它要用真正的防御来自卫,不管力量和所企及的成功会是怎样。"④而形成强大防务的唯一途径在于构建统一的民族国家。实际上,黑格尔对国家理念的神化与对德意志政治现实的抨击也正是为德意志统一扫除了思想障碍。

三、激发统一热情:赋予日耳曼人民世界历史使命

为了改变德国软弱无力的状况,黑格尔从历史哲学的角度赋予日耳曼民族世界历史地位,将之作为世界历史性民族,以大力宣扬德意志民族的自豪感和褒奖献身国家的"英勇"精神来唤醒沉睡的德意志民族主义精神。

黑格尔鼓动德意志民族自豪感的手段是赋予德意志民族伟大的历史使命。在黑格尔的历史哲学讲演录中,他将观察历史的方法分为三种:原始的历史、反省的历史和哲学的历史。西方历史之父希罗多德和修昔底德的历史属于第一种,他们叙述的历史大部分是其亲眼所见的行动、事变和局势;反省的历史观察方法将研究范围不限于作者生活的

---

① 黑格尔,《黑格尔政治著作选》,第25—26页。
② 同上,第38页。
③ 同上,第52页。
④ 同上,第28页。

时期,而是让精神超越他的时代;而哲学的历史则是对历史的思想的考察。黑格尔认为人之异于禽兽就在于拥有"思想",所有在意志、感觉、知识和认识方面,只要它属于人类,都含有一种"思想"。而哲学用以观察历史的唯一的"思想"便是理性。① 他把世界历史解读为"一种合理的过程",即理性支配了世界历史的发展。② 在黑格尔的哲学体系中,理性主要是指自我实现或主客体统一过程中的一个前进性阶段,到了社会历史领域,"理性就成了精神"。③ 至于什么是"精神",黑格尔在他的《精神现象学》里有详细阐释,因篇幅所限不能展开详论。不过,有一点必须指出,黑格尔坚持认为精神的本质是"自由",就如物质的本质是重力一样。④ 因此,从他的历史哲学的角度看,世界历史就是"自由"意识的进展史。而个人自由的实现最终要落实到民族国家上,因为,只有当人类的主观意志服从法律的时候,即人们承认它为法律,并且把它当作自己存在的实体来服从它,人们就是自由的,自由和必然间的矛盾才能得以化解。他说:

要知道国家乃是"自由"的实现,也就是绝对的最后的目的的实现,而且它是为它自己而存在的。我们还要知道,人类具有的一切价值——一切精神的现实性,都是由国家而有的。因为它的精神的现实性就是:它自己的本质——它自己"合理的本质"——对着自觉的客观存在,这种本质为了它具有客观的直接的有限存在。只有这样,它才是自觉的;只有这样,它才参加了道德——和一种公正的道德的社会与政治生活,因为"真实"的东西是普遍的和主观的"意志"的"统一";而"普遍的东西"要在"国家"里、在它的法律里、在它的普遍的和合理的许多部署里发现。"国家"是存在于"地球"上的"神圣的观念"。所以,在国家里面,历史的对象就比从前更有了确定的形式。并且,在国家里,"自由"获得了客观性,而且生活在这种客观性的享受之中。⑤

---

① 黑格尔,《历史哲学》,第8—9页。
② 黑格尔在《历史哲学》的绪论中指出,"理性是万物的无限的内容,是万物的精华和真相"。参见黑格尔,《历史哲学》,第9—10页。
③ 黑格尔,《精神现象学》(下卷),贺麟等译,北京:商务印书馆1979年版,第1页。
④ "'自由'是'精神'的唯一真理,乃是思辨的哲学的一种结论。"参见黑格尔《历史哲学》,第17页。
⑤ 黑格尔,《历史哲学》,第41页。

各个单个人的意志在国家里获得客观性并牢固地结合在一起。在黑格尔看来,"这种成熟的全体就是一个民族的本质,一个民族的精神。各个人民都属于它,只要他的国家在发展之中,每个人民都是它的时代的骄子。没有人逗留在后面,没有人超越在前面。"①

黑格尔认为,精神世界与自然界不同,后者表现为"阳光之下无新事",它的五光十色的现象只不过徒然使人感到无聊,而前者永远处在变动之中,每天都有新的东西发生。"精神世界的这种现象表明了,人类的使命和单纯的自然事物的使命是全然不同的,——在人类的使命中,我们无时不发现那同一的稳定特性,而一切变化都归于这个特性。这便是,一种真正的变化的能力,而且是一种达到更完善的能力——一种达到'尽善尽美性'的冲动。这个原则,它把变化本身归纳为一个法则。"②精神的发展和有机生物的发展之间的差异在于,它不是那种单纯的生长的无害无争的宁静,恰恰相反,它遵循的逻辑是一种严重的非己所愿的、反对自己的过程。"它不但表示那只是自己发展的形式,而且还表示着要获得一个有确定内容的结果。这个目的,我们在一开始便决定了:便是"精神",便是依照它的本质、依照"自由"的概念的精神。这是基本的对象,因此也就是发展的主要的原则,——就是这种发展从而取得意义和重要的东西(例如在罗马史中,罗马是对象——因此也就是左右我们对于相关事实的考虑)。相反地,那个过程的种种现象都是从这个原则而来的,仅仅在对这个原则的关系上,才具有一种价值的意义。"③

换句话说,精神的发展是按照三一式的辩证逻辑发展的:第一个阶段就是"精神"汩没于"自然"之中;第二阶段就是它进展到了它的自由意识,但是这种自然的第一次分离是片面的、不完全的,因为它是从直接的自然状态里分出来的,因此是和那种状态相关的,而且是仍然和自然相牵连着的,在本质上是它的一个相连的因素;第三个阶段便是精神向"自然"的回归。④

既然世界历史是精神、理性的自我展开,是自由意识的进展,那么遵循上述原则,世界历史上的每一个阶段都是精神、理性和自由意识发

---

① 黑格尔,《历史哲学》,第 55 页。
② 同上,第 57 页。
③ 同上,第 57 页。
④ 参见黑格尔,《历史哲学》,第 59 页。

展的一个必然环节。黑格尔认为,每一个历史发展的必然环节都有一个国家担当主角。这个担当主角的国家就是一个"世界历史性民族",它是该历史发展阶段的"统治的民族","具有绝对权利成为世界历史目前发展阶段的担当者,对它的这种权利来说,其他各民族的精神都是无权的,这些民族连同过了它们的时代的那些民族,在世界历史上都已不再算数。"① 黑格尔按照"自由"意识的进展把世界历史划分为东方王国阶段、希腊王国和罗马王国阶段、日耳曼王国阶段。

东方王国还不知道精神是自由的,只知道"一个人"是自由的,而这一个人的自由必然是放纵、粗野和兽性冲动的综合,这一个所谓"自由的"人也就是一位专制君主;希腊人和罗马人只知道"少数人"是自由的,因此希腊和罗马流行蓄奴制。在黑格尔看来,日耳曼民族的发展和其他民族完全不同。希腊人和罗马人都是内部成熟以后,才用全力向外发展。日耳曼人刚好相反,他们从自身涌现出来,然后在前进途中使各文明的民族那些内部已经腐朽和空虚的政治构造屈服,从而弥漫泛滥于世界之上。日耳曼民族精神有两个鲜明特征。一是日耳曼人的社会结合以自由为第一要素。古老的日尔曼人以爱好自由闻名于欧洲。二是日耳曼人的"忠诚"观念。日耳曼人自由选择服从某一个人,无须外在的强迫,自愿地使这种关系成为永久不变的关系。这一点在希腊人或者罗马人当中是找不到的。所以,黑格尔说"日耳曼人的联合,并不是出于一种客观的原因,而是出于精神自己,出于主观的最内在的人格。心、心灵、整个具体的主观性,并不从内容抽象化出来,而是把这种内容作为一种条件——使它自己依赖那个人和那个原因,使这种关系成为忠诚和服从的混合。"② 日耳曼民族的以上两个特性使"国家成为全体的灵魂,始终作全体的主宰——从国家引出各种肯定的目的,国家给了政治行为和政府职员合法权利——同时一般的决定构成了永久的基础"③。

在黑格尔看来,日尔曼人的自由在国家中得到充分实现,不仅如此,它由于受到基督教的影响,首先认识到"人类之为人类是自由的",即认识到"全体"人民的自由。所以,他将日尔曼"精神"看成是新世界的"精神",它的目的是要使绝对的"真理"实现为"自由"无限制的自

---

① 黑格尔,《法哲学原理》,第354页。
② 黑格尔,《历史哲学》,第364页。
③ 同上,第364页。

决——那个"自由"以它自己的绝对的形式做自己的内容。日耳曼各民族的使命不是别的,乃是要做基督教原则的使者。① 换句话说,黑格尔赋予日耳曼民族世界历史"选民"的身份,注定要承担历史赋予的重任。②

为了强调他赋予日耳曼民族历史地位的重要性,他还打过一个有趣的比喻。他把世界历史的发展喻之为人生,东方王国是历史的"幼年、少年时代";希腊世界是历史的"青年时代";罗马世界是历史的"壮年时代";日耳曼世界则是历史的"老年时代"。不过,黑格尔认为"精神"的老年时代与自然界的老年时代完全不同,后者代表着衰弱不振,而前者却代表着成熟和力量。③

黑格尔希望自己为德意志民族描绘的光明前景能够激发起德国人的民族自豪感,建立统一强大的民族国家来承担世界历史使命。但是,当时的德国却处于分裂之中。黑格尔把实现国家统一的希望首先寄托在伟大的历史人物的身上。他在《历史哲学》中对世界精神的代理人——亚历山大大帝、恺撒和拿破仑——极度赞扬,称赞他们"适应了时代的需要"。对于那些诋毁英雄人物的"心理学看法",黑格尔的回敬是"仆从眼中无英雄"。对于这些南征北战的"英雄"人物给人类带来的无数苦难,黑格尔则极力为他们开脱,认为英雄人物"魁伟的身材,在他迈步前进的途中,不免要践踏许多无辜的花草,蹂躏好些东西"。④ 由于黑格尔渴望德意志出现一个伟大的历史人物,他对马基雅维里的《君主论》格外崇拜,认为这部书是马基雅维里"为自己的时代和他自己愿通过天才来拯救民族命运的信仰"而作,是一部"真正具有最伟大最高尚意向的政治人物的极其宏大而真实的制作"。⑤ 因此,我们不妨把黑格尔在《历史哲学》中对英雄人物的咏叹看成是他对马基雅维里《君主论》的一个注脚。可见,美国学者萨拜因在他的名著《政治学说史》中称黑格尔"在1802年的雄心不下于要成为德意志的马基雅维里"绝非毫无道理。⑥

黑格尔在把国家统一的希望寄托在政治精英的身上的同时也没有

---

① 黑格尔,《历史哲学》,第352页。
② 参见黑格尔,《法哲学原理》,第357—360页;黑格尔,《历史哲学》,第18—19页。
③ 参见黑格尔,《历史哲学》,第149页。
④ 黑格尔,《历史哲学》,第34页。
⑤ 黑格尔,《黑格尔政治著作选》,第93页。
⑥ 乔治·霍兰·萨拜因,《政治学说史》(下),盛葵阳等译,北京:商务印书馆1986年版,第704页。

忘记鼓励德意志普通民众献身国家。"如果国家本身,它的独立自主,陷于危殆,它的全体公民就有义务响应号召,以捍卫自己的国家。"①献身国家需要民众具有一种"英勇"(courage)精神。对于英勇精神,中国古贤韩非子曾精辟地指出:"一人奋死可以对十,十可以对百,百可以对千,千可以对万,万可以克天下。"黑格尔显然也认识到这一点,所以他才在《法哲学原理》一书中赞美战争保持了民众的尚武精神,防止了民族精神腐化堕落。不过,黑格尔是把"英勇"和"胆量"区别开来的。他把"英勇"与国家联系到一起,认为真正英勇在于准备为国家作出牺牲,化小我为大我,把"英勇"看成是"从一切特殊目的、财产、享受和生命中抽出的那自由的最高抽象",其固有价值包含在"真实的绝对的最终目的即国家主权中"。② 如果一个人只是为自己的荣誉奋不顾身或像强盗那样为不义之财而胆大妄为,这样的行为绝不是"英勇",充其量只能算是有"胆量"。简言之,黑格尔心目中的"英勇"是"勇于公战怯于私斗"的"胆量",这也体现了他处处以国家为先的政治理念。

　　黑格尔将近代以来就备受欺凌的日耳曼民族抬高到世界历史性民族的地位,对日渐丧失自信的德意志精英与民众无疑起到了巨大的鼓舞效应。③ 而他让德意志伟人放手一搏的谏言,让普通民众勇于公战的教导孕育出了德意志特有的政治文化——以铁血宰相俾斯麦为代表的德意志政要聪明如蛇,将其他欧洲列强玩弄于股掌之间,视国际道德于无物;普鲁士军队则扬威欧洲,使欺压其数百年的法军闻之色变,至今亦然。没有二者的结合,在当时的国际政治环境下,德国统一无异于缘木求鱼。而二者结合的思想动力,黑格尔功不可没。

四、结　论

　　通过上文的分析,可见黑格尔是无可争议的民族主义者。其民族

---

① 黑格尔,《法哲学原理》,第 343 页。
② 黑格尔,《法哲学原理》,第 343—344 页。另参见 B. D. Beddie, "Hegel and International Relations", *Political Theory Newsletter*, No. 2, 1992.
③ 约翰·冯·霍内克尔对当时德意志盛行的崇法之风作了如下生动描述:"在德意志,已经到了这种地步,人们只羡慕法国的物品,德意志没有一件合适的衣服,除非它是在法国生产的。甚至用法国的剃刀刮胡须、剪刀修指甲、推剪理发也都比我们的好……德意志的黄金只能用法国的纸牌来赌,或只用法国的钱包和首饰来保存。法国的膏药贴在德意志人的脸上也比我们的好。"参见 Robert Reinhold Ergang, *Herder and Foundations of German Nationalism*, New York: Octagon, 1931, p. 25。

主义思想的核心是锻造德意志统一的意识形态。通过神化国家并匡正德意志人的自由观念,他扫除了统一的思想障碍;通过赋予日耳曼民族世界历史使命,他激发了德国人的民族自豪感和统一热情。黑格尔的民族主义思想与其之后的利奥波德·冯·兰克、弗·尼采和特赖奇克等人的民族主义思想汇成一股强大的洪流,推动德意志走向统一和在统一之后奉行"国家主义"政策,彻底改变了欧洲的政治地图。总体而言,黑格尔的民族主义思想体现了拿破仑战争后欧洲政治的发展潮流,这种思想与"神圣同盟"倡导的正统主义合法性相竞争并最终战胜了后者。[1] 由于民族主义在欧洲的确立,普通民众对王朝和贵族阶层的忠诚转变成了国民对民族国家的认同,这种根本性的观念转变所产生的政治影响至今还在影响着当前的世界政治。不过,令黑格尔始料不及的是,至少黑格尔在他的著作中没有论及,推动国家建设的民族主义会走向极端化。19世纪末期,欧洲的大日耳曼主义、大斯拉夫主义、大塞尔维亚主义、大阿尔巴尼亚主义、大希腊主义等风起云涌,并最终导致第一次世界大战。

---

[1] 对这一过程的精彩论述可以参见 A. J. P. Taylor, *The Struggle for Mastery in Europe*, 1848-1918, Oxford: Clarendon Press, 1954.

约翰·赫兹的"生存伦理"思想研究

刘旭东[*]

摘 要 约翰·赫兹是上个世纪著名的国际思想大师之一,其国际政治思想中的自由主义元素在国际关系学界却备受忽视。本文从产生背景、思想内容及其影响三个方面对赫兹的生存伦理思想进行了论述。赫兹的生存伦理思想产生于上个世纪中叶逐渐突显的全球性生存困境这一时代背景,提出了为了避免整体毁灭人类必须遵从的"最低生存伦理",实现了对传统的现实主义和自由主义的双重超越。

关键词 约翰·赫兹 国际政治思想 生存伦理

在国际关系学界,大部分人都认为约翰·赫兹是上个世纪与 E. H. 卡尔、汉斯·摩根索及尼古拉斯·斯拜克曼齐名的经典现实主义者,他的"安全困境"思想在国际关系各种著作中被广泛引用,对国际关系理论的发展产生了重大的影响。但是,与上述其他经典现实主义者不同的是,赫兹的国际政治思想中蕴涵着浓厚的自由主义色彩,他曾自诩为一名"现实自由主义者",这些自由主义元素在国际政治学界备受忽视,甚至鲜为人知。

赫兹在《民族国家与世界政治的危机》这本书的导言中写道:"在回顾过去几十年我的学术研究时,有一点很明确:在我的研究范式上出现了一个显著的变化,即从一开始只一味地注重国际关系的政治、战略等层面中的权力因素(如核威胁、安全等)转变到对世界所面临的其他问题的严重性和紧迫性的重视,包括人口爆炸和生态问题(资源的枯竭、生态环境所面临的威胁等)……自从20世纪60年代以来……后者在我的研究中开始占有与前者同等重要的位置。今天,我的结论是,人类

---

[*] 刘旭东,南京师范大学外国语学院教师,南京大学国际关系史博士。

的生存取决于这些问题的迅速解决。"①正是出于对这些全球生存问题的担忧和思考,赫兹在上个世纪 70 年代提出了他的"生存伦理"思想,它突出地标志了赫兹在国际政治研究中的规范主义转向。

赫兹的"生存伦理"思想其实包括了"人-社会"和"人-自然"两个方面。赫兹认为,从上个世纪中叶以来,核武器、人口爆炸、资源枯竭和环境污染对人类集体生存构成了严重威胁。② 因此,在当代,人类的生存命运比任何时候都更加紧密地联系在一起。用今天的术语来表述,这种相互依赖的程度已经达到了"一损俱损,一荣俱荣"的地步。因此,与哲学和宗教等领域所不同的是,它们提出的生存伦理思想大都建立在抽象的思辨或先验的原则上,而赫兹的"生存伦理"是建立在核武器、人口爆炸、资源枯竭和环境污染给人类整体造成了前所未有的生存威胁这样的客观基础上。如果说其中核武器和人口爆炸所造成的威胁关涉的是"人-社会"的关系,资源枯竭和环境污染关涉的则是"人-自然"的关系。但是,生存伦理的目标只有一个,即人类整体的生存。下文将主要从产生背景、思想内容及其影响几个方面对赫兹的生存伦理思想进行更为详细的论述。

一、"生存伦理"思想产生的时代背景:逐渐突显的全球性生存困境

(一) 核恐怖危机

二战期间美国成功研制出原子弹,并且在二战中首次也是迄今为止第一次使用原子弹,标志着人类从此进入了核时代。核武器的出现使战争的性质发生了至少三个方面的变化:在核时代之前,国家依靠常规武器,打起仗来总有一方最终获胜,而核战争的爆发很可能没有胜方,因为它意味着同归于尽;过去的战争往往需要从正面对领土进行"穿透",然后实行军事占领,而核武器具有巨大的杀伤性和"垂直穿透"的威力,无需军事占领就可以将对方摧毁;核武器加速了现代战争的速

---

① John H. Herz, *The Nation-State and the Crisis of the World Politics: Essays on International Politics in the 20th Century*, New York: David Mckay, 1976, p. 4.

② John H. Herz, "Political Realism Revisited", *International Studies Quarterly*, Vol. 25, No. 2 (June 1981), p. 192.

度和进程,过去战争持续数年,甚至几十年,核战争则可能在瞬间发生,数小时内结束。

虽然自1945年两颗原子弹在日本爆炸以来,世界上还没有哪个国家真正使用过核武器,但自二战结束以来的历史表明,"核按钮"曾多次一触即发,"核幽灵"曾多次与人类擦肩而过。在核时代,核灾难、蘑菇云是人类世界最恐怖的名词。核阴云时刻笼罩着地球,附着在人们的心里,阴魂不散。一次很小的冲突甚至是不起眼的失误都有可能让一些核大国卷入其中,其结果可能造成战争逐步升级,甚至发展为整体战、核大战,而在两个核大国各自所拥有的核武器可以毁灭地球几十次的情况下,核战争就等于"集体自杀"。因此,核时代需要人们,特别是各国的决策者们,在态度和观念上进行改变,要求他们为了共同的生存至少具备最低程度的理性,以便确保集体自杀性的战争不会爆发。如此严峻的局势引起了包括许多科学家在内的全世界有识之士的深深忧虑,他们中的有些人开始积极探索摆脱这一威胁的办法和措施,赫兹就是这样一位国际政治学者,1959年出版的著名的《原子时代的国际政治》一书就是他在此领域研究的结晶。同时,核武器的出现所造成的生存与安全危机也是他后来提出"生存伦理"思想的主要时代背景之一。

(二) 生态危机

人类活动对社会进步的不懈追求,也出乎意料地让潘多拉打开了罪恶的盒子;随着"天使"的降临,"魔鬼"也跟踪而至。在过去,由于人类活动的水平较低、规模较小,进展较为缓慢,因而危机大多是潜在的、隐蔽的、轻微的与局部的。18世纪的工业革命揭开了人类演化史上的新篇章。由于科技的迅猛发展,人类活动在广度、深度与力度方面都突飞猛进,其利与害均得到了同步增长与加倍放大。工业文明的扩张,不仅把人类引入唯物质主义的歧途,而且造成了威胁人类生存的全球性问题。人类好像在一夜之间突然发现自己正面临着史无前例的大量危机。其实全球性生存问题经历了一个从酝酿到爆发的过程,只不过在20世纪60年代至70年代才突显出来而已。当时最突显的生态问题主要包括环境污染、人口爆炸和资源枯竭等。而且这些问题的全球性特征越来越明显,已严重威胁到全人类的生存和发展。

从工业文明以来到上个世纪80年代之前,环境污染的发展大致经历了四个时期。① 从 18 世纪末到 20 世纪初是环境污染的发生期。在此期间,重工业的大规模发展导致了煤的大量使用。上世纪 20 年代到 40 年代是环境污染的发展期。在这一时期,由于内燃机的发明,石油在人类所使用的燃料构成中的比重也大幅度上升。石油不但是工业的血液,还促使了各种以石油为燃料的各种交通工具的数量大量增加,它们排放的大量尾气造成了洛杉矶型的蓝色光化学烟雾,其对环境的危害性极大。上世纪的 50 年代到 60 年代是环境污染的全面爆发和多样化时期。二战之后,世界进入了冷战时期。为了恢复在战争中受到重创的国民经济,也由于东西方两大集团的相互竞争和对峙,各国都竞相发展工业和经济,迅猛推进的工业化和城市化进程带来了环境中资源的大量消耗,也造成了环境污染的多样化发展和全面爆发。在这一时期,石油、煤炭、化工和有色金属构成了主要的污染源。从上世纪 70 年代起,大多数国家对环境污染危机的发展开始警惕起来。1972 年,联合国召开了人类历史上的第一次人类环境会议,从此揭开了人类应对环境污染的序幕,也标志着环境污染的控制和治理时期的开始。

按照美国著名社会学家阿尔文·托夫勒(Alvin Toffler)的说法,人类自从产生,迄今已经经历了三次浪潮。每一次浪潮的出现都是由技术革命引起的,第一次是农业技术革命,第二次是工业技术革命,第三次是世界科学技术革命。与三次技术革命相适应,人类也出现了三次人口浪潮。20 世纪下半叶涌现的第三次人口浪潮,无论在席卷的范围上,还是在平均每年的增长速度上,以及在影响的深度上,都远非前两次人口浪潮可比拟。世界人口平均每年增长的速度,到 20 世纪 60 年代末,达到了人类有史以来最高峰值——2%。按照这样的速度递增下去,只需 37 年世界人口数量就会增加 1 倍。1950 年世界人口为 25 亿,1987 年增到 50 亿。照此下去,2024 年,世界人口便会是 100 亿,2061 年 200 亿,2098 年 400 亿……一个资源有限的地球绝对是无法承载这样无限膨胀的人口群体的。"人口爆炸"使西方有识之士忧心忡忡,美国伊利诺斯大学经济学教授朱·林·西蒙对此总结了"十怕"。其中最重要的有:引来资源枯竭,导致生态失衡;环境污染愈演愈烈,人类难以正常生存下去;贫者愈贫;地球负荷过重而引起超载;有色人种

---

① 郝永平、冯鹏志,《地球告急:挑战人类面临的 25 种危机》,北京:当代世界出版社 1998 年版,第 79—86 页。

比例上升;人种转劣等等。①

　　产业革命以来,随着工业、制造业等其他行业的加速发展,加上人口的急剧增长,人类所赖以生存的资源已达到了其承载能力的极限。自然资源迅速耗减,甚至枯竭,如森林资源持续锐减,草场资源严重退化,淡水资源日显匮乏,土地资源日益恶化,物种资源不断减少,矿产资源几近耗竭。人类所面临的已是一个满目疮痍、不堪重负的星球。日益严重的生态危机不能不使有识者扼腕长叹,刺激人们多方反省和思考,寻求对策和出路,寻求各方面的精神和理论资源,从重视古人悠久的生存智慧、民间宗教、原始信仰,一直到借鉴异邦的哲学和理论构建。到了上个世纪60年代末70年代初,西方学界创立了生态伦理学。

　　正是在全球核危机和生态环境越发严重的背景下,赫兹认识到了人类集体面临的"生存困境",他是国际政治学界最早提出"生存困境"概念的学者。更重要的是,他以特有的热情及人文关怀,适时地提出了"生存伦理"的理念,以应对人类所面临的这一前所未有的"生存困境"。

二、赫兹"生存伦理"思想的主要内容

　　如上所述,到了上世纪的六七十年代,日益严重的生态危机一方面越来越引起普通人,特别是西方发达国家普通民众的关切和忧虑,甚至在这些国家还爆发了声势浩大的"绿色运动";另一方面随着《敬畏生命》、《大地伦理》和《寂静的春天》等一批有重要影响的著作的问世,学术界有关生态危机的研究也日益成熟,形成了专门研究人与自然关系的生态伦理学,生态伦理学的学科体系在美国等初步得以建立。另外,从70年代开始,包括联合国在内的各级机构和组织也开始积极行动起来。1972年6月5日,联合国在斯德哥尔摩召开了第一次人类环境会议,113个国家的代表和有关群众团体参加了会议。这次会议有两个成果,一个是非正式报告《只有一个地球》,另一个是于6月16日通过的《人类环境宣言》。这两个文件是决策层的环境意识普遍觉醒的标志。此外,罗马俱乐部的下列报告:1972年的《增长的极限》,1974年的《人类处于转折点》,1981年的《未来的一百年》,也进一步唤醒了人们的环境危机意识,环境保护获得了越来越多的精神支持。

---

① 侯文若,"西方关于人口和粮食危机的理论",《世界经济与政治》1991年第7期,第62—68页。

尽管如此,在当时的国际政治学术界,除了有一些学者对核危机展开了深入研究外,鲜有学者将生态危机引入国际政治或国际关系理论进行系统的研究。这个时期,大多数国际政治专家还在强调传统的"高政治"(high politics)因素,诸如权力、安全、利益、均势等,而赫兹则属于少数几个例外之一。从上个世纪中叶开始,他已经将重点转到对所谓"低政治"(low politics)因素如环境、人口和资源等的关注和研究上了。赫兹的"生存伦理"是建立在今天已经被人们广为熟悉的"核危机"和"生态危机"基础之上的。因此,在上个世纪70年代,赫兹提出的"生存伦理"理念,在社会科学领域,特别是在国际政治学科,是非常富有前瞻性和预见性的。

赫兹最早提出的"最低生存伦理"(minimum ethic of survival)包含于1974年12月在以色列海法市(Haifa)召开的"关于技术高速发展时代的伦理国际研讨会"上他宣读的论文中。这篇题为"技术、伦理与国际关系"的论文在1975年8月和1976年春季分别发表在德国的《法兰克福报》(*Frankfurter Hefte*)和美国的《社会研究》(*Social Research*)杂志上。该文首先回顾了民族国家、安全困境的发展历程,最后提出了"最低生存伦理"的概念,论述了它对于面临重大危机的世界,特别是决策者们的重大意义。①

赫兹指出,20世纪70年代中叶国际政治最突出的特征是全球化趋势与基于狭隘的民族国家利益之上的政策之间的矛盾冲突。一方面,科学技术的高速发展使今天世界上的万物都在按照著名的"加速指数曲线"的规律发展。这种曲线的特征是,在经历了开始缓慢的上升之后,上升的速度会变得越来越快。"加速指数曲线"特征适用于包括信息爆炸、人口爆炸、污染程度加剧能源和原材料消耗的爆炸性增长等等。上述各个领域的加速发展所造成的最严重的后果是,人类的自我保存越来越具有普世性,因为原本只影响到少数人或地区的局部问题现在变成了能够影响整个人类的全球性问题。因此,在这样一个相互依赖的世界里,要解决人类所面对的生存危机问题需要一些全球性指向的(globally oriented)范式和举措。另一方面,对特定群体及其利益的考虑经常会与全球性指向的范式相冲突,并妨碍后者的实施。在很多旨在应对类似问题的国际会议上,我们会经常看到这种情况的发生。

---

① John H. Herz, *The Nation-State and the Crisis of the World Politics*, pp. 290–302.

例如,尽管第三世界国家面临着比其他国家更大的人口增长的压力,他们在会议上仍然反对制定有关新生人口控制的全球性标准;一些资源丰富但尚未完全开发的发展中国家,如巴西和伊朗等,坚持认为他们有权利向环境中排放一定数量的污染物;一些沿海国家谋求更大的海洋区域作为自己独有的开发区域。同样,不同群体间的竞争也会造成种族、民族和宗教群体反对生育控制,因为他们担心数量上的劣势会造成他们在与其他群体的竞争中落败。这样,不同群体之间的争斗和诉诸武力的情况有增无减,成为了当前国际事件的重要特征。[1]

面对(当时)国际政治如此严峻的局面,赫兹不禁发问:既然人类已经成为了一个命运息息相关的整体,那么人类是否能够承担得起任凭这种现状持续下去所带来的代价?[2]

赫兹认为,答案显然是否定的。他指出,在今天的世界里,古老的达尔文主义困境仍然使不同的群体处于相互对立的境地,但是所有人类的生存却第一次集体地陷入危险,即使包括自己在内的价值相对主义者们(value relativists)都会一致地认为,当某种价值观变得如此重要,以至于不接受这种价值观的人会使其他人觉得他是多么"荒唐可笑"的时候,这种价值观的正确性就毋庸置疑了。如果放弃此价值观,整个人类只能面对毁灭的选择,那么,维护人类整体的生存而不仅仅是某些特定个体或群体的生存就成为了一个绝对的价值。埃德蒙德·胡塞尔(Edmund Husserl)笔下所描绘的以群体和国家利益以及安全困境为特征的世界,现在变成了一个并非是零和游戏的世界。赫兹认为,以前被视为属于纯"理想主义"的逻辑现在却成了基于所有人类生存利益之上的"现实主义"的逻辑了。曾经被人视为过于简单而遭诟病的阿尔伯特·施韦泽的观点"维持和促进生命的在道德上就是善的",运用到今天整个人类的生存困境背景下,却是非常适用的。[3]

虽然赫兹以上论述显得有些晦涩,但是他的观点很明确:尽管他和大多数人一样是价值相对主义者,相信不能从"是什么(是然)"中推出"应该怎样(应然)"(No "ought to" can be derived from an "is".),但是,既然大家都能意识到人类的整体生存濒临危险,那么生存价值就应

---

[1] John H. Herz, *The Nation-State and the Crisis of the World Politics*, pp. 296 – 297.

[2] *Ibid.*, p. 297.

[3] *Ibid.*, pp. 297 – 298.

该成为世界的绝对价值。尽管他自己和国际政治的学界都视他为政治现实主义者,但是,面对70年代国际政治的现实,怀着对人类的生存现状和未来的关切及无限忧虑,赫兹富有前瞻性地提出了他的"最低生存伦理"思想。

赫兹指出,他的"最低生存伦理"思想的全面性表现在两个方面:时间维度和空间维度。在时间维度上,它把未来人类纳入了考虑之中,是具有未来指向性的。如果人类希望能留给其子孙后代一个可以生活的未来,就必须有这种长远的眼光。不仅如此,今天的世界在一些决定性领域(如人口、生态和战略等)的加速发展,使自我中心主义的信条"在我死后,管它洪水滔天"(aprés nous le déluge)不再适用,因为"洪水"可能会殃及自身——活着的一代。在空间维度上,它是涵盖全球的。为此,赫兹引用了他的同事理查德·加德纳(Richard Gardner)的观点:今天世界内部最根本的差异不是存在于共产主义者和非共产主义者、黑人和白人种族、贫富阶层等之间的,而是存在于那些只有狭隘的本群体利益意识的人们与能够知觉到人类整体利益的人们之间的。①

至此,可以将赫兹的生存伦理思想的主要内容归纳如下。

自人类进入20世纪以来,科学技术的飞速发展使我们生活的世界和国际政治都发生了深刻的变化,其中影响最大的是原子技术的使用以及环境污染、人口爆炸和资源枯竭等生态问题。所谓影响之大可以从两个层面进行理解:一是影响的范围是全球性,世界上的几乎任何一个角落、任何人都无法逃脱;二是其影响的程度是极其深刻的,除了核大国所拥有的核武器的数量和威力可以在瞬间之内将整个地球毁灭好几十次之外,人口爆炸、资源枯竭和环境危机问题如果不及时加以解决,同样威胁着整个人类的生存。更为严重的是,这些危及人类生存的全球性问题是相互密切联系的,会在全球范围内造成严重的恶性循环。例如,包括核武器在内的军备竞赛必然要消耗更多的业已短缺的资源,而国家间的资源争夺又会导致安全困境的恶化从而加剧彼此间的军备竞赛等。既然技术的发展让世界和国际政治发生了如此深刻的变化,既然技术的发展让地球上的整个人类的生存面临着严重威胁,既然人类的命运已经如此地息息相关,个人、群体和国家之间的关系从长远的利益来看已经不再是传统的零和游戏,任何个人、群体和国家出现的问题都有可能殃及全球,甚至造成毁灭性的后果,那么人类就需要彻底改

---

① John H. Herz, *The Nation-State and the Crisis of the World Politics*, p. 298.

变他们传统的思维和价值观,以长远的、全球的利益取代短期的、狭隘的个人或群体的利益;需要对有可能危及人类生存的行为进行规范和约束,这种为了实现保存人类整体生存的目标而确立的道德规范就是赫兹的"生存伦理"。

三、对赫兹生存伦理思想的评价: 超越现实主义和自由主义

应该说,关于生存或保存生命的最高价值从古至今都是包括哲学家在内的思想家所认同的观念。人类一旦失去了生命,也就失去了一切,那么谈论其他所有的一切都将失去任何意义。由此,生存或保存生命是不是可以成为一个原则?生存原则带有某种直觉或"人际直觉"——常常表现为"常识"的意义,它见证于人们的生存本身。所有活着的人们都在肯定着这一原则,许多即便在极其艰难的条件下仍然选择生存的人们更是在肯定这一原则。人类世代繁衍延续到今天其实就是在肯定着这一原则。那么,生存原则是不是伦理或道德原则?如果说是,那么又是在什么条件下具有这种伦理或道德的涵义?我国从事伦理学和人生哲学等研究的学者何怀宏先生就此提出了自己的观点:只要在不危及他人安全的情况下,个人有求生的权利甚至具有保有自己生命的义务,但这种求生并不具备伦理或道德涵义;只有谋求个人关系中的生存才具有一种伦理或道德含义;生存原则在某种程度上是指"你活,也让别人活"。[①]

从哲学层面上来说,赫兹的生存伦理其实就包含了"你活,也让别人活"这一基本伦理原则。人类不能只顾及狭隘的个体、群体和国家的利益,特别是当这些局部的利益与全体人类的生存利益发生冲突时,必须优先考虑人类的整体利益;人类不能只顾及本代人的生存与发展,特别是不能以牺牲未来人类的利益为代价。如果每个国家为了本国的安全、生存和发展而不计后果地去开发和消耗面临枯竭的自然资源,用以开发和制造先进的武器和发展经济等等,那么这势必会使环境污染和资源枯竭等全球性问题日益严重,危及整个人类在当代特别是未来的生存和发展,这是"你活,却不让他人活"的典型的范例。

---

① 何怀宏,"生存原则如何在国际政治中起作用——国际关系伦理思考之一",《世界政治与经济》2004 年第 1 期。

另一点需要指出的是,赫兹的生存伦理还包含了明确的代际伦理的思想。代际伦理、代际正义是在上世纪八九十年代开始受到学界关注的领域。1987年,世界环境与发展委员会在《我们共同的未来》的报告中,把可持续性发展的概念解释为:"既满足当代人的需要,又不对后代人满足其需要的能力构成危害的发展。"1992年,联合国在巴西里约热内卢召开的环境与发展大会上发表的《里约宣言》对此作了进一步诠释:"人类应享有以自然和谐的方式过健康而富有生产成果的生存权利,并公平地满足今世后代在发展与环境方面的需要。"从以上联合国对可持续发展的解释可以看出,实现这一目标是以人类不断完善其生存环境和发展状况为主要内容的,要求当代人与后代人之间在根本利益上达到公平一致。实际上,这一理解把人的生命意义从局部的个体生命提升到整体生命,即从全人类生存的意义上来认识人类在时间先后发展序列中应承担的责任和义务,蕴涵着明显的代际伦理内容。

另外,所谓"最低生存伦理",也就是一种"底线伦理"。对于"底线伦理",何怀宏教授的解释是:所谓的道德"底线"是相对于人生理想、信念和价值目标而言的。人必须满足这一底线,然后才能去追求自己的生活理想。底线道德只是一种基础性的东西,却具有一种逻辑性,这正如盖一栋房子,你必须先从基础开始。并且,这一基础应当是可以为有各种合理生活计划的人所普遍共享的,而不宜从一种特殊性式样的房子来规定一切,不宜从一种特殊的价值和生活体系引申出所有人的道德规范。[①]

总而言之,赫兹的生存伦理具有以下一些特征。

1. 广延性。一是把对生存的关注从传统的安全和生存概念扩展到对环境、资源和人口等方面;二是从共时性的人际义务扩展到历时性的代与代之间的人际义务。

2. 全人类性。随着全球各国的相互依赖性的进一步加强,任何一个民族的那些给生存环境带来重大而深远影响的行为都将给其他民族的生活带来或好或坏的影响;反过来说,除非其他民族也加入到环境保护的行业中来,否则,任何一个国家或民族的孤立的环境保护行为都将收效甚微,甚至毫无结果。生存伦理视全人类的生存为首要的普世利益,它从两个方面超越了传统的狭隘的伦理标准:在空间上,它涵盖了整个人类社会,并强调局部利益必须服从人类整体利益,超越了现实

---

① 何怀宏,《底线伦理》,沈阳:辽宁人民出版社1998年版,第4页。

主义只考虑国家利益的局限性;在时间上,必须考虑未来人类的利益以确保世界能拥有一个自己的未来。①

3. 革命性。生存伦理的革命性既表现在观念层面,也表现在实践层面。在观念层面,生存伦理把对生存的关怀从个人、民族国家扩展到了全人类,从当代人延伸到了尚未出生的下一代甚至所有未来的人类。它超越了传统那种把本民族利益看得高于一切的狭隘民族主义,而把全人类的生存看成是一个不可分割的整体。生存伦理反对近代以来形成的那种崇尚奢侈的物质主义、享乐主义和消费主义,倡导一种与大自然协调相处的生活方式。在实践层面,生存伦理要求改变那种以对能源的巨大消耗为前提的经济安排,主张以全球利益作为制定和评判主权国家外交政策的一个重要标准,反对纯属浪费人类有限资源的军备竞赛,倡导东、西方首先实行"护持战略",竭力避免核战争的爆发,然后再考虑实施普世主义政策。

4. 现实性。赫兹的生存伦理思想对于当今世界具有重要的现实意义。虽然它是在上个世纪70年代提出的,到今天已经过去了快半个世纪,但是,它对于面临着日益严峻的全球性危机的当今世界以及国际政治领域的研究都具有重要的指导意义。其一,包括环境污染、气候变暖和资源枯竭等在内的全球性问题在今天的世界已经发展到了无以复加的程度,越来越多的国际组织、民族国家、政府领导人和广大民众已经意识到了问题的严峻性和急迫性。特别是近几年来,大国高层领导人之间的会谈和众多的国际会议都把这些问题的解决提到了非常重要的议事日程。在此背景下,赫兹的生存伦理思想对于这些全球性问题的解决仍然会提供很多重要的启示。其二,在当今的国际政治学科的研究中,人们的研究范围早已超越了"权力政治"、"国际体系无政府状态"等等现实主义狭隘的视角,更加重视包括"文化建构"、"无政府社会"、"全球治理"、"规范理论"等等多元视角的研究。其中,对于"国际伦理"和"国际规范"的研究正处于方兴未艾的时期。因此,赫兹的生存伦理思想是当今国际政治研究可以借鉴的宝贵的精神财富。

赫兹指出,他的普世主义与传统的自由国际主义之间的区别是,前者强调把人类作为一个不可分割的整体,而后者强调的是个人的权利

---

① John H. Herz, *The Nation-State and the Crisis of the World Politics*, p. 28.

和努力。① 当然,除了赫兹以外,也有其他一些现实主义者提出过类似于普世主义和道德伦理的观点。乔治·凯南在《道德与外交政策》一文中说道:"目前,我们的世界正面临着两个史无前例的严重威胁。第一,不仅仅是核战争,也包括工业大国之间的大范围战争。这两种战争的爆发将意味着现代技术的发展让人类集体自杀成为了可能。第二,现代工业化进程和人口爆炸对世界自然环境造成的毁灭性影响……这两个问题都十分急迫。解决环境和核危机问题都不容耽搁。除了道德考虑之外,优先考虑摆脱以上两种大范围危机也具有纯粹的理性基础———一种基于国家利益的理性基础。"②但是,在所有现实主义者之中,只有赫兹把生存伦理和普世主义提到如此高的地位。赫兹的生存伦理和普世主义的提出,主要目的是为世界各国的政策提供一个规范标准③,以达到解决人类所面临的生存威胁问题的终极目标。因此,这种伦理是一种自上而下的而不是自下而上的伦理观,是一种规范主义的转向。但是,赫兹的规范主义不是基于某种利他主义的道德原则,也不是指向理想主义或乌托邦主义的自由、正义等价值目标,而是建立在现实主义对生存这个普世利益的冷静思考基础之上的,用他自己的话来说,是将政治现实主义和道德理想主义相结合的结果,它既是对传统现实主义也是对传统自由主义的超越。赫兹的普世主义和规范主义是建立在更为普遍的人性关怀基础之上并服务于普世生存这一最高利益的。④

---

① John H. Herz, *International Politics in the Atomic Age*, New York: Columbia University Press, 1959, p. 323.

② George Kennan, "Morality and Foreign Policy", *Foreign Affairs*, Winter 1985 – 1986, p. 216.

③ John H. Herz, "Political Realism Revisited", p. 194.

④ John H. Herz, "An Internationalist's Journey Through the Century", p. 259.

为了正义的世界:罗尔斯
国际政治思想及其评价

刘贺青*

摘　要　罗尔斯是 20 世纪伟大的哲学家,其思想不仅影响了哲学界,还影响了政治学等学科。本文旨在梳理罗尔斯的国际政治思想并对其进行评价。罗尔斯的国际政治思想主要体现在他对国家、人权、战争和对外援助等问题的看法上,这些看法彰显了国际关系的价值关怀,但是又难以超越西方中心主义,从而使之成为一种"现实主义的乌托邦"。

关键词　罗尔斯　国家观　人权观　战争观　国际援助义务观

罗尔斯(1921—2002 年)终生思考正义问题,著有《正义论》(*A Theory of Justice*)、《政治自由主义》(*Political Liberalism*)、《万民法》(*The Law of Peoples*)等,是 20 世纪最重要的政治哲学家之一。罗尔斯的影响已经越出了哲学的领地,进入到经济学、法学和国际关系研究的领域,本文试图梳理罗尔斯的国际政治思想并对其进行评价。罗尔斯的国际政治思想主要体现在《万民法》中,国家观、人权观、战争观和国际援助义务观构成了罗尔斯国际政治思想的主要组成部分。

一、罗尔斯的国家观

罗尔斯在《万民法》中提出一种理想的国际关系行为体——万民

---

* 刘贺青,河海大学公共管理学院教师,南京大学国际关系史博士。

(Peoples)。虽然这个词在罗尔斯的《政治自由主义》中已经出现①,但在《万民法》中罗尔斯才明确界定了这个词并使之区别于国家(state),进而表达他的国家观。

在罗尔斯看来,万民是一种不同于国家却又类似于国家的行为体。说它不同于国家,是因为它没有传统意义上的对内、对外主权;而且它不仅追求理性的(rational)利益还追求合理性的(reasonable)利益。理性的利益强调的是利益的最大化,合理性的利益强调的是适度的利益,从而批判和补充了国际关系理论中的理性国家观。理性国家观指的是大多数国际关系理论都把国家作为理性的行为体,理性既包括目的的层面,也包括手段的层面,前者指的是行为体追求成本-收益的最大化预期;后者指的是行为体除了目的预期之外,还会选择实现这一目的的最佳、最合理的途径。② 虽然现实主义、新现实主义和新自由制度主义都强调国家是理性的行为体,但是罗尔斯主要批判了以吉尔平为代表的新现实主义理性国家观。罗尔斯多次引用吉尔平的著作《世界政治中的战争与变革》,并指出国家对理性利益的追求导致了战争,"在许多探讨战争根源及维持和平的国际政治理论中,国家往往被看作是理性的、极其关注权力(power)的行为体。权力指的是能够对其他国家产生影响的能力(包括军事能力、经济能力和外交能力),而且国家往往受到自身的基本利益的驱使。国际关系的典型看法基本上和修昔底德时代的观点一样,而且在现代仍然没有被超越;世界政治仍然是以全球无政府状态下国家对权力、威望和财富的争夺为标志的。"③

罗尔斯对理性与合理性的区分是其国家观的基础。罗尔斯在《正义论》中多次使用"合理性"一词,但尚不够明晰。20 世纪 80 年代以后,罗尔斯明确了这个词的含义。1980 年罗尔斯发表了《道德理论中的康德式建构主义》,阐释了合理性和理性的概念:"合理性指的是自由平等的道德人之间的相互性和互惠性;而理性指的是尽可能地追求最

---

① 罗尔斯在《政治自由主义》中说正义有两个有待延伸的领域:一个是代际正义,另一个是"如何将作为公平的正义延伸至万民法(the law of peoples),即那些适用于国际法和政治社会之间的关系的观念和原则"。John Rawls, *Political Liberalism*, New York: Columbia University Press, 1996, p. 21.

② 胡宗山,《国际关系理论方法论研究》,北京:世界知识出版社 2007 年版,第 248、252 页。

③ John Rawls, *The Law of Peoples*, Cambridge: Harvard University Press, 1999, p. 28.

大化的首要善(primary goods)。"①在1993年的《政治自由主义》中,罗尔斯进一步区分了合理性和理性的概念:"合理的人们愿意用和他人一起推导出的原则来规范自己的行为,会考虑自己的行为对他人福祉的影响;理性适用于个人或集体行为体,它们在追求自己的目的和利益时,具有判断和慎思的能力;理性考虑的是如何采用并认定这些目的和利益,如何优先考虑这些目的和利益。理性还关注对手段的选择,即如何用最有效的手段实现目的或者选择其他可能的手段实现目的。"②罗尔斯对理性与合理性概念的区分深受康德的影响。在德文中,"vernünftig"既有理性又有合理性的意思,但是康德所说的理性不同于近代意义上的工具理性,而是一种价值理性;工具理性则对应于罗尔斯所说的理性,价值理性类似于罗尔斯所说的合理性。由于康德的纯粹理性排除了任何感性的成分,因而源自这种纯粹理性的道德法则也不需要有任何外在的目的,它本身就是目的,就是绝对命令。如此看来,合理性自身就蕴涵了义务的因素。罗尔斯继承并发展了这一思想,并指出"合理性预设了理性而不是从属于理性"③。在《万民法》中,罗尔斯说:"一旦理性(rationality)排除了合理性(the reasonable),即国家被自己的目标所驱使,那么它在处理与其他社会的关系时就会忽视互惠准则(reciprocity)。如果国家对权力的关注居于首位,如果国家的利益包括使其他社会改信自己的宗教、扩大帝国的疆域并增加其相对的经济实力,那么国家和人民之间的差异就很大了。"④换言之,如果国家只追求理性而不追求合理性,那么国家就仅仅停留在追求权力的层次,达不到万民的境界,因此国家和万民之间的差异就会更大。这种差异体现在"正义的自由人民将自己的基本利益限定在合理性所要求的范围内"⑤。可见,国家应该集理性与合理性于一身。从这种意义上说,罗尔斯的万民一词表达了一种理想的国家观。

之所以说万民表达了一种理想的国家观,还在于罗尔斯认为万民也具有国家的形式(如拥有政府、宪法、选举体系、疆界等)。既然罗

---

① Molly Cochran, *Normative Theory in International Relations: A Pragmatic Approach*, Cambridge University, 1999, p. 31.

② John Rawls, *Political Liberalism*, pp. 49–50.

③ Molly Cochran, *Normative Theory in International Relations: A Pragmatic Approach*, p. 31.

④ John Rawls, *The Law of Peoples*, p. 28.

⑤ *Ibid.*, p. 29.

斯的万民类似于国家,那就说明罗尔斯在《万民法》中仍把国家作为国际关系分析的基本单元,只不过他对现实世界中的国家感到不满意。由于良序社会(the well-ordered society)是罗尔斯政治哲学的核心思想,所以可以推测,万民的哲学原型良序社会能够体现出社会正义的两个原则。罗尔斯认为,只有自由人民和合宜人民才可以被称为人民,只有它们才是人民社会的成员。法外国家(outlaw states)、负担不利条件的社会(society burdened by unfavored conditions)、仁慈专制主义(benevolent absolutism)不是人民社会的成员。可见,罗尔斯是社群主义者而不是世界主义者,因为后者关注的是个人,前者关注的是国家等具有集体身份特征的共同体。

罗尔斯详细说明了五种社会。自由人民具有三个特征:"一是服务于其根本利益的合理正义的宪政民主政府;二是由穆勒所谓'共同感情'结合起来的公民;三是道德的本性。"①非自由但合宜的人民指的是:"那些不对外侵略而只在自卫的时候参加战争的社会,这种社会有着共同的关于正义的善观念,并使其所有成员都享有人权;其社会基本结构包括合宜的协商等级制,这一制度确保由协商体系选出的机构代表社会所有集团;而且管理法律体系的法官及官员必须真诚地、合理地信仰法律是由共同的正义善观念来指引的。"②法外国家指的是那些拒绝遵守合理的万民法的政权,合理的万民法指的是适用于人民社会的八项原则,即人民之间是平等的、遵守彼此间的协议、尊重人权、不对外干涉、遵守正义战争的相关原则并援助负担不利条件的社会,等等。③法外国家有两类:一类是对外扩张、对内压迫的国家;另一类是不对外扩张但对内压迫的国家。负担不利条件的社会指的是:不具有扩张性或侵略性的国家,他们缺乏政治和文化传统、缺乏人力资本和技术,而且往往缺乏成为良序社会的物质和技术资源,这些国家的"历史、社会和经济条件使其即使不是不可能,但也很难建成良序社会"。④ 仁慈专制主义社会"尊重大多数人的人权,但由于它们否认其成员在政治决策中的作用,因此不是良序社会的成员"⑤。

那么,我们不禁要问:罗尔斯划分国家的标准是什么?罗尔斯似乎

---

① John Rawls, *The Law of Peoples*, pp. 23–24.
② Ibid., p. 88.
③ Ibid., p. 37.
④ Ibid., p. 5.
⑤ Ibid., p. 63.

把人权作为划分世界的标准。那么,这些国家又该如何相处?人权又充当了处理国家间关系的标准:人民社会之间是和平关系,体现出宽容原则;而人民社会对法外国家是战争关系,对负担不利条件的社会是一种干涉与被干涉的关系,尽管采取的是和平的援助手段。把人权充当划分世界的标准以及处理国家间关系的标准,这在一定程度上削弱了罗尔斯对国家追求合理性利益的论述,使他的国际政治思想既带有理想主义的情怀又难以超越现实主义的樊篱,用他自己的话说,是一种"现实主义的乌托邦"(realistic utopia)。他对国家合理性的利益的追求使他的国际政治思想带有浓厚的价值关怀,为此他提出了低度人权思想、正义战争思想和对外援助义务,但最后都退回到现实主义的立场上。

二、罗尔斯的人权观

罗尔斯作为一位正义理论家自然要关注人之为人的权利。1971年,罗尔斯在《正义论》中提出社会正义两原则,实际上是为了保障自由民主国家的公民权利。社会正义第一原则是"每一个人都拥有一种与其他人的类似自由相容的具有最广泛之基本自由的平等权利";第二原则是"社会和经济的不平等应该这样安排,以使(1)人们有理由期望它们对每一个人都有利,(2)它们所附属的岗位和职务对所有人开放"[1]。社会正义两原则影响了文森特(J. R. Vincent)、贝茨(Charles Beitz)等人权理论家,他们把罗尔斯的正义理论作为人权问题研究的起点,然而罗尔斯对人权问题的态度却发生着变化。罗尔斯的《政治自由主义》从政治哲学的角度重新阐释了社会正义两原则,但是无论《正义论》或者《政治自由主义》探讨的都是国内人权问题或者说公民权问题,只有在《万民法》中罗尔斯才谈到国际人权问题。

国际社会是一个多元主义特性更加明显的社会,罗尔斯在一定程度上贯彻了自由主义的宽容原则,但又不够彻底。罗尔斯借鉴了美国人权理论家舒尔(Henry Shue)和英国学派代表人物文森特的基本权利观、英国法学家哈特(H. Hart)的形式平等思想,以及《世界人权宣言》第 3—18 条的内容,提出"生命权(生存和安全的手段);自由权(免

---

[1] John Rawls, *A Theory of Justice*, New York: Harvard University Press, 1971, p. 60.

于奴役、免受强制劳动,并有足够程度的良心自由,以保证宗教和思想的自由);财产权(个人财产);由自然正义的规则所表达的形式平等权(即类似案件类似处理)"①是各国要保障的最起码的人权。西方学者称其为"人权最低主义"(human rights minimalism)②,国内学者称其为底线人权法则③。罗尔斯基本人权思想延续了20世纪80年代以来西方并非居于主流地位的低度人权理论,有助于减少国际社会在人权问题上的分歧,推动国际人权领域的对话。正是在这种意义上,英国国际关系学会会长布朗(Chris Brown)在2005年纪念英国国际关系学会成立30周年的讲话中说:"有关人权的论文跨越了全球政治和国内政治;而且国际关系理论家(如文森特、唐纳利)和政治理论家(从罗尔斯到罗蒂)都对其发展作出了贡献。"④但是,罗尔斯有限的人权列表也遭到了西方学者的批评,他们认为罗尔斯太宽容。

然而,罗尔斯的基本人权思想仍带有明显的西方色彩。罗尔斯说,在所有的人权当中,生命权、自由权、财产权、形式平等权四项基本人权"不能被视为是自由主义的或西方特有的传统,不是政治上狭隘的(parochial)权利"。⑤ 为此,罗尔斯还用斯坎伦《作为中立关怀的人权》一文中的观点支持人权不具有政治狭隘性的说法。罗尔斯认为,这些基本权利应该在所有社会得到尊重,他说:"这些权利是万民法内在的权利,无论它们是否在地方上得到支持,都具有政治(道德的)效果。也就是说,其政治(道德)力量延伸至所有社会,而且对所有人民和社会(包括法外国家)都有约束力。"⑥这又使得罗尔斯的基本人权思想具有一种朝普遍人权思想演化的倾向,也就是说,如果其他国家不能保障这四项权利,则外部力量可以对其进行干涉。实际上,私有财产权是西方社会不可动摇的基础,而各国对自由权、形式平等权还有不同的理解,这就使得罗尔斯的基本人权能否被广泛接受还成问题。

此外,罗尔斯认为自由人民和合宜人民是尊重人权的,法外国家则

---

① John Rawls, *The Law of Peoples*, p. 65.
② Rex Martin and David A. Reidy, *Rawls' Law of Peoples: A Realistic Utopia?* Blackwell Publishing, 2006, p. 10.
③ 宋玉波,"国际人权法理论的新进展:底线伦理与低度人权",《国际论坛》2008年第1期,第30页。
④ Chris Brown, "IR Theory in Britain: the New Black?" *Review of International Studies*, Vol. 32, 2006, p. 681.
⑤ John Rawls, *The Law of Peoples*, p. 65.
⑥ *Ibid.*, p. 80.

不是,并认为自由人民和合宜人民可以对法外国家进行干涉。因此罗尔斯没能够在人权和主权之间进行很好的平衡,而是将人权和国家间关系联系在一起,产生了负面影响。罗尔斯主张把自由人民和合宜人民组成的联盟作为人道主义干涉的主体,实际上削弱了联合国的权威,有可能使世界政治重新回到大国主宰的时代,不利于世界朝民主化的方向发展。

三、罗尔斯的战争观

罗尔斯经历过第二次世界大战、聆听过马尔科姆的准宗教学课程、参加过反对越南战争的集会、讲述过关于正义战争的课程、研读过康德和卢梭等哲学家的著作,这些都促使他反思战争问题。罗尔斯的战争思想包括两个部分:一是继承了西方的民主和平论;二是发展了西方的正义战争理论。

罗尔斯借鉴了孟德斯鸠的商业和平论、卢梭"适度自尊"的国家的思想、康德的"永久和平论",以及雷蒙·阿隆的"通过满意实现和平"思想,认为宪政民主国家间无战事,战争源于非宪政民主国家的存在,因此人民有正义的理由对法外国家进行战争。我们应该结合罗尔斯的社会理想理解这一观点。罗尔斯在《正义论》、《政治自由主义》、《万民法》以及《正义新论:作为公平的正义》中反复解释了"良序社会"的概念,总的来说,良序社会是一种遵循了社会正义两原则(机会平等原则和差异原则)的社会。因此,罗尔斯认为这样的社会有进行自卫的权利、维护集体安全的权利以及进行人道主义干涉的权利,从而继承了西方民主和平论。

不仅如此,罗尔斯还发展了正义战争理论。正义战争理论是一种介于现实主义和和平主义之间的战争理论,在西方有着悠久的传统,奥古斯汀、阿奎那、雨果·格劳秀斯、苏亚雷斯、瓦特尔、维多利亚等是其著名的代表人物。虽然1971年的《正义论》只有少量内容涉及开战正义(jus ad bellum)和战时正义(jus in bello)原则,却影响了沃尔泽等当代正义战争理论家。沃尔泽于1977年出版的《正义与非正义战争》[①]反过来又

---

① Michael Walzer, *Just and Unjust Wars: A Moral Argument with Historical Illustrations*, New York: Basic Books, 1977/1992/2000. 该书是美国军事院校的重要课本,现已被翻译为中文,见迈克尔·沃尔泽,《正义与非正义战争》,任辉献译,南京:江苏人民出版社2008年版。

影响了罗尔斯。罗尔斯在 1999 年《万民法》中重申开战正义和战时正义的原则,并补充了战后正义(jus post bellum)原则,使战争的正义性取决于战争的三个阶段:战争前、战争中和战争后,这三个阶段是一个整体,在这三个阶段都要体现出正义。

首先,战争爆发前要确定战争的理由,"自卫、维护集体安全、维护人权"是战争的合法理由,而且罗尔斯指出政治家而非政客能够决定战争的正义性,因为政治家着眼于维护和平正义,政客着眼于私利,这种区分受到康德关于"道德的政治家"和"政治的道德主义者"的区分的影响。

其次,在战争进行的过程中,要遵守战时正义,即慎重使用武力(特别是核武器)、战争双方遵守"非战人员豁免原则",区别对待战争的领导者、普通士兵和平民,而作为一种例外原则的最高紧急豁免权只适用于自由民主国家或合宜社会。① 最高紧急豁免原则受到沃尔泽思想的影响,沃尔泽提出当严重的威胁既是直接的也是深刻的时候,就出现了最高紧急状态(supreme emergency),为了防止政治共同体被灭绝或者为了避免公民被整个地屠杀或奴役,偏离平民豁免原则的做法是绝对必要的。但沃尔泽并没有把最高紧急豁免权限定在自由民主国家或合宜社会内。

最后,当战争结束后,也要做到战后正义,否则停战只是暂时的休战,"进行战争的方式和结束战争的行为在社会的历史记忆中是鲜活的,也许会、也许不会成为未来战争的舞台"②;对战败国的重建也要尊重他们的人权,"一旦恢复了和平,就要使敌国能够有自己的良序政权(有时可以限制战败国的外交自由)。敌国投降后,不能把他们的人民作为奴隶或农奴,也不能剥夺他们的全部自由。"③可见,尊重人权的思想贯穿在战争的三个阶段。

四、罗尔斯的国际援助义务观

有一场没有硝烟的战争,即自由人民和合宜人民对负担不利条件的社会的援助,其实质是为了改善被援助国的人权,而不是改变不公正

---

① Michael Walzer, *Just and Unjust Wars*, pp. 251 – 268.
② John Rawls, *The Law of Peoples*, p. 96.
③ *Ibid.*, p. 98.

的世界秩序。这个问题最初源于世界贫富差距拉大的现实以及世界主义者(cosmopolitan)与社群主义者(communitarian)之间长达20多年的论争,即罗尔斯的社会正义理论能否被用来解决跨越边界的正义问题(如贫困问题、环境问题等)? 罗尔斯的答案是否定的。

在1993年的演讲中,罗尔斯只提出"万民法"的七条原则:(1) 人民是自由而独立的,其自由和独立受到其他人民的尊重;(2) 人民要遵守条约和承诺;(3) 人民是平等的,且是对他们具有约束力的协议的各方;(4) 人民要遵守不干涉的义务;(5) 人民有自卫的权利,但除了自卫之外,没有权利发动战争;(6) 人民要尊重人权;(7) 在战争中人民要遵守某些特殊的限制。而在1999年的《万民法》一书中,罗尔斯将"万民法"的原则补充为八条,第八条原则是,人民有义务援助其他生活在不利条件下的人民,这些不利的条件妨碍他们拥有正义或合宜的政治及社会政体。这种细微的变化说明罗尔斯开始对贝茨、博格等世界主义者的分配正义方案作出回应。

罗尔斯自始至终都没有否认国际正义的重要性,但是他不主张通过全球资源再分配改善落后国家的状况,而是主张人民援助负担不利条件的社会。罗尔斯的援助思想源于他对负担不利条件的社会落后原因的分析,他认为是这些国家的国内政治制度和文化导致他们的贫困,并援引日本资源贫乏却国富民强、中东国家资源丰富却畸形发展的例子说明软力量在国家致富中的作用。然而落后国家贫困的原因是多方面的,包括地理因素、历史因素、体系因素等,贝茨和博格就认为全球体系或全球基本结构导致了穷国的贫困,因此主张改革旧的国际体系,包括进行全球资源再分配。但罗尔斯的"纯粹国内致贫论"决定了他在国际分配正义问题上的保守观点。他认为要改善贫穷国家的状况,重要的是改善这些国家的制度,因此仅仅向这些国家注入资金还是不够的。一旦这些社会成为良序社会,援助的义务就要停止,这和全球资源再分配是不同的。可见,援助义务有终止点,全球资源再分配则没有。从这种意义上说,罗尔斯的国际援助义务观是一种弱的国际分配正义观,一种"温和的经济分配原则"[1],一种"相对不苛刻的分配义务"[2]。

---

[1] Leif Wenar, "Why Rawls is not a Cosmopolitan Egalitarian", in Rex Martin and David A. Reidy, *Rawls' Law of Peoples: A Realistic Utopia*? p. 98.

[2] Charles Jones, "Global Distributive Justice", in Ronald Tinnevelt and Gert Verschraegen (ed.), *Between Cosmopolitan Ideals and State Sovereignty*, New York: Palgrave Macmillan, 2006, p. 20.

然而,许多学者都对罗尔斯的援助思想表示同情,这主要和当前世界的无政府状态有关,全球无政府状态决定了不能像治理国家那样治理世界。但是全球治理的研究证明,在全球化的今天,存在全球治理的空间,这也就意味着罗尔斯的社会正义理论有向全球层次推广的可能性,全球治理的著名理论家赫尔德也把罗尔斯的正义理论作为构建全球治理理论的维度之一。也有学者认为,罗尔斯作为一位自由主义哲学家,反对全球分配正义是为了贯彻自由主义的不干涉原则,但是这一点可以解释自由主义国家之间的不干涉,却难以解释为什么还要通过援助的方式干涉负担不利条件的社会,难道这不也同样损害了负担不利条件国家的自主权吗?还有部分学者认为,晚期的罗尔斯更重视的是合法性而不是正义,也就是说合法性优先于正义,类似于英国学派的"秩序优先于正义"的观点,可是,不正义的国际秩序又如何谈得上具有合法性?又何以持久?

因此,罗尔斯所主张的援助义务,其实质不是一种全球再分配正义原则,而是一种服务于自由人民的外交政策的方案。而且"援助义务"这一条款也说明罗尔斯是社群主义者。此外,罗尔斯推论,即罗尔斯的社会正义原则是否适用于全球层次的问题仍然是一个备受争议的问题。"该分配什么?谁来分配?分配给谁?怎样分配?……"仍然是世界主义者和社群主义者争论的重要问题。然而,某种程度的妥协是必要的。纵观罗尔斯自身思想的变化,即由早期的世界主义者转变为晚期的社群主义者,甚至兼而有之,比如他在国际移民问题、国际资源分配问题上持社群主义者的观点,在人权问题上又持有世界主义者的观点,说明世界主义和社群主义需要某种程度的综合,全球化进程则为这种综合提供了土壤。

五、罗尔斯国际政治思想评价

罗尔斯的国际政治思想阐释了如何由"国家"发展为"万民"的历程,即国家要追求理性的利益和合理性的利益;而且万民要通过战争手段改造法外国家、通过援助负担不利条件的社会使其转变为良序社会。但罗尔斯对仁慈专制主义社会的论述并不多,仅仅说后者有进行自卫战争的权利,似乎对这类社会还是宽容的。人权在其中充当了重要的标准:它既是划分不同社会的依据,也是处理国家之间关系的依据。

罗尔斯国际政治思想的贡献在于:一、提出了国家应该既追求理性的利益也追求合理性的利益的思想。因为国家只追求理性的利益而忽视合理性的利益将会忽略国家的道德关怀和责任伦理,因此应该用合理性补充国际关系理论中关于国家是理性行为体的假设。二、继20世纪80年代西方出现低度人权理论之后,罗尔斯提出生命权、自由权、形式平等权和私有财产权四项基本人权,反映出各国主张在国际人权领域中进行对话的现实及趋势。三、罗尔斯在沃尔泽正义战争思想的基础上探讨了核武器时代的战争伦理,并且把战争的三个阶段也就是战争前、战争中和战争后作为一个整体来看,认为在每个阶段都要尊重人权,而且每个阶段都是息息相关的,都关系到战后能否真正地实现和平,尤其是没有忽视战后正义问题,为今后的正义战争研究指明了新的研究方向。四、罗尔斯的国际政治思想重新唤起了人们对规范理论的关注,无论是对国家还是人权、战争及对外援助问题的探讨,罗尔斯都思考了"应该怎样做的问题"。

罗尔斯国际政治思想的局限在于:一、依据人权划分世界的标准容易导向文明冲突论,试问谁有资格说自己的国家达到了一种足够文明的、理想的状态?罗尔斯最终延续了民主和平论,而没有跳出西方的视野。换言之,将国家改造成万民的做法,不幸成为世界动荡的根源。二、罗尔斯的基本人权思想也带有西方的色彩,而不是坚持人权的特殊性和普遍性的统一。将人权作为处理国家间关系的标准,容易导致人道主义干涉,削弱了罗尔斯对国家合理性利益的论述,没有真正贯彻自由主义的宽容原则;而且在人道主义干涉的权威问题上,将自由人民和合宜人民作为权威的来源,不仅否认了联合国的权威,还有将权力等同于权利之嫌。三、罗尔斯的国际援助义务思想过于保守,而且带有很强的意识形态特点,忽视了全球公共问题领域的兴起及全球治理的可能性。

罗尔斯的国际政治思想也向我们提出了一系列难题。比如,罗尔斯主张国家要追求理性的利益也要追求合理性的利益,但是在强权政治的环境中,国家在对外行为中往往对合理性问题认识不足。另外,无论是论述人权还是战争或者对外援助,都涉及国际层次上的权威问题,也就是谁有资格在什么问题上拥有怎样的权威的问题。权威问题从本质上讲关系到世界的"善治"(good governance)问题。在全球无政府状态下,尽管权威可能会等同于权力,但也可能通过对话和协商解决问题。再比如,罗尔斯对正义战争思想尤其战后正义颇为关注,但实际上许多国家都忽视战后正义。这些都构成了罗尔斯值得研究的思想遗产。

伊曼纽尔·阿德勒国际关系理论研究

范 锐

摘 要 伊曼纽尔·阿德勒是主流建构主义的重要代表。本文以建构主义为理论背景,认为阿德勒思想源于学科内的"多伊奇-哈斯"传统和学科外的非平衡的认知进化论;他国际关系思想的主要内容包括认知进化、认知共同体和安全共同体三个部分。文章对阿德勒思想的主要内容及其意义、价值和缺失进行了评析。

关键词 建构主义 伊曼纽尔·阿德勒 认知进化 认知共同体 安全共同体

伊曼纽尔·阿德勒(Emanuel Adler)是重要的建构主义国际关系学者。① 阿德勒的建构主义理论源于对卡尔·多伊奇(Karl Deutsch)和厄恩斯特·哈斯(Ernst Hass)思想的继承。同时,其他学科如物理学和化学领域的耗散结构理论(dissipative structure theory)、哲学领域的进化认识论(evolutionary epistemology)也为阿德勒提供了描述和解释国际关系变化的理论工具。基于此,阿德勒提出了"认知进化"(cognitive evolution)的概念,用以描绘国际政治中观念的变化塑造利益的发展过程。围绕这一概念,阿德勒等学者构建了认知共同体理论(epistemic community theory),从建构主义的角度出发阐释知识和权力作用下的国际政策协调和多边合作。以此作为理论出发点,阿德勒等学者进行了安全领域的衍生研究,提出了安全共同体理论(security

---

① 关于伊曼纽尔·阿德勒,参见多伦多大学网站的介绍,http://www.chass.utoronto.ca/polsci/faculty_staff/ourfaculty/adler_emanuel.html。

community theory),探讨如何摆脱安全困境,建构区域安全秩序。① 尽

---

① 关于认知共同体和安全共同体的若干研究状况简述如下:
国外对认知共同体理论的关注,主要是将其应用于亚太地区的第二轨道进程研究,参见 Pauline Kerr,"The Security Dialogue in the Asia-Pacific", *The Pacific Review*, 7(4), 1994, pp. 397 – 409; Sheldon W. Simon, *Evaluating Track II Approaches to Security Diplomacy in the Asia Pacific: The CSCAP Experience*, Seattle: National Bureau of Asian Research, 2001;国外对安全共同体理论的关注,主要存在三个研究方向。或与地区主义结合,在安全研究的大背景下进行分析和评价,参见 David A. Lake and Patrick M. Morgan, *Regional Orders: Building Security in a New World*, University Park, PA: The Pennsylvania State University Press, 1997; Keith Krause and Michael Willams (eds.), *Critical Security Studies: Concepts and Cases*, Minneapolic Minn.: University of Minnesota Press, 1997; Bill McSweeney, *Security, Identity and Interests: A Sociology of International Relations*, Cambridge: Cambridge University Press, 1999; Björn Hettne, András Inotai and Osvaldo Sunkel (eds.), *Comparing Regionalism: Implications for Global Development*, Houndmills: Palgrave, 2001. 或以之为理论起点,进行不同地区的实证案例研究,参见阿米塔·阿查亚,《建构安全共同体:东盟与地区秩序》,王正毅、冯怀信译,上海:上海人民出版社 2004 年版; Thomas Risse-Kappen, "Collective Identity in a Democratic Community: The Case of NATO", in Peter J. Katzenstein (eds.), *The Culture of National Security: Norms and Identity in World Politics*, New York: Columbia University Press, 1996, pp. 357 – 399; Michael Barnett, *Dialogue in Arab Politics: Negotiations in Regional Order*, New York: Columbia University Press, 1998. 或加以提炼,用以论证民主和平论的合理性,参见 Harvey Starr, "Democracy and War: Choice, Learning and Security Communities", *Journal of Peace Research*, 29(2), 1992, pp. 207 – 213; Wolfgang Wagner, "Building an Internal Security Community: The Democratic Peace and the Politics of Extradition in Western Europe", *Journal of Peace Research*, 40(6), 2003, pp. 695 – 712.
国内对认知共同体理论和安全共同体理论的关注,主要存在两个研究方向。或进行述评,参见曹云华、周玉渊:"知识共同体方法及其局限性",《河南社会科学》2009 年第 2 期,第 123—126 页;郭树勇,"建构主义的'共同体和平论'",《欧洲研究》2001 年第 2 期,第 18—25 页;袁正清,"从安全困境到安全共同体:建构主义的解析",《欧洲研究》2003 年第 4 期,第 38—50 页;郑先武,"'安全共同体'理论探微",《现代国际关系》2004 年第 2 期,第 55—61 页。或应用于亚太地区及其他实证案例研究,参见喻常森,"认知共同体与亚太地区第二轨道外交",《世界经济与政治》2007 年第 11 期,第 33—39 页;魏玲,"第二轨道进程:规范结构与共同体建设",外交学院博士生毕业论文;范菊华,"'认识共同体'与全球气候制度",《国际观察》2006 年第 3 期,第 30—35 页;郑先武,"东盟'安全共同体':从理论到实践",《东南亚研究》2004 年第 1 期,第 26—32 页;郑先武,"'安全共同体'理论和东盟的实践",《世界经济与政治》2004 年第 5 期,第 20—25 页;郑先武,"东南亚安全区域主义:历史与现实",《现代国际关系》2006 年第 3 期,第 46—53 页;郑先武,"'东亚共同体'愿景的虚幻性析论",《现代国际关系》2007 年第 4 期,第 53—60 页;张志刚,"建构中的东盟安全共同体:一种建构主义的视角",《国际论坛》2005 年第 3 期,第 33—37 页。

管学术界对于建构主义流派有许多研究[①]，但阿德勒的思想却至今没有在建构主义的框架下得到全面和系统的梳理。本文以建构主义为理论背景，以阿德勒国际关系著作的解读为出发点，追溯阿德勒思想的渊源，阐述阿德勒思想的主要内容，评析阿德勒思想的优点与不足，以期获得对阿德勒建构主义国际关系理论的整体印象。

一、阿德勒国际关系理论的思想渊源

（一）建构主义中的"多伊奇-哈斯"传统

建构主义直接从国际关系理论中吸取了营养，其主要的借鉴就包括交流沟通理论和新功能主义。[②] 而共同体理论和新功能主义对建构主义产生学理上影响的主要途径是国际关系学者的代际传承和推陈出新，这是建立在这些学者职业上的相关性和专业上的相近性的基础上的：职业上的相关性使得这些学者有机会一起共事；专业上的相关性使得这些学者的思想极其容易地在相互之间流动。

作为建构主义传统中方法论研究的领军人物，海沃德·阿尔克（Hayward Alker）是多伊奇的学生，两人曾长期共事；多伊奇的另一位学生彼得·卡赞斯坦（Peter Katzenstein）则建立了单位层次的建构主义理论，充实了建构主义的安全文化研究；而卡赞斯坦的学生中又产生了一批重要的建构主义学者，包括奥迪·克劳茨（Audie Klotz）、理查德·普赖斯（Richard Price）、克里斯琴·勒-斯密特（Christian Reus-Smit）和妮娜·泰勒沃德（Nina Tannenwald）；明尼苏达建构主义学派的奠基人雷蒙·杜瓦尔（Raymond Duvall）与多伊奇的同事布鲁斯·拉塞特（Bruce Russett）长期合作，而前者则是亚历山大·温特（Alexander Wendt）、迈克尔·巴内特（Michael Barnett）、罗克珊·多蒂

---

① 关于建构主义的流派，西方学者的划分方法较为多样，参见袁正清，《国际政治理论的社会学转向：建构主义研究》，上海：上海人民出版社，2005 年版，第 37—42 页；Samuel Barkin, "Realist Constructivism", *International Studies Review*, 5(3), 2003, pp. 325 - 342; Samuel Barkin, "Realist Constructivism and Realist-Constructivisms", *International Studies Review*, 6(2), 2004, pp. 348 - 352. 中国学者则倾向于将其分为主流建构主义和激进建构主义，参见：郭树勇，《建构主义与国际政治》，北京：长征出版社 2001 年版，第 83—86 页。

② 秦亚青主编，《文化与国际社会：建构主义国际关系理论研究》，北京：世界知识出版社 2006 年版，第 15—18 页。

(Roxanne Doty)和尤塔·韦尔兹(Jutta Weldes)的导师;建构主义的另一位重要代表尼古拉斯·奥勒夫(Nicholas Onuf)曾追随多伊奇在耶鲁大学学习多年,后来又与建构主义学者弗里德里希·克拉托奇维尔(Friedrich Kratochwil)在乔治顿大学共事,并保持数十年的交流。

阿尔克曾表示,正是由于在哈斯的联大集体安全体系研究项目的推动下,他才在1968年开始了关于联大投票模型的实证研究。建构主义的重要代表约翰·鲁杰(John Ruggie)也师从哈斯,当20世纪80年代哈斯提出基于学习和认同的国际合作的社会学研究方法时,鲁杰便也从米歇尔·福柯(Michael Foucault)那里借用了"知识(episteme)"的概念。从1986年开始,鲁杰又与克拉托奇维尔共同合作,在国际机制和建构主义方面取得出巨大成就。本文的主角阿德勒师从哈斯,在哈斯的影响下,阿德勒和彼得·哈斯(Peter Haas)提出了行为体层面的建构主义——认知共同体理论。阿德勒又借用了哈斯的理论,提出了认知进化的概念。①

可以看出,师承或同事关系,使得这些国际关系学者可以持续地在其专业学术群体内部进行基于职业和专业基础上的交流和沟通,并通过相互学习实现规范性信念和因果性观念的流动和转移,从而促进共享知识和集体认同的出现。通过这一途径,多伊奇和哈斯的思想对阿德勒的建构主义国际关系理论产生了重要影响。

多伊奇的安全共同体理论是建构主义安全共同体理论的出发点。首先,就研究的目的来看,都旨在探寻消除战争、实现和平的途径,因而都强调成员拥有对和平变化的稳定预期是安全共同体的主要特征;其次,就研究的内核来看,都认为安全共同体的核心在于沟通交往,因而都强调共有知识、观念和厚重的规范环境;就研究的侧重来看,都着重研究多元安全共同体的建构、维系和解体。

哈斯的新功能主义继承了早期功能主义对于合作过程社会化的阐述,将其合作行为和学习过程从低级政治领域扩展到高级政治领域,尤其重视政治精英的态度、信念、价值的作用,因而也对建构主义理论产

---

① Emanuel Adler, "Constructivism and International Relations", in Walter Carlsnaes, Thomas Risse and Beth A. Simmons (eds.), *Handbook of International Relation*, London: SAGE, 2002, pp. 99-100; Emanuel Adler, "Preface and Acknowledgements", in Emanuel Adler, *Communitarian International Relations: The Epistemic Foundations of International Relations*, New York: Routledge, 2005, pp. XV-XVII;倪世雄等,《当代西方国际关系理论》,上海:复旦大学出版社2001年版,第101页。

生了重要的影响。① 首先,新功能主义所强调的多元主义和多层政治互动是认知共同体运行并发挥作用的隐含前提;其次,他们都极为重视政治精英和知识精英的作用;最后,阿德勒直接借鉴哈斯的"进化认识论"思想,提出了"认知进化"的概念。

上述影响的表现,我们可以称之为建构主义中的"多伊奇-哈斯"传统(the Deustch-Hass Tradition of Constructivism)。② 该传统具有两个方面的显著特征:一方面,就研究内核来看,强调沟通交往基础上的学习,强调学习基础上的认识,强调认知改变利益和行为;另一方面,就研究框架来看,强调多层次互动基础上的地区共同体或地区一体化。

(二) 国际关系:非平衡的认知进化

伊利亚·普里高津(Ilya Prigogine)的非平衡理论(Non-equilibrium Theory)包含两个核心概念:耗散结构(dissipative structure)和波动产生秩序(order through fluctuations)。耗散结构是指一个远离平衡状态的开放系统,由于不断和外部环境交换能量、物质和熵(entropy)而能继续维持平衡。以城市作为一个体系为例,该城市在规模和负荷上的增长使得它需要从周围的环境中吸取能量和物质以弥补损失,否则难以维系。因此,该城市体系的波动就会消散到环境中,而环境又会弥补这种消散。波动产生秩序指的是这样一种周期性过程:耗散结构通过与环境的能量交换关系来保持其能力,在这一过程中,如果熵变遭到抑制,原有的机制就会转变成新的机制。从微观层面来说,与整个系统相比,波动的作用很小,甚至可以忽视,然而一旦不稳定接近临界点时,波动就会起到重大的作用,推动体系的变化;从宏观层面来说,它描述了系统如何形成新的结构-功能秩序,这一过程既是非决定

---

① 秦亚青主编,《文化与国际社会:建构主义国际关系理论研究》,第 16—17 页。
② 阿德勒认为:"卡尔·多伊奇和厄恩斯特·哈斯是建构主义中现代主义流派的先导"(Karl Deutsch and Ernst Hass anticipated modernist constructivism);奥利·维夫则认为:"(阿德勒和巴内特的安全共同体研究)是建构主义的——是一种重新建构的、建构主义式的多伊奇主义"(The approach in this book is generally constructivist—a reconstructed, constructivist Deutschianism)。因此,我们使用了建构主义中的"多伊奇-哈斯"传统来描述从多伊奇、哈斯到阿德勒的建构主义理论发展路径。参见 Emanuel Adler, "Constructivism and International Relations", p. 99; Ole Wæver, "Insecurity, Security, and Asecurity in the West European Non-war Community", in Emanuel Adler and Michael Barnett (eds.), *Security Communities*, Cambridge: Cambridge University Press, 1998, p. 105.

性的,因为波动是随机的;也是决定性的,因为变化是绝对的。①

非平衡理论在国际关系理论中的应用,使得后者更加注重学习和变化。一方面,波动产生于行为体层面人类的行为。因此,研究国际关系中变化的根源应将注意力放在外交政策、外交决策、行为体知觉、意象、预期和相关的社会性质上,这是波动原因中的熵产生(dis);同时,还应当关注物质环境和社会环境是如何影响互动模式的自我改变的,这是波动原因中的熵流(des)。② 作为耗散结构的国际体系在两种情况下会发生改变:波动非常巨大,就足以使国际体系发生革命性的变化,如世界大战;系统在持续波动积累的影响下处于变化的边缘时,很小的波动也会使整个国际体系改变,如小国扮演的与其地位不相称的改变国际体系的重要作用。但总的来说,不稳定的临界点,或者说系统转变的门槛是认知的:当变化影响到行为体之间的关系,使得他们持续地意识到需要一种新的关系、组织和方式来分配社会内和社会间的价值时,认知门槛就出现了。

另一方面,波动产生秩序意味着决策者及其顾问思想的变化会产生政治、社会、机制的创新,并最终导致新的体系的出现。在这里,熵产生指的是体系内源于行为体的决策、行为和偶然性(chance)的波动:前者意指波动产生于行为体对其行为的结果缺乏绝对的控制,也指决策者学习和获得新的信息,因而产生新的决策和行为;后者指的是出乎意料的事件或系列事件。而熵流指的是系统与外界交换物质和能量引起的波动,进而引起行为体的学习。学习过程可以分为两种类型:水平学习(horizontal-learning)和垂直学习(vertical-learning);前者发生于两个认知结构之间,后者发生于同一认知结构内部。因为体系的革命性变化是质变,是非常态;临界点以下的积累变化是量变,是常态,所以作为控制波动使其处于临界点以下的系统机制,同流(homeorhesis)和恢

---

① Emanuel Adler, "From Being to Becoming: Cognitive Evolution and a Theory of Non-equilibrium in International Relations", in Emanuel Adler, *Communitarian International Relations: The Epistemic Foundations of International Relations*, pp. 40 – 42.

② 普里高津认为一个开放系统的熵的变化(ds)可以分为两部分:一部分是系统本身由不可逆过程引起熵的增加,叫做熵产生(dis),另一部分是系统与外界交换物质和能量引起的熵流(des),可以表示为:ds = dis+des。这里 dis 永远为正值,des 却不确定。如果负熵流的绝对值大于熵产生时,熵的变化就会为负值。随着时间的推移,系统的熵则可以逐渐减小,这样系统就由无序状态转化为有序状态。可见系统是通过负熵流来抵消熵产生,从而保证无序向有序的转化,而负熵流则是转换的决定性动力。参见钟月明,"普里高津和耗散结构理论",《广西师范大学学报》(哲学社会科学版)1987 年第 2 期,第 50 页。

复力(resilience)的研究就十分重要了。①

进化认识论是一个新的西方认识论派别。作为一门交叉或边缘学科,它以人类认识能力和人类知识作为研究对象,把认识能力和知识看成是一个变化着的动态过程。进化认识论本质上使用生物进化论观点去分析研究认识论问题。它主张,必须把认识和知识放在人类这种有机体的进化与不断发展中去理解,人类与其他有机体的区别就在于人能够借助知识的力量更加有效地在同环境的斗争中生存下来,并不断发展;知识本身是以变异和选择为特征的进化过程的产物,无论是系统发育还是个体发育,知识的发生和发展与生物的进化都是类同的;选择是实现知识进化的基本机制,而选择的标准则是多样的。②

哈斯首先将进化认识论应用于国际关系中的机制研究。他认为,导致生物适应的生物进化过程同样会导致国际机制理论的认知融合。进化认识论意味着机制研究不仅仅是将国际合作作为政治现象进行研究,还是政治人(homo politicus)与自然和文化互动的理解方式。机制研究表明,过去和将来的国际合作的选择范围是处于变化的自我理解的背景之中的,合作的政治随着意识的进化而进化。进化的核心是概念学习,既是建立综合认知的过程,也是否定确定性的过程。概念学习的对象是联系的共识,而非最终的现实,因此,进化认识论中的学习必须是开放的、非特定的和不可预测的。

概言之,在哈斯看来,进化认识论意指政治是一个历史过程,这一过程的变化既有物质的变化,也有意义的变化。将进化思想应用于国际机制的研究,哈斯认为重点应该放在学习和对政治决策的集体认识上。学习是一个创造性的过程,个体或组织重新评价因果关系,形成新的对社会世界的认识,这些新的认识又被注入历史过程,影响政治行为和事件。③

非平衡理论和进化认识论塑造了阿德勒对国际关系本质的看法,

---

① Emanuel Adler, "From Being to Becoming: Cognitive Evolution and a Theory of Non-equilibrium in International Relations", pp. 43 – 48.

② 何云峰、金顺尧,"关于进化认识论的研究",《浙江社会科学》1998年第5期,第78—82页;何云峰,"进化认识论的兴起和演化",《自然辩证法通讯》2001年第1期,第30—37、54页;何云峰,《从普遍进化到知识进化:关于进化认识论的研究》,上海:上海教育出版社2001年版,第1—30页。

③ Ernst Haas, "Words can Hurt You; or, Who Said What to Whom about Regimes", International Organization, 36(2), 1982, pp. 207 – 243.

即非平衡的认知进化:从宏观层面来看,这意味着国际关系是非平衡的历史进程,其进化机制是波动产生秩序;从微观层面来看,这意味着个体或集体的学习产生认知进化,其进化机制是波动。

二、阿德勒国际关系理论的主要内容

(一) 认知进化

一方面,普里高津非平衡理论所强调的生成概念深深地影响着阿德勒,使其极为重视国际关系中的学习和变化,而对传统国际关系理论过于强调物质和存在的状况感到不满;另一方面,基于哲学和心理学领域的研究以及哈斯的开创性努力,阿德勒形成了自己对进化认识论的看法:它们构成解释性实践、集体意义和理解,这些既不是先验正当的,也不是先验真实的,而是在某一特定时间、特定地点人类理解的集体表达中进化,最终由权威过程进行选择。①

认知进化理论包含三个前提假设。首先,阿德勒廓清了进化的含义。他认为,国际关系中的进化概念是一种隐喻的运用,其目的在于从其他学科的进化理论中吸取启发式的观点,与国际关系本学科的知识相结合,从而加深我们对国际政治的理解。第一,进化的主体是认知、观念和知识,它们与政治相关,且逐渐改变人们、人们的互动和人们的环境。第二,进化过程的最重要特征是重叠(overlap)。与范式不可通约不同,认知之间相互竞争的结果不是革命性的替代,而是动态的共存和重叠。从更深层意义上说,它表示认知发展是开放式的,决定于过去的经验、将来的意象和现在的决策。第三,进化产生了复杂性(complexity)的结果。复杂性并非指客观世界的复杂,而是指人们认知意象的复杂,它包括情景性复杂和分析性复杂,前者指决策者被动地意识到许多相互关联的因素决定了行动的过程,后者指知识精英主动地选择拥有不同复杂性的变量组。② 其次,阿德勒认为认知进化的发展路径

---

① Emanuel Adler, "Cognitive Evolution: A Dynamic Approach for the Study of International Relations and Their Progress", in Emanuel Adler and Beverly Crawford (eds.), *Progress in Postwar International Relations*, New York: Columbia University Press, 1991, pp. 46 – 50.

② Emanuel Adler, "From Being to Becoming: Cognitive Evolution and a Theory of Non-equilibrium in International Relations", pp. 56 – 61.

是沟通和扩散,就整体而言则是学习的过程:新的环境信息、新的因果联系和新的方式目标联系促使知识精英、官僚机构、政治生活中产生新的对于现实的认识和理解;这些新的认知被个人和机制引入政治体系,最终为决策者接受,并改变决策者的利益、能力和改变行动的意愿。最后,为了说明预期和价值在国家和国际两个层面的选择、保留和传播,阿德勒借用了罗伯特·普特南(Robert Putnam)"双层游戏"(two-level game)的概念①,将之应用于认知进化。阿德勒认为,国内层面指的就是预期和价值通过与其有利害关系的政治团体的积极政治参与进入政治过程,重新界定国家的利益,并作为概念性和规范性的因素输出到国际层面;国际层面指的是政府转化国内政治过程中的预期和价值,作为其国际行为的依据。②

阿德勒认为,认知进化意指主要发生在机制环境内部或机制环境之间的创新和政治选择的过程,这一过程产生了可以界定政府利益的客观集体认识。认知进化路径需要新的或变化的观念的沟通和扩散,需要政治集团、政治机制和其他的利益集团作出政治决策,通过他们运用权力推行政治决策。认知进化具有政治相关性和历史不可逆性。认知进化中,危机起到了认知冲击(cognitive punch)的重要作用。

具体而言,认知进化包含三个过程。

第一,创新(innovation),意指新的期望和价值产生,并成为机制内的集体认知。创新不是盲目的,而是预先选定的,因为它必须符合选择的标准,即实用性、适时性和个体推动选择变化的能力。个体创造力固然重要,然而更重要的是对这些新的意义和理解的共享。认知共同体在创新过程中,尤其是与技术知识相关的问题领域中,起到了重要的作用。

第二,选择(selection),意指在国内和国际层面,决定哪种政策可以有效应用,哪种预期和价值可以禁得住政治检验的政治过程,决策者扮演裁判的角色。选择的过程需要用多元主义的目光重新审视国家的概念和机制的作用。

第三,扩散(diffusion),意指期望和价值的跨国传播。传播的途径

---

① Robert Putnam, "Diplomacy and Domestic Politics: The Logic of Two-level Games", *International Organization*, 42(3), 1988, pp. 427 – 460.

② Emanuel Adler, "From Being to Becoming: Cognitive Evolution and a Theory of Non-equilibrium in International Relations", pp. 50 – 51.

即互动性学习(interactive learning)。① 通过互动性学习,不同的国家加强了相互之间多领域的交往和沟通,协调和共享其预期和价值,最终形成国际集体共识。阿德勒认为,这种国际集体共识一经形成,就成为国际认知结构(international cognitive structure):认知结构产生依据,确认相符认知的合法性,排斥相异认知;认知结构,如同科学范式一样,可以限定和约束人们的是非观念、人们的关注焦点和人们的期望,不同的认知结构可以共存和竞争,而权力是决定竞争结果的重要因素;认知结构,如温特所提倡的科学实在论(scientific realism)所描述的那样②,难以观察却产生可观察的结果,因而是实在的;认知结构组织而非限制行为体的行为,因而是一种相对控制;认知结构是生成性的,因为它们生成外交政策。

认知进化可以定位为结构化理论(structuration),因为在国内和国际层面,机制行为体在影响集体认同方面都起到了很重要的作用,而这些集体认同反过来帮助组织这些机制的关系和行为。作为结构化理论的认知进化包含三个方面的内涵。第一,该理论处理了行为体-结构问题中的两部分。在国家层面,机制是行为体,跨机制是结构,在国际层面,国家是行为体,跨国是结构。第二,该理论中的结构并不生成行为体及其行为。当它们成为国际政治议程和协商过程的一部分时,它们就获得了因果效力。第三,行为体和结构相互构成。通过政治过程,行为体引入创新,随后,这些创新对于国家行为体的动机和行为就有了组织效果。换句话说,该理论中的结构是历史进程的一部分,解释但并不完全决定行为。因此,认知进化不必同时处理结构和历史,因为在它看来历史和结构是互补的。③

(二) 认知共同体

认知共同体思想与知识社会学(sociology of knowledge)有着千丝

---

① Robert Legvold, "War, Weapons, and Soviet Foreign Policy", in Seweryn Bialer and Michael Mandelbaum (eds.), *Gorbachev's Russia and American Foreign Policy*, Boulder Colo.: Westview, 1998, pp. 120 – 125.

② Alexander Wendt, "The Agent-Structure Problem in International Relations Theory", *International Organization*, 41(3), 1987, pp. 350 – 355;亚历山大·温特,《国际政治的社会理论》,秦亚青译,上海:上海人民出版社,2001年版,第61—118页。

③ Emanuel Adler, "From Being to Becoming: Cognitive Evolution and a Theory of Non-equilibrium in International Relations", pp. 54 – 60.

万缕的联系。福柯"知识"(episteme)的概念,博卡特·霍尔泽(Burkart Holzner)和约翰·马克斯(John Max)对作为知识产生和应用背景的社会结构是如何影响其应用的探讨,以及迪亚拉·克兰(Diana Crane)确认科学家中的社会网络和科学增长的社会过程的尝试,都对认知共同体思想产生了重要的影响。①

国际关系领域中的早期认知共同体研究始于鲁杰。1972年,鲁杰将认知共同体引入国际关系领域。他认为认知共同体由某一知识领域相互联系的角色组成,认知共同体界定了其成员,建构了特定事实。认知共同体产生于国家公共权威在国际上的代表角色,确定了新形势下集体反应的行为准则。② 20世纪80年代,彼得·哈斯关于地中海行动计划(Mediterranean Action Plan)的案例研究和阿德勒对巴西、阿根廷两国追求技术自主的比较案例研究都表明,专家群体涉政,在改变国家的国内外政策方面,有着极高的效率。③

鲁杰之后,认知共同体的概念在国际关系理论中一直很少受到关注。直到20世纪80年代末90年代初,认知共同体理论重新进入国际关系理论学者的视野,一个重要的标志就是《国际组织》杂志由彼得·哈斯主编的一期特刊——《知识、权力和国际政策协调》。他们认为认知共同体理论应具有与传统的新现实主义、新自由制度主义在解释国

---

① Michel Foulcault, *The Order of Things: An Archaeology of the Human Sceiences*, New York: Vintage Books, 1973; Burkart Holzner and John Max, *Knowledge Application: The Knowledge System in Society*, Boston: Allyn & Bacon, 1979; Diana Crane, *Invisible Colleges: Diffusion of Knowledge in Scientific Communities*, Chicago: University of Chicago Press, 1972.

② John Ruggie, "Collective Goods and Future International Collaboration", *American Political Science Review*, 66(3), 1972, pp. 874 – 893; John Ruggie, "International Response to Technology: Concepts and Trends", *International Organization*, 29(3), 1975, pp. 569 – 570.

③ Peter Haas, "Do Regimes Matter? Epistemic Communities and Mediterranean Pollution Control", *International Organization*, 43(3), 1989, pp. 377 – 403; Emanuel Adler, *The Power of Ideology: The Quest for Technological Autonomy in Argentina and Brazil*, Berkeley: University of California Press, 1987; Emanuel Adler, "Ideological Guerrillas and the Quest for Technological Autonomy: Brazil's Domestic Computer Industry", *International Organization*, 40(3), 1986, pp. 673 – 705; Emanuel Adler, "State Institutions, Ideology, and Autonomous Technological Development: Computers and Nuclear Energy in Argentina and Brazil", *Latin American Research Review*, 23(2), 1988, pp. 59 – 90.

际政策协调和国际合作方面具有同等重要的地位。①

认知共同体指的是某一领域中具有被人们普遍认可的技术和能力的职业群体,在与该领域的决策相关的知识方面,他们具有权威性。尽管认知共同体可由来自不同学科领域的专家组成,但是他们需要具有如下特征:第一,一套共享的规范和原则信念,提供共同体成员社会行为的价值基础;第二,共享的因果信念,来源于他们对相关领域实践的分析,并用来阐述可能的政策行动与预期的结果之间的多样联系;第三,共享的有效性观念,即在其专业领域,共同体内部拥有的主体间性的衡量和认可相关知识的标准;第四,共同的政策活动,即假定出于促进人类福利的目的,他们在专业知识指向的问题领域内中有着共同的实践。②

认知共同体的动力机制是不确定性(uncertainty)、阐释(interpretation)和制度化(institutionalization)。国际政策协调中的不确定性表现为国家相互之间政策选择的严重依赖,表现为国家行为结果的多样性和难以预测性。不确定性刺激了对信息的需要;信息是对社会或物质过程、社会或物质过程与其他过程的关系,需要应用专业科技知识的行为的可能结果的描述。因此信息是人类对社会和物质现象进行阐释的产物。随着对信息需求的增加,能够产生和提供信息的专家网络就会产生和扩散。占主导地位的专家网络就会成为国家和跨国层面上的强有力的行为体,因为决策者会从它那里获得经它阐释的信息,并赋予它相应的责任。当一个认知共同体的阐释权稳固后,就会将它的影响制度化,从而对国际政治发挥影响。跨国认知共同体可以直接或间接地影响国家利益:他们可以直接向决策者确认国家利益,也可以划出问题的范围,使决策者能从中推演出国家利益。一国决策者随后可以影响别国的利益和行为,从而增加国家行为汇集和国际政策协调的可能性。他们还可以通过建立并维持社会制度来引导国际行为。作为机制持续影响的结果,某一领域中确立的合作模式可以一直持续下去,即使体系力量不足以推动国家协调其行为。③

---

① 曹云华、周玉渊,"知识共同体方法及其局限性",《河南社会科学》2009 年第 2 期,第 123 页。

② Peter Haas, "Introduction: Epistemic Communities and International Policy Coordination", *International Organization*, 46(1), 1992, p.3.

③ Peter Haas, "Introduction: Epistemic Communities and International Policy Coordination", pp.3-4;魏玲,《第二轨道进程:规范结构与共同体建设》,第 46 页。

阿德勒认为,认知共同体影响政策进化包括四个步骤。

第一,政策创新(policy innovation)。在政策创新中,认知共同体的作用表现在三个方面:界定围绕某一事项的政治争论的范围;界定国家利益;设置标准。

第二,政策扩散(policy diffusion)。在国内和国际层面,认知共同体通过参与和沟通,扩散政策建议,施加协作压力,帮助政府重新界定预期、达成共识、协调行为;案例研究表明,政策扩散的途径是多样的。认知共同体通过扩散观念和影响行为体立场,在政策协调中发挥着直接或间接的作用。

第三,政策选择(policy selection)。在决策者从认知共同体那寻求和使用建议的过程中,政治因素和相关考虑起到了重要作用,而认知共同体的作用是工具性的。

第四,政策持续(policy persistence)。认知共同体制度化的短期途径是,其成员进入决策过程,依靠自身的能力获得管理和决策责任,进而劝说别人接受其研究的正确性;认知共同体制度化的长期途径是社会化。认知共同体的影响能够持续多久,决定因素是其成员达成共识的程度。[1]

就理论的定位来说,认知共同体研究包含三个方面的主要特征。第一,认知共同体研究是对国际关系中缺乏反思主义研究的回应。[2]它不仅提出了"可以阐释国际政治中重要问题的特定研究",还提供了可以实证检验国际关系中观念作用的研究框架;第二,认知共同体研究在方法论上是多元主义的[3],即试图沟通经验实证(positivist-empirical)和相对阐释(relativist-interpretive)研究;第三,认知共同体研究建立在对传统国际关系理论扬弃的基础上。[4]

---

[1] Emanuel Adler and Peter Haas, "Conclusion: Epistemic Communities, World Order, and the Creation of a Reflective Research Program", *International Organization*, 46(1), 1992, pp. 372–385.

[2] Robert Keohane, "International Institutions: Two Approaches", *International Studies Quarterly*, 32(4), 1988, pp. 379–396.

[3] Yosef Lapid, "The Third Debate: On the Prospects of International Theory in a Post-Positivist Era", *International Studies Quarterly*, 33(3), 1989, pp. 235–254.

[4] Emanuel Adler and Peter Haas, "Conclusion: Epistemic Communities, World Order, and the Creation of a Reflective Research Program", pp. 367–371.

(三) 安全共同体

在简要评述多伊奇研究的价值和问题后[①]，阿德勒和巴内特集中关注多元安全共同体。多元安全共同体是由主权国家组成的跨国地区，这些国家的人们保持和平变化的稳定预期。根据信任的深度、治理体系的性质和制度化的程度、外部环境是正式的无政府状态还是变化的边缘，多元安全共同体可区分为松散的和紧密的两种类型。在松散的安全共同体内，由于其成员拥有相同的意图和认同结构，所以他们认为其他成员不会有好战行为，而他们自己也始终保持着克制。紧密的安全共同体在两个方面有着更高的要求：一是拥有一个"互助"的社会，在其中建构起集体的体系安排；二是某种后主权体系，拥有共同的超国家、跨国家和国家制度以及某种形式的集体安全体系。

阿德勒和巴内特认为共同体具有三个主要特点：第一，共同体成员共享认同、价值和意义；第二，共同体成员有着多方面的直接的关系，互动不仅间接地发生于特定和孤立的领域，而且在无数环境中通过直接的接触发生关系；第三，共同体展现出互惠性，表现出某种程度的长期利益，甚至是利他。[②]

阿德勒和巴内特具体阐述了共同体涉及的五个问题。第一，共同体与社会。与费迪南德·滕尼斯（Ferdinand Tonnies）的区分不同[③]，共同体（community）与社会（society）的区别，不在于是否有自利行为，而在于扩散互利的程度和行为体利益可互换的程度。换言之，虽然安全共同体内的国家有可能成为对手，但是他们不再将暴力视为解决冲突的唯一手段。第二，共同体存在的地理区域。共同体可以存在于国际层面，甚至是不接壤的国家之间。第三，和平变化的稳定预期。厚重的社会环境和国家间互动能够改变国家的认同和利益，从而产生和平变化的稳定预期，因此安全共同体可以在缺乏发展良好的战略联系或

---

① Emanuel Adler and Michael Barnett, "Security Communities in Theoretical Perspectives", in Emanuel Adler and Michael Barnett (eds.), *Security Communities*, Cambridge: Cambridge University Press, 1998, pp. 6 – 9.

② Michael Taylor, *Community, Anarchy, and Liberty*, New York: Cambridge University Press, 1982, pp. 25 – 33; Charles Tilly, "International Communities, Secure or Otherwise", in Emanuel Adler and Michael Barnett (eds.), *Security Communities*, pp. 397 – 412.

③ 周晓红，《西方社会学：历史与体系》（第 1 卷），上海：上海人民出版社 2002 年版，第 290—297 页。

正式联盟的情况下存在,只要有暗含的或正式的规范性禁令阻止国家以军事手段解决冲突。第四,安全共同体的政治结构。安全共同体不仅依赖于国家的对外认同和相关行为,而且依赖于国家的国内特征和实践,即国家治理其国内政治的方式也要与共同体保持极大的一致性。第五,成员国与共同体的关系。虽然安全共同体并没有侵蚀或取代国家,但是安全共同体越向紧密型发展,国家角色的改变就越大——从有限的"国家产品的保护者"向促进共同体多样需求的行为体扩展。①

阿德勒和巴内特以"三级阶梯"(three tiers)来解释促进和平变化产生的因素和安全共同体生成的过程。②

第一级阶梯是基础条件(precipitating conditions),包括科技、人口、经济与环境中的变化、社会现实新解释的发展以及外在威胁等。这些因素促进国家扩大面对面的互动、对话和政策协调。

第二级阶梯是有助于相互信任和集体认同发展的因素,包括结构变量(structure variables)与过程变量(process variables):前者包含权力、知识;后者包含交往、国际组织和制度、社会学习。

权力是"磁铁",强国拥有积极的安全意象和强大的物质过程,安全共同体围绕强国形成;知识意指有助于相互信任和集体认同发展的认知结构,自由民主、市场价值对安全共同体形成有着重要的推动作用。交往是行为体间多种类型的有限沟通。交往的强度和广度可以用"交往密度"的概念加以衡量;交往密度可以产生和改变社会事实③;国际组织和国际制度有助于互信和共享认同的形成;社会学习意指新的因果和规范知识促使人们重新界定和阐释社会现实的积极过程④,社会学习对安全共同体的形成有着决定性的作用。

第三级阶梯是和平变化稳定预期的必要条件,包括相互信任(mutual trust)和集体认同(collective identity),二者相互促进,相互加强。

在安全共同体的建构过程中,和平变化的稳定预期意味着,国家不

---

① Emanuel Adler and Michael Barnett, "A Framework for the Study of Security Communities", in Emanuel Adler and Michael Barnett (eds.), *Security Communities*, pp. 30 – 37.

② 郑先武,"'安全共同体'理论探微",第58页。

③ 埃米尔·涂尔干,《社会分工论》,渠东译,北京:三联书店2000年版;John Ruggie, "Continuity and Transformation in the World Polity: Toward a Neorealist Synthesis", *World Politics*, 35(2), 1983, p. 148.

④ Emanuel Adler, "Cognitive Evolution: A Dynamic Approach for the Study of International Relations and Their Progress", p. 52.

再依赖于具体的国际组织,而通过相互间的知识和信念来保持信任;以行为体间相互交往产生的关系来界定的认同可以限制共同体内国家的权力,也可以赋予他们行动的力量,并有助于形成共同反应。①

阿德勒和巴内特将安全共同体的发展过程分为三个阶段,其本质在于一体化过程中治理体系的进化。②

第一,创始(nascent)。国家并不明确寻求建立安全共同体,而是开始思考如何协调相互关系,以确保相互安全、降低交往代价、促进交流和互动。通常,国家会通过创建第三方,即组织和制度,来实现上述目的。

第二,上升(ascendent)。这一阶段的主要标志有:日益密集的网络,反映紧密军事协调和合作的新制度和组织,促进联合行动的认知结构,互信程度的深化,和平变化的稳定预期的集体认同的出现。而核心国家或国家联盟在这一阶段同样发挥着重要的作用。

第三,成熟(mature)。随着上述预期在国内和国际层面的制度化的不断加深,战争的可能性不断减小,而行为体共享认同,持有和平变化的稳定预期则标志着安全共同体的形成:成员国越来越难以将战争视为处理相互关系的工具。

阿德勒和巴内特的安全共同体研究具有两个方面的理论特色。一是社会建构主义(social constructivism)。安全共同体是社会建构的,这意味着安全共同体有着自己的历史,并呈现出随着时间而发展的进化模式。建构主义的介入,极大地改变了安全共同体研究的语境。③二是路径依赖(path-dependent)。路径依赖的特点是自我加强的积极反馈。最初的选择常常是小的和随机的,但却决定了未来的历史轨迹。一旦一条特定路径被选定,它就会排除其他路径,即使这些路径从长远来看是有效的或适合的。④ 个人和社会组织坚持最初的选择,因为他们从过去的决策中获益,并对之产生认同,也因为随着时间的发展,改

---

① Emanuel Adler and Michael Barnett, "A Framework for the Study of Security Communities", pp. 37 – 48.

② Cornelia Beyer, "A Presentation of Emanuel Adler's Concepts of Integration", *Alternatives*: *Turkish Journal of International Relations*, 4(3), 2005, pp. 1 – 20.

③ 郑先武,"'安全共同体'理论探微",第59页。

④ Stephen Krasner, "Sovereignty: An Institutional Perspective", *Comparative Political Studies*, 21(1), 1988, p. 83.

变路径的代价会越来越大。①

三、阿德勒国际关系理论的评析

阿德勒的建构主义思想以认知进化为核心,推演出认知共同体和安全共同体研究,具有重要的意义和价值。

从理论本身来看,阿德勒的建构主义理论最大的特点在于,他独特地将元理论、理论、实证研究和政策建议结合在一起。② 就元理论而言,阿德勒的思想是中间立场的建构主义(middle ground Constructivism)③,是现代主义流派的建构主义(modernist Constructivism)④,也是国际关系实践中的规范社群主义(normative communitarian of practice IR)。⑤ 就理论而言,无论是认知进化、认知共同体还是安全共同体,都体现了建构主义中的"多伊奇-哈斯"传统,都反映了阿德勒对国际关系本质的看法。就实证研究而言,每一种理论的提出,都因相应的实证案例研究而得到了极大的巩固,其说服力和实证应用力都得到了极大提升。⑥ 就政策建议而言,阿德勒有着突出的实践意识和强烈的现世关怀,他对现实世界的状况,尤其是中东问题的解决,怀有极大的兴趣,他频繁撰文,积极参加研讨会议,踊跃提出政策建议。⑦

---

① Emanuel Adler and Michael Barnett, "A Framework for the Study of Security Communities", pp. 49 – 57.

② Jorg Kustermans, "Book Review: Communitarian International Relations: The Epistemic Foundations of International Relations", http://www.ipisresearch.be/download.php?id=119.

③ Emanuel Adler, "Seizing the Middle Ground: Constructivism in World Politics", *European Journal of International Relations*, 3(3), 1997, pp. 319 – 363.

④ Emanuel Adler, "Constructivism and International Relations", pp. 96 – 98.

⑤ Emanuel Adler, "Communitarian of Practice in International Relations", in Emanuel Adler, *Communitarian International Relations: The Epistemic Foundations of International Relations*, pp. 3 – 28.

⑥ Emanuel Adler, "Seasons of Peace: Progress in Postwar International Security", in Emanuel Adler and Beverly Crawford (eds.), *Progress in Postwar International Relations*, pp. 129 – 160; Emanuel Adler, "The Emergence of Cooperation: National Epistemic Communities and the International Evolution of the Idea of Nuclear Arms Control", *International Organization*, 46(1), 1992, pp. 101 – 145; Emanuel Adler, "Seeds of Peaceful Change: The OSCE's Security Community-building Model", in Emanuel Adler and Michael Barnett (eds.), *Security Communities*, pp. 119 – 142.

⑦ Emanuel Adler (ed.), *The Convergence of Civilizations: Constructing a Mediterranean Region*, Toronto: University of Toronto Press, 2006.

从对国际关系理论的影响来看,阿德勒的研究具有突出的贡献。第一,提出并详细阐述了进步的概念。① 阿德勒强调进步的目的和手段,强调进步和进化的结合,这不仅克服了精英主义偏向工具理性的弊端②,使得工具理性和价值理性恰当结合,而且克服了国际关系中忽视理想主义的倾向,使得实然研究和应然研究协调进行。阿德勒的尝试具有开拓性,且正朝着一个极有价值的方向努力。③ 第二,阿德勒将生成和非平衡的概念引入国际关系理论,有助于弥补传统国际关系理论强调存在和平衡,忽视反馈过程和行为体自我转变的能力的缺陷。第三,阿德勒的研究尤其对建构主义国际关系理论有着重大影响:认知进化理论通过描绘一条完整的建构主义理论路径,不仅解决了基欧汉提出的观念通过什么机制起到什么作用的问题④,而且为国家认同和利益的形成提供了较完整的阐述;认知共同体理论通过提供可以实证检验国际关系中观念作用的研究框架,为我们研究国际合作开辟了一条新的途径⑤;安全共同体理论则是一个可喜的、引人思考的辩论的重新开始,相关的兴趣研究可以以之为起点⑥,其提出的"共同体和平论",突破了传统的和平研究⑦,且对区域安全研究而言,也具有被广为引用的权威性。⑧

从对国际关系实践的影响来看,阿德勒的国际关系理论与现代政治发展相互促进。一方面,认知共同体研究是两次世界大战以来权力

---

① Emanuel Adler, Beverly Crawford and Jack Donnelly, "Defining and Conceptualizing Progress in International Relations", in Emanuel Adler and Beverly Crawford (eds.), *Progress in Postwar International Relations*, pp. 2 - 39; Emanuel Adler, "From Being to Becoming: Cognitive Evolution and a Theory of Non-equilibrium in International Relations", pp. 61 - 63.

② Peter Haas, "Introduction: Epistemic Communities and International Policy Coordination", p. 24.

③ Robert Keohane, "Introduction", in Emanuel Adler and Beverly Crawford (eds.), *Progress in Postwar International Relations*, p. xv.

④ Robert Keohane, "Ideas Part-way Down", in "Forum on Social Theory of International Relations",转引自:秦亚青主编,《文化与国际社会:建构主义国际关系理论研究》,北京:世界知识出版社2006年版,第82页。

⑤ 曹云华、周玉渊,"知识共同体方法及其局限性",第126页。

⑥ Barry Buzan, "Review: Security Communities", *International Affairs*, 76(1), 2000, p. 154.

⑦ 郭树勇,《建构主义与国际政治》,第220—226页;郭树勇,"建构主义的'共同体和平论'",第23—24页。

⑧ 郑先武,"'安全共同体'理论探微",第59页。

与知识、政治精英与知识精英日益结合的过程的集中反映,而认知共同体理论又为第二轨道外交的发展作出了突出贡献①;另一方面,安全共同体的研究源于对欧洲一体化进程和北大西洋地区政治共同体建构过程的思考,而随着现代化的迅速发展,世界其他地区也在不断学习北大西洋地区的经验,构筑地区安全共同体和安全秩序,在此过程中,安全共同体理论的支持也是必须的。

同时,阿德勒的国际关系理论也存在一些问题。

从认知进化的缺失来看,首先,过于重视观念而忽视利益。观念的作用是有限的,既受制于先验观念,又取决于利益选择。阿德勒一方面承认先验观念对后来的观念进化起到了路径选择和路径依赖的作用;另一方面又认为"认知冲击"使政治行为体认识到现存的政治机制和政治行为已经失效,需要进行改变,从而转向新的观念,这种对观念持续和观念改变的双重标准必然引起人们对阿德勒"理论偏好决定选择"的怀疑。更为重要的是,即便阿德勒自己后来也承认决策者征求共同体的建议的首要目标是在政治利益驱动下,建立国内或国际联盟来支持他们的政策,而阿德勒对于认知共同体背后利益动力的忽视也已经偏离了福柯对知识和权力关系的阐述。其次,过于重视合作而忽视冲突。认知进化理论强调积极观念推动认同和利益的重塑及合作行为的选择,却忽视了消极观念带来的破坏性作用;认知共同体理论将合作和冲突割裂开来,对冲突和冲突的解决方法关注很少。② 阿德勒这一乐观精神的隐含基础在于唯理性主义和唯科学主义,即相信理性和科学能够适用于任何领域,解决任何问题。这一极端化的现代性思想遭到了后现代主义的诸多挑战。③

从认知共同体的存疑来看,首先,在观念创新的过程中,如何保持认知共同体的一致性。一方面,共同体成员有时也会发生个人、职业和制度的冲突,讨论、争辩和相互批判的过程中并不一定能克服障碍,达成共识;另一方面,阿德勒对认知共同体与政治系统发生关系的最有力

---

① 魏玲,"第二轨道进程:规范结构与共同体建设",第44—48页。
② James K. Sebenius, "Challenging Conventional Explanations of International Cooperation: Negotiation Analysis and the Case of Epistemic Communities", *International Organization*, 46(1), 1992, pp. 323 - 365.
③ 谢立中、阮新邦主编,《现代性、后现代性社会理论:诠释与评论》,北京:北京大学出版社2003年版,第7—8页;郑乐平,《超越现代主义和后现代主义:论新的社会理论空间之建构》,上海:上海教育出版社2003年版,第9页。

媒介——思想库(think tank)——的探讨过于肤浅。不同的思想库有着不同的政策倾向,而且思想库背后又往往存在不同利益集团的支持①,这进一步加剧了共同体达成共识的难度。其次,在观念选择的过程中,如何保持认知共同体的独立性。一方面,工具性决定了认知共同体多局限在具体政策领域内,其作用取决于决策者的需要;另一方面,共同体成员进入政府机构以后,多重角色的选择使其独立性的保持更为困难。② 第三,在观念扩散过程中,如何战胜国家利益的约束。阿德勒在军控认知共同体推动军控观念的国际进化的案例研究中指出,超级大国间的持续战略对话使得美国的军控认知共同体将军控观念传输给苏联同行;苏联同行在接受和内化这些观念之后,又将其传输给苏联高层决策者。③ 但是,苏联专家是否能够克服国家利益的约束,遵循学科知识的指引,接受美国同行的观念,这存有疑问,因为规范性信念和因果性信念孰轻孰重并无定论;是苏联专家将军控观念传输给高层决策者并使之接受,还是高层决策者出于利益考虑选择军控而顺势接受专家建议,这些没有阐明,因为因果关系表现得并不明显。

从安全共同体的不足来看,第一,就安全而言,安全共同体并没有跟上时代的步伐。在实际分析的过程中,阿德勒将目光局限于军事领域,只是兼顾了在他看来极为重要的自由民主规范指引下的市场经济领域和人权领域。同时,和平变化的稳定预期意味着安全共同体就是"和平或非战共同体",而这只是一种"消极的和平"。④ 安全的概念应当跟随时代的发展,不断拓展和完善。⑤ 第二,就共同体而言,安全共同体的根基稍显薄弱。一方面,观念因素在安全共同体建设进程中的决定作用并不十分确定,"不把利益的纬度作为学习过程的影响因子,

---

① 中国现代国际关系研究所编,《美国思想库及其对华倾向》,北京:时事出版社 2003年版。

② 马莎·芬尼莫尔,"国际组织是国际准则的指导者:联合国教育、科学和文化组织与科学政策",载莉萨·马丁、贝思·西蒙斯编,《国际制度》,黄仁伟、蔡鹏鸿等译,上海:上海人民出版社 2006 年版,第 88—89 页。

③ Emanuel Adler, "The Emergence of Cooperation: National Epistemic Communities and the International Evolution of the Idea of Nuclear Arms Control", pp. 101 - 145.

④ Björn Hettne and Fredrik Soderbaum, "Theorising the Rise of Regionness", in Shaun Breslin, et al (ed.), *New Regionalisms in the Global Political Economy*, London: Routledge, 2002, p. 47.

⑤ Barry Buzan, Ole Wæver and Jaap de Walde, *Security: A New Framework for Analysis*, Boulder: Lynne Rienner, 1998.

就不可能解释认同的变化如何发生"。① 另一方面,"阿德勒发展了康德的民主和平的概念作为安全共同体的哲学基础"②,而这种"民主和平论"思想不仅在理论上备受批判,而且在实证案例研究和现实世界发展中也被证明是存在问题的。③ 第三,就隐含逻辑而言,安全共同体事实上是存在霸权的不平等政治共同体。阿德勒和巴内特在安全共同体建构的各个阶段都强调核心国家或国家联盟的决定性作用。但依靠权力确立核心地位无疑带有强制色彩,违背了和平变化的稳定预期这一目的;而世界历史的发展历程告诉我们,民主和自由的力量对于核心国家或国家联盟主导地位的确立来说,是不充分的。退一步来说,即使在核心国家或国家联盟推动下,安全共同体得以建立和发展,那么事实上,这一共同体内部的国家间的关系也是不平等的,其秩序也很难说是公平合理的。

---

① Bill McSweeney, *Security, Identity and Interests: A Sociology of International Relations*, p. 210.

② Amitav Acharya, "Collective Identity and Conflict Management in Southeast Asia", in Emanuel Adler and Michael Barnett (eds.), *Security Communities*, Cambridge: Cambridge University Press, 1998, p. 199.

③ 参见 http://zh.wikipedia.org/zh-cn/民主和平论。